프로 Git 2판

그림으로 이해하는 Git의 작동 원리와 사용법

Pro Git 2nd Edition

by Scott Chacon, Ben Straub

프로 Git 2판 그림으로 이해하는 Git의 작동 원리와 사용법

초판 1쇄 발행 2013년 4월 19일 **초판 2쇄 발행** 2014년 12월 10일 **2판 1쇄 발행** 2016년 3월 30일 **2판 6쇄 발행** 2024년 3월 18일 **지은이** 스캇 샤콘, 벤 스트라웁 **옮긴이** 박창우, 이성환, 최용재 **펴낸이** 한기성 **펴낸곳** (주)도서출판인사이트 **편집** 이지연 **표지·본문 디자인** 윤영준 **제작·관리** 이유현 **용지** 월드페이퍼 **인쇄·제본** 천광인쇄사 **등록번호** 제2002-000049호 **등록일자** 2002년 2월 19일 **주소** 서울특별시 마포구 연남로5길 19-5 **전화** 02-322-5143 **팩스** 02-3143-5579 **이메일** insight@insightbook.co.kr **ISBN** 978-89-6626-178-9 책값은 뒤표지에 있습니다. 잘못 만들어진 책은 바꾸어 드립니다. 이 책의 정오표는 https://blog.insightbook.co.kr 에서 확인하실 수 있습니다.

프로그래밍 인사이트

Pro Git 2/E

프로 Git 2판

그림으로 이해하는 Git의 작동 원리와 사용법

스캇 샤콘·벤 스트라웁 지음
박창우·이성환·최용재 옮김

인사이트

차례

옮긴이의 글 - 2판

Pro Git 1판이 나온 후에도 Git과 Git을 사용하는 커뮤니티는 변화와 발전을 거듭했다. Git은 버전 2.0 메이저 업데이트(예를 들면 push, add 명령 등)를 출시했고 GitHub도 여러 부분에서 커뮤니케이션 지원을 위해 많은 발전을 이루었다. 특히 GitHub을 이용한 협업 모델은 2판에서 하나의 장으로 분리하여 추가되었다.

오픈 소스 프로젝트 Pro Git은 초판을 내기까지 Markdown 기반으로 원고를 운영하고 각 번역을 브랜치로 관리했지만, 2판은 AsciiDoc 기반의 원고 형식으로 변경하여 운영함으로써 더 품질 좋은 출판 원고 및 eBook 원고를 지원하도록 발전했고 각 언어는 독립적인 저장소로 분리하여 운영하고 있다.

역자 일동은 2판 원문의 변경된 내용을 충실히 옮기기 위해 다시 1판의 번역 과정과 마찬가지로 노력했고, 많은 분의 도움을 받아 무사히 작업을 마칠 수 있었다.

1판을 읽었고 도무지 시간이 없다면 6장과 7장을 먼저 읽어 보는 것을 권한다. 이 부분은 거의 새로운 내용이다.

2판이 책으로 나올 수 있도록 도움을 주신 인사이트 사장님과 원고를 꼼꼼히 다듬어주신 이지연 편집자님께 깊이 감사드린다. 역자를 도와 2판 리뷰에 힘써 주신 많은 리뷰어께도 감사드립니다.

— 옮긴이 일동

아래는 한글 Pro Git 오픈 소스 프로젝트에 이바지한 분들입니다.
김경범, 김경진, 이거성, 정규철, 정봉훈, 조현기, 조현태, 최병훈

옮긴이의 글 - 초판

git push us next

Git을 배우고 나서 그 이전에는 어떻게 일했는지 기억나지 않을 정도로 푹 빠져들었다. SVN보다 나은 버전 관리 도구가 필요해서, 쓸만한 브랜치 기능이 필요해서 Git을 배웠다. Git을 배우고 GitHub을 사용하기 이전에는 오픈 소스 프로젝트에 참여한다는 것은 해본 적도 상상해본 적도 없다.

처음 의도했던 바와 달리 Git의 장점은 커뮤니케이션이었다. Git에는 오랫동안 오픈 소스 개발자들이 쌓아왔던 개발 철학이 녹아있고 Git을 배우는 것만으로 그 철학을 배울 수 있다. 전에는 빠르고 정확하게 의사를 전달하기 위해서 꼭 오프라인으로 만나서 일해야 한다고 생각했는데, 이제 시간과 장소는 상관없다. Git만 있으면 동료와 일하는 것이 즐겁다. 오픈 소스 프로젝트에 참여하는 것도 즐겁다.

Git은 버전 관리 도구이지만 그보다 참여와 협력을 더욱 쉽게 이끌어내고 새로운 실험을 쉽게 시도할 수 있게 해준다. 이 Pro Git 책도 그런 사례 중 하나다. 사람들의 자발적 참여와 협력을 통해 책의 완성도가 높아졌고 다양한 언어로 빠르게 번역됐다.

번역을 시작했을 때는 이 책이 출간된 지 2년이 지난 시점이었고, 지금 정식 한국어판 출간을 앞둔 시점에서는 Pro Git 원서가 출간된 지 3년 반이나 지났다. 이 책은 HTTP가 느리다고 설명했지만 더는 느리지 않다(Smart HTTP는 부록에 실었다). 그리고 GitHub의 UX가 많이 변화해서 4.10절 내용은 새 UX에 맞게 수정했다. 그 외에는 거의 달라진 점이 없다. Pro Git에서 설명하는 내용은 아직도 유효하고 앞으로도 많은 변화가 있을 것 같지 않다.

이 책을 번역하는 것은 여타 오픈 소스처럼 자발적 참여로 이루어졌다. 9개 장으로 나누어 GitHub에 브랜치를 만들어두고 자발적으로 했다. 다들 생업이 있기 때문에 시간 되는 사람이 스스로 해야 했다. 번역물을 올려두면 다른 사람이 리뷰하고 다시 리뷰하는 식이었다. 히스토리를 잘못 관리해서 그 기록을 잃어버렸는데 너무 아쉽다. 특별한 조정자 없이, 자발적 참여로 일한다는 것이 얼마나 즐겁고 가치 있는 일인지 배울 수 있었다. 이런 경험을 할 수 있게 해준 Git 커뮤니티에 정말 감사한다.

2010년 여름에 번역을 시작하면서 오역과 오타를 줄이고자 읽고 또 읽었다. 일을 쉬면서까지 질을 높이고자 했지만, 기대에 미치지 못한 채 현실과 타협하고 바로 공개해 버렸다. 하지만 생각보다 많은 분이 저질 번역판을 끝까지 읽어주시고 커밋까지 보내주셨다. 내가 들인 시간이 헛되지 않았던 것 같아서 기뻤고 그분들께 정말 감사하고 또 감사한다.

인사이트에 다시 한 번 고마움을 전하고 싶다. Pro Git은 스캇 샤콘(Scott Chacon)이 썼지만 실제로는 Git 커뮤니티의 참여로 쓰인 커뮤니티 책이다. 책의 소스도 오픈돼 있고 결과물도 오픈돼 있다. 수익을 생각하면 선뜻 출판하기로 맘먹기 어려웠을 텐데 인사이트는 출판을 결정했다. 인사이트 사장님께 감사의 말을 전한다. 실제로 만나보면 정말 호인의 모습을 하고 계시다. 중재자 없이 번역을 시작했었기 때문에 통일되지 못했었는데 바른길로 인도해주신 김승호 편집자님께도 감사드린다.

— 옮긴이 일동

지은이의 글

어서 오세요. Pro Git 2판입니다. Pro Git 1판이 나온 지도 벌써 4년이 넘었습니다. 시간에 따라 바뀐 부분도 많지만 중요한 내용은 여전히 그대로입니다. 하위 호환성을 지키기 위해 Git Core 팀은 열심히 노력했습니다. 핵심적인 명령과 개념은 대부분 지금도 유효합니다. Git을 둘러싼 커뮤니티를 살펴보면 많은 것들이 추가되고 수정됐습니다. Pro Git 2판은 이러한 추가된 것, 수정된 것을 다루기 위해 나왔습니다. Git을 새로 만나는 사람에게 많이 도움이 될 것입니다.

Pro Git 1판이 쓰일 당시 Git은 여전히 쓰기 어렵고 하드코어 개발자 외에는 쓰는 사람이 많지 않았습니다. 주요 커뮤니티에서 Git을 사용하는 흐름이 나타나기 시작했지만, 지금처럼 어디에서나 쉽게 볼 수는 없었습니다. 그 이후 거의 모든 오픈 소스 커뮤니티에서 Git을 적용하기 시작했습니다. 모든 플랫폼에서 Git을 사용하기 위한 GUI가 발전했지만 특히 윈도우 환경에서 IDE 지원이나 비즈니스 용도로 주목할 만큼 발전했습니다. 4년 전 처음 Pro Git을 쓸 땐 생각도 못한 일들이지요. 커뮤니티의 이런 새로운 개척자를 소개하는 것이 2판을 쓰는 또 다른 이유입니다.

Git을 사용하는 오픈 소스 커뮤니티는 폭발적으로 늘었습니다. 이 책을 처음 쓰기 시작한 거의 5년 전(책이 실제로 나오기까지는 시간이 좀 걸렸습니다)엔 거의 알려지지 않은 Git 호스팅 웹사이트인 GitHub에서 일을 시작할 때였습니다. 책이 출판될 즈음 GitHub 사용자는 수천 명 정도였고 저를 포함해 4명이 GitHub을 운영했습니다. 서문을 쓰는 지금 GitHub은 천만 개가 넘는 프로젝트를 호스팅하고 있고 등록한 사용자는 5백만 명에 달하며 GitHub에서 일하는 사람은 230명을 넘고 있습니다. 좋든 싫든 GitHub은 오픈 소스 커뮤니티에서 무시할 수 없는 존재가 됐습니다. 처음 Pro Git 책을 쓸 때는 상상도 못 했던 일입니다.

Pro Git을 처음 쓸 때 GitHub은 여러 Git 호스팅 서비스 중 하나 정도로 소개했을 뿐이었습니다. GitHub을 다루는 것이 마음이 편치 않았습니다. 그때는 커뮤니티 자원이긴 하나 내가 다니고 있는 회사에 대해서 다루는 것은 적절하지 못하다고 느꼈었습니다. 이런 고민은 계속했지만, 어느 순간 GitHub은 Git 커뮤니티에서 빼놓을 수 없는 존재가 되었습니다. 고민을 접고 GitHub을 Git 호스팅 중 예제 하나로 다루지 않고 한 부분으로 따로 만들어 GitHub이 무엇이고 어떻게 효율적으로 활용할 수 있는지 쓰기로 했습니다. Git을 배우기로 했다면 GitHub도 배우는 것이 커뮤니티에 참여하는 데 도움이 될 것입니다. 이는 자신만의 Git 호스팅을 사용하는 것보다 더 가치 있는 활동이라 생각합니다.

1판이 나오고 난 이후 크게 바뀐 또 하나는 Git 데이터를 전송하는 데 사용하는 HTTP 프로토콜이 개선되었다는 점입니다. 이 책 예제의 대부분은 HTTP를 사용하는 것으로 바뀌었습니다. HTTP가 더 간단합니다.

Git은 눈에 잘 띄지 않던 버전 관리 시스템이었습니다. 하지만 지난 몇 년 동안 오픈 소스는 물론 상업용 개발 환경에서도 중요한 자리를 차지하게 됐습니다. 이 성장 과정은 매우 놀라웠습니다. Pro Git은 오픈 소스이면서 성공을 거둔 몇 안 되는 기술서적이 됐습니다. 그래서 저는 무척 행복합니다.

Pro Git 2판에서 개정된 모든 내용이 여러분에게 기쁨을 드린다면 좋겠습니다.

마지막으로 이 책을 아내와 딸에게 바칩니다. 내 아내 Jessica는 이 책을 쓰는 수년 동안 저를 지지해주었고, 내 딸 Josephine은 제가 늙어서 정신이 없을 때쯤에 절 보살펴 줄 겁니다.

— 스캇 샤콘(Scott Chacon)

Pro Git 1판이 바로 저를 Git 세상으로 빠뜨린 놈입니다. 전에 경험해 본 어떤 시스템보다도 소프트웨어를 개발하는 데 자연스러운 스타일의 시스템입니다. 수년 동안 개발자로 일해 왔지만, 예전보다 더 일하는 것이 즐겁습니다.

몇 년이 지난 지금 저는 Git 개발에 기여하고 있습니다. 가장 큰 Git 호스팅 회사에서 일하고 있으며 세계를 돌아다니며 사람들에게 Git을 알려주고 있습니다. Scott이 이 책의 2판에 대한 작업을 제안했을 때 그 즉시 수락했습니다.

이 책 작업은 큰 기쁨이고 영광이었습니다. 제가 도움을 받은 만큼 이 책이 여러분에게도 도움이 되길 바랍니다.

그리고 내 아내 Becky 없이는 이 모험을 시작하지 못했을 겁니다.

— 벤 스트라웁(Ben Straub)

감사의 글

우리는 Pro Git 책을 오픈 소스로 운영하고 있습니다. 지난 몇 년 동안 수많은 오류 수정이나 책 내용 변경에 대한 도움을 기부 받았습니다.

　아래는 영문 Pro Git 오픈 소스 프로젝트에 이바지한 분들입니다. 더욱더 나은 책을 만드는 데 도움을 주신 모든 분에게 감사의 말씀을 드립니다.

Aaron Schumacher, Aggelos Orfanakos, Alec Clews, Alex Moundalexis, Alexander Harkness, Alexander Kahn, Andrew McCarthy, AntonioK, Benjamin Bergman, Brennon Bortz, Brian P O'Rourke, Bryan Goines, Cameron Wright, Chris Down, Christian Kluge, Christoph Korn, Ciro Santilli, Cor, Dan Croak, Dan Johnson, Daniel Kay, Daniel Rosen, DanielWeber, Dave Dash, Davide Fiorentino lo Regio, Dilip M, Dimitar Bonev, Emmanuel Trillaud, Eric-Paul Lecluse, Eugene Serkin, Fernando Dobladez, Gordon McCreight, Helmut K. C. Tessarek, Igor Murzov, Ilya Kuznetsov, Jason St. John, Jay Taggart, Jean Jordaan, Jean-Noël Avila, Jean-Noël Rouvignac, Jed Hartman, Jeffrey Forman, John DeStefano, Junior, Kieran Spear, Larry Shatzer, Jr, Linquize, Markus, Matt Deacalion Stevens, Matthew McCullough, Matthieu Moy, Max F. Albrecht, Michael Schneider, Mike D. Smith, Mike Limansky, Olivier Trichet, Ondrej Novy, Ori Avtalion, Paul Baumgart, Peter Vojtek, Philipp Kempgen, Philippe Lhoste, PowerKiKi, Radek Simko, Rasmus Abrahamsen, Reinhard Holler, Ross Light, Ryuichi Okumura, Sebastian Wiesinger, Severyn Kozak, Shane, Shannen, Sitaram Chamarty, Soon Van, Sven Axelsson, Tim Court, Tuomas Suutari, Vlad Gorodetsky, W. Trevor King, Wyatt Carss, W ł odzimierz Gajda, Xue Fuqiao, Yue Lin Ho, adelcambre, anaran, bdukes, burningTyger, cor, iosias, nicesw123, onovy, pcasaretto, sampablokuper

들어가는 글

이 글을 읽는 독자라면 Git을 읽는 데 몇 시간쯤은 기꺼이 투자할 사람일 테다. 독자의 시간은 중요하기에 먼저 몇 분 내로 이 책에 담긴 내용을 간단히 소개한다. 아래는 이 책에 담긴 10개의 장과 3개의 부록에 대해 간단히 정리한 내용이다.

1장에서는 기술적인 내용을 제외하고 버전 관리 시스템(VCS)과 Git이란 게 대체 무엇인지, Git의 탄생 배경과 Git이 다른 VCS와 무엇이 다른지, 많은 사람이 왜 Git을 사용하는지에 대해서 알아본다. 이후 Git을 내려받고 설치하는 과정을 알아본다. 미리 Git이 설치된 시스템도 있다.

2장에서는 기본적인 Git 사용법을 알아본다. 80%쯤은 이 장에서 설명하는 정도로만 Git을 사용한다. 2장을 읽고 나면 저장소를 Clone하기, 프로젝트 히스토리를 알아보기, 파일을 수정하고 프로젝트에 기여하기 등을 할 수 있다. 이 장만 찢어서 휴가를 즐기고 돌아와도 Git을 잘 사용할 수 있다.

3장에서는 Git의 브랜치 모델에 대해서 알아본다. 사람들은 브랜치가 Git의 핵심 기능이라고 말한다. Git 브랜치를 어떻게 활용하는지 배우면 다른 VCS와 어떻게 다른지 알게 된다. 3장을 읽고 나면 Git의 브랜치 없이 어떻게 살아왔는지 상상할 수 없게 될 것이다.

4장에서는 서버 환경에서의 Git에 대해 알아본다. Git으로 협업할 때 회사 같은 특정 네트워크 안에서 사용할 Git 서버를 구축하거나 자신만의 Git 서버를 운영하고자 하는 사람에게 필요한 내용이다. 직접 Git 서버를 관리하지 않고 사용하는 여러 호스팅 서비스도 소개한다.

5장에서는 다양한 분산 환경에서의 워크플로에 대해 알아보고 Git으로 어떻게 워크플로를 달성하는지 알아본다. 5장을 읽고 나면 여러 리모트 저장소를 두고 전문가처럼 작업할 수 있다. 이메일로도 Git 작업을 할 수 있고, 많은 수의 리모트 브랜치나 기여받은 패치를 다룰 수 있다.

6장에서는 GitHub 호스팅 서비스와 GitHub에서 제공하는 도구를 자세히 알아본다. 가입하고 계정을 관리하는 방법부터 Git 저장소를 생성하고 다른 프로젝트에 기여하고 반대로 기여받는 워크플로를 살펴본다. GitHub이 제공하는 프로그래밍 가능한 인터페이스와 알아두면 피가 되고 살이 되는 팁도 소개한다.

7장에서는 Git의 고급 명령을 알아본다. 때로는 위험할 수도 있는 'Reset' 같은 명령에 도사가 되고, 버그를 찾기 위해 이진 탐색 기능을 사용하기도 한다. 히스토리를 수정하기도 하고 히스토리에서 세세하게 리비전을 선택해서 작업하는 등 다양한 고급 기능을 알아본다. 7장은 Git을 고급스러워 보이게 구사하는 마스터로 만들어 줄 것이다.

8장에서는 Git 환경설정을 입맛에 맞게 조정하는 방법을 알아본다. 사용자가 원하는 정책을 만들어서 Git 환경에 적용할 수 있는 훅 스크립트를 설명한다. 원하는 대로 커밋 규칙을 세우고 이를 강제하도록 스크립트를 작성하는 예제도 소개한다.

9장에서는 Git과 다른 VCS를 함께 사용하는 환경에 대해 알아본다. Subversion 환경에서 Git을 클라이언트로 사용하는 방법이나 다른 VCS 프로젝트를 Git 프로젝트로 변경하는 방법을 알아본다. 아직도 많은 곳에서 바꾸려는 계획 없이 Subversion을 사용하고 있다. 9장을 통해 이런 Subversion 서버를 써야 하는 환경에서도 Git이 제공하는 다양한 장점을 사용하는 법을 알게 된다. 다른 VCS 환경이나 프로젝트를 Git으로 변환하는 방법을 터득함으로써 동료에게 Git이 왜 좋은지 이해시키는 데 도움이 된다.

10장에서는 Git 안으로 깊숙이 파고든다. Git이 실제로 어떻게 동작하는지 이해하고 나면 아주 우아하고 강력하게 Git을 사용할 수 있게 된다. 이처럼 내부를 이해하고 나면 이제 데이터를 어떻게 다루는 것이 좋은지, 객체를 다루는 모델로 무엇을 사용하는지, Packfile은 정확히 어떻게 이루어져 있는지, 서버 프로토콜은 어떻게 이루어져 있는지 논하는 경지에 이르게 된다. 책 곳곳에서 어떤 내용을 소개하다가 좀 더 깊은 이해가 필요한 부분에서는 10장을 보도록 안내하고 있다. 남들과는 다르게 Git의 은밀한 기술적인 구조를 이해하고 싶다면 다른 부분보다 여기 10장에 먼저 손이 갈 것이다.

부록 A에서는 다양한 환경에서 Git을 사용하는 예제를 살펴본다. 여러 GUI, 여러 IDE 환경에서 Git을 사용하려면 어떻게 해야 하는지 알아본다. Shell이나 Visual Studio, Eclipse 같은 환경에서 Git을 어떻게 쓰는지 훑어보려면 부록 A를 보면 된다.

부록 B에서는 Git을 스크립트로 사용하거나 libgit2나 JGit 같은 라이브러리로 기능을 확장해서 사용하는 방법을 알아본다. 맞춤 도구를 제작해서 사용해야 한다거나 Git의 저수준 접근이 필요한 경우 부록 B를 살펴보면 어떻게 해야 할지 감을 잡을 수 있다.

마지막으로 **부록** C에서는 주요 Git 명령을 한꺼번에 살펴보고 각 명령을 어디서 설명하고 있는지 안내하고 어떻게 사용했는지를 알려준다. 어떤 명령이 책의 어디에서 소개되었고 어떤 예제가 있는지 찾아볼 때 부록 C가 유용하다.

자, 이제 시작해보자.

1장

시작하기

이 장에서 설명하는 것은 Git을 처음 접하는 사람에게 필요한 내용이다. 먼저 버전 관리 도구에 대한 이해와 Git을 설치하는 방법을 설명하고 마지막으로 Git 서버를 설정하고 사용하는 방법을 설명한다. 이 장을 다 읽고 나면 Git 탄생 배경, Git을 사용하는 이유, Git을 설정하고 사용하는 방법을 터득하게 될 것이다.

1.1 버전 관리란?

버전 관리는 무엇이고 우리는 왜 이것을 알아야 할까? 버전 관리 시스템은 파일 변화를 시간에 따라 기록했다가 나중에 특정 시점의 버전을 다시 꺼내올 수 있는 시스템이다. 이 책에서는 버전 관리하는 예제로 소프트웨어 소스 코드만 보여주지만, 실제로 거의 모든 컴퓨터 파일의 버전을 관리할 수 있다.

그래픽 디자이너나 웹 디자이너도 VCS(Version Control System, 버전 관리 시스템)를 사용할 수 있다. 이미지나 레이아웃의 버전(변경 이력 혹은 수정 내용)을 VCS로 관리하는 것은 매우 현명하다 할 수 있다. VCS를 사용하면 각 파일을 이전 상태로 되돌릴 수 있고, 프로젝트를 통째로 이전 상태로 되돌릴 수 있고, 시간에 따라 수정 내용을 비교해 볼 수 있고, 누가 문제를 일으켰는지도 추적할 수 있고, 누가 언제 만들어낸 이슈인지도 알 수 있다. VCS를 사용하면 파일을 잃어버리거나 잘못 고쳤을 때도 쉽게 복구할 수 있다. 이런 모든 장점을 큰 노력 없이 이용할 수 있다.

로컬 버전 관리

많은 사람은 버전을 관리하기 위해 디렉터리로 파일을 복사하는 방법을 쓴다(똑똑한 사람이라면 디렉터리 이름에 시간을 넣을 거다). 이 방법은 간단하므로 자주 사용한다. 그렇지만 정말 뭔가 잘못되기 쉽다. 작업하던 디렉터리를 지워버리거나, 실수로 파일을 잘못 고칠 수도 있고, 잘못 복사할 수도 있다.

이런 이유로 프로그래머들은 오래전에 로컬 VCS라는 걸 만들었다. 이 VCS는 아주 간단한 데이터베이스를 사용해서 파일의 변경 정보를 관리했다.

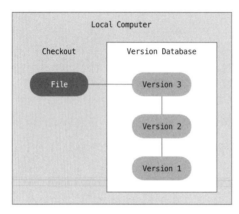

그림 1-1 로컬 버전 관리

많이 쓰는 VCS 도구 중에 RCS(Revision Control System)라고 부르는 것이 있는데 오늘날까지도 많은 회사가 사용하고 있다. Mac OS X 운영체제에서도 개발도구를 설치하면 RCS가 함께 설치된다. RCS는 기본적으로 Patch Set(파일에서 변경되는 부분)을 관리한다.

이 Patch Set은 특별한 형식의 파일로 저장한다. 그리고 일련의 Patch Set을 적용해서 모든 파일을 특정 시점으로 되돌릴 수 있다.

중앙집중식 버전 관리(CVCS)

프로젝트를 진행하다 보면 다른 개발자와 함께 작업해야 하는 경우가 많다. 이럴 때 생기는 문제를 해결하기 위해 CVCS(중앙집중식 VCS)가 개발됐다. CVS, Subversion, Perforce 같은 시스템은 파일을 관리하는 서버가 별도로 있고 클라이언트가 중앙 서버에서 파일을 받아서 사용(Checkout)한다. 수년 동안 이러한 시스템들이 많은 사랑을 받았다.

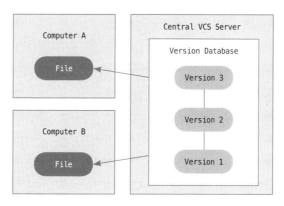

그림 1-2 중앙집중식 버전 관리(CVCS)

CVCS 환경은 로컬 VCS에 비해 장점이 많다. 모두 누가 무엇을 하고 있는지 알수 있다. 관리자는 누가 무엇을 할지 꼼꼼하게 관리할 수 있다. 모든 클라이언트의 로컬 데이터베이스를 관리하는 것보다 VCS 하나를 관리하기가 훨씬 쉽다.

그러나 이 CVCS 환경은 몇 가지 치명적인 결점이 있다. 가장 대표적인 것이 중앙 서버에 발생한 문제다. 만약 서버가 한 시간 동안 다운되면 그동안 아무도 다른 사람과 협업할 수 없고 하던 일을 백업할 방법도 없다. 그리고 중앙 데이터베이스가 있는 하드디스크에 문제가 생기면 프로젝트의 모든 히스토리를 잃는다. 물론 사람마다 하나씩 가진 스냅샷은 괜찮다. 로컬 VCS도 이와 비슷한 결점이 있고 이런 문제가 발생하면 모든 것을 잃는다.

분산 버전 관리 시스템

DVCS(분산 버전 관리 시스템)을 설명할 차례다. Git, Mecurial, Bazaar, Darcs 같은 DVCS에서의 클라이언트는 단순히 파일의 마지막 스냅샷을 Checkout하지 않는다. 그냥 저장소를 전부 복제한다. 서버에 문제가 생기면 이 복제물로 다시 작업을 시작할 수 있다. 클라이언트 중에서 아무거나 골라도 서버를 복원할 수 있다. 모든 Checkout은 모든 데이터를 가진 진정한 백업이다.

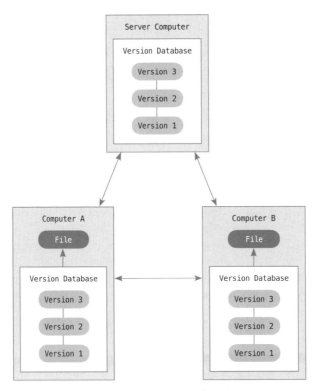

그림 1-3 분산 버전 관리 시스템(DVCS)

게다가 대부분의 DVCS 환경에서는 리모트 저장소가 존재한다. 리모트 저장소가 많을 수도 있다. 그래서 사람들은 동시에 다양한 그룹과 다양한 방법으로 협업할 수 있다. 계층 모델 같은 중앙집중식 시스템으로는 할 수 없는 워크플로를 다양하게 사용할 수 있다.

1.2 짧게 보는 Git의 역사

우리네 삶의 삼라만상처럼 Git 또한 창조적 파괴와 활활 타오르는 갈등 속에서 시작됐다.

리눅스(Linux) 커널은 굉장히 규모가 큰 오픈 소스 프로젝트다. 리눅스 커널의 삶 대부분은(1991-2002) Patch와 단순 압축 파일로만 관리했다. 2002년에 드디어 리눅스 커널은 BitKeeper라고 불리는 상용 DVCS를 사용하기 시작했다.

2005년에 커뮤니티가 만드는 리눅스 커널과 이익을 추구하는 회사가 개발한 BitKeeper의 관계가 틀어졌다. BitKeeper를 무료로 사용하지 못하게 된 것이다.

이 사건은 리눅스 개발 커뮤니티(특히 리눅스 창시자 리누스 토발즈)가 자체 도구를 만드는 계기가 됐다. Git은 BitKeeper를 사용하면서 배운 교훈을 기초로 아래와 같은 목표를 세웠다.

- 빠른 속도
- 단순한 구조
- 비선형적인 개발(수천 개의 동시다발적인 브랜치)
- 완벽한 분산
- 리눅스 커널 같은 대형 프로젝트에도 유용할 것(속도나 데이터 크기 면에서)

Git은 2005년 탄생하고 나서 아직도 초기 목표를 그대로 유지하고 있다. 그러면서도 사용하기 쉽게 진화하고 성숙했다. Git은 미친 듯이 빨라서 대형 프로젝트에 사용하기도 좋다. Git은 동시다발적인 브랜치에도 끄떡없는 슈퍼 울트라 브랜칭 시스템이다(3장 참고).

1.3 Git 기초

Git의 핵심은 뭘까? 이 질문은 Git을 이해하는 데 굉장히 중요하다. Git이 무엇이고 어떻게 동작하는지 이해한다면 Git을 쉽고 효과적으로 사용할 수 있다. Git을 배우려면 Subversion이나 Perforce 같은 다른 VCS를 사용하던 경험을 버려야 한다. Git은 미묘하게 달라서 다른 VCS에서 쓰던 개념으로는 헷갈린다. 사용자 인터페이스는 매우 비슷하지만, 정보를 취급하는 방식이 다르다. 이런 차이점을 이해하면 Git을 사용하는 것이 어렵지 않다.

차이가 아니라 스냅샷

Subversion과 Subversion 비슷한 VCS들과 Git의 가장 큰 차이점은 데이터를 다루는 방법에 있다. 큰 틀에서 봤을 때 VCS 대부분은 관리하는 정보가 파일들의 목록이다. CVS, Subversion, Perforce, Bazaar 등의 시스템은 각 파일의 변화를 시간순으로 관리하면서 파일들의 집합을 관리한다.

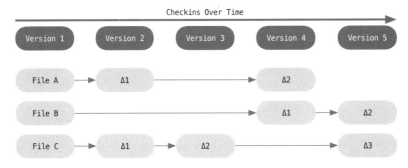

그림 1-4 각 파일에 대한 변화를 저장하는 시스템들

Git은 이런 식으로 데이터를 저장하지도 취급하지도 않는다. 대신 Git은 데이터를 파일 시스템 스냅샷으로 취급하고 크기가 아주 작다. Git은 커밋하거나 프로젝트의 상태를 저장할 때마다 파일이 존재하는 그 순간을 중요하게 여긴다. 파일이 달라지지 않았으면 Git은 성능을 위해서 파일을 새로 저장하지 않는다. 단지 이전 상태의 파일에 대한 링크만 저장한다. Git은 데이터를 **스냅샷의 스트림**처럼 취급한다.

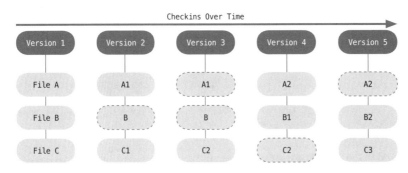

그림 1-5 시간순으로 프로젝트의 스냅샷을 저장

이것이 Git이 다른 VCS와 구분되는 점이다. 이 점 때문에 Git은 다른 시스템들이 과거로부터 답습해왔던 버전 컨트롤의 개념과 다르다는 것이고, Git은 많은 부분을 새로운 관점에서 바라본다. Git은 강력한 도구를 지원하는 작은 파일 시스템이다. Git은 단순한 VCS가 아니다. Git 브랜치를 사용하면 얻게 되는 이득이 무엇인지는 3장에서 설명한다.

거의 모든 명령을 로컬에서 실행

거의 모든 명령이 로컬 파일과 데이터만 사용하기 때문에 네트워크에 있는 다른 컴퓨터는 필요 없다. 대부분의 명령어가 네트워크의 속도에 영향을 받는 CVCS

에 익숙하다면 Git이 매우 놀라울 것이다. Git의 이런 특징에서 나오는 미칠 듯한 속도는 오직 Git느님만이 구사할 수 있는 전능이다. 프로젝트의 모든 히스토리가 로컬 디스크에 있기 때문에 모든 명령을 순식간에 실행한다.

예를 들어 Git은 프로젝트의 히스토리를 조회할 때 서버 없이 조회한다. 그냥 로컬 데이터베이스에서 히스토리를 읽어서 보여 준다. 그래서 눈 깜짝할 사이에 히스토리를 조회할 수 있다. 어떤 파일의 현재 버전과 한 달 전의 상태를 비교해 보고 싶을 때도 Git은 그냥 한 달 전의 파일과 지금의 파일을 로컬에서 찾는다. 파일을 비교하기 위해 리모트에 있는 서버에 접근하고 나서 예전 버전을 가져올 필요가 없다.

즉, 오프라인 상태이거나 VPN(virtual private network)으로 연결할 수 없어도 막힘없이 일할 수 있다. 비행기나 기차 등에서 네트워크에 접속하고 있지 않아도 커밋할 수 있다는 얘기다. 다른 VCS에서는 불가능한 일이다. Perforce를 예로 들자면 서버에 연결할 수 없을 때 할 수 있는 일이 별로 없다. Subversion이나 CVS에서도 마찬가지다. 오프라인이기 때문에 데이터베이스에 접근할 수 없어서 파일을 편집할 수는 있지만, 커밋할 수 없다. 매우 사소해 보이지만 실제로 이 상황에 부닥쳐보면 느껴지는 차이가 매우 크다.

Git의 무결성

Git은 데이터를 저장하기 전에 항상 체크섬을 구하고 그 체크섬으로 데이터를 관리한다. 그래서 체크섬 없이는 어떠한 파일이나 디렉터리도 변경할 수 없다. 체크섬은 Git에서 사용하는 가장 기본적인(atomic) 데이터 단위이자 Git의 기본 철학이다. Git 없이는 체크섬을 다룰 수 없어서 파일의 상태도 알 수 없고 심지어 데이터를 잃어버릴 수도 없다.

Git은 SHA-1 해시를 사용하여 체크섬을 만든다. 만든 체크섬은 40자 길이의 16진수 문자열이다. 파일의 내용이나 디렉터리 구조를 이용하여 체크섬을 구한다. SHA-1은 아래처럼 생겼다.

```
24b9da6552252987aa493b52f8696cd6d3b00373
```

Git은 모든 것을 해시로 식별하기 때문에 이런 값은 여기저기서 보인다. 실제로 Git은 파일을 이름으로 저장하지 않고 해당 파일의 해시로 저장한다.

Git은 데이터를 추가할 뿐

Git으로 무얼 하든 Git 데이터베이스에 데이터가 추가된다. 되돌리거나 데이터를 삭제할 방법이 없다. 다른 VCS처럼 Git도 커밋하지 않으면 변경사항을 잃어버릴 수 있다. 하지만 일단 스냅샷을 커밋하고 나면 데이터를 잃어버리기 어렵다.

Git을 사용하면 프로젝트가 심각하게 망가질 걱정 없이 매우 즐겁게 여러 가지 실험을 해볼 수 있다. "2.4 되돌리기"를 보면 Git에서 데이터를 어떻게 저장하고 손실을 어떻게 복구하는지 알 수 있다.

세 가지 상태

이 부분은 중요하기에 집중해서 읽어야 한다. Git을 공부하기 위해 반드시 짚고 넘어가야 할 부분이다. Git은 파일을 Committed, Modified, Staged 이렇게 세 가지 상태로 관리한다. Committed란 데이터가 로컬 데이터베이스에 안전하게 저장됐다는 것을 의미한다. Modified는 수정한 파일을 아직 로컬 데이터베이스에 커밋하지 않은 것을 말한다. Staged란 현재 수정한 파일을 곧 커밋할 것이라고 표시한 상태를 의미한다.

이 세 가지 상태는 Git 프로젝트의 세 가지 단계와 연결돼 있다. Git 디렉터리, 워킹 디렉터리, Staging Area 이렇게 세 가지 단계를 이해하고 넘어가자.

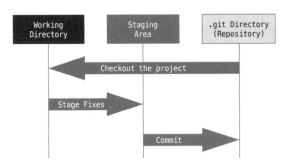

그림 1-6 워킹 디렉터리, Staging Area, Git 디렉터리

Git 디렉터리는 Git이 프로젝트의 메타데이터와 객체 데이터베이스를 저장하는 곳을 말한다. 이 Git 디렉터리가 Git의 핵심이다. 다른 컴퓨터에 있는 저장소를 Clone할 때 Git 디렉터리가 만들어진다.

워킹 디렉터리는 프로젝트의 특정 버전을 Checkout한 것이다. Git 디렉터리는 지금 작업하는 디스크에 있고 그 디렉터리 안에 압축된 데이터베이스에서 파일을 가져와서 워킹 디렉터리를 만든다.

Staging Area는 Git 디렉터리에 있다. 단순한 파일이고 곧 커밋할 파일에 대한 정보를 저장한다. 종종 인덱스라고 불리기도 하지만, Staging Area라는 명칭이 표준이 되어가고 있다.

Git으로 하는 일은 기본적으로 아래와 같다.

1. 워킹 디렉터리에서 파일을 수정한다.
2. Staging Area에 파일을 Stage해서 커밋할 스냅샷을 만든다.
3. Staging Area에 있는 파일들을 커밋해서 Git 디렉터리에 영구적인 스냅샷으로 저장한다.

Git 디렉터리에 있는 파일들은 Committed 상태이다. 파일을 수정하고 Staging Area에 추가했다면 Staged이다. 그리고 Checkout하고 나서 수정했지만, 아직 Staging Area에 추가하지 않았으면 Modified이다. 2장에서 이 상태에 대해 좀 더 자세히 배운다. 특히 Staging Area를 어떻게 이용하는지 혹은 아예 생략하는 방법도 설명한다.

1.4 CLI

Git을 사용하는 방법은 많다. CLI(Command Line Interface)로 사용할 수도 있고 GUI를 사용할 수도 있다. 이 책에서는 Git CLI 사용법을 설명한다. Git의 모든 기능을 지원하는 것은 CLI 뿐이다. GUI 프로그램의 대부분은 Git 기능을 전부 구현하지 않아서 비교적 단순하다. CLI를 사용할 줄 알면 GUI도 사용할 수 있지만 반대는 성립하지 않는다. GUI를 사용하고 싶더라도 CLI가 기본으로 설치되는 도구이기 때문에, CLI기준으로 설명하겠다.

여기서 우리는 맥의 Terminal이나 윈도우의 CMD나 Powershell을 실행시키는 방법은 알고 있을 거라고 가정한다. 만약 이 말이 무슨 말인지 모르겠다면 일단 여기서 멈추고 재빨리 배우길 바란다. 그래야 이 책에서 설명하는 내용을 배울 수 있다.

1.5 Git 설치

Git을 사용하려면 우선 설치해야 한다. 이미 설치했으면 최신 버전으로 업데이트하는 게 좋다. 패키지 설치하거나 별도의 인스톨러로 설치할 수 있다. 아니면 직접 소스 코드를 내려받아서 컴파일할 수도 있다.

 이 책은 Git **2.0.0** 버전을 기준으로 썼다. 그래도 대부분의 명령어는 그 이전 버전에서도 잘 동작한다. 하지만 몇 가지 기능은 아예 없거나 미묘하게 다를 수 있다. Git은 정말 이전 버전과 잘 호환되도록 유지하기 때문에, 이 책의 내용은 2.0 이후 버전에서도 잘 동작할 것이다.

리눅스에 설치

리눅스에서 패키지로 Git을 설치할 때는 보통 각 배포판에서 사용하는 패키지 관리도구를 사용하여 설치한다. 페도라(Fedora)에서는 아래와 같이 한다.

```
$ sudo yum install git
```

우분투(Ubuntu) 같은 데비안류 배포판에서는 apt get을 사용한다.

```
$ sudo apt-get install git
```

다른 유닉스 배포판에 설치하려면 http://git-scm.com/download/linux에서 확인하라.

맥에 설치

맥에 Git을 설치하는 방법 중에서 Xcode Command Line Tools가 설치하기 가장 쉽다. Mavericks(10.9)부터는 Terminal을 열고 git을 실행하면 바로 시작할 수 있다. git이 설치돼 있지 않으면 설치하라고 안내해준다.

좀 더 최신 버전이 필요하면 바이너리 인스톨러로 설치할 수 있다. OSX용 Git 인스톨러는 Git 웹사이트에서 관리하고 http://git-scm.com/download/mac에서 내려받는다.

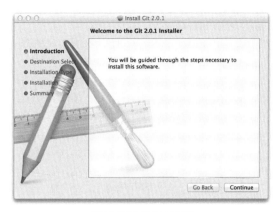

그림 1-7 Git OS X 인스톨러

GitHub for Mac을 설치하는 방법도 있다. 이 도구에도 CLI 도구를 설치하는 옵션이 있다. GitHub for Mac은 http://mac.github.com에서 내려받는다.

윈도우에 설치

윈도우(Windows)에 Git을 설치하는 방법은 여러 가지다. 공식 배포판은 Git 웹사이트에서 내려받을 수 있다. http://git-scm.com/download/win에 가면 자동으로 내려받는다. 이 프로젝트가 Git for Windows인데, Git 자체와는 다른 별도의 프로젝트다. 자세한 정보는 https://git-for-windows.github.io/에서 확인한다.

윈도우도 마찬가지로 GitHub for Windows를 설치해도 된다. 이 인스톨러는 CLI도 설치하고 GUI도 설치한다. Powershell에서도 잘 동작하고 암호(credential) 캐싱과 CRLF 설정도 잘 된다. 이런 것들은 차차 배우게 될 것인데, 여러분이 쓰게 될 것이라고만 말해두겠다. GitHub for Windows는 http://windows.github.com에서 내려받는다.

소스 코드로 설치하기

가장 최신 버전이 필요하면 소스 코드로 설치하는 것이 좋다. 바이너리 인스톨러는 약간 늦게 업데이트된다. 최근 Git은 매우 성숙해서 변경이 크지 않지만, 그래도 약간 차이 난다.

Git을 설치하려면 아래와 같은 라이브러리들이 필요하다. Git은 curl, zlib, openssl, expat, libiconv를 필요로 한다. 예를 들어 Fedora처럼 yum을 사용하는 시스템이나 apt-get이 있는 데비안류 시스템이면 아래 명령어를 실행하여 의존 패키지를 설치할 수 있다.

```
$ sudo yum install curl-devel expat-devel gettext-devel \
  openssl-devel perl-devel zlib-devel
$ sudo apt-get install libcurl4-gnutls-dev libexpat1-dev gettext \
  libz-dev libssl-dev
```

다양한(doc, html, info) 형식의 문서를 이용하려면 아래의 의존 패키지가 필요하다(주의: CentOS나 Scientific Linux 같은 RHEL류(derivatives) 사용자는 EPEL 저장소를 켜고 docbook2X 패키지를 내려받아야 한다.

```
$ sudo yum install asciidoc xmlto docbook2X
$ sudo apt-get install asciidoc xmlto docbook2x
```

Fedora/RHEL/RHEL류 사용자라면 아래 명령도 필요하다.

```
$ sudo ln -s /usr/bin/db2x_docbook2texi /usr/bin/docbook2x-texi
```

바이너리 이름이 달라서 그렇다.

모든 게 준비되면 바로 최신 배포 버전을 가져온다. Kernel.org(https://www.kernel.org/pub/software/scm/git)에서 내려받을 수도 있고 GitHub 미러(https://github.com/git/git/releases)에서 받을 수도 있다. 보통 GitHub 페이지에서 최신 버전을 내려받는 것이 더 간단하지만 kernel.org에는 배포 서명이 있어서 내려받은 것을 검증할 수 있다.

그리고 컴파일하고 설치한다.

```
$ tar -zxf git-2.0.0.tar.gz
$ cd git-2.0.0
$ make configure
$ ./configure --prefix=/usr
$ make all doc info
$ sudo make install install-doc install-html install-info
```

설치하고 나면 Git을 사용하여 Git 소스 코드를 수정할 수도 있다.

```
$ git clone git://git.kernel.org/pub/scm/git/git.git
```

1.6 Git 최초 설정

Git을 설치하고 나면 Git의 사용 환경을 적절하게 설정해 주어야 한다. 한 번만 설정하면 된다. 설정한 내용은 Git을 업그레이드해도 유지된다. 언제든지 다시 바꿀 수 있는 명령어도 있다.

git config라는 도구로 설정 내용을 확인하고 변경할 수 있다. Git은 이 설정에 따라 동작한다. 이때 사용하는 설정 파일은 세 가지나 된다.

1. `/etc/gitconfig` 파일: 시스템의 모든 사용자와 모든 저장소에 적용되는 설정 이다. `git config --system` 옵션으로 이 파일을 읽고 쓸 수 있다.
2. `~/.gitconfig`, `~/.config/git/config` 파일: 특정 사용자에게만 적용되는 설정이 다. `git config --global` 옵션으로 이 파일을 읽고 쓸 수 있다.
3. `.git/config` 파일: Git 디렉터리에 있고 특정 저장소(혹은 현재 작업 중인 프로 젝트)에만 적용된다.

각 설정은 역순으로 우선시 된다. 그래서 .git/config가 /etc/gitconfig보다 우선 한다.

윈도우에서는 `$HOME` 디렉터리에서 `.gitconfig` 파일을 찾는다(아마도 C:\ Users\$USER 디렉터리). 윈도우에서도 /etc/gitconfig 파일은 그 경로에서 찾는 다. 이 경로는 아마도 MSys 루트의 상대경로일 텐데, MSys 루트는 인스톨러로 Git을 윈도우에 설치할 때 결정된다. 'Git for Windows' 2.x 버전에서는 조금 다 르다. 윈도우 XP 사용자는 `C:\Documents and Settings\All Users\Application Data\Git\config` 디렉터리에서 찾을 수 있고 윈도우 Vista 이후 버전 사용자는 `C:\ProgramData\Git\config`에서 찾을 수 있다. 이 시스템 설정 파일의 경로는 `git config -f <file>` 명령으로 변경할 수 있다. 관리자 권한이 필요하다.

사용자 정보

Git을 설치하고 나서 가장 먼저 해야 하는 것은 사용자 이름과 이메일 주소를 설 정하는 것이다. Git은 커밋할 때마다 이 정보를 사용한다. 한번 커밋한 후에는 정보를 변경할 수 없다.

```
$ git config --global user.name "John Doe"
$ git config --global user.email johndoe@example.com
```

다시 말하자면 --global 옵션으로 설정하는 것은 딱 한 번만 하면 된다. 해당 시 스템에서 해당 사용자가 사용할 때에는 이 정보를 사용한다. 만약 프로젝트마다 다른 이름과 이메일 주소를 사용하고 싶으면 --global 옵션을 빼고 명령을 실행 한다.

GUI 도구들은 처음 실행할 때 이 설정을 묻는다.

편집기

사용자 정보를 설정하고 나면 Git에서 사용할 텍스트 편집기를 고른다. 기본적으로 Git은 시스템의 기본 편집기를 사용하고 보통 Vi나 Vim이다. 하지만 Emacs 같은 다른 텍스트 편집기를 사용할 수 있고 아래와 같이 실행하면 된다.

```
$ git config --global core.editor emacs
```

 Vim과 Emacs, Notepad++는 꽤 인기 있는 편집기로 개발자들이 즐겨 사용한다. OS X나 리눅스 같은 유닉스 시스템이나 윈도우 시스템에서 사용 가능하다. 이 편집기가 불편해서 다른 편집기를 사용해야 한다면 Git 편집기로 설정하는 방법을 찾아봐야 한다.

 Git과 연결해서 사용할 편집기를 제대로 설정하지 않으면 Git이 이상하게 동작할 수도 있다. 예를 들어 윈도우 시스템 환경에서 Git은 편집기를 실행시키고 편집기로부터 내용을 전달받아 다음 작업을 수행해야 하는데 편집기로부터 내용을 제대로 전달받지 못하고 다음 작업이 수행되는 예상 밖의 동작이 나타날 수도 있다. 그땐 당황하지 말고 편집기를 그냥 종료하면 Git 명령을 취소할 수 있다.

설정 확인

`git config --list` 명령을 실행하면 설정한 모든 것을 보여준다. 그래서 바로 확인할 수 있다.

```
$ git config --list
user.name=John Doe
user.email=johndoe@example.com
color.status=auto
color.branch=auto
color.interactive=auto
color.diff=auto
...
```

Git은 같은 키를 여러 파일(/etc/gitconfig와 ~/.gitconfig 같은)에서 읽기 때문에 같은 키가 여러 개 있을 수도 있다. 그러면 Git은 나중 값을 사용한다.

 `git config <key>` 명령으로 Git이 특정 Key에 대해 어떤 값을 사용하는지 확인할 수 있다.

```
$ git config user.name
John Doe
```

1.7 도움말 보기

명령어에 대한 도움말이 필요할 때 도움말을 보는 방법은 세 가지다.

```
$ git help <verb>
$ git <verb> --help
$ man git-<verb>
```

예를 들어 아래와 같이 실행하면 config 명령에 대한 도움말을 볼 수 있다.

```
$ git help config
```

도움말은 언제 어디서나 볼 수 있다. 오프라인으로도 볼 수 있다. 도움말과 이 책으로 부족하면 다른 사람의 도움을 받을 필요가 있다. Freenode IRC 서버(irc. freenode.net)에 있는 #git이나 #github 채널로 찾아가라. 이 채널에는 보통 수백 명이 접속해 있다. 모두 Git에 대해 잘 알고 있다. 기꺼이 도와줄 것이다.

1.8 요약

우리는 Git이 무엇이고 지금까지 사용해 온 다른 CVCS와 어떻게 다른지 배웠다. 시스템에 Git을 설치하고 사용자 정보도 설정했다. 다음 장에서는 Git의 사용법을 배운다.

2장

P r o G i t 2 n d E d i t i o n

Git의 기초

Git을 사용하는 방법을 알고 싶은데 한 개 장 밖에 읽을 시간이 없다면 이번 장을 읽어야 한다. Git에서 자주 사용하는 명령어는 모두 2장에 등장한다. 2장을 다 읽으면 저장소를 만들고 설정하는 방법, 파일을 추적하거나(Track) 추적을 그만두는 방법, 변경 내용을 Stage하고 커밋하는 방법을 알게 된다. 파일이나 파일 패턴을 무시하도록 Git을 설정하는 방법, 실수를 쉽고 빠르게 만회하는 방법, 프로젝트 히스토리를 조회하고 커밋을 비교하는 방법, 리모트 저장소에 Push하고 Pull하는 방법을 살펴본다.

2.1 Git 저장소 만들기

Git 저장소를 만드는 방법은 두 가지다. 기존 프로젝트나 디렉터리를 Git 저장소로 만드는 방법이 있고, 다른 서버에 있는 저장소를 Clone하는 방법이 있다.

기존 디렉터리를 Git 저장소로 만들기

기존 프로젝트를 Git으로 관리하고 싶을 때 프로젝트의 디렉터리로 이동해서 아래와 같은 명령을 실행한다.

```
$ git init
```

이 명령은 .git이라는 하위 디렉터리를 만든다. .git 디렉터리에는 저장소에 필요한 뼈대 파일(skeleton)이 들어 있다. 이 명령만으로는 아직 프로젝트의 어떤 파일도 관리하지 않는다(.git 디렉터리가 막 만들어진 직후 정확히 어떤 파일이 담겨 있는지는 10장 "Git의 내부"에서 다룬다).

　Git이 파일을 관리하게 하려면 저장소에 파일을 추가하고 커밋해야 한다. `git add` 명령으로 파일을 추가하고 `git commit` 명령으로 커밋한다.

```
$ git add *.c
$ git add LICENSE
$ git commit -m 'initial project version'
```

명령어 몇 개로 순식간에 Git 저장소를 만들고 파일 버전 관리를 시작했다.

기존 저장소를 Clone하기

다른 프로젝트에 참여하려거나(contribute) Git 저장소를 복사하고 싶을 때 git clone 명령을 사용한다. 이미 Subversion 같은 VCS에 익숙한 사용자에게는 checkout이 아니라 clone이라는 점이 도드라져 보일 것이다. Git이 Subversion과 다른, 가장 큰 차이점은 서버에 있는 거의 모든 데이터를 복사한다는 것이다. git clone을 실행하면 프로젝트 히스토리를 전부 받아온다. 실제로 서버의 디스크가 망가져도 클라이언트 저장소 중에서 아무거나 하나 가져다가 복구하면 된다(서버에만 적용했던 설정은 복구하지 못하지만 모든 데이터는 복구된다. "4.2 서버에 Git 설치하기"에서 좀 더 자세히 다룬다).

　git clone [url] 명령으로 저장소를 Clone한다. libgit2 라이브러리 소스 코드를 Clone 하려면 아래와 같이 실행한다.

```
$ git clone https://github.com/libgit2/libgit2
```

이 명령은 "libgit2"이라는 디렉터리를 만들고 그 안에 .git 디렉터리를 만든다. 그리고 저장소의 데이터를 모두 가져와서 자동으로 가장 최신 버전을 Checkout 해 놓는다. libgit2 디렉터리로 이동하면 Checkout으로 생성한 파일을 볼 수 있고, 당장 하고자 하는 일을 시작할 수 있다. 아래와 같은 명령을 사용하여 저장소를 Clone하면 "libgit2"이 아니라 다른 디렉터리 이름으로 Clone할 수 있다.

```
$ git clone https://github.com/libgit2/libgit2 mylibgit
```

디렉터리 이름이 mylibgit이라는 것만 빼면 이 명령의 결과와 앞선 명령의 결과는 같다.

Git은 다양한 프로토콜을 지원한다. 이제까지는 `https://` 프로토콜을 사용했지만 `git://`를 사용할 수도 있고 `user@server:path/to/repo.git`처럼 SSH 프로토콜을 사용할 수도 있다.

자세한 내용은 "4.2 서버에 Git 설치하기"에서 다루며 각 프로토콜의 장단점과 Git 저장소에 접근하는 방법을 설명한다.

2.2 수정하고 저장소에 저장하기

만질 수 있는 Git 저장소를 하나 만들었고 워킹 디렉터리에 Checkout도 했다. 이제는 파일을 수정하고 파일의 스냅샷을 커밋해 보자. 파일을 수정하다가 저장하고 싶으면 스냅샷을 커밋한다.

워킹 디렉터리의 모든 파일은 크게 Tracked(관리대상임)와 Untracked(관리대상이 아님)로 나눈다. Tracked 파일은 이미 스냅샷에 포함돼 있던 파일이다. Tracked 파일은 또 Unmodified(수정하지 않음)와 Modified(수정함) 그리고 Staged(커밋으로 저장소에 기록할) 상태 중 하나이다. 그리고 나머지 파일은 모두 Untracked 파일이다. Untracked 파일은 워킹 디렉터리에 있는 파일 중 스냅샷에도 Staging Area에도 포함되지 않은 파일이다. 처음 저장소를 Clone하면 모든 파일은 Tracked이면서 Unmodified 상태이다. 파일을 Checkout하고 나서 아무것도 수정하지 않았기 때문에 그렇다.

마지막 커밋 이후 아직 아무것도 수정하지 않은 상태에서 어떤 파일을 수정하면 Git은 그 파일을 Modified 상태로 인식한다. 실제로 커밋을 하기 위해서는 이 수정한 파일을 Staged 상태로 만들고, Staged 상태의 파일을 커밋한다. 이런 라이프사이클을 계속 반복한다.

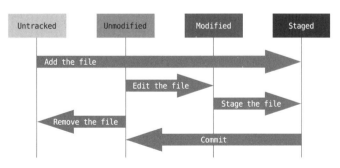

그림 2-1 파일의 라이프사이클

파일의 상태 확인하기

파일의 상태를 확인하려면 보통 `git status` 명령을 사용한다. Clone한 후에 바로 이 명령을 실행하면 다음과 같은 메시지를 볼 수 있다.

```
$ git status
On branch master
nothing to commit, working directory clean
```

위의 내용은 파일을 하나도 수정하지 않았다는 것을 말해준다. Tracked나 Modified 상태인 파일이 없다는 의미다. Untracked 파일은 아직 없어서 목록에 나타나지 않는다. 그리고 현재 작업 중인 브랜치를 알려주며 서버의 같은 브랜치로부터 진행된 작업이 없는 것을 나타낸다. 기본 브랜치가 master이기 때문에 현재 브랜치 이름이 "master"로 나온다. 브랜치 관련 내용은 차차 알아가자. 3장에서 브랜치와 Refs에 대해 자세히 다룬다.

프로젝트에 README 파일을 만들어보자. README 파일은 새로 만든 파일이기 때문에 `git status`를 실행하면 'Untracked files'에 들어 있다.

```
$ echo 'My Project' > README
$ git status
On branch master
Untracked files:
  (use "git add <file>..." to include in what will be committed)

    README

nothing added to commit but untracked files present (use "git add" to track)
```

README 파일은 `Untracked files` 부분에 속해 있는데 이것은 README 파일이 Untracked 상태라는 것을 말한다. Git은 Untracked 파일을 아직 스냅샷(커밋)에 넣어지지 않은 파일이라고 본다. 파일이 Tracked 상태가 되기 전까지는 Git은 절대 그 파일을 커밋하지 않는다. 그래서 일하면서 생성하는 바이너리 파일 같은 것을 커밋하는 실수는 하지 않게 된다. README 파일을 추가해서 직접 Tracked 상태로 만들어 보자.

파일을 새로 추적하기

`git add` 명령으로 파일을 새로 추적할 수 있다. 아래 명령을 실행하면 Git은 README 파일을 추적한다.

```
$ git add README
```

git status 명령을 다시 실행하면 README 파일이 Tracked 상태이면서 커밋
에 추가될 Staged 상태라는 것을 확인할 수 있다.

```
$ git status
On branch master
Changes to be committed:
  (use "git reset HEAD <file>..." to unstage)

    new file:   README
```

"Changes to be committed"에 들어 있는 파일은 Staged 상태라는 것을 의미한
다. 커밋하면 git add를 실행한 시점의 파일이 커밋되어 저장소 히스토리에 남
는다. 앞에서 git init 명령을 실행한 후, 그 다음 git add (files) 명령을 실행
했던 걸 기억할 것이다. 이 명령을 통해 디렉터리에 있는 파일을 추적하고 관리
하도록 한다. git add 명령은 파일 또는 디렉터리의 경로를 아규먼트로 받는다.
디렉터리면 아래에 있는 모든 파일들까지 재귀적으로 추가한다.

Modified 상태의 파일을 Stage하기

이미 Tracked 상태인 파일을 수정하는 법을 알아보자. "CONTRIBUTING.md"
라는 파일을 수정하고 나서 git status 명령을 다시 실행하면 결과는 아래와
같다.

```
$ git status
On branch master
Changes to be committed:
  (use "git reset HEAD <file>..." to unstage)

    new file:   README

Changes not staged for commit:
  (use "git add <file>..." to update what will be committed)
  (use "git checkout -- <file>..." to discard changes in working directory)

    modified:   CONTRIBUTING.md
```

이 "CONTRIBUTING.md" 파일은 "Changes not staged for commit"에 있다. 이
것은 수정한 파일이 Tracked 상태이지만 아직 Staged 상태는 아니라는 것이다.
Staged 상태로 만들려면 git add 명령을 실행해야 한다. git add 명령은 파일을
새로 추적할 때도 사용하고 수정한 파일을 Staged 상태로 만들 때도 사용한다.

Merge할 때 충돌 난 상태의 파일을 Resolve 상태로 만들 때도 사용한다. add의
의미는 프로젝트에 파일을 추가한다기보다는 다음 커밋에 추가한다고 받아들이
는 게 좋다. git add 명령을 실행하여 "CONTRIBUTING.md" 파일을 Staged 상
태로 만들고 git status 명령으로 결과를 확인해보자.

```
$ git add CONTRIBUTING.md
$ git status
On branch master
Changes to be committed:
  (use "git reset HEAD <file>..." to unstage)

    new file:   README
    modified:   CONTRIBUTING.md
```

두 파일 모두 Staged 상태이므로 다음 커밋에 포함된다. 하지만 아직 더 수정해
야 한다는 것을 알게 되어 바로 커밋하지 못하는 상황이 되었다고 생각해보자.
이 상황에서 CONTRIBUTING.md 파일을 열고 수정한다. 이제 커밋할 준비가
다 됐다고 생각할 테지만, Git은 그렇지 않다. git status 명령으로 파일의 상태
를 다시 확인해보자.

```
$ vim CONTRIBUTING.md
$ git status
On branch master
Changes to be committed:
  (use "git reset HEAD <file>..." to unstage)

    new file:   README
    modified:   CONTRIBUTING.md

Changes not staged for commit:
  (use "git add <file>..." to update what will be committed)
  (use "git checkout -- <file>..." to discard changes in working directory)

    modified:   CONTRIBUTING.md
```

헉! CONTRIBUTING.md가 Staged 상태이면서 동시에 Unstaged 상태로 나온다. 어
떻게 이런 일이 가능할까? git add 명령을 실행하면 Git은 파일을 바로 Staged
상태로 만든다. 지금 이 시점에서 커밋을 하면 git commit 명령을 실행하는 시
점의 버전이 커밋되는 것이 아니라 마지막으로 git add 명령을 실행했을 때의
버전이 커밋된다. 그러니까 git add 명령을 실행한 후에 또 파일을 수정하면 git
add 명령을 다시 실행해서 최신 버전을 Staged 상태로 만들어야 한다.

```
$ git add CONTRIBUTING.md
```

```
$ git status
On branch master
Changes to be committed:
  (use "git reset HEAD <file>..." to unstage)

    new file:   README
    modified:   CONTRIBUTING.md
```

파일 상태를 짤막하게 확인하기

git status 명령으로 확인할 수 있는 내용이 좀 많아 보일 수 있다. 사실 그렇다. 좀 더 간단하게 변경 내용을 보여주는 옵션이 있다. git status -s 또는 git status --short처럼 옵션을 주면 현재 변경한 상태를 짤막하게 보여준다.

```
$ git status -s
 M README
MM Rakefile
A  lib/git.rb
M  lib/simplegit.rb
?? LICENSE.txt
```

아직 추적하지 않는 새 파일 앞에는 ??표시가 붙는다. Staged 상태로 추가한 파일 중 새로 생성한 파일 앞에는 A 표시가, 수정한 파일 앞에는 M 표시가 붙는다. 위 명령의 결과는 한 라인에 두 가지 정보를 보여준다. 왼쪽에는 파일의 상태를, 오른쪽에는 해당하는 파일의 이름을 표시한다. README 파일 같은 경우 내용을 변경했지만 아직 Staged 상태로 추가하지는 않았다. lib/simplegit.rb 파일은 내용을 변경하고 Staged 상태로 추가까지 한 상태이다. 위 결과에서 차이점을 비교해보자. Rakefile은 변경하고 Staged 상태로 추가한 후 또 내용을 변경해서 Staged이면서 Unstaged 상태인 파일이다.

파일 무시하기

어떤 파일은 Git이 관리할 필요가 없다. 보통 로그 파일이나 빌드 시스템이 자동으로 생성한 파일이 그렇다. 그런 파일을 무시하려면 .gitignore 파일을 만들고 그 안에 무시할 파일 패턴을 적는다. 아래는 .gitignore 파일의 예이다.

```
$ cat .gitignore
*.[oa]
*~
```

첫 번째 라인은 확장자가 ".o"나 ".a"인 파일을 Git이 무시하라는 것이고 둘째 라인은 ~로 끝나는 모든 파일을 무시하라는 것이다. ".o"와 ".a"는 각각 빌드 시스템이 만들어내는 오브젝트와 아카이브 파일이고 ~로 끝나는 파일은 Emacs나 vi 같은 텍스트 편집기가 임시로 만들어내는 파일이다. 또 log, tmp, pid 같은 디렉터리나, 자동으로 생성하는 문서 같은 것들도 추가할 수 있다. `.gitignore` 파일은 보통 처음에 만들어 두는 것이 편리하다. 그래서 Git 저장소에 커밋하고 싶지 않은 파일을 실수로 커밋하는 일을 방지할 수 있다.

`.gitignore` 파일에 입력하는 패턴은 아래 규칙을 따른다.

- 아무것도 없는 라인이나, #로 시작하는 라인은 무시한다.
- 표준 Glob 패턴을 사용한다.
- 슬래시(/)로 시작하면 하위 디렉터리에 적용되지(recursivity) 않는다.
- 디렉터리는 슬래시(/)를 끝에 사용하는 것으로 표현한다.
- 느낌표(!)로 시작하는 패턴의 파일은 무시하지 않는다.

Glob 패턴은 정규표현식을 단순하게 만든 것으로 생각하면 되고 보통 셸에서 많이 사용한다.

애스터리스크(*)는 문자가 하나도 없거나 하나 이상을 의미하고, [abc]는 중괄호 안에 있는 문자 중 하나를 의미한다(그러니까 이 경우에는 a, b, c). 물음표(?)는 문자 하나를 말하고, [0-9]처럼 중괄호 안의 캐릭터 사이에 붙임표(-)를 사용하면 그 캐릭터 사이에 있는 문자 하나를 말한다. 애스터리스크 2개를 사용하여 디렉터리 안의 디렉터리까지 지정할 수 있다. a/**/z 패턴은 a/z, a/b/z, a/b/c/z 디렉터리에 사용할 수 있다.

아래는 .gitignore 파일의 예이다.

```
# 확장자가 .a인 파일 무시
*.a

# 윗 라인에서 확장자가 .a인 파일은 무시하게 했지만 lib.a는 무시하지 않음
!lib.a

# 현재 디렉터리에 있는 TODO 파일은 무시하고 subdir/TODO처럼 하위 디렉터리에 있는 파일은 무시하지 않음
/TODO

# build/ 디렉터리에 있는 모든 파일은 무시
build/

# doc/notes.txt 파일은 무시하고 doc/server/arch.txt 파일은 무시하지 않음
doc/*.txt

# doc 디렉터리 아래의 모든 .pdf 파일을 무시
doc/**/*.pdf
```

GitHub은 다양한 프로젝트에서 자주 사용하는 .gitignore 예제를 관리하고 있다. 어떤 내용을 넣을지 막막하다면 https://github.com/github/gitignore 사이트에서 적당한 예제를 찾을 수 있다.

Staged와 Unstaged 상태의 변경 내용을 보기

단순히 파일이 변경됐다는 사실이 아니라 어떤 내용이 변경됐는지 살펴보려면 git status 명령이 아니라 git diff 명령을 사용해야 한다. 보통 우리는 '수정했지만, 아직 Staged 파일이 아닌 것'과 '어떤 파일이 Staged 상태인지'가 궁금하기 때문에 git status 명령으로도 충분하다. 더 자세하게 볼 때는 git diff 명령을 사용하는데 Patch처럼 어떤 라인을 추가했고 삭제했는지가 궁금할 때에 사용한다. git diff는 나중에 더 자세히 다룬다.

README 파일을 수정해서 Staged 상태로 만들고 CONTRIBUTING.md 파일은 그냥 수정만 해둔다. 이 상태에서 git status 명령을 실행하면 아래와 같은 메시지를 볼 수 있다.

```
$ git status
On branch master
Changes to be committed:
  (use "git reset HEAD <file>..." to unstage)

    new file:   README

Changes not staged for commit:
  (use "git add <file>..." to update what will be committed)
  (use "git checkout -- <file>..." to discard changes in working directory)

    modified:   CONTRIBUTING.md
```

git diff 명령을 실행하면 수정했지만 아직 staged 상태가 아닌 파일을 비교해볼 수 있다.

```
$ git diff
diff --git a/CONTRIBUTING.md b/CONTRIBUTING.md
index 8ebb991..643e24f 100644
--- a/CONTRIBUTING.md
+++ b/CONTRIBUTING.md
@@ -65,7 +65,8 @@ branch directly, things can get messy.
 Please include a nice description of your changes when you submit your PR;
 if we have to read the whole diff to figure out why you're contributing
 in the first place, you're less likely to get feedback and have your change
-merged in.
+merged in. Also, split your changes into comprehensive chunks if your patch is
```

```
+longer than a dozen lines.

 If you are starting to work on a particular area, feel free to submit a PR
 that highlights your work in progress (and note in the PR title that it's
```

이 명령은 워킹 디렉터리에 있는 것과 Staging Area에 있는 것을 비교한다. 그래서 수정하고 아직 Stage하지 않은 것을 보여준다.

만약 커밋하려고 Staging Area에 넣은 파일의 변경 부분을 보고 싶으면 git diff --staged 옵션을 사용한다. 이 명령은 저장소에 커밋한 것과 Staging Area에 있는 것을 비교한다.

```
$ git diff --staged
diff --git a/README b/README
new file mode 100644
index 0000000..03902a1
--- /dev/null
+++ b/README
@@ -0,0 +1,4 @@
+My Project
```

꼭 잊지 말아야 할 것이 있는데 git diff 명령은 마지막으로 커밋한 후에 수정한 것들 전부를 보여주지 않는다. git diff는 Unstaged 상태인 것들만 보여준다. 이 부분이 조금 헷갈릴 수 있다. 수정한 파일을 모두 Staging Area에 넣었다면 git diff 명령은 아무것도 출력하지 않는다.

CONTRIBUTING.md 파일을 Stage한 후에 다시 수정해도 git diff 명령을 사용할 수 있다. 이때는 Staged 상태인 것과 Unstaged 상태인 것을 비교한다.

```
$ git add CONTRIBUTING.md
$ echo '# test line' >> CONTRIBUTING.md
$ git status
On branch master
Changes to be committed:
  (use "git reset HEAD <file>..." to unstage)

    modified:   CONTRIBUTING.md

Changes not staged for commit:
  (use "git add <file>..." to update what will be committed)
  (use "git checkout -- <file>..." to discard changes in working directory)

    modified:   CONTRIBUTING.md
```

git diff 명령으로 Unstaged 상태인 변경 부분을 확인할 수 있다.

```
$ git diff
diff --git a/CONTRIBUTING.md b/CONTRIBUTING.md
index 643e24f..87f08c8 100644
--- a/CONTRIBUTING.md
+++ b/CONTRIBUTING.md
@@ -119,3 +119,4 @@ at the
 ## Starter Projects

 See our [projects list](https://github.com/libgit2/libgit2/blob/development/
                         PROJECTS.md).
+# test line
```

Staged 상태인 파일은 git diff --cached 옵션으로 확인한다. --staged와
--cached는 같은 옵션이다.

```
$ git diff --cached
diff --git a/CONTRIBUTING.md b/CONTRIBUTING.md
index 8ebb991..643e24f 100644
--- a/CONTRIBUTING.md
+++ b/CONTRIBUTING.md
@@ -65,7 +65,8 @@ branch directly, things can get messy.
 Please include a nice description of your changes when you submit your PR;
 if we have to read the whole diff to figure out why you're contributing
 in the first place, you're less likely to get feedback and have your change
-merged in.
+merged in. Also, split your changes into comprehensive chunks if your patch is
+longer than a dozen lines.

 If you are starting to work on a particular area, feel free to submit a PR
 that highlights your work in progress (and note in the PR title that it's
```

 이 책에서는 계속 git diff 명령을 여기저기서 써먹는다. 즐겨 쓰거나 결과를 아름답게 보
여주는 Diff 도구가 있으면 그걸 사용할 수도 있다. git diff 대신 git difftool 명령을
사용해서 emerge, vimdiff 같은 도구로 비교할 수 있다. 상용 제품도 사용할 수 있다. git
difftool --tool-help라는 명령은 사용 가능한 도구를 보여준다.

변경사항 커밋하기

수정한 것을 커밋하기 위해 Staging Area에 파일을 정리했다. Unstaged 상태
의 파일은 커밋되지 않는다는 것을 기억해야 한다. Git은 생성하거나 수정하고
나서 git add 명령으로 추가하지 않은 파일은 커밋하지 않는다. 그 파일은 여전
히 Modified 상태로 남아 있다. 커밋하기 전에 git status 명령으로 모든 것이
Staged 상태인지 확인할 수 있다. 그 후에 git commit을 실행하여 커밋한다.

```
$ git commit
```

Git 설정에서 지정된 편집기가 실행되고, 아래와 같은 텍스트가 자동으로 포함
된다(아래 예제는 Vim 편집기의 화면이다. 이 편집기는 셸의 $EDITOR 환경 변
수에 등록된 편집기이고 보통은 Vim이나 Emacs을 사용한다. 또 1장에서 설명
했듯이 `git config --global core.editor` 명령으로 어떤 편집기를 사용할지 설
정할 수 있다).

편집기는 아래와 같은 내용을 표시한다(아래 예제는 vim 편집기).

```
# Please enter the commit message for your changes. Lines starting
# with '#' will be ignored, and an empty message aborts the commit.
# On branch master
# Changes to be committed:
#new file:    README
#modified:    CONTRIBUTING.md
#
~
~
~
".git/COMMIT_EDITMSG" 9L, 283C
```

자동으로 생성되는 커밋 메시지의 첫 라인은 비어 있고 둘째 라인부터 git
status 명령의 결과가 채워진다. 커밋한 내용을 쉽게 기억할 수 있도록 이 메시
지를 포함할 수도 있고 메시지를 전부 지우고 새로 작성할 수 있다(정확히 뭘 수
정했는지도 보여줄 수 있는데, `git commit`에 -v 옵션을 추가하면 편집기에 diff
메시지도 추가된다). 내용을 저장하고 편집기를 종료하면 Git은 입력된 내용(#
로 시작하는 내용을 제외한)으로 새 커밋을 하나 완성한다.

메시지를 인라인으로 첨부할 수도 있다. commit 명령을 실행할 때 아래와 같
이 -m 옵션을 사용한다.

```
$ git commit -m "Story 182: Fix benchmarks for speed"
[master 463dc4f] Story 182: Fix benchmarks for speed
 2 files changed, 2 insertions(+)
 create mode 100644 README
```

이렇게 첫 번째 커밋을 작성해보았다. commit 명령은 몇 가지 정보를 출력하는
데 위 예제는 (master) 브랜치에 커밋했고 체크섬은 (463dc4f)라고 알려준다.
그리고 수정한 파일이 몇 개이고 삭제됐거나 추가된 라인이 몇 라인인지 알려
준다.

Git은 Staging Area에 속한 스냅샷을 커밋한다는 것을 기억해야 한다. 수정은
했지만, 아직 Staging Area에 넣지 않은 것은 다음에 커밋할 수 있다. 커밋할 때

마다 프로젝트의 스냅샷을 기록하기 때문에 나중에 스냅샷끼리 비교하거나 예전 스냅샷으로 되돌릴 수 있다.

Staging Area 생략하기

Staging Area는 커밋할 파일을 정리한다는 점에서 매우 유용하지만 복잡하기만 하고 필요하지 않은 때도 있다. 아주 쉽게 Staging Area를 생략할 수 있다. `git commit` 명령을 실행할 때 `-a` 옵션을 추가하면 Git은 Tracked 상태의 파일을 자동으로 Staging Area에 넣는다. 그래서 `git add` 명령을 실행하는 수고를 덜 수 있다.

```
$ git status
On branch master
Changes not staged for commit:
  (use "git add <file>..." to update what will be committed)
  (use "git checkout -- <file>..." to discard changes in working directory)

    modified:   CONTRIBUTING.md

no changes added to commit (use "git add" and/or "git commit -a")
$ git commit -a -m 'added new benchmarks'
[master 83e38c7] added new benchmarks
 1 file changed, 5 insertions(+), 0 deletions(-)
```

이 예제에서는 커밋하기 전에 `git add` 명령으로 "CONTRIBUTING.md" 파일을 추가하지 않았다는 점을 눈여겨보자.

파일 삭제하기

Git에서 파일을 제거하려면 `git rm` 명령으로 Tracked 상태의 파일을 삭제한 후에(정확하게는 Staging Area에서 삭제하는 것) 커밋해야 한다. 이 명령은 워킹 디렉터리에 있는 파일도 삭제하기 때문에 실제로 파일도 지워진다.

　Git 명령을 사용하지 않고 단순히 워킹 디렉터리에서 파일을 삭제하고 `git status` 명령으로 상태를 확인하면 Git은 현재 "Changes not staged for commit"(즉, Unstaged 상태)라고 표시해준다.

```
$ rm grit.gemspec
$ git status
On branch master
Changes not staged for commit:
  (use "git add/rm <file>..." to update what will be committed)
  (use "git checkout -- <file>..." to discard changes in working directory)
```

```
        deleted:      grit.gemspec

no changes added to commit (use "git add" and/or "git commit -a")
```

그리고 `git rm` 명령을 실행하면 삭제한 파일은 Staged 상태가 된다.

```
$ git rm grit.gemspec
rm 'grit.gemspec'
$ git status
On branch master
Changes to be committed:
  (use "git reset HEAD <file>..." to unstage)

        deleted:      grit.gemspec
```

커밋하면 파일은 삭제되고 Git은 이 파일을 더는 추적하지 않는다. 이미 파일을
수정했거나, 수정한 파일을 Index[1]에 추가했다면 -f 옵션을 주어 강제로 삭제해
야 한다. 이 점은 실수로 데이터를 삭제하지 못하도록 하는 안전장치다. 커밋하
지 않고 수정한 데이터는 Git으로 복구할 수 없기 때문이다.

또 Staging Area에서만 제거하고 워킹 디렉터리에 있는 파일은 지우지 않고 남
겨둘 수 있다. 다시 말해서 하드디스크에 있는 파일은 그대로 두고 Git만 추적하
지 않게 한다. 이것은 .gitignore 파일에 추가하는 것을 빼먹었거나, 대용량 로
그 파일이나 컴파일된 파일인 .a 파일 같은 것을 실수로 추가했을 때 아주 유용
하다. --cached 옵션을 사용하여 명령을 실행한다.

```
$ git rm --cached README
```

여러 개의 파일이나 디렉터리를 한꺼번에 삭제할 수도 있다. 아래와 같이 `git
rm` 명령에 file-glob 패턴을 사용한다.

```
$ git rm log/\*.log
```

`*` 앞에 `\`을 사용한 것을 기억하자. 파일명 확장 기능은 셸에만 있는 것이 아니라
Git 자체에도 있으므로 필요하다. 이 명령은 log/ 디렉터리에 있는 .log 파일을
모두 삭제한다. 아래의 예제처럼 할 수도 있다.

```
 $ git rm \*~
```

이 명령은 ~로 끝나는 파일을 모두 삭제한다.

---

[1] (옮긴이) Staging Area을 Git Index라고도 부른다.

파일 이름 변경하기

Git은 다른 VCS와는 달리 파일 이름의 변경이나 파일의 이동을 명시적으로 관리하지 않는다. 다시 말해서 파일 이름이 변경됐다는 별도의 정보를 저장하지 않는다. Git은 똑똑해서 굳이 파일 이름이 변경되었다는 것을 추적하지 않아도 아는 방법이 있다. 파일의 이름이 변경된 것을 Git이 어떻게 알아내는지 살펴보자.

이렇게 말하고 Git에 mv 명령이 있는 게 좀 이상하겠지만, 아래와 같이 파일이름을 변경할 수 있다.

```
$ git mv file_from file_to
```

잘 동작한다. 이 명령을 실행하고 Git의 상태를 확인해보면 Git은 이름이 바뀐 사실을 알고 있다.

```
$ git mv README.md README
$ git status
On branch master
Changes to be committed:
  (use "git reset HEAD <file>..." to unstage)

    renamed:    README.md -> README
```

사실 `git mv` 명령은 아래 명령어를 수행한 것과 완전 똑같다.

```
$ mv README.md README
$ git rm README.md
$ git add README
```

`git mv`는 일종의 단축 명령어이다. 이 명령으로 파일 이름을 바꿔도 되고 `mv` 명령으로 파일 이름을 직접 바꿔도 된다. 단지 Git의 `mv` 명령은 편리하게 명령을 세 번 실행해주는 것뿐이다. 어떤 도구로 이름을 바꿔도 상관없다. 중요한 것은 이름을 변경하고 나서 꼭 rm/add 명령을 실행해야 한다는 것뿐이다.

2.3 커밋 히스토리 조회하기

새로 저장소를 만들어서 몇 번 커밋을 했을 수도 있고, 커밋 히스토리가 있는 저장소를 Clone했을 수도 있다. 어쨌든 가끔 저장소의 히스토리를 보고 싶을 때가 있다. Git에는 히스토리를 조회하는 명령어인 `git log`가 있다.

이 예제에서는 "simplegit"이라는 매우 단순한 프로젝트를 사용한다. 아래와 같이 이 프로젝트를 Clone한다.

```
$ git clone https://github.com/schacon/simplegit-progit
```

이 프로젝트 디렉터리에서 git log 명령을 실행하면 아래와 같이 출력된다.

```
$ git log
commit ca82a6dff817ec66f44342007202690a93763949
Author: Scott Chacon <schacon@gee-mail.com>
Date:   Mon Mar 17 21:52:11 2008 -0700

    changed the version number

commit 085bb3bcb608e1e8451d4b2432f8ecbe6306e7e7
Author: Scott Chacon <schacon@gee-mail.com>
Date:   Sat Mar 15 16:40:33 2008 -0700

    removed unnecessary test

commit a11bef06a3f659402fe7563abf99ad00de2209e6
Author: Scott Chacon <schacon@gee-mail.com>
Date:   Sat Mar 15 10:31:28 2008 -0700

    first commit
```

특별한 아규먼트 없이 git log 명령을 실행하면 저장소의 커밋 히스토리를 시간 순으로 보여준다. 즉, 가장 최근의 커밋이 가장 먼저 나온다. 그리고 이어서 각 커밋의 SHA-1 체크섬, 저자 이름, 저자 이메일, 커밋한 날짜, 커밋 메시지를 보여준다.

원하는 히스토리를 검색할 수 있도록 git log 명령은 매우 다양한 옵션을 지원한다. 여기에서는 자주 사용하는 옵션을 설명한다.

여러 옵션 중 -p는 굉장히 유용한 옵션이다. -p는 각 커밋의 diff 결과를 보여준다. 다른 유용한 옵션으로 -2가 있는데 최근 두 개의 결과만 보여주는 옵션이다:

```
$ git log -p -2
commit ca82a6dff817ec66f44342007202690a93763949
Author: Scott Chacon &lt;schacon@gee-mail.com&gt;
Date:   Mon Mar 17 21:52:11 2008 -0700

    changed the version number

diff --git a/Rakefile b/Rakefile
index a874b73..8f94139 100644
```

```
--- a/Rakefile
+++ b/Rakefile
@@ -5,7 +5,7 @@ require 'rake/gempackagetask'
 spec = Gem::Specification.new do    s
     s.platform  =   Gem::Platform::RUBY
     s.name      =   "simplegit"
-    s.version   =   "0.1.0"
+    s.version   =   "0.1.1"
     s.author    =   "Scott Chacon"
     s.email     =   "schacon@gee-mail.com"
     s.summary   =   "A simple gem for using Git in Ruby code."


commit 085bb3bcb608e1e8451d4b2432f8ecbe6306e7e7
Author: Scott Chacon <schacon@gee-mail.com>
Date:   Sat Mar 15 16:40:33 2008 -0700

    removed unnecessary test

diff --git a/lib/simplegit.rb b/lib/simplegit.rb
index a0a60ae..47c6340 100644
--- a/lib/simplegit.rb
+++ b/lib/simplegit.rb
@@ -18,8 +18,3 @@ class SimpleGit
     end

 end
-
-if $0 == __FILE__
-  git = SimpleGit.new
-  puts git.show
-end
\ No newline at end of file
```

이 옵션은 직접 diff를 실행한 것과 같은 결과를 출력하기 때문에 동료가 무엇을 커밋했는지 리뷰하고 빨리 조회하는 데 유용하다. 또 git log 명령에는 히스토리의 통계를 보여주는 옵션도 있다. --stat 옵션으로 각 커밋의 통계 정보를 조회할 수 있다.

```
$ git log --stat
commit ca82a6dff817ec66f44342007202690a93763949
Author: Scott Chacon <schacon@gee-mail.com>
Date:   Mon Mar 17 21:52:11 2008 -0700

    changed the version number

 Rakefile2 +-
 1 file changed, 1 insertion(+), 1 deletion(-)

commit 085bb3bcb608e1e8451d4b2432f8ecbe6306e7e7
Author: Scott Chacon <schacon@gee-mail.com>
Date:   Sat Mar 15 16:40:33 2008 -0700
```

```
    removed unnecessary test

 lib/simplegit.rb 5 -----
 1 file changed, 5 deletions(-)

commit a11bef06a3f659402fe7563abf99ad00de2209e6
Author: Scott Chacon &lt;schacon@gee-mail.com&gt;
Date:   Sat Mar 15 10:31:28 2008 -0700

    first commit

 README   6 ++++++
 Rakefile23 +++++++++++++++++++++++
 lib/simplegit.rb 25 +++++++++++++++++++++++++
 3 files changed, 54 insertions(+)
```

이 결과에서 --stat 옵션은 어떤 파일이 수정됐는지, 얼마나 많은 파일이 변경됐는지, 또 얼마나 많은 라인을 추가하거나 삭제했는지 보여준다. 요약정보는 가장 뒤쪽에 보여준다.

다른 또 유용한 옵션은 --pretty 옵션이다. 이 옵션을 통해 히스토리 내용을 보여줄 때 기본 형식 이외에 여러 가지 중 하나를 선택할 수 있다. 몇 개 선택할 수 있는 옵션의 값이 있는데, 이 중 oneline 옵션은 각 커밋을 한 라인으로 보여준다. 이 옵션은 많은 커밋을 한 번에 조회할 때 유용하다. 추가로 short, full, fuller 옵션도 있는데 이것은 정보를 조금씩 가감해서 보여준다.

```
$ git log --pretty=oneline
ca82a6dff817ec66f44342007202690a93763949 changed the version number
085bb3bcb608e1e8451d4b2432f8ecbe6306e7e7 removed unnecessary test
a11bef06a3f659402fe7563abf99ad00de2209e6 first commit
```

가장 재밌는 옵션은 format 옵션이다. 나만의 포맷으로 결과를 출력하고 싶을 때 사용한다. 특히 결과를 다른 프로그램으로 파싱하고자 할 때 유용하다. 이 옵션을 사용하면 포맷을 정확하게 일치시킬 수 있기 때문에 Git을 새 버전으로 바꿔도 결과 포맷이 바뀌지 않는다.

```
$ git log --pretty=format:"%h - %an, %ar : %s"
ca82a6d - Scott Chacon, 6 years ago : changed the version number
085bb3b - Scott Chacon, 6 years ago : removed unnecessary test
a11bef0 - Scott Chacon, 6 years ago : first commit
```

옵션	설명
%H	커밋 해시
%h	짧은 길이 커밋 해시
%T	트리 해시
%t	짧은 길이 트리 해시
%P	부모 해시
%p	짧은 길이 부모 해시
%an	저자 이름
%ae	저자 메일
%ad	저자 시각(형식은 –date= 옵션 참고)
%ar	저자 상대적 시각
%cn	커미터 이름
%ce	커미터 메일
%cd	커미터 시각
%cr	커미터 상대적 시각
%s	요약

표 2-1 git log --pretty=format에 쓸 수 있는 몇 가지 유용한 옵션

저자(author)와 커미터(committer)를 구분하는 것이 조금 이상해 보일 수 있다. 저자는 원래 작업을 수행한 원작자이고 커미터는 마지막으로 이 작업을 적용한 (저장소에 포함한) 사람이다. 만약 여러분이 어떤 프로젝트에 패치를 보냈고 그 프로젝트의 담당자가 패치를 적용했다면 두 명의 정보를 모두 알 필요가 있다. 그래서 이 경우 여러분이 저자고 그 담당자가 커미터다. 5장에서 이 주제에 대해 자세히 다룰 것이다.

oneline과 format 옵션은 --graph 옵션과 함께 사용할 때 더 빛난다. 이 명령은 브랜치와 머지 히스토리를 보여주는 아스키 그래프를 출력한다.

```
$ git log --pretty=format:"%h %s" --graph
* 2d3acf9 ignore errors from SIGCHLD on trap
*   5e3ee11 Merge branch 'master' of git://github.com/dustin/grit
\
* 420eac9 Added a method for getting the current branch.
*     30e367c timeout code and tests
*     5a09431 add timeout protection to grit
*     e1193f8 support for heads with slashes in them
/
* d6016bc require time for xmlschema
*   11d191e Merge branch 'defunkt' into local
```

다음 장에서 살펴볼 브랜치나 Merge 결과의 히스토리를 이런 식으로 살펴보면 훨씬 흥미롭다.

`git log` 명령의 기본적인 옵션과 출력물의 형식에 관련된 옵션을 살펴보았다. `git log` 명령은 앞서 살펴본 것보다 더 많은 옵션을 지원한다. 표 2-2는 지금 설명한 것과 함께 유용하게 사용할 수 있는 옵션이다. 각 옵션으로 어떻게 `log` 명령을 제어할 수 있는지 보여준다.

옵션	설명
-p	각 커밋에 적용된 패치를 보여준다.
--stat	각 커밋에서 수정된 파일의 통계정보를 보여준다.
--shortstat	--stat 명령의 결과 중에서 수정한 파일, 추가된 라인, 삭제된 라인만 보여준다.
--name-only	커밋 정보 중에서 수정된 파일의 목록만 보여준다.
--name-status	수정된 파일의 목록을 보여줄 뿐만 아니라 파일을 추가한 것인지, 수정한 것인지, 삭제한 것인지도 보여준다.
--abbrev-commit	40자짜리 SHA-1 체크섬을 전부 보여주는 것이 아니라 처음 몇 자만 보여준다.
--relative-date	정확한 시간을 보여주는 것이 아니라 "2주 전"처럼 상대적인 형식으로 보여준다.
--graph	브랜치와 Merge 히스토리 정보까지 아스키 그래프로 보여준다.
--pretty	지정한 형식으로 보여준다. 이 옵션에는 oneline, short, full, fuller, format이 있다. format은 원하는 형식으로 출력하고자 할 때 사용한다.

표 2-2 git log 주요 옵션

조회 제한조건

출력 형식과 관련된 옵션을 살펴봤지만 `git log` 명령엔 조회 범위를 제한하는 옵션들도 있다. 히스토리 전부가 아니라 부분만 조회한다. 이미 최근 두 개만 조회하는 -2 옵션은 살펴봤다. 실제 사용법은 -<n>이고 n은 최근 n개의 커밋을 의미한다. 사실 이 옵션을 자주 쓰진 않는다. Git은 기본적으로 출력을 pager류의 프로그램을 거쳐서 내보내므로 한 번에 한 페이지씩 보여준다.

반면 --since나 --until 같은 시간을 기준으로 조회하는 옵션은 매우 유용하다. 지난 2주 동안 만들어진 커밋들만 조회하는 명령은 아래와 같다.

```
$ git log --since=2.weeks
```

이 옵션은 다양한 형식을 지원한다. "2008-01-15" 같이 정확한 날짜도 사용할 수 있고 "2 years 1 day 3 minutes ago" 같이 상대적인 기간을 사용할 수도 있다.

또 다른 기준도 있다. --author 옵션으로 저자를 지정하여 검색할 수도 있고 --grep 옵션으로 커밋 메시지에서 키워드를 검색할 수도 있다(author와 grep 옵션을 함께 사용하여 모두 만족하는 커밋을 찾으려면 --all-match 옵션도 반드시 함께 사용해야 한다).

진짜 유용한 옵션으로 -S가 있는데 이 옵션은 코드에서 추가되거나 제거된 내용 중에 특정 텍스트가 포함되어 있는지를 검색한다. 예를 들어 어떤 함수가 추가되거나 제거된 커밋만을 찾아보려면 아래와 같은 명령을 사용한다.

```
$ git log -Sfunction_name
```

마지막으로 파일 경로로 검색하는 옵션이 있는데 이것도 정말 유용하다. 디렉터리나 파일 이름을 사용하여 그 파일이 변경된 log의 결과를 검색할 수 있다. 이 옵션은 --와 함께 경로 이름을 사용하는데 명령어 끝 부분에 쓴다.[2]

표 2-3은 조회 범위를 제한하는 옵션들이다.

옵션	설명
-(n)	최근 n개의 커밋만 조회한다.
--since, --after	명시한 날짜 이후의 커밋만 검색한다.
--until, --before	명시한 날짜 이전의 커밋만 조회한다.
--author	입력한 저자의 커밋만 보여준다.
--committer	입력한 커미터의 커밋만 보여준다.
--grep	커밋 메시지 안의 텍스트를 검색한다.
-S	커밋 변경(추가/삭제) 내용 안의 텍스트를 검색한다.

표 2-3 git log 조회 범위를 제한하는 옵션

이제 살펴볼 예제는 Git 소스 코드 저장소에서 2008년 10월에 Junio Hamano가 테스트 파일을 수정한 커밋 중 Merge되지 않은 커밋을 확인해보는 명령이다.

```
$ git log --pretty="%h - %s" --author=gitster --since="2008-10-01" \
  --before="2008-11-01" --no-merges -- t/
5610e3b - Fix testcase failure when extended attributes are in use
acd3b9e - Enhance hold_lock_file_for_{update,append}() API
f563754 - demonstrate breakage of detached checkout with symbolic link HEAD
d1a43f2 - reset --hard/read-tree --reset -u: remove unmerged new paths
51a94af - Fix "checkout --track -b newbranch" on detached HEAD
b0ad11e - pull: allow "git pull origin $something:$current_branch" into an
unborn branch
```

---

2 (옮긴이) git log -- path1 path2

총 4만여 개의 커밋 히스토리에서 이 명령의 검색 조건에 만족하는 것은 단 6개였다.

2.4 되돌리기

일을 하다 보면 모든 단계에서 어떤 것은 되돌리고(undo) 싶을 때가 있다. 이번에는 우리가 한 일을 되돌리는 방법을 살펴본다. 한 번 되돌리면 복구할 수 없기에 주의해야 한다. Git을 사용하면 우리가 한 실수 중 복구하지 못할 게 거의 없지만, 되돌린 것은 복구할 수 없다.

종종 완료한 커밋을 수정해야 할 때가 있다. 너무 일찍 커밋했거나 어떤 파일을 빼먹었을 때 그리고 커밋 메시지를 잘못 적었을 때 그렇다. 다시 커밋하고 싶으면 --amend 옵션을 사용한다.

```
$ git commit --amend
```

이 명령은 Staging Area를 사용하여 커밋한다. 만약 마지막으로 커밋하고나서 수정한 것이 없다면(커밋하자마자 바로 이 명령을 실행하는 경우) 조금 전에 한 커밋과 모든 것이 같고, 커밋 메시지만 수정한다.

편집기가 실행되면 이전 커밋 메시지가 자동으로 포함된다. 메시지를 수정하지 않고 그대로 커밋해도 기존의 커밋을 덮어쓴다.

커밋을 했는데 Stage하는 것을 깜빡하고 빠트린 파일이 있으면 아래와 같이 고칠 수 있다.

```
$ git commit -m 'initial commit'
$ git add forgotten_file
$ git commit --amend
```

여기서 실행한 명령어 3개는 모두 하나의 커밋으로 기록된다. 두 번째 커밋은 첫 번째 커밋을 덮어쓴다.

파일 상태를 Unstage로 변경하기

다음은 Staging Area와 워킹 디렉터리 사이를 넘나드는 방법을 설명한다. 두 영역의 상태를 확인할 때마다 변경된 상태를 되돌리는 방법을 알려주기 때문에 매우 편리하다. 예를 들어 파일을 두 개 수정하고서 따로따로 커밋하려고 했지만, 실수로 git add * 라고 실행해 버렸다. 두 파일 모두 Staging Area에 들어 있다.

이제 둘 중 하나를 어떻게 꺼낼까? 우선 git status 명령으로 확인해보자.

```
$ git add *
$ git status
On branch master
Changes to be committed:
  (use "git reset HEAD <file>..." to unstage)

    renamed:    README.md -> README
    modified:   CONTRIBUTING.md
```

Changes to be commited 밑에 git reset HEAD <file>... 메시지가 보인다. 이 명령으로 Unstaged 상태로 변경할 수 있다. CONTRIBUTING.md 파일을 Unstaged 상태로 변경해보자.

```
$ git reset HEAD CONTRIBUTING.md
Unstaged changes after reset:
MCONTRIBUTING.md
$ git status
On branch master
Changes to be committed:
  (use "git reset HEAD <file>..." to unstage)

    renamed:    README.md -> README

Changes not staged for commit:
  (use "git add <file>..." to update what will be committed)
  (use "git checkout -- <file>..." to discard changes in working directory)

    modified:   CONTRIBUTING.md
```

명령어가 낯설게 느껴질 수도 있지만 잘 동작한다. CONTRIBUTING.md 파일은 Unstaged 상태가 됐다.

 git reset 명령을 --hard 옵션과 함께 사용하면 워킹 디렉터리 파일까지 수정되기에 조심해야 한다. --hard 옵션만 사용하지 않는다면 git reset 명령은 Staging Area의 파일만 조작하기 때문에 위험하지 않다.

지금까지 살펴본 내용이 여러분이 git reset 명령에 대해 알아야 할 거의 전부다. reset 명령이 정확히 어떻게 동작하는지, 이 명령을 어떻게 전문적으로 활용하는지는 "7.7 Reset 명확히 알고 가기"에서 자세히 살펴본다.

Modified 파일 되돌리기

어떻게 해야 CONTRIBUTING.md 파일을 수정하고 나서 다시 되돌릴 수 있을까? 그러니까 최근 커밋된 버전으로(아니면 처음 Clone했을 때처럼 워킹 디렉터리에 처음 Checkout한 그 내용으로) 되돌리는 방법이 무얼까? git status 명령이 친절하게 알려준다. 바로 앞 쪽의 예제에서 Unstaged 부분을 보자.

```
Changes not staged for commit:
  (use "git add <file>..." to update what will be committed)
  (use "git checkout -- <file>..." to discard changes in working directory)

    modified:   CONTRIBUTING.md
```

위의 메시지는 수정한 파일을 되돌리는 방법을 꽤 정확하게 알려준다. 알려주는 대로 한번 해보자.

```
$ git checkout -- CONTRIBUTING.md
$ git status
On branch master
Changes to be committed:
  (use "git reset HEAD <file>..." to unstage)

    renamed:    README.md -> README
```

정상적으로 복원된 것을 알 수 있다.

 git checkout -- [file] 명령은 꽤 위험한 명령이라는 것을 알아야 한다. 원래 파일로 덮어썼기 때문에 수정한 내용은 전부 사라진다. 수정한 내용이 진짜 마음에 들지 않을 때만 사용하자.

변경한 내용을 쉽게 버릴 수는 없고 하지만 당장은 되돌려야만 하는 상황이라면 Stash와 Branch를 사용하자. 3장에서 다루는 이 방법들이 훨씬 낫다.

Git으로 커밋한 모든 것은 언제나 복구할 수 있다. 삭제한 브랜치에 있었던 것도, --amend 옵션으로 다시 커밋한 것도 복구할 수 있다(자세한 것은 10.7절 "데이터 복구"에서 다룬다). 하지만 커밋하지 않고 잃어버린 것은 절대로 되돌릴 수 없다.

2.5 리모트 저장소

리모트 저장소를 관리할 줄 알아야 다른 사람과 함께 일할 수 있다. 리모트 저장소는 인터넷이나 네트워크 어딘가에 있는 저장소를 말한다. 저장소는 여러 개가 있을 수 있는데 어떤 저장소는 읽고 쓰기 모두 할 수 있고 어떤 저장소는 읽기만 가능할 수 있다. 간단히 말해서 다른 사람들과 함께 일한다는 것은 리모트 저장소를 관리하면서 데이터를 거기에 Push하고 Pull하는 것이다. 리모트 저장소를 관리한다는 것은 저장소를 추가, 삭제하는 것뿐만 아니라 브랜치를 관리하고 추적할지 말지 등을 관리하는 것을 말한다. 이번에는 리모트 저장소를 관리하는 방법에 대해 설명한다.

리모트 저장소 확인하기

git remote 명령으로 현재 프로젝트에 등록된 리모트 저장소를 확인할 수 있다. 이 명령은 리모트 저장소의 단축 이름을 보여준다. 저장소를 Clone하면 origin 이라는 리모트 저장소가 자동으로 등록되기 때문에 origin이라는 이름을 볼 수 있다.

```
$ git clone https://github.com/schacon/ticgit
Cloning into 'ticgit'...
remote: Reusing existing pack: 1857, done.
remote: Total 1857 (delta 0), reused 0 (delta 0)
Receiving objects: 100% (1857/1857), 374.35 KiB        268.00 KiB/s, done.
Resolving deltas: 100% (772/772), done.
Checking connectivity... done.
$ cd ticgit
$ git remote
origin
```

-v 옵션을 주어 단축 이름과 URL을 함께 볼 수 있다.

```
$ git remote -v
originhttps://github.com/schacon/ticgit (fetch)
originhttps://github.com/schacon/ticgit (push)
```

리모트 저장소가 여러 개 있다면 이 명령은 등록된 전부를 보여준다. 여러 사람과 함께 작업하는 리모트 저장소가 여러 개라면 아래와 같은 결과를 얻을 수도 있다.

```
$ cd grit
$ git remote -v
bakkdoor  https://github.com/bakkdoor/grit (fetch)
bakkdoor  https://github.com/bakkdoor/grit (push)
cho45     https://github.com/cho45/grit (fetch)
cho45     https://github.com/cho45/grit (push)
defunkt   https://github.com/defunkt/grit (fetch)
defunkt   https://github.com/defunkt/grit (push)
```

```
koke        git://github.com/koke/grit.git (fetch)
koke        git://github.com/koke/grit.git (push)
origin      git@github.com:mojombo/grit.git (fetch)
origin      git@github.com:mojombo/grit.git (push)
```

이렇게 리모트 저장소가 여러 개 등록되어 있으면 다른 사람이 기여한 내용 (Contributions)을 쉽게 가져올 수 있다. 어떤 저장소에는 Push 권한까지 제공하기도 하지만 일단 이 화면에서 Push 가능 권한까지는 확인할 수 없다.

리모트 저장소와 데이터를 주고받는데 사용하는 다양한 프로토콜에 대해서는 "4.2 서버에 Git 설치하기"에서 자세히 살펴본다.

리모트 저장소 추가하기

이전 절에서도 리모트 저장소를 추가하는 것에 관해 설명했지만 수박 겉핥기식으로 살펴봤을 뿐이었다. 여기에서는 리모트 저장소를 추가하는 방법을 자세하게 설명한다.

새 리모트 저장소는 쉽게 추가할 수 있는데 git remote add [단축 이름] [url] 명령으로 실행한다.

```
$ git remote
origin
$ git remote add pb https://github.com/paulboone/ticgit
$ git remote -v
originhttps://github.com/schacon/ticgit (fetch)
originhttps://github.com/schacon/ticgit (push)
pbhttps://github.com/paulboone/ticgit (fetch)
pbhttps://github.com/paulboone/ticgit (push)
```

이제 URL 대신에 pb 라는 이름을 사용할 수 있다. 예를 들어 로컬 저장소에는 없지만 Paul의 저장소에 있는 것을 가져오려면 아래와 같이 실행한다.

```
$ git fetch pb
remote: Counting objects: 43, done.
remote: Compressing objects: 100% (36/36), done.
remote: Total 43 (delta 10), reused 31 (delta 5)
Unpacking objects: 100% (43/43), done.
From https://github.com/paulboone/ticgit
 * [new branch]      master      -> pb/master
 * [new branch]      ticgit      -> pb/ticgit
```

로컬에서 pb/master가 Paul의 master 브랜치이다. 이 브랜치를 로컬 브랜치 중하나에 Merge하거나 Checkout해서 브랜치 내용을 자세히 확인할 수 있다(브랜치를 어떻게 사용하는지는 3장에서 자세히 살펴본다).

리모트 저장소를 Pull하거나 Fetch하기

앞서 설명했듯이 리모트 저장소에서 데이터를 가져오려면 간단히 아래와 같이
실행한다.

```
$ git fetch [remote-name]
```

이 명령은 로컬에는 없지만, 리모트 저장소에는 있는 데이터를 모두 가져온다.
그러면 리모트 저장소의 모든 브랜치를 로컬에서 접근할 수 있어서 언제든지
Merge를 하거나 내용을 살펴볼 수 있다.

저장소를 Clone하면 명령은 자동으로 리모트 저장소를 "origin"이라는 이름으
로 추가한다. 그래서 나중에 git fetch origin을 실행하면 Clone한 이후에(혹은
마지막으로 가져온 이후에) 수정된 것을 모두 가져온다. git fetch 명령은 리모
트 저장소의 데이터를 모두 로컬로 가져오지만, 자동으로 Merge하지 않는다. 그
래서 여러분이 로컬에서 하던 작업을 정리하고 나서 수동으로 Merge해야 한다.

그냥 쉽게 git pull 명령으로 리모트 저장소 브랜치에서 데이터를 가져올 뿐
만 아니라 자동으로 로컬 브랜치와 Merge시킬 수 있다(다음 절과 3장에서 좀 더
자세히 살펴본다). 먼저 git clone 명령은 자동으로 로컬의 master 브랜치가 리
모트 저장소의 master 브랜치를 추적하도록 한다(물론 리모트 저장소에 master
브랜치가 있다는 가정에서). 그리고 git pull 명령은 Clone한 서버에서 데이터
를 가져오고 그 데이터를 자동으로 현재 작업하는 코드와 Merge시킨다.

리모트 저장소에 Push하기

프로젝트를 공유하고 싶을 때 Upstream 저장소에 Push할 수 있다. 이 명령
은 git push [리모트 저장소 이름] [브랜치 이름]으로 단순하다. master 브랜치를
origin 서버에 Push하려면(다시 말하지만 Clone하면 보통 자동으로 origin 이
름이 생성된다) 아래와 같이 서버에 Push한다.

```
$ git push origin master
```

이 명령은 Clone한 리모트 저장소에 쓰기 권한이 있고, Clone하고 난 이후 아
무도 Upstream 저장소에 Push하지 않았을 때만 사용할 수 있다. 다시 말해서
Clone한 사람이 여러 명 있을 때, 다른 사람이 Push한 후에 Push하려고 하면
Push할 수 없다. 먼저 다른 사람이 작업한 것을 가져와서 Merge한 후에 Push할
수 있다. 3장에서 서버에 Push하는 방법에 대해 자세히 설명한다.

리모트 저장소 살펴보기

git remote show [리모트 저장소 이름] 명령으로 리모트 저장소의 구체적인 정보를 확인할 수 있다. origin 같은 단축 이름으로 이 명령을 실행하면 아래와 같은 정보를 볼 수 있다.

```
$ git remote show origin
* remote origin
  Fetch URL: https://github.com/schacon/ticgit
  Push  URL: https://github.com/schacon/ticgit
  HEAD branch: master
  Remote branches:
    master                            tracked
    dev-branch                        tracked
  Local branch configured for 'git pull':
    master merges with remote master
  Local ref configured for 'git push':
    master pushes to master (up to date)
```

리모트 저장소의 URL과 추적하는 브랜치를 출력한다. 이 명령은 git pull 명령을 실행할 때 master 브랜치와 Merge할 브랜치가 무엇인지 보여 준다. git pull 명령은 리모트 저장소 브랜치의 데이터를 모두 가져오고 나서 자동으로 Merge할 것이다. 그리고 가져온 모든 리모트 저장소 정보도 출력한다.

Git을 좀 더 열심히 사용하다 보면 git remote show 명령으로 더 많은 정보를 볼수 있게 될 것이다. 여러분도 언젠가는 아래와 같은 메시지[3]를 볼 날이 올 것이다.

```
$ git remote show origin
* remote origin
  URL: https://github.com/my-org/complex-project
  Fetch URL: https://github.com/my-org/complex-project
  Push  URL: https://github.com/my-org/complex-project
  HEAD branch: master
  Remote branches:
    master                         tracked
    dev-branch                     tracked
    markdown-strip                 tracked
    issue-43                       new (next fetch will store in remotes/origin)
    issue-45                       new (next fetch will store in remotes/origin)
    refs/remotes/origin/issue-11   stale (use 'git remote prune' to remove)
  Local branches configured for 'git pull':
    dev-branch merges with remote dev-branch
    master     merges with remote master
  Local refs configured for 'git push':
    dev-branch                     pushes to dev-branch          (up to date)
    markdown-strip                 pushes to markdown-strip      (up to date)
    master                         pushes to master             (up to date)
```

---

3   (옮긴이) 다수의 브랜치를 사용하는 메시지.

브랜치명을 생략하고 git push 명령을 실행할 때 어떤 브랜치가 어떤 브랜치로 Push되는지 보여준다. 또 아직 로컬로 가져오지 않은 리모트 저장소의 브랜치는 어떤 것들이 있는지, 서버에서는 삭제됐지만 아직 가지고 있는 브랜치는 어떤 것인지, git pull 명령을 실행했을 때 자동으로 Merge할 브랜치는 어떤 것이 있는지 보여준다.

리모트 저장소 이름을 바꾸거나 리모트 저장소를 삭제하기

git remote rename 명령으로 리모트 저장소의 이름을 변경할 수 있다. 예를 들어 pb를 paul로 변경하려면 git remote rename 명령을 사용한다.

```
$ git remote rename pb paul
$ git remote
origin
paul
```

리모트 저장소의 브랜치 이름도 바뀐다. 여태까지 pb/master로 리모트 저장소 브랜치를 사용했으면 이제는 paul/master라고 사용해야 한다.

　리모트 저장소를 삭제해야 한다면 git remote rm 명령을 사용한다. 서버 정보가 바뀌었을 때, 더는 별도의 미러가 필요하지 않을 때, 더는 기여자가 활동하지 않을 때 필요하다.

```
$ git remote rm paul
$ git remote
origin
```

2.6 태그

다른 VCS처럼 Git도 태그를 지원한다. 사람들은 보통 릴리스할 때 사용한다 (v1.0, 등등). 이번에는 태그를 조회하고 생성하는 법과 태그의 종류를 설명한다.

태그 조회하기

우선 git tag 명령으로 이미 만들어진 태그가 있는지 확인할 수 있다.

```
$ git tag
v0.1
v1.3
```

이 명령은 알파벳 순서로 태그를 보여준다. 사실 순서는 별로 중요한 게 아니다.

검색 패턴을 사용하여 태그를 검색할 수 있다. Git 소스 저장소는 500여 개의 태그가 있다. 만약 1.8.5 버전의 태그들만 검색하고 싶으면 아래와 같이 실행한다.

```
$ git tag -l 'v1.8.5*'
v1.8.5
v1.8.5-rc0
v1.8.5-rc1
v1.8.5-rc2
v1.8.5-rc3
v1.8.5.1
v1.8.5.2
v1.8.5.3
v1.8.5.4
v1.8.5.5
```

태그 붙이기

Git의 태그는 Lightweight 태그와 Annotated 태그로 두 종류가 있다.

Lightweight 태그는 브랜치와 비슷한데 브랜치처럼 가리키는 지점을 최신 커밋으로 이동시키지 않는다. 단순히 특정 커밋에 대한 포인터일 뿐이다.

한편 Annotated 태그는 Git 데이터베이스에 태그를 만든 사람의 이름, 이메일과 태그를 만든 날짜, 그리고 태그 메시지도 저장한다. GPG(GNU Privacy Guard)로 서명할 수도 있다. 이 모든 정보를 저장해둬야 할 때만 Annotated 태그를 추천한다. 그냥 다른 정보를 저장하지 않는 단순한 태그가 필요하다면 Lightweight 태그를 사용하는 것이 좋다.

Annotated 태그

Annotated 태그를 만드는 방법은 간단하다. tag 명령을 실행할 때 -a 옵션을 추가한다.

```
$ git tag -a v1.4 -m 'my version 1.4'
$ git tag
v0.1
v1.3
v1.4
```

-m 옵션으로 태그를 저장할 때 메시지를 함께 저장할 수 있다. 명령을 실행할 때 메시지를 입력하지 않으면 Git은 편집기를 실행시킨다.

git show 명령으로 태그 정보와 커밋 정보를 모두 확인할 수 있다.

```
$ git show v1.4
tag v1.4
Tagger: Ben Straub <ben@straub.cc>
Date:   Sat May 3 20:19:12 2014 -0700

my version 1.4

commit ca82a6dff817ec66f44342007202690a93763949
Author: Scott Chacon <schacon@gee-mail.com>
Date:   Mon Mar 17 21:52:11 2008 -0700

    changed the version number
```

커밋 정보를 보여주기 전에 먼저 태그를 만든 사람이 누구인지, 언제 태그를 만들었는지, 그리고 태그 메시지가 무엇인지 보여준다.

Lightweight 태그

Lightweight 태그는 기본적으로 파일에 커밋 체크섬을 저장하는 것뿐이다. 다른 정보는 저장하지 않는다. Lightweight 태그를 만들 때는 -a, -s, -m 옵션을 사용하지 않는다.

```
$ git tag v1.4-lw
$ git tag
v0.1
v1.3
v1.4
v1.4-lw
v1.5
```

이 태그에 git show를 실행하면 별도의 태그 정보를 확인할 수 없다. 이 명령은 단순히 커밋 정보만을 보여준다.

```
$ git show v1.4-lw
commit ca82a6dff817ec66f44342007202690a93763949
Author: Scott Chacon <schacon@gee-mail.com>
Date:   Mon Mar 17 21:52:11 2008 -0700

    changed the version number
```

나중에 태그하기

예전 커밋에 대해서도 태그할 수 있다. 커밋 히스토리는 아래와 같다고 가정한다.

```
$ git log --pretty=oneline
15027957951b64cf874c3557a0f3547bd83b3ff6 Merge branch 'experiment'
a6b4c97498bd301d84096da251c98a07c7723e65 beginning write support
0d52aaab4479697da7686c15f77a3d64d9165190 one more thing
6d52a271eda8725415634dd79daabbc4d9b6008e Merge branch 'experiment'
0b7434d86859cc7b8c3d5e1dddfed66ff742fcbc added a commit function
4682c3261057305bdd616e23b64b0857d832627b added a todo file
166ae0c4d3f420721acbb115cc33848dfcc2121a started write support
9fceb02d0ae598e95dc970b74767f19372d61af8 updated rakefile
964f16d36dfccde844893cac5b347e7b3d44abbc commit the todo
8a5cbc430f1a9c3d00faaeffd07798508422908a updated readme
```

"updated rakefile" 커밋을 v1.2로 태그하지 못했다고 해도 나중에 태그를 붙일 수 있다. 특정 커밋에 태그하기 위해서 명령의 끝에 커밋 체크섬을 명시한다(긴 체크섬을 전부 사용할 필요는 없다).

```
$ git tag -a v1.2 9fceb02
```

이제 아래와 같이 만든 태그를 확인한다.

```
$ git tag
v0.1
v1.2
v1.3
v1.4
v1.4-lw
v1.5

$ git show v1.2
tag v1.2
Tagger: Scott Chacon <schacon@gee-mail.com>
Date:   Mon Feb 9 15:32:16 2009 -0800

version 1.2
commit 9fceb02d0ae598e95dc970b74767f19372d61af8
Author: Magnus Chacon <mchacon@gee-mail.com>
Date:   Sun Apr 27 20:43:35 2008 -0700

    updated rakefile
...
```

태그 공유하기

git push 명령은 자동으로 리모트 서버에 태그를 전송하지 않는다. 태그를 만들었으면 서버에 별도로 Push해야 한다. 브랜치를 공유하는 것과 같은 방법으로 할 수 있다. git push origin [태그 이름]을 실행한다.

```
$ git push origin v1.5
Counting objects: 14, done.
Delta compression using up to 8 threads.
Compressing objects: 100% (12/12), done.
Writing objects: 100% (14/14), 2.05 KiB      0 bytes/s, done.
Total 14 (delta 3), reused 0 (delta 0)
To git@github.com:schacon/simplegit.git
 * [new tag]         v1.5 -> v1.5
```

만약 한번에 태그를 여러 개 Push하고 싶으면 --tags 옵션을 추가하여 git push
명령을 실행한다. 이 명령으로 리모트 서버에 없는 태그를 모두 전송할 수 있다.

```
$ git push origin --tags
Counting objects: 1, done.
Writing objects: 100% (1/1), 160 bytes       0 bytes/s, done.
Total 1 (delta 0), reused 0 (delta 0)
To git@github.com:schacon/simplegit.git
 * [new tag]         v1.4 -> v1.4
 * [new tag]         v1.4-lw -> v1.4-lw
```

이제 누군가 저장소에서 Clone하거나 Pull을 하면 모든 태그 정보도 함께 전송
된다.

태그를 Checkout하기

태그는 브랜치와는 달리 가리키는 커밋을 바꿀 수 없는 이름이기 때문에
Checkout해서 사용할 수 없다. 태그가 가리키는 특정 커밋 기반의 브랜치를 만
들어 작업하려면 아래와 같이 새로 브랜치를 생성한다.

```
$ git checkout -b version2 v2.0.0
Switched to a new branch 'version2'
```

물론 이렇게 브랜치를 만든 후에 version2 브랜치에 커밋하면 브랜치는 업데이
트된다. 하지만, v2.0.0 태그는 가리키는 커밋이 변하지 않았으므로 두 내용이
가리키는 커밋이 다르다는 것을 알 수 있다.

2.7 Git Alias

Git의 기초를 마치기 전에 Git을 좀 더 쉽고 편안하게 쓸 수 있게 만들어 줄 Alias
라는 팁 알려주려 한다. 우리는 이 책에서 이 팁을 다시 거론하지 않고 이런 팁
을 알고 있다고 가정한다. 그래서 알고 있는 것이 좋다.

명령을 완벽하게 입력하지 않으면 Git은 알아듣지 못한다. Git의 명령을 전부 입력하는 것이 귀찮다면 `git config`를 사용하여 각 명령의 Alias을 쉽게 만들 수 있다. 아래는 Alias를 만드는 예이다.

```
$ git config --global alias.co checkout
$ git config --global alias.br branch
$ git config --global alias.ci commit
$ git config --global alias.st status
```

이제 `git commit` 대신 `git ci`만으로도 커밋할 수 있다. Git을 계속 사용한다면 다른 명령어도 자주 사용하게 될 것이다. 주저말고 자주 사용하는 명령은 Alias를 만들어 편하게 사용하시길 바란다.

이미 있는 명령을 편리하고 새로운 명령으로 만들어 사용할 수 있다. 예를 들어 파일을 Unstaged 상태로 변경하는 명령을 만들어서 불편함을 덜 수 있다. 아래와 같이 unstage라는 Alias를 만든다.

```
$ git config --global alias.unstage 'reset HEAD --'
```

아래 두 명령은 동일한 명령이다.

```
$ git unstage fileA
$ git reset HEAD -- fileA
```

한결 간결해졌다. 추가로 last 명령을 만들어 보자.

```
$ git config --global alias.last 'log -1 HEAD'
```

이제 최근 커밋을 좀 더 쉽게 확인할 수 있다.

```
$ git last
commit 66938dae3329c7aebe598c2246a8e6af90d04646
Author: Josh Goebel <dreamer3@example.com>
Date:   Tue Aug 26 19:48:51 2008 +0800

    test for current head

    Signed-off-by: Scott Chacon <schacon@example.com>
```

이것으로 쉽게 새로운 명령을 만들 수 있다. 그리고 Git의 명령어뿐만 아니라 외부 명령어도 실행할 수 있다. !를 제일 앞에 추가하면 외부 명령을 실행한다. 커스텀 스크립트를 만들어서 사용할 때 매우 유용하다. 아래 명령은 `git visual`이라고 입력하면 gitk가 실행된다.

```
$ git config --global alias.visual '!gitk'
```

2.8 요약

이제 우리는 로컬에서 사용할 수 있는 Git 명령에 대한 기본 지식은 갖추었다. 저장소를 만들고 Clone하는 방법, 수정하고 나서 Stage하고 커밋하는 방법, 저장소의 히스토리를 조회하는 방법 등을 살펴보았다. 이어지는 장에서는 Git의 가장 강력한 기능인 브랜치 모델을 살펴볼 것이다.

3장

P r o   G i t   2 n d   E d i t i o n

Git 브랜치

모든 버전 관리 시스템은 브랜치를 지원한다. 개발을 하다 보면 코드를 여러 개로 복사해야 하는 일이 자주 생긴다. 코드를 통째로 복사하고 나서 원래 코드와는 상관없이 독립적으로 개발을 진행할 수 있는데, 이렇게 독립적으로 개발하는 것이 브랜치다.

사람들은 브랜치 모델이 Git의 최고의 장점이라고, Git이 다른 것들과 구분되는 특징이라고 말한다. 당최 어떤 점이 그렇게 특별한 것일까. Git의 브랜치는 매우 가볍다. 순식간에 브랜치를 새로 만들고 브랜치 사이를 이동할 수 있다. 다른 버전 관리 시스템과는 달리 Git은 브랜치를 만들어 작업하고 나중에 Merge하는 방법을 권장한다. 심지어 하루에 수십 번씩 해도 괜찮다.

Git 브랜치에 능숙해지면 개발 방식이 완전히 바뀌고 다른 도구를 사용할 수 없게 된다.

3.1 브랜치란 무엇인가

Git이 브랜치를 다루는 과정을 이해하려면 우선 Git이 데이터를 어떻게 저장하는지 알아야 한다.

Git은 데이터를 변경사항(Diff)으로 기록하지 않고 일련의 스냅샷으로 기록한다는 것을 1장에서 보여줬다.

커밋하면 Git은 현 Staging Area에 있는 데이터의 스냅샷에 대한 포인터, 저자나 커밋 메시지 같은 메타데이터, 이전 커밋에 대한 포인터 등을 포함하는 커밋 개체(커밋 Object)를 저장한다. 이전 커밋 포인터가 있어서 현재 커밋이 무엇을 기준으로 바뀌었는지를 알 수 있다. 최초 커밋을 제외한 나머지 커밋은 이전 커밋 포인터가 적어도 하나씩 있고 브랜치를 합친 Merge 커밋 같은 경우에는 이전 커밋 포인터가 여러 개 있다.

파일이 3개 있는 디렉터리가 하나 있고 이 파일을 Staging Area에 저장하고 커밋하는 예제를 살펴보자. 파일을 Stage하면 Git 저장소에 파일을 저장하고 (Git은 이것을 Blob이라고 부른다) Staging Area에 해당 파일의 체크섬을 저장한다 (1장에서 살펴본 SHA-1을 사용한다).

```
$ git add README test.rb LICENSE
$ git commit -m 'The initial commit of my project'
```

git commit으로 커밋하면 먼저 루트 디렉터리와 각 하위 디렉터리의 트리 개체를 체크섬과 함께 저장소에 저장한다. 그 다음에 커밋 개체를 만들고 메타데이터와 루트 디렉터리 트리 개체를 가리키는 포인터 정보를 커밋 개체에 넣어 저장한다. 그래서 필요하면 언제든지 스냅샷을 다시 만들 수 있다.

이 작업을 마치고 나면 Git 저장소에는 다섯 개의 데이터 개체가 생긴다. 각 파일에 대한 Blob 세 개, 파일과 디렉터리 구조가 들어 있는 트리 개체 하나, 메타데이터와 루트 트리를 가리키는 포인터가 담긴 커밋 개체 하나이다.

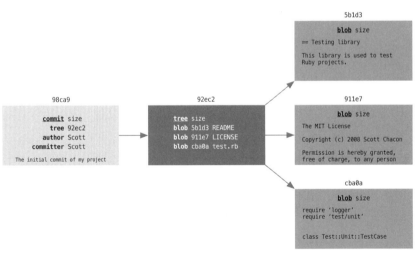

그림 3-1 커밋과 트리 데이터

다시 파일을 수정하고 커밋하면 이전 커밋이 무엇인지도 저장한다.

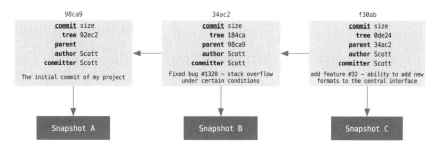

그림 3-2 커밋과 이전 커밋

Git의 브랜치는 커밋 사이를 가볍게 이동할 수 있는 어떤 포인터 같은 것이다. 기본적으로 Git은 master 브랜치를 만든다. 처음 커밋하면 이 master 브랜치가 생성된 커밋을 가리킨다. 이후 커밋을 만들면 브랜치는 자동으로 가장 마지막 커밋을 가리킨다.

 Git 버전 관리 시스템에서 "master" 브랜치는 특별하지 않다. 다른 브랜치와 다른 것이 없다. 다만 모든 저장소에서 "master" 브랜치가 존재하는 이유는 `git init` 명령으로 초기화할 때 자동으로 만들어진 이 브랜치를 애써 다른 이름으로 변경하지 않기 때문이다.

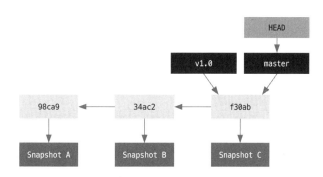

그림 3-3 브랜치와 커밋 히스토리

새 브랜치 생성하기

브랜치를 하나 새로 만들면 어떨까. 브랜치를 하나 만들어서 놀자. 아래와 같이 `git branch` 명령으로 testing 브랜치를 만든다.

```
$ git branch testing
```

새로 만든 브랜치도 지금 작업하고 있던 마지막 커밋을 가리킨다.

그림 3-4 한 커밋 히스토리를 가리키는 두 브랜치

지금 작업 중인 브랜치가 무엇인지 Git은 어떻게 파악할까. 다른 버전 관리 시스템과는 달리 Git은 'HEAD'라는 특수한 포인터가 있다. 이 포인터는 지금 작업하는 로컬 브랜치를 가리킨다. 브랜치를 새로 만들었지만, Git은 아직 master 브랜치를 가리키고 있다. git branch 명령은 브랜치를 만들기만 하고 브랜치를 옮기지 않는다.

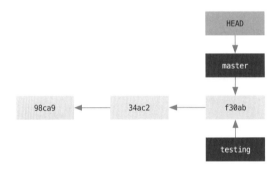

그림 3-5 현재 작업 중인 브랜치를 가리키는 HEAD

git log 명령에 --decorate 옵션을 사용하면 쉽게 브랜치가 어떤 커밋을 가리키는지도 확인할 수 있다.

```
$ git log --oneline --decorate
f30ab (HEAD, master, testing) add feature #32 - ability to add new
34ac2 fixed bug #1328 - stack overflow under certain conditions
98ca9 initial commit of my project
```

"master"와 "testing"이라는 브랜치가 f30ab 커밋 옆에 위치하여 이런 식으로 브랜치가 가리키는 커밋을 확인할 수 있다.

브랜치 이동하기

git checkout 명령으로 다른 브랜치로 이동할 수 있다. 한번 testing 브랜치로 바꿔보자.

```
$ git checkout testing
```

이렇게 하면 HEAD는 testing 브랜치를 가리킨다.

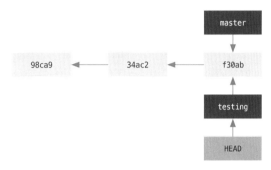

그림 3-6 HEAD는 testing 브랜치를 가리킴

자, 이제 핵심이 보일 거다! 커밋을 새로 해보자.

```
$ vim test.rb
$ git commit -a -m 'made a change'
```

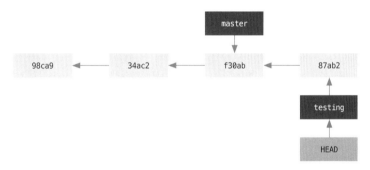

그림 3-7 HEAD가 가리키는 testing 브랜치가 새 커밋을 가리킴

이 부분이 흥미롭다. 새로 커밋해서 testing 브랜치는 앞으로 이동했다. 하지만 master 브랜치는 여전히 이전 커밋을 가리킨다. master 브랜치로 되돌아가 보자.

```
$ git checkout master
```

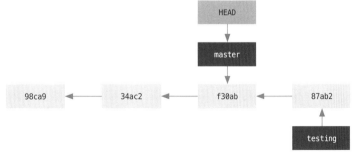

그림 3-8 HEAD가 Checkout한 브랜치로 이동함

방금 실행한 명령이 한 일은 두 가지다. master 브랜치가 가리키는 커밋을 HEAD가 가리키게 하고 워킹 디렉터리의 파일도 그 시점으로 되돌려 놓았다. 앞으로 커밋을 하면 다른 브랜치의 작업들과 별개로 진행되기 때문에 testing 브랜치에서 임시로 작업하고 원래 master 브랜치로 돌아와서 하던 일을 계속할 수 있다.

 브랜치를 이동하면 워킹 디렉터리의 파일이 변경된다는 점을 기억해두어야 한다. 이전에 작업했던 브랜치로 이동하면 워킹 디렉터리의 파일은 그 브랜치에서 가장 마지막으로 했던 작업 내용으로 변경된다. 파일 변경 시 문제가 있어 브랜치를 이동시키는 게 불가능한 경우 Git은 브랜치 이동 명령을 수행하지 않는다.

파일을 수정하고 다시 커밋을 해보자.

```
$ vim test.rb
$ git commit -a -m 'made other changes'
```

프로젝트 히스토리는 분리돼 진행한다(그림 3-9). 우리는 브랜치를 하나 만들어 그 브랜치에서 일을 좀 하고, 다시 원래 브랜치로 되돌아와서 다른 일을 했다. 두 작업 내용은 서로 독립적으로 각 브랜치에 존재한다. 커밋 사이를 자유롭게 이동하다가 때가 되면 두 브랜치를 Merge한다. 간단히 branch, checkout, commit 명령을 써서 말이다.

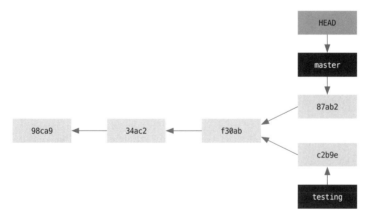

그림 3-9 갈라지는 브랜치

git log 명령으로 쉽게 확인할 수 있다. 현재 브랜치가 가리키고 있는 히스토리가 무엇이고 어떻게 갈라져 나왔는지 보여준다. git log --oneline --decorate --graph --all이라고 실행하면 히스토리를 출력한다.

```
$ git log --oneline --decorate --graph --all
* c2b9e (HEAD, master) made other changes
| * 87ab2 (testing) made a change
|/
* f30ab add feature #32 - ability to add new formats to the
* 34ac2 fixed bug #1328 - stack overflow under certain conditions
* 98ca9 initial commit of my project
```

실제로 Git의 브랜치는 어떤 한 커밋을 가리키는 40글자의 SHA-1 체크섬 파일에 불과하기 때문에 만들기도 쉽고 지우기도 쉽다. 새로 브랜치를 하나 만드는 것은 41바이트 크기의 파일(40자와 줄 바꿈 문자)을 하나 만드는 것에 불과하다.

브랜치가 필요할 때 프로젝트를 통째로 복사해야 하는 다른 버전 관리 도구와 Git의 차이는 극명하다. 통째로 복사하는 작업은 프로젝트 크기에 따라 다르겠지만 수십 초에서 수십 분까지 걸린다. 그에 비해 Git은 순식간이다. 게다가 커밋을 할 때마다 이전 커밋의 정보를 저장하기 때문에 Merge할 때 어디서부터(Merge Base) 합쳐야 하는지 안다. 이런 특징은 개발자들이 수시로 브랜치를 만들어 사용하게 한다.

이제 왜 그렇게 브랜치를 수시로 만들고 사용해야 하는지 알아보자.

3.2 브랜치와 Merge의 기초

실제 개발과정에서 겪을 만한 예제를 하나 살펴보자. 브랜치와 Merge는 보통 이런 식으로 진행한다.

1. 작업 중인 웹사이트가 있다.
2. 새로운 이슈를 처리할 새 Branch를 하나 생성한다.
3. 새로 만든 Branch에서 작업을 진행한다.

이때 중요한 문제가 생겨서 그것을 해결하는 Hotfix를 먼저 만들어야 한다. 그러면 아래와 같이 할 수 있다.

1. 새로운 이슈를 처리하기 이전의 운영(Production) 브랜치로 이동한다.
2. Hotfix 브랜치를 새로 하나 생성한다.

3. 수정한 Hotfix 테스트를 마치고 운영 브랜치로 Merge한다.

4. 다시 작업하던 브랜치로 옮겨가서 하던 일을 진행한다.

브랜치의 기초

먼저 지금 작업하는 프로젝트에서 이전에 커밋을 몇 번 했다고 가정한다.

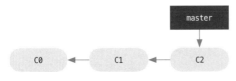

그림 3-10 현재 커밋 히스토리

이슈 관리 시스템에 등록된 53번 이슈를 처리한다고 하면 이 이슈에 집중할 수 있는 브랜치를 새로 하나 만든다. 브랜치를 만들면서 Checkout까지 한 번에 하려면 git checkout 명령에 -b라는 옵션을 추가한다.

```
$ git checkout -b iss53
Switched to a new branch "iss53"
```

위 명령은 아래 명령을 줄여놓은 것이다.

```
$ git branch iss53
$ git checkout iss53
```

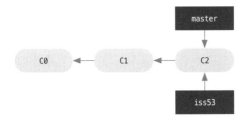

그림 3-11 브랜치 포인터를 새로 만든다

iss53 브랜치를 Checkout했기 때문에(즉, HEAD는 iss53 브랜치를 가리킨다) 뭔가 일을 하고 커밋하면 iss53 브랜치가 앞으로 나아간다.

```
$ vim index.html
$ git commit -a -m 'added a new footer [issue 53]'
```

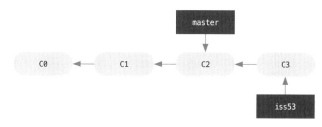

그림 3-12 진행 중인 iss53 브랜치

다른 상황을 가정해보자. 만드는 사이트에 문제가 생겨서 즉시 고쳐야 한다. 버그를 해결한 Hotfix에 iss53이 섞이는 것을 방지하기 위해 iss53과 관련된 코드를 어딘가에 저장해두고 원래 운영 환경의 소스로 복구해야 한다. Git을 사용하면 이런 노력을 들일 필요 없이 그냥 master 브랜치로 돌아가면 된다.

그렇지만, 브랜치를 이동하려면 해야 할 일이 있다. 아직 커밋하지 않은 파일이 Checkout할 브랜치와 충돌 나면 브랜치를 변경할 수 없다. 브랜치를 변경할 때에는 워킹 디렉터리를 정리하는 것이 좋다. 이런 문제를 다루는 방법(주로 Stash이나 커밋 Amend에 대해)은 나중에 "7.3 Stashing과 Cleaning"에서 다룰 것이다. 지금은 작업하던 것을 모두 커밋하고 master 브랜치로 옮긴다.

```
$ git checkout master
Switched to branch 'master'
```

이때 워킹 디렉터리는 53번 이슈를 시작하기 이전 모습으로 되돌려지기 때문에 새로운 문제에 집중할 수 있는 환경이 만들어진다. Git은 자동으로 워킹 디렉터리에 파일들을 추가하고, 지우고, 수정해서 Checkout한 브랜치의 마지막 스냅샷으로 되돌려 놓는다는 것을 기억해야 한다.

이젠 해결해야 할 핫픽스가 생겼을 때를 살펴보자. hotfix라는 브랜치를 만들고 새로운 이슈를 해결할 때까지 사용한다.

```
$ git checkout -b hotfix
Switched to a new branch 'hotfix'
$ vim index.html
$ git commit -a -m 'fixed the broken email address'
[hotfix 1fb7853] fixed the broken email address
 1 file changed, 2 insertions(+)
```

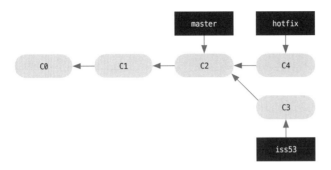

그림 3-13 master 브랜치에서 갈라져 나온 hotfix 브랜치

운영 환경에 적용하려면 문제를 제대로 고쳤는지 테스트하고 master 브랜치에 합쳐야 한다. git merge 명령으로 아래와 같이 한다.

```
$ git checkout master
$ git merge hotfix
Updating f42c576..3a0874c
Fast-forward
 index.html | 2 ++
 1 file changed, 2 insertions(+)
```

Merge 메시지에서 "fast-forward"가 보이는가. Merge할 브랜치가 가리키는 커 밋이 현 브랜치 커밋의 Upstream 브랜치이기 때문에 master 브랜치 포인터 는 Merge 과정 없이 그저 최신 커밋으로 이동한다. 이런 Merge 방식을 'Fast forward'라고 부른다. 다시 말해 A 브랜치에서 다른 B 브랜치를 Merge할 때 B 브랜치가 A 브랜치 이후의 커밋을 가리키고 있으면 그저 A 브랜치가 B 브랜치 와 동일한 커밋을 가리키도록 이동시킬 뿐이다.

이제 hotfix는 master 브랜치에 포함됐고 운영환경에 적용할 수 있는 상태가 되었다고 가정해보자.

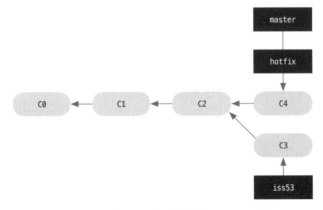

그림 3-14 Merge 후 hotfix 같은 것을 가리키는 master 브랜치

급한 문제를 해결하고 master 브랜치에 적용하고 나면 다시 일하던 브랜치로 돌아가야 한다.

이제 더 이상 필요없는 hotfix 브랜치는 삭제한다. git branch 명령에 -d 옵션을 주고 브랜치를 삭제한다.

```
$ git branch -d hotfix
Deleted branch hotfix (3a0874c).
```

자 이제 이슈 53번을 처리하던 환경으로 되돌아가서 하던 일을 계속 하자.

```
$ git checkout iss53
Switched to branch "iss53"
$ vim index.html
$ git commit -a -m 'finished the new footer [issue 53]'
[iss53 ad82d7a] finished the new footer [issue 53]
1 file changed, 1 insertion(+)
```

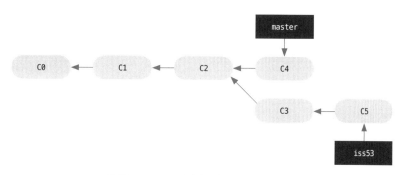

그림 3-15 master와 별개로 진행하는 iss53 브랜치

위에서 작업한 hotfix가 iss53 브랜치에 영향을 끼치지 않는다는 점을 이해하는 것이 중요하다. git merge master 명령으로 master 브랜치를 iss53 브랜치에 Merge하면 iss53 브랜치에 hotfix가 적용된다. 아니면 iss53 브랜치가 master에 Merge할 수 있는 수준이 될 때까지 기다렸다가 Merge하면 hotfix와 iss53 브랜치가 합쳐진다.

Merge의 기초

53번 이슈를 다 구현하고 master 브랜치에 Merge하는 과정을 살펴보자. iss53 브랜치를 master 브랜치에 Merge하는 것은 앞서 살펴본 hotfix 브랜치를 Merge하는 것과 비슷하다. git merge 명령으로 합칠 브랜치에서 합쳐질 브랜치를 Merge하면 된다.

```
$ git checkout master
Switched to branch 'master'
$ git merge iss53
Merge made by the 'recursive' strategy.
README |    1 +
1 file changed, 1 insertion(+)
```

hotfix를 Merge했을 때와 메시지가 다르다. 현재 브랜치가 가리키는 커밋이 Merge할 브랜치의 조상이 아니므로 Git은 'Fast-forward'로 Merge하지 않는다. 이 경우에는 Git은 각 브랜치가 가리키는 커밋 두 개와 공통 조상 하나를 사용하여 3-way Merge를 한다.

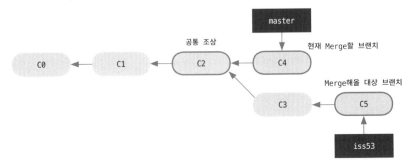

그림 3-16 커밋 3개를 Merge한다

단순히 브랜치 포인터를 최신 커밋으로 옮기는 게 아니라 3-way Merge의 결과를 별도의 커밋으로 만들고 나서 해당 브랜치가 그 커밋을 가리키도록 이동시킨다. 그래서 이런 커밋은 부모가 여러 개고 Merge 커밋이라고 부른다.

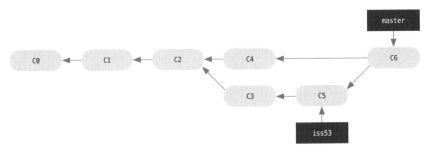

그림 3-17 Merge 커밋

Git은 Merge하는데 필요한 최적의 공통 조상을 자동으로 찾는다. 이런 기능도 Git이 다른 버전 관리 시스템보다 나은 점이다. CVS나 Subversion 같은 버전 관리 시스템은 개발자가 직접 공통 조상을 찾아서 Merge해야 한다. Git은 다른 시스템보다 Merge가 대단히 쉽다.

iss53 브랜치를 master에 Merge하고 나면 더는 iss53 브랜치가 필요 없다. 다음 명령으로 브랜치를 삭제하고 이슈의 상태를 처리 완료로 표시한다.

```
$ git branch -d iss53
```

충돌의 기초

가끔 3-way Merge가 실패할 때도 있다. Merge하는 두 브랜치에서 같은 파일의 한 부분을 동시에 수정하고 Merge하면 Git은 해당 부분을 Merge하지 못한다. 예를 들어, 53번 이슈와 hotfix가 같은 부분을 수정했다면 Git은 Merge하지 못하고 아래와 같은 충돌(Conflict) 메시지를 출력한다.

```
$ git merge iss53
Auto-merging index.html
CONFLICT (content): Merge conflict in index.html
Automatic merge failed; fix conflicts and then commit the result.
```

Git이 자동으로 Merge하지 못했기에 새 커밋이 생기지 않는다. 변경사항의 충돌을 개발자가 해결하지 않는 한 Merge 과정을 진행할 수 없다. Merge 충돌이 일어났을 때 Git이 어떤 파일을 Merge할 수 없었는지 살펴보려면 git status 명령을 이용한다.

```
$ git status
On branch master
You have unmerged paths.
  (fix conflicts and run "git commit")

Unmerged paths:
  (use "git add <file>..." to mark resolution)

    both modified:      index.html

no changes added to commit (use "git add" and/or "git commit -a")
```

충돌이 일어난 파일은 unmerged 상태로 표시된다. Git은 충돌이 난 부분을 표준 형식에 따라 표시해준다. 그러면 개발자는 해당 부분을 수동으로 해결한다. 충돌 난 부분은 아래와 같이 표시된다.

```
<<<<<<< HEAD:index.html
<div id="footer">contact : email.support@github.com</div>
=======
<div id="footer">
 please contact us at support@github.com
</div>
>>>>>>> iss53:index.html
```

======= 위쪽의 내용은 HEAD 버전(merge 명령을 실행할 때 작업하던 master 브랜치)의 내용이고 아래쪽은 iss53 브랜치의 내용이다. 충돌을 해결하려면 위쪽이나 아래쪽 내용 중에서 고르거나 새로 작성하여 Merge한다. 아래는 아예 새로 작성하여 충돌을 해결하는 예제다.

```
<div id="footer">
please contact us at email.support@github.com
</div>
```

충돌한 양쪽에서 조금씩 가져와서 새로 수정했다. 그리고 <<<<<, =======, >>>>>>가 포함된 행을 삭제했다. 이렇게 충돌한 부분을 해결하고 git add 명령으로 다시 Git에 저장한다.

다른 Merge 도구도 충돌을 해결할 수 있다. git mergetool 명령으로 실행한다.

```
$ git mergetool

This message is displayed because 'merge.tool' is not configured.
See 'git mergetool --tool-help' or 'git help config' for more details.
'git mergetool' will now attempt to use one of the following tools:
opendiff kdiff3 tkdiff xxdiff meld tortoisemerge gvimdiff diffuse diffmerge
ecmerge p4merge araxis bc3 codecompare vimdiff emerge
Merging:
index.html

Normal merge conflict for 'index.html':
  {local}: modified file
  {remote}: modified file
Hit return to start merge resolution tool (opendiff):
```

기본 도구 말고 사용할 수 있는 다른 Merge 도구도 있는데(Mac에서는 opendiff가 실행된다), "one of the following tools." 부분에서 보여준다. 여기에 표시된 도구 중 하나를 고를 수 있다.

 Merge 시에 발생한 충돌을 다루는 더 어렵고 색다른 내용은 뒤에 "7.8 고급 Merge"에서 다루기로 한다.

Merge 도구를 종료하면 Git은 잘 Merge했는지 물어본다. 잘 마쳤다고 입력하면 자동으로 git add가 수행되고 해당 파일이 Staging Area에 저장된다. git status 명령으로 충돌이 해결된 상태인지 다시 한번 확인해 볼 수 있다.

```
$ git status
On branch master
All conflicts fixed but you are still merging.
  (use "git commit" to conclude merge)
Changes to be committed:
    modified:   index.html
```

충돌을 해결하고 나서 해당 파일이 Staging Area에 저장됐는지 확인했으면 git commit 명령으로 Merge한 것을 커밋한다. 충돌을 해결하고 Merge할 때는 커밋 메시지가 아래와 같다.

```
Merge branch 'iss53'

Conflicts:
    index.html
## It looks like you may be committing a merge.
# If this is not correct, please remove the file
#.git/MERGE_HEAD
# and try again.

# Please enter the commit message for your changes. Lines starting
# with '#' will be ignored, and an empty message aborts the commit.
# On branch master
# All conflicts fixed but you are still merging.
#
# Changes to be committed:
#       modified:   index.html
#
```

어떻게 충돌을 해결했고 좀 더 확인해야 하는 부분은 무엇이고 왜 그렇게 해결했는지에 대해서 자세하게 기록한다. 자세한 기록은 나중에 이 Merge 커밋을 이해하는 데 도움을 준다.

3.3 브랜치 관리

지금까지 브랜치를 만들고, Merge하고, 삭제하는 방법에 대해서 살펴봤다. 브랜치를 관리하는 데 필요한 다른 명령도 살펴보자.

git branch 명령은 단순히 브랜치를 만들고 삭제하는 것이 아니다. 아무런 옵션 없이 실행하면 브랜치의 목록을 보여준다.

```
$ git branch
  iss53
* master
  testing
```

* 기호가 붙어 있는 master 브랜치는 현재 Checkout해서 작업하는 브랜치를 나타낸다.

즉, 지금 수정한 내용을 커밋하면 master 브랜치에 커밋되고 포인터가 앞으로 한 단계 나아간다. git branch -v 명령을 실행하면 브랜치마다 마지막 커밋 메시지도 함께 보여준다.

```
$ git branch -v
  iss53   93b412c fix javascript issue
* master  7a98805 Merge branch 'iss53'
  testing 782fd34 add scott to the author list in the readmes
```

각 브랜치가 지금 어떤 상태인지 확인하기에 좋은 옵션도 있다. 현재 Checkout한 브랜치를 기준으로 --merged와 --no-merged 옵션을 사용하여 Merge된 브랜치인지 그렇지 않은지 필터링해 볼 수 있다. git branch --merged 명령으로 이미 Merge한 브랜치 목록을 확인한다.

```
$ git branch --merged
  iss53
* master
```

iss53 브랜치는 앞에서 이미 Merge했기 때문에 목록에 나타난다. * 기호가 붙어 있지 않은 브랜치는 git branch -d 명령으로 삭제해도 되는 브랜치다. 이미 다른 브랜치와 Merge했기 때문에 삭제해도 정보를 잃지 않는다.

반대로 현재 Checkout한 브랜치에 Merge하지 않은 브랜치를 살펴보려면 git branch --no-merged 명령을 사용한다.

```
$ git branch --no-merged
  testing
```

위에는 없었던 다른 브랜치가 보인다. 아직 Merge하지 않은 커밋을 담고 있기 때문에 git branch -d 명령으로 삭제되지 않는다.

```
$ git branch -d testing
error: The branch 'testing' is not fully merged.
If you are sure you want to delete it, run 'git branch -D testing'.
```

Merge하지 않은 브랜치를 강제로 삭제하려면 -D 옵션으로 삭제한다.

3.4 브랜치 워크플로

브랜치를 만들고 Merge하는 것을 어디에 써먹어야 할까. 이 절에서는 Git 브랜치가 유용한 몇 가지 워크플로를 살펴본다. 여기서 설명하는 워크플로를 개발에 적용하면 도움이 될 것이다.

Long-Running 브랜치

Git은 꼼꼼하게 3-way Merge를 사용하기 때문에 장기간에 걸쳐서 한 브랜치를 다른 브랜치와 여러 번 Merge하는 것이 쉬운 편이다. 그래서 개발 과정에서 필요한 용도에 따라 브랜치를 만들어 두고 계속 사용할 수 있다. 그리고 정기적으로 그중 일부 브랜치를 다른 브랜치로 Merge하는 식으로 사용할 수 있다.

이런 접근법에 따라서 Git 개발자가 많이 선호하는 워크플로가 하나 있다. 배포했거나 배포할 코드만 master 브랜치에 Merge해서 안정 버전의 코드만 master 브랜치에 둔다. 개발을 진행하고 안정화하는 브랜치는 develop이나 next라는 이름으로 추가로 만들어 사용한다. 이 브랜치는 언젠가 안정 상태가 되겠지만, 항상 안정 상태를 유지해야 하는 것이 아니다. 테스트를 거쳐서 안정적이라고 판단되면 master 브랜치에 Merge한다. 토픽 브랜치(앞서 살펴본 iss53 브랜치 같은 짧은 호흡 브랜치)에도 적용할 수 있는데, 해당 토픽을 처리하고 테스트해서 버그도 없고 안정적이면 그때 Merge한다.

사실 우리가 얘기하는 것은 커밋을 가리키는 포인터에 대한 얘기다. 커밋 포인터를 만들고 수정하고 분리하고 합치는지에 대한 것이다. 개발 브랜치는 공격적으로 히스토리를 만들어 나아가고 안정 브랜치는 이미 만든 히스토리를 뒤따르며 나아간다.

그림 3-18 안정적인 브랜치일수록 커밋 히스토리가 뒤쳐진다

실험실에서 충분히 테스트하고 실전에 배치하는 과정으로 보면 이해하기 쉽다.

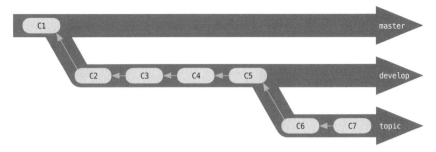

그림 3-19 각 브랜치를 하나의 '실험실'로 생각하라

코드를 여러 단계로 나누어 안정성을 높여가며 운영할 수 있다. 프로젝트 규모가 크면 proposed 혹은 pu(proposed updates)라는 이름의 브랜치를 만들고 next나 master 브랜치에 아직 Merge할 준비가 되지 않은 것을 일단 Merge시킨다. 중요한 개념은 브랜치를 이용해 여러 단계에 걸쳐서 안정화해 나아가면서 충분히 안정화가 됐을 때 안정 브랜치로 Merge한다는 점이다. 다시 말해서 Long-Running의 브랜치가 여러 개일 필요는 없지만 정말 유용하다 할 수 있다. 특히 규모가 크고 복잡한 프로젝트일수록 그 유용성이 반짝반짝 빛난다.

토픽 브랜치

토픽 브랜치는 프로젝트 크기에 상관없이 유용하다. 토픽 브랜치는 어떤 한 가지 주제나 작업을 위해 만든 짧은 호흡의 브랜치다. 다른 버전 관리 시스템에서는 이런 브랜치를 본 적이 없을 것이다. Git이 아닌 다른 버전 관리 도구에서는 브랜치를 하나 만드는 데 큰 비용이 든다. Git에서는 매우 일상적으로 브랜치를 만들고 Merge하고 삭제한다.

앞서 사용한 iss53이나 hotfix 브랜치가 토픽 브랜치다. 우리는 브랜치를 새로 만들고 어느 정도 커밋하고 나서 다시 master 브랜치에 Merge하고 브랜치 삭제도 해보았다. 보통 주제별로 브랜치를 만들고, 각각은 독립돼 있기 때문에 매우 쉽게 컨텍스트 사이를 옮겨 다닐 수 있다. 묶음별로 나눠서 일하면 내용별로 검토하기에도, 테스트하기에도 더 편하다. 각 작업을 하루든 한 달이든 유지하다가 master 브랜치에 Merge할 시점이 되면 순서와 관계없이 그때 Merge하면 된다.

　master 브랜치를 checkout한 상태에서 어떤 작업을 한다고 해보자. 한 이슈를 처리하기 위해서 iss91 브랜치를 만들고 해당 작업을 한다. 같은 이슈를 다른 방법으로 해결해보고 싶을 때도 있다. iss91v2 브랜치를 만들고 다른 방법을 시도해 본다. 확신할 수 없는 아이디어를 적용해보기 위해 다시 master 브랜치로 되돌아가서 dumbidea 브랜치를 하나 더 만든다. 지금까지 말했던 커밋 히스토리는 아래 그림 같다.

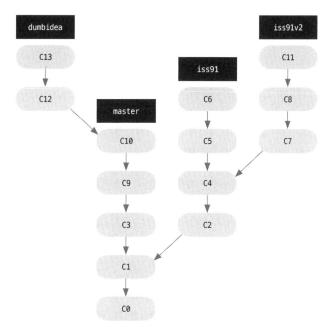

그림 3-20 토픽 브랜치가 많다

　이슈를 처리했던 방법 중 두 번째 방법인 iss91v2 브랜치가 괜찮아서 적용하기로 했다. 그리고 아이디어를 확신할 수 없었던 dumbidea 브랜치를 같이 일하는 다른 개발자에게 보여줬더니 썩 괜찮다는 반응을 얻었다. iss91 브랜치는 (C5, C6 커밋도 함께) 버리고 다른 두 브랜치를 Merge하면 아래 그림과 같이 된다.

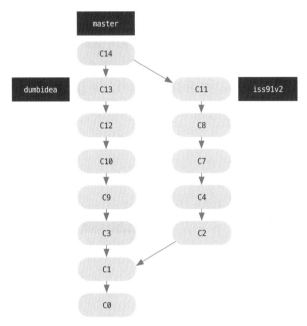

그림 3-21 dumbidea와 iss91v2 브랜치를 Merge하고 난 후의 모습

"5.1 분산 환경에서의 워크플로"에서 프로젝트를 Git으로 관리할 때 브랜치를 이용하여 만들 수 있는 여러 워크플로에 대해 살펴본다. 관련 부분을 살펴보면 프로젝트에 어떤 형태로 응용할 수 있을지 감이 올 것이다.

지금까지 한 작업은 전부 로컬에서만 처리한다는 것을 꼭 기억하자. 로컬 저장소에서만 브랜치를 만들고 Merge했으며 서버와 통신을 주고받는 일은 없었다.

3.5 리모트 브랜치

리모트 Refs는 리모트 저장소에 있는 포인터인 레퍼런스다. 리모트 저장소에 있는 브랜치, 태그 등등을 의미한다. `git ls-remote (remote)` 명령으로 모든 리모트 Refs를 조회할 수 있다. `git remote show (remote)` 명령은 모든 리모트 브랜치와 그 정보를 보여준다. 리모트 Refs가 있지만 보통은 리모트 트래킹 브랜치를 사용한다.

리모트 트래킹 브랜치는 리모트 브랜치를 추적하는 브랜치다. 이 브랜치는 로컬에 있지만 움직일 수 없다. 리모트 서버에 연결할 때마다 리모트 브랜치에 따라서 자동으로 움직일 뿐이다. 리모트 트래킹 브랜치는 일종의 북마크라고 할 수 있다. 리모트 저장소에 마지막으로 연결했던 순간에 브랜치가 무슨 커밋을 가리키고 있었는지를 나타낸다.

리모트 브랜치의 이름은 (remote)/(branch) 형식으로 되어 있다. 예를 들어 리모트 저장소 origin의 master 브랜치를 보고 싶다면 origin/master라는 이름으로 브랜치를 확인하면 된다. 다른 팀원과 함께 어떤 이슈를 구현할 때 그 팀원이 iss53 브랜치를 서버로 Push했고 여러분도 로컬에 iss53 브랜치가 있다고 가정하자. 이때 서버의 iss53 브랜치가 가리키는 커밋은 로컬에서 origin/iss53이 가리키는 커밋이다.

다소 헷갈릴 수 있으니 예제를 좀 더 살펴보자. git.ourcompany.com이라는 Git 서버가 있고 이 서버의 저장소를 하나 Clone하면 Git은 자동으로 origin이라는 이름을 붙인다.

origin으로부터 저장소 데이터를 모두 내려받고 master 브랜치를 가리키는 포인터를 만든다. 이 포인터는 origin/master라고 부르고 멋대로 조종할 수 없다. 그리고 Git은 로컬의 master 브랜치가 origin/master를 가리키게 한다. 이제 이 master 브랜치에서 작업을 시작할 수 있다.

> ✅ 브랜치 이름으로 많이 사용하는 "master"라는 이름이 어떤 특별한 의미를 가지는 게 아닌 것처럼 "origin"도 특별한 의미가 있는 것은 아니다. git init 명령이 자동으로 만들기 때문에 사용하는 이름인 "master"와 마찬가지로 "origin"도 git clone 명령이 자동으로 만들어주는 리모트 이름이다. git clone -o booyah라고 옵션을 주고 명령을 실행하면 booyah/master라고 사용자가 정한 대로 리모트 이름을 생성해준다.

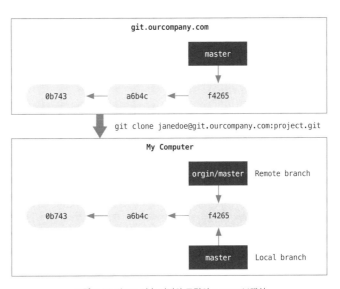

그림 3-22 Clone 이후 서버와 로컬의 master 브랜치

로컬 저장소에서 어떤 작업을 하고 있는데 동시에 다른 팀원이 git.ourcompany.
com 서버에 Push하고 master 브랜치를 업데이트한다. 그러면 이제 팀원 간의 히
스토리는 서로 달라진다. 서버 저장소로부터 어떤 데이터도 주고받지 않아서
origin/master 포인터는 그대로다.

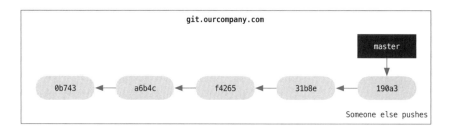

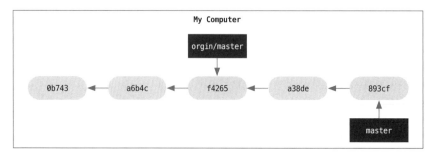

그림 3-23 로컬과 서버의 커밋 히스토리는 독립적이다

리모트 서버로부터 저장소 정보를 동기화하려면 git fetch origin 명령을 사
용한다. 명령을 실행하면 우선 "origin" 서버의 주소 정보(이 예에서는 git.
ourcompany.com)를 찾아서, 현재 로컬의 저장소가 갖고 있지 않은 새로운 정보
가 있으면 모두 내려받고, 받은 데이터를 로컬 저장소에 업데이트하고 나서,
origin/master 포인터의 위치를 최신 커밋으로 이동시킨다.

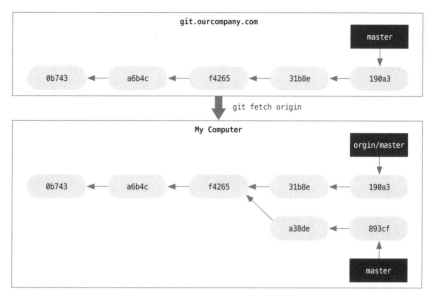

그림 3-24 git fetch 명령은 리모트 브랜치 정보를 업데이트

리모트 저장소를 여러 개 운영하는 상황을 이해할 수 있도록 개발용으로 사용할 Git 저장소를 팀 내부에 하나 추가해 보자. 이 저장소의 주소가 git.team1.ourcompany.com이며 "2.1 Git 저장소 만들기"에서 살펴본 git remote add 명령으로 현재 작업 중인 프로젝트에 팀의 저장소를 추가한다. 이름을 teamone으로 짓고 긴 서버 주소 대신 사용한다.

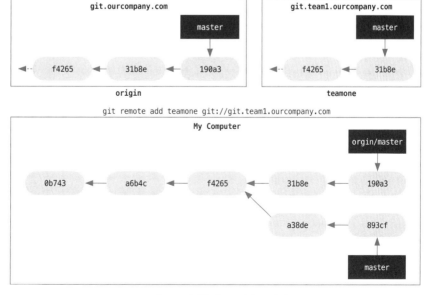

그림 3-25 서버를 리모트 저장소로 추가

서버를 추가하고 나면 `git fetch teamone` 명령으로 teamone 서버의 데이터를 내려받는다. 명령을 실행해도 teamone 서버의 데이터는 모두 origin 서버에도 있는 것들이라서 아무것도 내려받지 않는다. 하지만 이 명령은 리모트 트래킹 브랜치 teamone/master가 teamone 서버의 master 브랜치가 가리키는 커밋을 가리키게 한다.

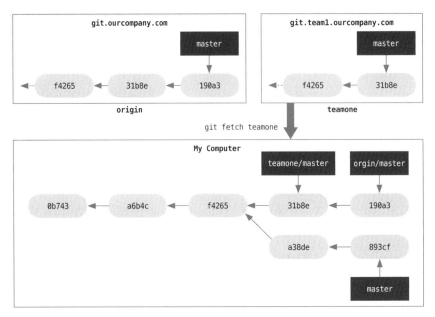

그림 3-26 teamone/master의 리모트 트래킹 브랜치

Push하기

로컬의 브랜치를 서버로 전송하려면 쓰기 권한이 있는 리모트 저장소에 Push해야 한다. 로컬 저장소의 브랜치는 자동으로 리모트 저장소로 전송되지 않는다. 명시적으로 브랜치를 Push해야 정보가 전송된다. 따라서 리모트 저장소에 전송하지 않고 로컬 브랜치에만 두는 비공개 브랜치를 만들 수 있다. 또 다른 사람과 협업하기 위해 토픽 브랜치만 전송할 수도 있다.

serverfix라는 브랜치를 다른 사람과 공유할 때도 브랜치를 처음 Push하는 것과 같은 방법으로 Push한다. 아래와 같이 `git push (remote) (branch)` 명령을 사용한다.

```
$ git push origin serverfix
Counting objects: 24, done.
```

```
Delta compression using up to 8 threads.
Compressing objects: 100% (15/15), done.
Writing objects: 100% (24/24), 1.91 KiB | 0 bytes/s, done.
Total 24 (delta 2), reused 0 (delta 0)
To https://github.com/schacon/simplegit
 * [new branch]      serverfix -> serverfix
```

Git은 serverfix라는 브랜치 이름을 refs/heads/serverfix:refs/heads/serverfix
로 확장한다. 이것은 serverfix라는 로컬 브랜치를 서버로 Push하는데 리모트
의 serverfix 브랜치로 업데이트한다는 것을 의미한다. 나중에 10장에서 refs/
heads/의 뜻을 자세히 알아볼 것이기 때문에 일단 넘어가도록 한다. git push
origin serverfix:serverfix라고 Push하는 것도 같은 의미인데 이것은 "로컬의
serverfix 브랜치를 리모트 저장소의 serverfix 브랜치로 Push하라"라는 뜻이
다. 로컬 브랜치의 이름과 리모트 서버의 브랜치 이름이 다를 때 필요하다. 리모
트 저장소에 serverfix라는 이름 대신 다른 이름을 사용하려면 git push origin
serverfix:awesomebranch처럼 사용한다.

 HTTPS URL로 시작하는 리모트 저장소를 사용한다면 아마도 Push나 Pull을 할 때 인증
을 위한 사용자 이름이나 비밀번호를 묻는 것을 볼 수 있다. 보통 터미널에서 작업하는 경
우 Git이 이 정보를 사용자로부터 받기 위해 사용자 이름이나 비밀번호를 입력받아 서버로
전달해서 권한을 확인한다.

이 리모트에 접근할 때마다 매번 ID나 비밀번호를 입력하지 않도록 "credential cache"
기능을 이용할 수 있다. 이 기능을 활성화하면 Git은 몇 분 동안 입력한 ID나 비밀번호를 저
장해둔다. 이 기능을 활성화하려면 git config --global credential.helper cache
명령을 실행하여 환경설정을 추가한다.

이 기능이 제공하는 다른 옵션에 대한 자세한 설명은 "7.14 Credential 저장소"를 참고한다.

나중에 누군가 저장소를 Fetch하고 나서 서버에 있는 serverfix 브랜치에 접근할
때 origin/serverfix라는 이름으로 접근할 수 있다.

```
$ git fetch origin
remote: Counting objects: 7, done.
remote: Compressing objects: 100% (2/2), done.
remote: Total 3 (delta 0), reused 3 (delta 0)
Unpacking objects: 100% (3/3), done.
From https://github.com/schacon/simplegit
 * [new branch]      serverfix    -> origin/serverfix
```

여기서 짚고 넘어가야 할 게 있다. Fetch 명령으로 리모트 트래킹 브랜치를 내려받는다고 해서 로컬 저장소에 수정할 수 있는 브랜치가 새로 생기는 것이 아니다. 다시 말해서 serverfix라는 브랜치가 생기는 것이 아니라 그저 수정 못하는 origin/serverfix 브랜치 포인터가 생기는 것이다.

새로 받은 브랜치의 내용을 Merge하려면 `git merge origin/serverfix` 명령을 사용한다. Merge하지 않고 리모트 트래킹 브랜치에서 시작하는 새 브랜치를 만들려면 아래와 같은 명령을 사용한다.

```
$ git checkout -b serverfix origin/serverfix
Branch serverfix set up to track remote branch serverfix from origin.
Switched to a new branch 'serverfix'
```

그러면 origin/serverfix에서 시작하고 수정할 수 있는 serverfix라는 로컬 브랜치가 만들어진다.

브랜치 추적

리모트 트래킹 브랜치를 로컬 브랜치로 Checkout하면 자동으로 "트래킹 (Tracking) 브랜치"가 만들어진다 (흔히 "Upstream 브랜치"라고 부른다). 트래킹 브랜치는 리모트 브랜치와 직접적인 연결고리가 있는 로컬 브랜치이다. 트래킹 브랜치에서 `git pull` 명령을 내리면 리모트 저장소로부터 데이터를 내려받아 연결된 리모트 브랜치와 자동으로 Merge한다.

서버로부터 저장소를 Clone을 하면 Git은 자동으로 master 브랜치를 origin/master 브랜치의 트래킹 브랜치로 만든다. 트래킹 브랜치를 직접 만들 수 있는데 리모트를 origin이 아닌 다른 리모트로 할 수도 있고, 브랜치도 master가 아닌 다른 브랜치로 추적하게 할 수 있다. `git checkout -b [branch] [remotename]/[branch]` 명령으로 간단히 트래킹 브랜치를 만들 수 있다. --track 옵션을 사용하여 로컬 브랜치 이름을 자동으로 생성할 수 있다.

```
$ git checkout --track origin/serverfix
Branch serverfix set up to track remote branch serverfix from origin.
Switched to a new branch 'serverfix'
```

리모트 브랜치와 다른 이름으로 브랜치를 만들려면 로컬 브랜치의 이름을 아래와 같이 다르게 지정한다.

```
$ git checkout -b sf origin/serverfix
Branch sf set up to track remote branch serverfix from origin.
Switched to a new branch 'sf'
```

이제 sf 브랜치에서 Push나 Pull하면 자동으로 origin/serverfix로 데이터를 보내거나 가져온다.

이미 로컬에 존재하는 브랜치가 리모트의 특정 브랜치를 추적하게 하려면 git branch 명령에 -u나 --set-upstream-to 옵션을 붙여서 아래와 같이 설정한다.

```
$ git branch -u origin/serverfix
Branch serverfix set up to track remote branch serverfix from origin.
```

 추적 브랜치를 설정했다면 추적 브랜치 이름을 @{upstream}이나 @{u}로 짧게 대체하여 사용할 수 있다. master 브랜치가 origin/master 브랜치를 추적하는 경우라면 git merge origin/master 명령과 git merge @{u} 명령을 똑같이 사용할 수 있다.

추적 브랜치가 현재 어떻게 설정되어 있는지 확인하려면 git branch 명령에 -vv 옵션을 더한다. 이 명령을 실행하면 로컬 브랜치 목록과 로컬 브랜치가 추적하고 있는 리모트 브랜치도 함께 보여준다. 게다가 로컬 브랜치가 앞서가는지 뒤처지는지에 대한 내용도 보여준다.

```
$ git branch -vv
  iss53    7e424c3 [origin/iss53: ahead 2] forgot the brackets
  master   1ae2a45 [origin/master] deploying index fix
* serverfix f8674d9 [teamone/server-fix-good: ahead 3, behind 1] this should do it
  testing  5ea463a trying something new
```

위의 결과를 보면 iss53 브랜치는 origin/iss53 리모트 브랜치를 추적하고 있다는 것을 알 수 있고 "ahead" 표시를 통해 로컬 브랜치가 커밋 2개 앞서 있다(리모트 브랜치에는 없는 커밋이 로컬에는 존재)는 것을 알 수 있다. master 브랜치는 origin/master 브랜치를 추적하고 있으며 두 브랜치가 가리키는 커밋 내용이 같은 상태이다. 로컬 브랜치 중 serverfix 브랜치는 server-fix-good이라는 teamone 리모트 서버의 브랜치를 추적하고 있으며 커밋 3개 앞서 있으며 동시에 커밋 1개로 뒤처져 있다. 이 말은 serverfix 브랜치에 서버로 보내지 않은 커밋이 3개, 서버의 브랜치에서 아직 로컬 브랜치로 Merge하지 않은 커밋이 1개 있다는 말이다. 마지막 testing 브랜치는 추적하는 브랜치가 없는 상태이다.

여기서 중요한 점은 명령을 실행했을 때 나타나는 결과는 모두 마지막으로 서버에서 데이터를 가져온(fetch) 시점을 바탕으로 계산한다는 점이다. 단순히 이 명령만으로는 서버의 최신 데이터를 반영하지는 않으며 로컬에 저장된 서버의 캐시 데이터를 사용한다. 현재 시점에서 진짜 최신 데이터로 추적 상황을 알아보려면 먼저 서버로부터 최신 데이터를 받아온 후에 추적 상황을 확인해야 한다. `$ git fetch --all; git branch -vv`처럼 두 명령을 이어서 사용하는 것이 적당하다 하겠다.

Pull하기

`git fetch` 명령을 실행하면 서버에는 존재하지만, 로컬에는 아직 없는 데이터를 받아와서 저장한다. 이때 워킹 디렉터리의 파일 내용은 변경되지 않고 그대로 남는다. 서버로부터 데이터를 가져와서 저장해두고 사용자가 Merge하도록 준비만 해둔다. 간단히 말하면 `git pull` 명령은 대부분 `git fetch` 명령을 실행하고 나서 자동으로 `git merge` 명령을 수행하는 것뿐이다. 바로 앞 절에서 살펴본 대로 clone이나 checkout 명령을 실행하여 추적 브랜치가 설정되면 `git pull` 명령은 서버로부터 데이터를 가져와서 현재 로컬 브랜치와 서버의 추적 브랜치를 Merge한다.

일반적으로 fetch와 merge 명령을 명시적으로 사용하는 것이 pull 명령으로 한 번에 두 작업을 하는 것보다 낫다.

리모트 브랜치 삭제

동료와 협업하기 위해 리모트 브랜치를 만들었다가 작업을 마치고 master 브랜치로 Merge했다. 협업하는 데 사용했던 그 리모트 브랜치는 이제 더 이상 필요하지 않기에 삭제할 수 있다. `git push` 명령에 `--delete` 옵션을 사용하여 리모트 브랜치를 삭제할 수 있다. serverfix라는 리모트 브랜치를 삭제하려면 아래와 같이 실행한다.

```
$ git push origin --delete serverfix
To https://github.com/schacon/simplegit
 - [deleted]          serverfix
```

위 명령을 실행하면 서버에서 브랜치(즉 커밋을 가리키는 포인터) 하나가 사라진다.

서버에서 가비지 컬렉터가 동작하지 않는 한 데이터는 사라지지 않기 때문에 종종 의도치 않게 삭제한 경우에도 커밋한 데이터를 살릴 수 있다.

3.6 Rebase하기

Git에서 한 브랜치에서 다른 브랜치로 합치는 방법은 두 가지다. 하나는 Merge 이고 다른 하나는 Rebase다. 이 절에서는 Rebase가 무엇인지, 어떻게 사용하는 지, 좋은 점은 뭐고, 어떤 상황에서 사용하고 어떤 상황에서 사용하지 말아야 하 는지 알아본다.

Rebase의 기초

앞의 "3.2 브랜치와 Merge의 기초"에서 살펴본 예제로 다시 돌아가 보자. 두 개 의 나누어진 브랜치의 모습을 볼 수 있다.

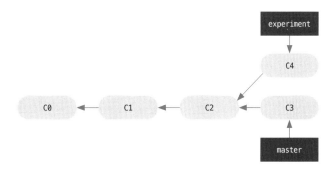

그림 3-27 두 개의 브랜치로 나누어진 커밋 히스토리

이 두 브랜치를 합치는 가장 쉬운 방법은 앞에서 살펴본 대로 merge 명령을 사용 하는 것이다. 두 브랜치의 마지막 커밋 두 개(C3, C4)와 공통 조상(C2)을 사용하 는 3-way Merge로 새로운 커밋을 만들어 낸다.

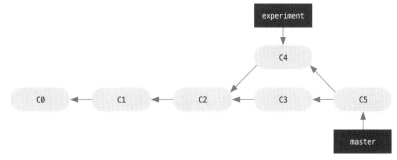

그림 3-28 나뉜 브랜치를 Merge하기

비슷한 결과를 만드는 다른 방식으로, C3에서 변경된 사항을 Patch로 만들고 이 를 다시 C4에 적용하는 방법이 있다. Git에서는 이런 방식을 Rebase라고 한다.

rebase 명령으로 한 브랜치에서 변경된 사항을 다른 브랜치에 적용할 수 있다.

위의 예제는 아래와 같은 명령으로 Rebase한다.

```
$ git checkout experiment
$ git rebase master
First, rewinding head to replay your work on top of it...
Applying: added staged command
```

실제로 일어나는 일을 설명하자면 일단 두 브랜치가 나뉘기 전인 공통 커밋으로 이동하고 나서 그 커밋부터 지금 Checkout한 브랜치가 가리키는 커밋까지 diff 를 차례로 만들어 어딘가에 임시로 저장해 놓는다. Rebase할 브랜치[1]가 합칠 브랜치[2]가 가리키는 커밋을 가리키게 하고 아까 저장해 놓았던 변경사항을 차례대로 적용한다.

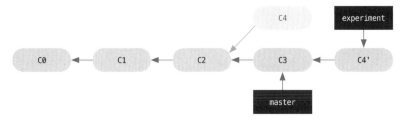

그림 3-29 C4의 변경사항을 C3에 적용하는 Rebase 과정

그러고 나서 master 브랜치를 Fast-forward한다.

```
$ git checkout master
$ git merge experiment
```

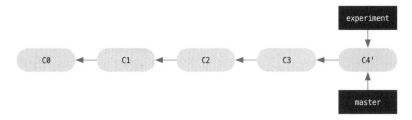

그림 3-30 master 브랜치를 Fast-forward하기

C4'로 표시된 커밋에서의 내용은 Merge 예제에서 살펴본 C5 커밋에서의 내용과 같을 것이다. Merge이든 Rebase든 둘 다 합치는 관점에서는 서로 다를 게 없다.

---

1 experiment
2 master

하지만, Rebase가 좀 더 깨끗한 히스토리를 만든다. Rebase한 브랜치의 Log를 살펴보면 히스토리가 선형이다. 일을 병렬로 동시에 진행해도 Rebase하고 나면 모든 작업이 차례대로 수행된 것처럼 보인다.

　Rebase는 보통 리모트 브랜치에 커밋을 깔끔하게 적용하고 싶을 때 사용한다. 아마 이렇게 Rebase하는 리모트 브랜치는 직접 관리하는 것이 아니라 그냥 참여하는 브랜치일 것이다. 메인 프로젝트에 Patch를 보낼 준비가 되면 하는 것이 Rebase니까 브랜치에서 하던 일을 완전히 마치고 origin/master로 Rebase한다. 이렇게 Rebase하고 나면 프로젝트 관리자는 어떠한 통합작업도 필요 없다. 그냥 master 브랜치를 Fast-forward하면 된다.

　Rebase를 하든지, Merge를 하든지 최종 결과물은 같고 커밋 히스토리만 다르다는 것이 중요하다. Rebase의 경우는 브랜치의 변경사항을 순서대로 다른 브랜치에 적용하면서 합치고 Merge의 경우는 두 브랜치의 최종결과만을 가지고 합친다.

Rebase 활용

Rebase는 단순히 브랜치를 합치는 것만 아니라 다른 용도로도 사용할 수 있다. 그림 3-31 같은 히스토리가 있다고 하자. server 브랜치를 만들어서 서버 기능을 추가하고 그 브랜치에서 다시 client 브랜치를 만들어 클라이언트 기능을 추가한다. 마지막으로 server 브랜치로 돌아가서 몇 가지 기능을 더 추가한다.

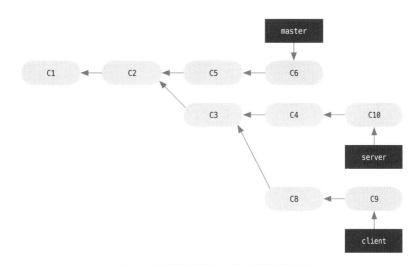

그림 3-31 다른 토픽 브랜치에서 갈라져 나온 토픽 브랜치

이때 테스트가 덜 된 server 브랜치는 그대로 두고 client 브랜치만 master로 합치려는 상황을 생각해보자. server와는 아무 관련이 없는 client 커밋은 C8, C9이다. 이 두 커밋을 master 브랜치에 적용하기 위해서 --onto 옵션을 사용하여 아래와 같은 명령을 실행한다.

```
$ git rebase --onto master server client
```

이 명령은 "client 브랜치를 Checkout하고 server와 client의 공통조상 이후의 Patch를 만들어 master에 적용"하라는 내용이다. 조금 복잡하긴 해도 꽤 쓸모 있다.

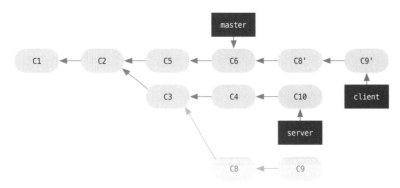

그림 3-32 다른 토픽 브랜치에서 갈라져 나온 토픽 브랜치를 Rebase하기

이제 master 브랜치로 돌아가서 Fast-forward할 수 있다(그림 3-33 참고).

```
$ git checkout master
$ git merge client
```

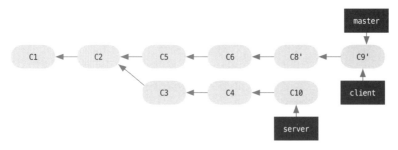

그림 3-33 master 브랜치를 client 브랜치 위치로 진행하기

server 브랜치의 일이 다 끝나면 git rebase [basebranch] [topicbranch]라는 명령으로 Checkout하지 않고 바로 server 브랜치를 master 브랜치로 Rebase할 수 있다. 이 명령은 토픽(server) 브랜치를 Checkout하고 베이스(master) 브랜치에 Rebase한다.

```
$ git rebase master server
```

server 브랜치의 수정사항을 master 브랜치에 적용했다. 그 결과는 그림 3-34 같다.

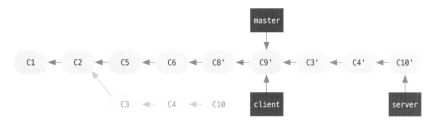

그림 3-34 master 브랜치에 server 브랜치의 수정 사항을 적용

그리고 나서 master 브랜치를 Fast-forward한다.

```
$ git checkout master
$ git merge server
```

모든 것이 master 브랜치에 통합됐기 때문에 더 필요하지 않다면 client나 server 브랜치는 삭제해도 된다. 브랜치를 삭제해도 커밋 히스토리는 그림 3-35 같이 여전히 남아 있다.

```
$ git branch -d client
$ git branch -d server
```

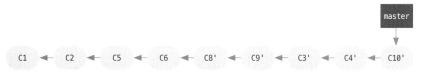

그림 3-35 최종 커밋 히스토리

Rebase의 위험성

Rebase가 장점이 많은 기능이지만 단점이 없는 것은 아니니 조심해야 한다. 그 주의사항은 아래 한 문장으로 표현할 수 있다.

이미 공개 저장소에 Push한 커밋을 Rebase하지 말라

이 지침만 지키면 Rebase를 하는 데 문제 될 게 없다. 하지만 이 주의사항을 지키지 않으면 사람들에게 욕을 먹을 것이다.

　Rebase는 기존의 커밋을 그대로 사용하는 것이 아니라 내용은 같지만 다른 커밋을 새로 만든다. 새 커밋을 서버에 Push하고 동료 중 누군가가 그 커밋을 Pull 해서 작업을 한다고 하자. 그런데 그 커밋을 `git rebase`로 바꿔서 Push해버리면 동료가 다시 Push했을 때 동료는 다시 Merge해야 한다. 그리고 동료가 다시 Merge한 내용을 Pull하면 내 코드는 정말 엉망이 된다.

이미 공개 저장소에 Push한 커밋을 Rebase하면 어떤 결과가 초래되는지 예제를 통해 알아보자. 중앙 저장소에서 Clone하고 일부 수정을 하면 커밋 히스토리는 아래와 같아진다.

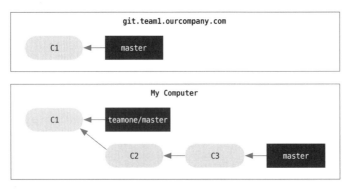

그림 3-36 저장소를 Clone하고 일부 수정함

이제 팀원 중 누군가 커밋, Merge하고 나서 서버에 Push한다. 이 리모트 브랜치를 Fetch, Merge하면 히스토리는 아래와 같이 된다.

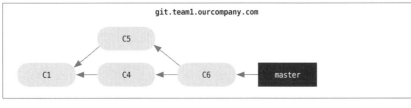

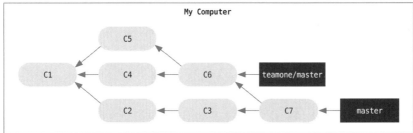

그림 3-37 Fetch한 후 Merge 함

그런데 Push했던 팀원은 Merge한 일을 되돌리고 다시 Rebase한다. 서버의 히스토리를 새로 덮어씌우려면 git push --force 명령을 사용해야 한다. 이후에 저장소에서 Fetch하고 나면 아래 그림과 같은 상태가 된다.

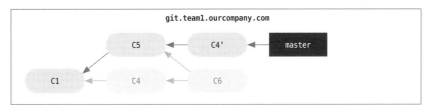

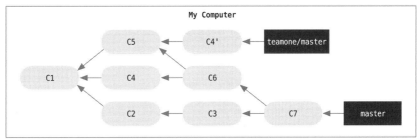

그림 3-38 한 팀원이 다른 팀원이 의존하는 커밋을 없애고 Rebase한 커밋을 다시 Push함

자 이렇게 되면 짬뽕이 된다. git pull로 서버의 내용을 가져와서 Merge하면 같은 내용의 수정사항을 포함한 Merge 커밋이 아래와 같이 만들어진다.

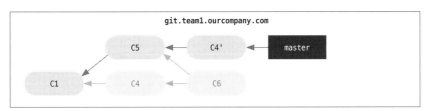

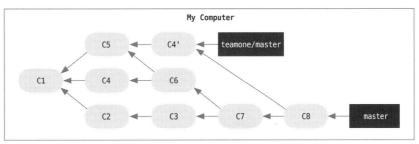

그림 3-39 같은 Merge를 다시 한다

git log로 히스토리를 확인해보면 저자, 커밋 날짜, 메시지가 같은 커밋이 두 개 있다(C4, C4'). 이렇게 되면 혼란스럽다. 게다가 이 히스토리를 서버에 Push하

면 같은 커밋이 두 개 있기 때문에 다른 사람들도 혼란스러워한다. C4와 C6는 포함되지 말았어야 할 커밋이다. 애초에 서버로 데이터를 보내기 전에 Rebase로 커밋을 정리했어야 했다.

Rebase한 것을 다시 Rebase하기

이런 상황에 빠질 때 유용한 Git 기능이 하나 있다. 어떤 팀원이 강제로 내가 한 일을 덮어썼다고 하자. 그러면 내가 했던 일이 무엇이고 덮어쓴 내용이 무엇인지 알아내야 한다.

커밋 SHA 체크섬 외에도 Git은 커밋에 Patch할 내용으로 SHA 체크섬을 한 번 더 구한다. 이 값은 "patch-id"라고 한다.

덮어쓴 커밋을 받아서 그 커밋을 기준으로 Rebase할 때 Git은 원래 누가 작성한 코드인지 잘 찾아낸다. 그래서 Patch가 원래대로 잘 적용된다.

예를 들어 앞서 살펴본 예제를 보면 그림 3-38 상황에서 Merge하는 대신 `git rebase teamone/master` 명령을 실행하면 Git은 아래와 같은 작업을 한다.

- 현재 브랜치에만 포함된 커밋을 찾는다(C2, C3, C4, C6, C7).
- Merge 커밋을 가려낸다(C2, C3, C4).
- 이 중 덮어쓰지 않은 커밋들만 골라낸다(C2, C3. C4는 C4'와 같은 Patch다).
- 남은 커밋들만 다시 teamone/master 바탕으로 커밋을 쌓는다.

결과를 확인해보면 그림 3-39 같은 결과 대신 제대로 정리된 그림 3-40 같은 결과를 얻을 수 있다.

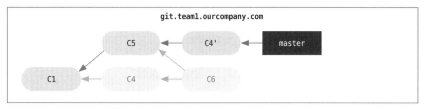

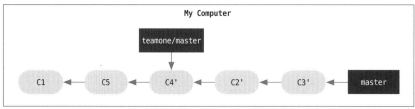

그림 3-40 강제로 덮어쓴 브랜치에 Rebase하기

동료가 생성했던 C4와 C4' 커밋 내용이 완전히 같을 때만 이렇게 동작한다. 커밋 내용이 아예 다르거나 비슷하다면 커밋이 두 개 생긴다(같은 내용이 두 번 커밋될 수 있기 때문에 깔끔하지 않다).

git pull 명령을 실행할 때 옵션을 붙여서 git pull --rebase로 Rebase할 수도 있다. 물론 git fetch와 git rebase teamone/master이 두 명령을 직접 순서대로 실행해도 된다.

git pull 명령을 실행할 때 기본적으로 --rebase 옵션이 적용되도록 pull.rebase 설정을 추가할 수 있다. git config --global pull.rebase true 명령으로 추가한다.

Push하기 전에 정리하려고 Rebase하는 것은 괜찮다. 또 절대 공개하지 않고 혼자 Rebase하는 경우도 괜찮다. 하지만 이미 공개하여 사람들이 사용하는 커밋을 Rebase하면 틀림없이 문제가 생긴다.

나중에 후회하지 말고 git pull --rebase로 문제를 미리 방지할 수 있다는 것을 같이 작업하는 동료와 모두 함께 공유하기 바란다.

Rebase vs. Merge

Merge가 뭔지, Rebase가 뭔지 여러 예제를 통해 간단히 살펴보았다. 지금쯤 이런 의문이 들 거라 생각한다. 둘 중 무엇을 쓰는 게 좋지? 이 질문에 대한 답을 찾기 전에 히스토리의 의미에 대해서 잠깐 다시 생각해보자.

히스토리를 보는 관점 중에 하나는 **작업한 내용의 기록**으로 보는 것이다. 작업 내용을 기록한 문서이고, 각 기록은 각각 의미를 가지며, 변경할 수 없다. 이런 관점에서 커밋 히스토리를 변경한다는 것은 역사를 부정하는 꼴이 된다. 언제 무슨 일이 있었는지 기록에 대해 거짓말을 하게 되는 것이다. 이렇게 했을 때 지저분하게 수많은 Merge 커밋이 히스토리에 남게 되면 문제가 없을까? **역사**는 후세를 위해 기록하고 보존해야 한다.

히스토리를 **프로젝트가 어떻게 진행되었나에 대한 이야기**로도 볼 수 있다. 소프트웨어를 주의 깊게 편집하는 방법에 메뉴얼이나 세세한 작업 내용을 초벌부터 공개하고 싶지 않을 수 있다. 나중에 다른 사람에게 들려주기 좋도록 Rebase나 filter-branch 같은 도구로 프로젝트의 진행 이야기를 다듬으면 좋다.

Merge나 Rebase 중 무엇이 나으냐는 질문은 다시 생각해봐도 답이 그리 간단치 않다. Git은 매우 강력한 도구고 기능이 많아서 히스토리를 잘 쌓을 수 있지만, 모든 팀과 모든 이가 처한 상황은 모두 다르다. 예제를 통해 Merge나 Rebase 가 무엇이고 어떤 의미인지 배웠다. 이 둘을 어떻게 쓸지는 각자의 상황과 각자 의 판단에 달렸다.

일반적인 해답을 군이 드리자면 로컬 브랜치에서 작업할 때는 히스토리를 정 리하기 위해서 Rebase할 수도 있지만, 리모트 등 어딘가 밖으로 Push로 내보낸 커밋에 대해서는 절대 Rebase하지 말아야 한다.

3.7 요약

우리는 이 장에서 Git으로 브랜치를 만들고 Merge의 기본적인 사용법을 다루었 다. 이제 브랜치를 만들고 옮겨 다니고 Merge하는 것에 익숙해졌을 것으로 생 각한다. 브랜치를 Rebase해서 Push해서 공유하는 것 정도는 어렵지 않게 할 수 있을 것이다. 다음 장에서는 Git 저장소 서버를 직접 운영하는 방법을 설명한다.

4장

P r o **Git** 2 n d E d i t i o n

Git 서버

Git 서버를 운영하는 건 매우 간단하다. 우선 사용할 전송 프로토콜부터 정한다. 이 장의 앞부분에서는 어떤 프로토콜이 있는지 그리고 각 장단점은 무엇인지 살펴본다. 그 다음엔 각 프로토콜을 사용하는 방법과 그 프로토콜을 사용할 수 있도록 서버를 구성하는 방법을 살펴본다. 마지막으로 다른 사람의 서버에 내 코드를 맡기긴 싫고 고생스럽게 서버를 설치하고 관리하고 싶지도 않을 때 고를 수 있는 선택지가 어떤 것들이 있는지 살펴본다.

서버를 직접 설치해서 운영할 생각이 없으면 이 장의 마지막 절만 읽어도 된다. 마지막 절에서는 Git 호스팅 서비스에 계정을 만들고 사용하는 방법에 관해 설명한다. 그리고 다음 장에서는 분산 환경에서 소스를 관리하는 다양한 패턴에 대해 논의할 것이다.

리모트 저장소는 일반적으로 워킹 디렉터리가 없는 Bare 저장소다. 이 저장소는 협업용이기 때문에 체크아웃이 필요 없다. 그냥 Git 데이터만 있으면 된다. 다시 말해서 Bare 저장소는 일반 프로젝트에서 `.git` 디렉터리만 있는 저장소다.

이 글을 읽는 독자라면 이미 하루 업무의 대부분을 Git으로 처리할 수 있을 거라고 생각한다.

이제는 다른 사람과 협업하는 방법을 고민해보자. 다른 사람과 협업하려면 리모트 저장소가 필요하다. 물론 혼자서 저장소를 만들고 거기에 Push하고 Pull할 수도 있지만 이렇게 하는 것은 아무 의미가 없다. 이런 방식으로는 다른 사람이 무슨 일을 하고 있는지 알려면 항상 지켜보고 있어야 간신히 알 수 있을 터이다.

여러분이 오프라인일 때에도 동료가 저장소를 사용할 수 있게 하려면 언제나 이용할 수 있는 저장소가 필요하다. 즉, 공동으로 사용할 수 있는 저장소를 만들고 모두 이 저장소에 접근하여 Push, Pull할 수 있어야 한다.

4.1 프로토콜

Git은 Local, HTTP, SSH, Git 이렇게 네 가지의 프로토콜을 사용할 수 있다. 이 절에서는 각각 어떤 경우에 유용한지 살펴본다.

로컬 프로토콜

가장 기본적인 것이 로컬 프로토콜이다. 리모트 저장소가 단순히 디스크의 다른 디렉터리에 있을 때 사용한다. 팀원들이 전부 한 시스템에 로그인하여 개발하거나 아니면 NFS 같은 것으로 파일 시스템을 공유하고 있을 때 사용한다. 이런 상황은 문제가 될 수도 있다. 모든 저장소가 한 시스템에 있기 때문에 한순간에 모두 잃을 수 있다.

공유 파일 시스템을 마운트했을 때는 로컬 저장소를 사용하는 것처럼 Clone하고 Push하고 Pull하면 된다. 일단 저장소를 Clone하거나 프로젝트에 리모트 저장소로 추가한다. 추가할 때 URL 자리에 저장소의 경로를 사용한다. 예를 들어 아래와 같이 로컬 저장소를 Clone한다.

```
$ git clone /opt/git/project.git
```

아래처럼도 가능하다.

```
$ git clone file:///opt/git/project.git
```

Git은 파일 경로를 직접 쓸 때와 file://로 시작하는 URL을 사용할 때를 약간 다르게 처리한다. 디렉터리 경로를 그대로 사용하면 Git은 필요한 파일을 직접 복사하거나 하드 링크를 사용한다. 하지만 file://로 시작하면 Git은 네트워크를 통해서 데이터를 전송할 때처럼 프로세스를 별도로 생성하여 처리한다. 이 프로세스로 데이터를 전송하는 것은 효율이 좀 떨어지지만 그래도 file://를 사용하는 이유가 있다. 이것은 외부 Refs나 개체들이 포함된 저장소의 복사본을 깨끗한 상태로 남겨두고자 함이다. 보통은 다른 버전 관리 시스템들에서 임포트한 후에 사용한다(9장에서 자세히 다룬다). 여기서는 속도가 빠른 디렉터리 경로를 사용한다.

이미 가진 Git 프로젝트에는 아래와 같이 로컬 저장소를 추가한다.

```
$ git remote add local_proj /opt/git/project.git
```

그러면 네트워크에 있는 리모트 저장소처럼 Push하거나 Pull할 수 있다.

장점

파일 기반 저장소의 장점은 간단하다는 것이다. 기존에 있던 네트워크나 파일의 권한을 그대로 사용하기 때문에 설정하기 쉽다. 이미 팀 전체가 접근할 수 있는 파일 시스템을 가지고 있다면 저장소를 아주 쉽게 구성할 수 있다. 다른 디렉터리를 공유할 때처럼 모든 동료가 읽고 쓸 수 있는 공유 디렉터리에 Bare 저장소를 만들면 된다. 다음 절인 "서버에 Git 설치하기"에서 Bare 저장소를 만드는 방법을 살펴볼 것이다.

또한 동료가 작업하는 저장소에서 한 일을 바로 가져오기에도 좋다. 만약 함께 프로젝트를 하는 동료가 자신이 한 일을 여러분이 확인해 줬으면 할 때 `git pull /home/john/project`처럼 명령어를 실행시켜서 매우 쉽게 동료의 코드를 가져올 수 있다. 그 동료가 서버에 Push하고 여러분이 다시 Pull할 필요 없다.

단점

다양한 상황에서 접근할 수 있도록 디렉터리를 공유하는 것 자체가 일반적으로 어렵다. 집에 있을 때 Push해야 하면 리모트 저장소가 있는 디스크를 마운트해야 하는데, 이것은 다른 프로토콜을 이용하는 방법보다 느리고 어렵다.

게다가 파일 시스템을 마운트해서 사용하는 중이라면 별로 빠르지도 않다. 로컬 저장소는 데이터를 빠르게 읽을 수 있을 때만 빠르다. NFS에 있는 저장소에 Git을 사용하는 것은 보통 같은 서버에 SSH로 접근하는 것보다 느리다.

마지막으로 이 프로토콜은 저장소에 우발적인 사고가 발생하지 않도록 보호해주지 않는다.

모든 사용자는 셸에서 "리모트" 디렉터리에 무슨 짓이든지 할 수 있다. 누군가 저장소에 침범해서 Git 내부 파일을 삭제하고 변경하지 못하도록 하는 장치가 없다.

HTTP 프로토콜

Git은 HTTP로 통신할 때, 서로 다른 두 방법으로 HTTP를 사용할 수 있다. 1.6.6 이전 버전에서는 읽기만 가능한 단순한 방법밖에 사용할 수 없었다. 1.6.6 버전부터는 스마트(smart) 프로토콜을 사용할 수 있다. 이 프로토콜은 Git 데이터를 전송할 때 SSH처럼 서로 협상한다. 새로운 HTTP 프로토콜은 사용이 쉽고 기능도 좋아서 많은 사람이 사용하고 있다. 이 프로토콜을 보통 스마트 HTTP 프로토콜이라 하고 예전의 HTTP 프로토콜을 멍청한 HTTP 프로토콜이라고 한다. 먼저 스마트 HTTP 프로토콜을 설명한다.

스마트 HTTP

스마트 HTTP 프로토콜은 SSH나 Git 프로토콜처럼 통신한다. 다만 HTTP나 HTTPS 포트를 이용해 통신하고 다양한 HTTP 인증 방식을 사용한다는 것이 다르다. SSH는 키를 발급하고 관리해야 하는 번거로움이 있지만, HTTP는 익숙한 사용자 이름과 비밀번호 방식을 사용하기 때문에 더 편리하게 사용할 수 있다.

아마 지금은 Git에서 가장 많이 사용하는 프로토콜일 것이다. git:// 프로토콜처럼 익명으로 사용할 수도 있고, SSH처럼 인증을 거쳐 Push할 수도 있기 때문이다. 이 두 가지 동작을 다른 URL로 나눌 필요 없이 하나의 URL로 통합해서 사용할 수 있다. 그냥 인증 기능을 켜놓은 저장소에 Push를 하면 서버는 사용자이름과 비밀번호를 물어본다. 그리고 Fetch나 Pull 같은 읽기 작업에서도 같은 URL을 사용한다.

실제로 GitHub 같은 서비스에서 제공하는 저장소는 Clone을 할 때나 Push를 할 때 같은 URL을 사용한다(예, "https://github.com/schacon/simplegit").

멍청한 HTTP

Git 서버가 스마트 HTTP 요청에 응답하지 않으면 Git 클라이언트는 차선책으로 멍청한 HTTP 프로토콜을 시도한다. 이 멍청한 프로토콜은 원격 저장소를 그냥 파일 건네주는 웹 서버로 취급한다. HTTP와 HTTPS 프로토콜은 아름다울 정도로 설정이 간단하다. 기본적으로 HTTP 도큐먼트 루트 밑에 Bare 저장소를 두고 post-update 훅을 설정하는 것이 해야 하는 일의 전부다("8.3 Git Hooks"에서 자세히 다룰 것이다). 저장소가 있는 웹 서버에 접근할 수 있다면 그 저장소를 Clone할 수도 있다. 아래와 같이 HTTP를 통해서 저장소를 읽을 수 있게 한다.

```
$ cd /var/www/htdocs/
$ git clone --bare /path/to/git_project gitproject.git
$ cd gitproject.git
$ mv hooks/post-update.sample hooks/post-update
$ chmod a+x hooks/post-update
```

다 됐다. post-update 훅은 Git에 포함되어 있으며 git update-server-info라는 명령어를 실행시킨다. 이 명령어를 써야 HTTP로 Fetch와 Clone 명령이 제대로 동작한다. 누군가 SSH를 통해서 저장소에 Push하면 post-update 훅이 실행된다. 그럼 다른 사용자들은 Push된 파일을 아래와 같이 Clone할 수 있다.

```
$ git clone https://example.com/gitproject.git
```

여기서는 아파치(Apache) 서버를 사용해서 기본 루트 디렉터리인 /var/www/htdocs를 사용하지만 다른 웹 서버를 사용해도 된다. 단순히 Bare 저장소를 HTTP 문서 루트에 넣으면 된다. Git 데이터는 일반적인 정적 파일처럼 취급된다(10장에서 정확히 어떻게 처리하는지 다룬다).

보통은 스마트 HTTP 프로토콜만 이용하거나 멍청한 HTTP 프로토콜만 사용한다. 이 둘을 한꺼번에 사용하는 경우는 드물다.

장점

스마트 HTTP 프로토콜의 장점만 보자.

읽기와 쓰기에 하나의 URL만 사용한다. 그리고 사용자에게 익숙한 아이디와 비밀번호 방식의 인증을 사용한다. 사용자 이름과 비밀번호 방식의 인증이 SSH에 비해 간단하다. SSH는 사용자가 알아서 키를 만들고 공개키를 서버에 올린 후에야 비로소 인증을 받을 수 있다. SSH에 대해 잘 모르거나 익숙지 않은 사용자를 생각하면 이런 사용성은 엄청난 장점이다. 게다가 SSH만큼이나 빠르고 효율적이기까지 하다.

또 HTTP 대신 HTTPS를 이용해서 전송하는 데이터를 암호화하는 것도, 클라이언트에게 서명된 SSL 인증서를 요구하는 것도 가능하다.

HTTP는 매우 보편적인 프로토콜이기 때문에 거의 모든 회사 방화벽에서 통과하도록 돼있다는 장점도 있다.

단점

HTTP나 HTTPS를 사용하도록 설정하는 것이 SSH로 설정하는 것보다 까다로운 서버가 있다. 그것 말고는 스마트 HTTP 프로토콜이 다른 프로토콜보다 못한 단점은 별로 없다.

Push할 때 HTTP 인증을 사용하면 SSH 인증키를 사용하는 것보다 좀 더 복잡하다. 그래도 인증 캐싱 툴을 사용하면 좀 낫다. OS X에는 키체인(Keychain Access)이, 윈도우에는 인증서 관리자(Credential Manager)가 있다. HTTP 비밀번호 캐싱 설정에 대한 더 자세한 사항은 "7.14 Credential 저장소"를 참고하기 바란다.

SSH 프로토콜

Git의 대표 프로토콜은 SSH이다. SSH를 이용하면 아무런 외부 도구 없이 Git 서버를 구축할 수 있다. 대부분 서버는 SSH로 접근할 수 있도록 설정돼 있다. 뭐, 설정돼 있지 않더라도 쉽게 설정할 수 있다. 그리고 SSH는 인증 기능이 있고 어디에서든 사용할 수 있으며 사용하기도 쉽다.

SSH를 통해 Git 저장소를 Clone하려면 ssh://로 시작하는 URL을 사용한다.

```
$ git clone ssh://user@server/project.git
```

아래와 같은 SCP(Secure Copy) 형태의 구문으로 줄여 쓸 수도 있다.

```
$ git clone user@server:project.git
```

사용자 계정을 생략할 수도 있는데 계정을 생략하면 Git은 현재 로그인한 사용자의 계정을 사용한다.

장점

SSH 장점은 정말 많다. 첫째, SSH는 상대적으로 설정하기 쉽다. SSH 데몬은 정말 흔하다. 대개의 네트워크 관리자들은 SSH 데몬을 다루어본 경험이 있고 대부분의 OS 배포판에는 SSH 데몬과 관리도구들이 모두 들어 있다. 둘째, SSH를 통해 접근하면 보안에 안전하다. 모든 데이터는 암호화되어 인증된 상태로 전송된다. 마지막으로 SSH는 전송 시 데이터를 가능한 한 압축하기 때문에 효율적이다.

단점

SSH는 익명으로 접근할 수 없다. 심지어 읽기 전용인 경우에도 익명으로 시스템에 접근할 수 없다. 회사에서만 사용할 거라면 SSH가 가장 적합한 프로토콜일 터이지만 오픈소스 프로젝트는 SSH만으로는 부족하다. 만약 SSH를 사용하는 프로젝트에 익명으로 접근할 수 있게 하려면, Push할 때는 SSH로 하고 다른 사람들이 Fetch할 때는 다른 프로토콜을 사용하도록 설정해야 한다.

Git 프로토콜

Git 프로토콜은 Git에 포함된 데몬을 사용하는 것이다. 포트는 9418이며 SSH 프로토콜과 비슷한 서비스를 제공하지만, 인증 메커니즘이 없다. 저장소에 git-export-daemon-ok 파일을 만들면 Git 프로토콜로 서비스할 수 있지만, 보안은 없다. 이 파일이 없는 저장소는 서비스되지 않는다. 이 저장소는 누구나 Clone 할 수 있거나 아무도 Clone할 수 없거나 둘 중의 하나만 선택할 수 있다. 그래서 이 프로토콜로는 Push하게 할 수 없다. 엄밀히 말하자면 Push할 수 있도록 설정 할 수 있지만, 인증하도록 할 수 없다. 그러니까 여러분이 Push할 수 있으면 이 프로젝트의 URL을 아는 사람은 누구나 Push할 수 있다. 그냥 이런 것도 있지만 거의 쓰지 않는다고 알고 있으면 된다.

장점

Git 프로토콜은 전송 속도가 가장 빠르다고 할 수 있다. 전송량이 많은 공개 프로젝트나 별도의 인증이 필요 없고 읽기만 허용하는 프로젝트를 서비스할 때 유용하다. 암호화와 인증을 빼면 SSH 프로토콜과 전송 메커니즘이 별반 다르지 않다.

단점

Git 프로토콜의 단점은 인증 메커니즘이 없는 거다. Git 프로토콜만으로 접근할 수 있는 프로젝트는 바람직하지 못하다. 일반적으로 SSH나 HTTPS 프로토콜과 함께 사용한다. 소수의 개발자만 Push할 수 있고 대다수 사람은 git://을 사용 하여 읽을 수만 있게 하는 것이다. 어쩌면 가장 설치하기 어려운 방법일 수도 있 다. 별도의 데몬이 필요하고 프로젝트에 맞게 설정해야 한다. 자원을 아낄 수 있 도록 xinetd 같은 것도 설정해야 하고 방화벽을 통과할 수 있도록 9418 포트도 열어야 한다. 이 포트는 일반적으로 회사들이 허용하는 표준 포트가 아니다. 규모가 큰 회사의 방화벽이라면 당연히 이 포트를 막아 놓는다.

4.2 서버에 Git 설치하기

서버에 Git을 설치해서 공개하는 방법을 알아보자.

 여기에서는 리눅스에 설치하는 방법에 대해서만 간단히 설명할 것이다. 물론 맥과 윈도우에도 설치할 수 있다. 실제로 서버에 Git을 설치하고 설정하려면 온갖 보안 조치를 설정하고 OS 도구들을 써야 한다. 그 모든 것을 이 글에서 다루진 않지만, 무엇에 신경 써야 하는지는 알 수 있을 것이다.

어떤 서버를 설치하더라도 일단 저장소를 Bare 저장소로 만들어야 한다. 다시 말하지만, Bare 저장소는 워킹 디렉터리가 없는 저장소이다. --bare 옵션을 주고 Clone하면 새로운 Bare 저장소가 만들어진다. Bare 저장소 디렉터리는 관례에 따라 .git 확장자로 끝난다.

```
$ git clone --bare my_project my_project.git
Cloning into bare repository 'my_project.git'...
done.
```

이제 my_project.git 디렉터리에는 복사한 Git 디렉터리 데이터만 들어 있다. 아래와 같이 실행한 것과 비슷하다.

```
$ cp -Rf my_project/.git my_project.git
```

물론 설정상 미세한 차이가 있지만, 저장소의 내용만 고려한다면 같다고 볼 수 있다. 워킹 디렉터리가 없는 Git 저장소인 데다가 별도의 디렉터리도 하나 만들었다는 점에서는 같다.

서버에 Bare 저장소 넣기

Bare 저장소는 이제 만들었으니 서버에 넣고 프로토콜을 설정한다. git.example.com이라는 이름의 서버를 하나 준비하자. 그리고 그 서버에 SSH로 접속할 수 있게 만들고 Git 저장소를 /opt/git에 저장할 것이다. 서버에 /opt/git이 있다고 가정하고 아래와 같이 Bare 저장소를 복사한다.

```
$ scp -r my_project.git user@git.example.com:/opt/git
```

이제 다른 사용자들은 SSH로 서버에 접근해서 저장소를 Clone할 수 있다. 사용자는 /opt/git 디렉터리에 읽기 권한이 있어야 한다.

```
$ git clone user@git.example.com:/opt/git/my_project.git
```

이 서버에 SSH로 접근할 수 있는 사용자가 /opt/git/my_project.git 디렉터리에 쓰기 권한까지 가지고 있으면 바로 Push할 수 있다.

git init 명령에 --shared 옵션을 추가하면 Git은 자동으로 그룹 쓰기 권한을 추가한다.

```
$ ssh user@git.example.com
$ cd /opt/git/my_project.git
$ git init --bare --shared
```

Git 저장소를 만드는 것이 얼마나 쉬운지 살펴보았다. Bare 저장소를 만들어 SSH로 접근할 수 있는 서버에 올리면 동료와 함께 일할 준비가 끝난다.

그러니까 Git 서버를 구축하는 데 사람이 할 일은 정말 별로 없다. SSH로 접속할 수 있도록 서버에 계정을 만들고 Bare 저장소를 사람들이 읽고 쓸 수 있는 곳에 넣어 두기만 하면 된다. 이제 준비됐다. 더 필요한 것은 없다.

다음 절에서는 좀 더 정교하게 설정하는 법을 살펴볼 것이다. 사용자에게 계정을 만들어 주는 법, 저장소를 읽고 쓸 수 있게 하는 법, Web UI를 설정하는 법 등은 여기에서 설명하지 않는다. 동료와 함께 개발할 때 꼭 필요한 것은 SSH 서버와 Bare 저장소뿐이라는 것만은 꼭 기억하자.

초 간단 뚝딱

만약 창업을 준비하고 있거나 회사에서 Git을 막 도입하려고 할 때는 개발자의 수가 많지 않아서 설정할 게 별로 없다. 사용자를 관리하는 것이 Git 서버를 설정할 때 가장 골치 아픈 일 중 하나다. 사람이 많으면 어떤 사용자는 읽기만 가능하게 하고 어떤 사용자는 읽고 쓰기 둘 다 가능하게 해야 한다. 이렇게 설정하는 것은 조금 더 까다롭다.

SSH 접속

만약 모든 개발자가 SSH로 접속할 수 있는 서버가 있으면 너무 쉽게 저장소를 만들 수 있다. 앞서 말했듯이 정말 할 일이 별로 없다. 그리고 저장소의 권한을 꼼꼼하게 관리해야 하면 운영체제의 파일 시스템 권한 관리를 이용할 수 있다.

동료가 저장소에 쓰기 접근을 해야 하는 데 아직 SSH로 접속할 수 있는 서버가 없으면 하나 마련해야 한다. 아마 여러분에게 서버가 하나 있다면 그 서버에는 이미 SSH 서버가 설치되어 있고 지금도 SSH로 접속하고 있을 것이다.

팀원들이 접속할 수 있도록 하는 방법엔 몇 가지가 있다. 첫째로 모두에게 계정을 만들어 주는 방법이다. 이 방법이 제일 단순하지만 다소 귀찮다. 팀원마다 adduser를 실행시키고 임시 암호를 부여해야 하기에 보통 이 방법을 쓰고 싶어 하지 않는다.

둘째로 서버마다 git이라는 계정을 하나씩 만드는 방법이다. 쓰기 권한이 필요한 사용자의 SSH 공개키를 모두 모아서 git 계정의 ~/.ssh/authorized_keys 파일에 모든 키를 입력한다. 그러면 모두 git 계정으로 그 서버에 접속할 수 있다. 이 git 계정은 커밋 데이터에는 아무런 영향을 끼치지 않는다. 다시 말해서 접속하는 데 사용한 SSH 계정과 커밋에 저장되는 사용자는 아무 상관없다.

SSH 서버 인증을 LDAP 서버를 이용할 수도 있다. 이미 사용하고 있는 중앙집중식 인증 소스가 있으면 해당 인증을 이용하여 SSH 서버에 인증하도록 할 수도 있다. SSH 인증 메커니즘 중 아무거나 하나 이용할 수 있으면 사용자는 그 서버에 접근할 수 있다.

4.3 SSH 공개키 만들기

이미 말했듯이 많은 Git 서버들은 SSH 공개키로 인증한다. 공개키를 사용하려면 일단 공개키를 만들어야 한다. 공개키를 만드는 방법은 모든 운영체제가 비슷하다. 먼저 키가 있는지부터 확인하자. 사용자의 SSH 키들은 기본적으로 사용자의 ~/.ssh 디렉터리에 저장한다. 그래서 만약 디렉터리의 파일을 살펴보면 이미 공개키가 있는지 확인할 수 있다.

```
$ cd ~/.ssh
$ ls
authorized_keys2   id_dsa        known_hosts
config             id_dsa.pub
```

id_dsa나 id_rsa라는 파일 이름이 보일 것이고 이에 같은 파일명의 .pub라는 확장자가 붙은 파일이 하나 더 있을 것이다. 그중 .pub 파일이 공개키이고 다른 파일은 개인키다. 만약 이 파일들이 없거나 .ssh 디렉터리도 없으면 ssh-keygen이라는 프로그램으로 키를 생성해야 한다. ssh-keygen 프로그램은 리눅스나 맥의 SSH 패키지에 포함돼 있고 윈도우는 'Git for Windows' 안에 들어 있다.

```
$ ssh-keygen
Generating public/private rsa key pair.
Enter file in which to save the key (/home/schacon/.ssh/id_rsa):
Created directory '/home/schacon/.ssh'.
Enter passphrase (empty for no passphrase):
Enter same passphrase again:
Your identification has been saved in /home/schacon/.ssh/id_rsa.
Your public key has been saved in /home/schacon/.ssh/id_rsa.pub.
The key fingerprint is:
d0:82:24:8e:d7:f1:bb:9b:33:53:96:93:49:da:9b:e3 schacon@mylaptop.local
```

.ssh/id_rsa 키를 저장하고 싶은 디렉터리를 입력하고 암호를 두 번 입력한다.
이때 암호를 비워두면 키를 사용할 때 암호를 묻지 않는다.

다음은 사용자가 자신의 공개키를 Git 서버 관리자에게 보내야 한다. 사용자
는 .pub 파일의 내용을 복사하여 이메일을 보내기만 하면 된다. 공개키는 아래
와 같이 생겼다.

```
$ cat ~/.ssh/id_rsa.pub
ssh-rsa AAAAB3NzaC1yc2EAAAABIwAAAQEAklOUpkDHrfHY17SbrmTIpNLTGK9Tjom/BWDSU
GPl+nafzlHDTYW7hdI4yZ5ew18JH4JW9jbhUFrviQzM7xlELEVf4h9lFX5QVkbPppSwg0cda3
Pbv7kOdJ/MTyBlWXFCR+HAo3FXRitBqxiX1nKhXpHAZsMciLq8V6RjsNAQwdsdMFvSlVK/7XA
t3FaoJoAsncM1Q9x5+3V0Ww68/eIFmb1zuUFljQJKprrX88XypNDvjYNby6vw/Pb0rwert/En
mZ+AW4OZPnTPI89ZPmVMLuayrD2cE86Z/il8b+gw3r3+1nKatmIkjn2so1d01QraTlMqVSsbx
NrRFi9wrf+M7Q== schacon@mylaptop.local
```

다른 운영체제에서 SSH 키를 만드는 방법이 궁금하면 https://help.github.com/
articles/generating-ssh-keys에 있는 GitHub 설명서를 찾아보는 게 좋다.

4.4 서버 설정하기

서버에서 설정하는 일을 살펴보자. 일단 우분투 같은 표준 리눅스 배포판을 사
용한다고 가정한다. 사용자들은 아마도 authorized_keys 파일로 인증할 것이다.
먼저 git 계정을 만들고 사용자 홈 디렉터리에 .ssh 디렉터리를 만든다.

```
$ sudo adduser git
$ su git
$ cd
$ mkdir .ssh && chmod 700 .ssh
$ touch .ssh/authorized_keys && chmod 600 .ssh/authorized_keys
```

authorized_keys 파일에 SSH 공개키를 추가해야 사용자가 접근할 수 있다. 추가
하기 전에 이미 알고 있는 사람의 공개키를 받아서 가지고 있다고 가정한다. 공
개키가 어떻게 생겼는지 다시 한번 확인하자.

```
$ cat /tmp/id_rsa.john.pub
ssh-rsa AAAAB3NzaC1yc2EAAAADAQABAAABAQCB007n/ww+ouN4gSLKssMxXnBOvf9LGt4L
ojG6rs6hPB09j9R/T17/x4lhJA0F3FR1rP6kYBRsWj2aThGw6HXLm9/5zytK6Ztg3RPKK+4k
Yjh6541NYsnEAZuXz0jTTyAUfrtU3Z5E003C4oxOj6H0rfIF1kKI9MAQLMdpGW1GYEIgS9Ez
Sdfd8AcCIicTDWbqLAcU4UpkaX8KyGlLwsNuuGztobF8m72ALC/nLF6JLtPofwFBlgc+myiv
O7TCUSBdLQlgMVOFq1I2uPWQOkOWQAHukEOmfjy2jctxSDBQ220ymjaNsHT4kgtZg2AYYgPq
dAv8JggJICUvax2T9va5 gsg-keypair
```

`.ssh` 디렉터리에 있는 authorized_keys 파일에 추가한다.

```
$ cat /tmp/id_rsa.john.pub >> ~/.ssh/authorized_keys
$ cat /tmp/id_rsa.josie.pub >> ~/.ssh/authorized_keys
$ cat /tmp/id_rsa.jessica.pub >> ~/.ssh/authorized_keys
```

--bare 옵션을 주고 git init을 실행해서 워킹 디렉터리가 없는 빈 저장소를 하
나 만든다.

```
$ cd /opt/git
$ mkdir project.git
$ cd project.git
$ git init --bare
Initialized empty Git repository in /opt/git/project.git/
```

이제 John, Josie, Jessica는 이 저장소를 리모트 저장소로 등록하고 나서 브랜치
를 Push할 수 있다. 프로젝트마다 적어도 한 명은 서버에 접속해서 Bare 저장소
를 만들어야 한다. git 계정과 저장소를 만든 서버의 호스트 이름이 gitserver라
고 하자. 만약 이 서버가 내부망에 있고 gitserver가 그 서버를 가리키도록 DNS
에 설정하면 아래와 같은 명령을 사용할 수 있다(myproject 프로젝트가 이미 있
다고 가정한다).

```
# on John's computer
$ cd myproject
$ git init
$ git add .
$ git commit -m 'initial commit'
$ git remote add origin git@gitserver:/opt/git/project.git
$ git push origin master
```

이제 이 프로젝트를 Clone하고 나서 수정하고 Push할 수 있다.

```
$ git clone git@gitserver:/opt/git/project.git
$ cd project
$ vim README
$ git commit -am 'fix for the README file'
$ git push origin master
```

이렇게 개발자들이 읽고 쓸 수 있는 Git 서버를 쉽게 만들 수 있다.

이 개발자들은 서버에 git 계정으로 로그인할 수 있다. 이를 막으려면 passwd 파일에서 로그인 셸을 바꿔야한다.

단순히 로그인 셸을 git-shell로 바꾸기만 하면 git 계정으로는 Git만 사용할 수 있다. 이 로그인 셸은 서버의 다른 부분은 건들 수 없도록 돼 있다. git-shell 을 사용자의 로그인 셸로 지정해야 한다. /etc/shells에 git-shell를 추가한다. 아래를 보자.

```
$ cat /etc/shells    # 이미 `git-shell`이 등록돼 있는지 확인
$ which git-shell    # git-shell 실행파일이 설치돼 있는지 확인
$ sudo vim /etc/shells  # 바로 위 명령으로 확인한 git-shell 실행파일의 절대경로를 추가
```

chsh <계정 이름> 명령어를 이용해서 특정 계정의 셸을 바꿀 수 있다.

```
$ sudo chsh git  # git-shell 경로를 입력, 보통 /usr/bin/git-shell임
```

이제 git 계정으로 Push와 Pull을 할 수 있지만 서버의 셸은 가질 수 없다. 그냥 로그인하려고 하면 아래와 같이 로그인 불가능 메시지만 보게 될 것이다.

```
$ ssh git@gitserver
fatal: Interactive git shell is not enabled.
hint: ~/git-shell-commands should exist and have read and execute access.
Connection to gitserver closed.
```

비로소 Git은 제대로 동작하면서 개발자들이 셸을 얻지 못하게 되었다. 위의 출력에서 볼 수 있듯이 git 계정의 홈 디렉터리에 git-shell-commands 디렉터리를 만들어 git-shell의 동작을 조금 바꿀 수 있다. 예를 들면 서버에서 사용할 수 있는 Git 명령어를 제한할 수 있다. 또 명령어를 실행했을 때 나오는 메시지도 변경할 수 있다. git help shell 명령어를 실행하면 Git 셸을 꾸미는 데 필요한 정보를 얻을 수 있다.

4.5 Git 데몬

여기선 "Git" 프로토콜로 동작하는 데몬 설정 방법을 알아본다. 이 방법은 인증 기능이 없는 Git 저장소를 만들 수 있는 가장 빠른 방법이다. 다시 한번 강조하지만, 인증 기능이 없다. 전세계 누구든지 데이터에 접근할 수 있다는 뜻이다.

만약 서버가 외부에 그냥 노출돼 있다면 우선 방화벽으로 보호하고 프로젝트

를 외부에서 접근할 수 있게 만들어야 한다. 그리고 이미 서버를 방화벽으로 보호하고 있어도 사람이나 컴퓨터(CI 서버나 빌드 서버)가 읽기 접근을 할 수 있도록 SSH 키를 일일이 추가하고 싶지 않을 것이다.

어쨌든 Git 프로토콜은 상대적으로 설치하기 쉽다. 그냥 데몬을 실행하면 된다.

```
$ git daemon --reuseaddr --base-path=/opt/git/ /opt/git/
```

--reuseaddr는 서버가 기존의 연결이 타임아웃될 때까지 기다리지 않고 바로 재시작하게 하는 옵션이다. --base-path 옵션을 사용하면 사람들이 프로젝트를 Clone할 때 전체 경로를 사용하지 않아도 된다. 그리고 마지막에 있는 경로는 노출할 저장소의 위치를 Git 데몬에 알려주는 것이다. 마지막으로 방화벽을 사용하고 있으면 9418 포트를 열어서 지금 작업하는 서버의 숨통을 틔워주어야 한다.

운영체제에 따라 Git 데몬을 실행시키는 방법은 다르다. 우분투에서는 Upstart 스크립트를 사용할 수 있다. 우선 아래와 같이 파일을 만든다.

```
/etc/event.d/local-git-daemon
```

아래의 내용을 입력한다.

```
start on startup
stop on shutdown
exec /usr/bin/git daemon \
    --user=git --group=git \
    --reuseaddr \
    --base-path=/opt/git/ \
    /opt/git/
respawn
```

보안을 위해서 저장소를 읽을 수만 있는 사용자로 데몬을 실행시킬 것을 강력하게 권고한다. git-ro라는 계정을 새로 만들고 그 계정으로 데몬을 실행시키는 것이 좋다. 하지만 여기에서는 쉽게 설명하려고 그냥 git 계정을 사용한다.

서버가 재시작할 때 Git 데몬이 자동으로 실행되고 데몬이 죽어도 자동으로 재시작될 것이다. 서버는 놔두고 Git 데몬만 재시작할 수 있다.

```
$ initctl start local-git-daemon
```

다른 시스템에서는 sysvinit 시스템의 xinetd 스크립트를 사용하거나 자신만의 방법으로 해야 한다.

아무나 읽을 수 있다는 것을 Git 서버에 알려주어야 한다. 저장소에 git-daemon-export-ok 파일을 만들면 된다.

```
$ cd /path/to/project.git
$ touch git-daemon-export-ok
```

이 파일이 있으면 Git 데몬은 인증 없이 프로젝트를 노출하는 것으로 판단한다.

4.6 스마트 HTTP

지금까지 인증 기능을 갖춘 SSH와 인증 기능이 없는 git 프로토콜을 배웠다. 이 제는 이 두 기능을 한꺼번에 가진 프로토콜을 알아보자. 서버에서 git-http-backend 명령어를 이용해 일단 기본적인 스마트 HTTP를 지원하는 Git 서버를 실행한다. Git 클라이언트에서 git fetch나 git push를 실행하면 서버로 HTTP 요청을 보낸다. 서버는 그 요청을 보고 경로와 헤더를 읽어 클라이언트가 HTTP 로 통신하려 하는지 감지한다. 이는 1.6.6 버전 이상의 클라이언트에서 동작한 다. 서버는 클라이언트가 스마트 HTTP 프로토콜을 지원한다고 판단되면 스마트 HTTP 프로토콜을 사용하고 아니면 멍청한 프로토콜을 계속 사용한다. 덕분 에 하위 호환성이 잘 유지된다.

이제 설정해보자. CGI 서버로 아파치를 사용한다. 아파치가 없다면 리눅스에 서는 아래와 같이 아파치를 설치할 수 있다.

```
$ sudo apt-get install apache2 apache2-utils
$ a2enmod cgi alias env rewrite
```

이 명령어 한 방이면 mod_cgi, mod_alias, mod_env, mod_rewrite도 사용할 수 있 다. 다 앞으로 사용할 모듈들이다.

/opt/git 디렉터리의 유닉스 사용자 그룹도 www-data로 설정해야 한다. 그래 야 웹 서버가 저장소를 읽고 쓸 수 있다.

아파치 인스턴스는 CGI 스크립트를 이 사용자로 실행시킨다(기본 설정이다).

```
$ chgrp -R www-data /opt/git
```

그리고 아파치 설정 파일을 수정한다. 그러면 git http-backend를 실행했을 때 모든 요청을 /git 경로로 받을 수 있다.

```
SetEnv GIT_PROJECT_ROOT /opt/git
SetEnv GIT_HTTP_EXPORT_ALL
ScriptAlias /git/ /usr/lib/git-core/git-http-backend/
```

GIT_HTTP_EXPORT_ALL 환경 변수를 설정하지 않으면 git-daemon-export-ok 파일
이 있는 저장소에는 아무나 다 접근할 수 있게 된다. 그냥 데몬 동작과 똑같다.

마지막으로 아파치가 git-http-backend에 요청하는 것을 허용하고 쓰기 접근
시 인증하게 한다.

```
RewriteEngine On
RewriteCond %{QUERY_STRING} service=git-receive-pack [OR]
RewriteCond %{REQUEST_URI} /git-receive-pack$
RewriteRule ^/git/ - [E=AUTHREQUIRED]

<Files "git-http-backend">
      AuthType Basic
      AuthName "Git Access"
      AuthUserFile /opt/git/.htpasswd
      Require valid-user
      Order deny,allow
      Deny from env=AUTHREQUIRED
      Satisfy any
</Files>
```

.htpasswd 파일에는 접근을 허가하려는 사용자의 비밀번호가 들어가 있어야 한
다. 아래는 "schacon"이란 사용자를 추가하는 방법이다.

```
$ htpasswd -c /opt/git/.htpasswd schacon
```

아파치에는 사용자 인증 방법이 많다. 그 중 하나를 골라 사용해야 하는데 위에
설명한 방법이 가장 간단한 방법의 하나다. 이 방법을 이용할 때는 대부분 SSL을
이용해 통신한다.

웹 서버는 아파치 말고도 다른 서버를 사용할 수도 있고, 인증 방식도 다르므
로 아파치 설정에 대해서 길게 이야기하지 않는다. 대신 이것만 알아두었으면
한다. HTTP를 이용한 모든 통신에서는 git http-backend와 Git을 함께 사용한
다는 것이다. Git 그 자체로는 인증 기능을 가지고 있지 않다. 하지만 웹 서버의
인증 레이어와 손쉽게 연동할 수 있게 돼 있다. CGI를 실행할 수 있는 웹 서버라
면 어떤 서버든지 붙일 수 있다. 가장 좋아하는 서버를 사용하길 바란다.

 아파치 웹 서버에서 인증 설정에 대해 더 자세히 알아보려면 아파치 문서를 참고하길 바란
다. http://httpd.apache.org/docs/current/howto/auth.html

4.7 GitWeb

프로젝트 저장소를 단순히 읽거나 쓰는 설정은 다뤘다. 이제는 웹 기반 인터페이스를 설정해 보자. Git은 웹에서 저장소를 조회할 수 있는 GitWeb이라는 CGI 스크립트를 제공한다.

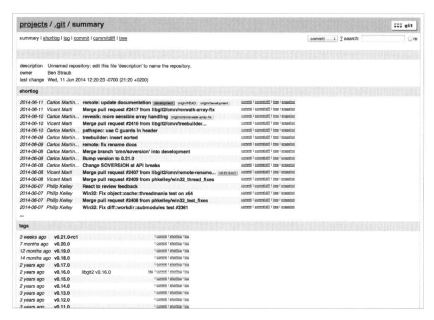

그림 4-1 Git 웹용 UI, GitWeb

Git은 GitWeb을 쉽게 사용해 볼 수 있도록 서버를 즉시 띄우는 명령을 제공한다. 시스템에 `lighttpd`나 `webrick` 같은 경량 웹 서버가 설치돼 있어야 이 명령을 사용할 수 있다. 리눅스에서는 `lighttpd`가 설치돼 있을 확률이 높아서 프로젝트 디렉터리에서 그냥 `git instaweb`을 실행하면 바로 실행될 것이다. 맥의 레오파드 버전은 Ruby가 미리 설치돼 있기 때문에 `webrick`이 더 나은 선택이다. `lighttpd`이 아니라면 아래와 같이 `--httpd` 옵션을 사용해야 한다.

```
$ git instaweb --httpd=webrick
[2009-02-21 10:02:21] INFO  WEBrick 1.3.1
[2009-02-21 10:02:21] INFO  ruby 1.8.6 (2008-03-03) [universal-darwin9.0]
```

1234 포트로 HTTPD 서버를 시작하고 이 페이지를 여는 웹 브라우저를 자동으로 실행시킨다. 사용자에게는 꽤 편리하다. 필요한 일을 모두 마치고 나서 같은

명령어에 --stop 옵션을 추가하여 서버를 중지한다.

```
$ git instaweb --httpd=webrick --stop
```

자신의 프로젝트에서 언제나 웹 인터페이스를 운영하려면 먼저 웹 서버에 이 CGI 스크립트를 설치해야 한다. apt나 yum으로도 gitweb을 설치할 수 있지만, 여기에서는 수동으로 설치한다. GitWeb을 수동으로 설치하는 방법을 간단히 살펴보자. 먼저 GitWeb이 포함된 Git 소스 코드를 구한 다음 아래의 CGI 스크립트를 빌드한다.

```
$ git clone git://git.kernel.org/pub/scm/git/git.git
$ cd git/
$ make GITWEB_PROJECTROOT="/opt/git" prefix=/usr gitweb
    SUBDIR gitweb
    SUBDIR ../
make[2]: `GIT-VERSION-FILE' is up to date.
    GEN gitweb.cgi
    GEN static/gitweb.js
$ sudo cp -Rf gitweb /var/www/
```

빌드할 때 `GITWEB_PROJECTROOT` 변수로 Git 저장소의 위치를 알려준다. 이제 아파치가 이 스크립트를 사용하도록 VirtualHost 항목에 설정해야 한다.

```
<VirtualHost *:80>
    ServerName gitserver
    DocumentRoot /var/www/gitweb
    <Directory /var/www/gitweb>
        Options ExecCGI +FollowSymLinks +SymLinksIfOwnerMatch
        AllowOverride All
        order allow,deny
        Allow from all
        AddHandler cgi-script cgi
        DirectoryIndex gitweb.cgi
    </Directory>
</VirtualHost>
```

다시 말해서 GitWeb은 CGI나 Perl을 지원하는 웹 서버라면 아무거나 사용할 수 있다. 이제 http://gitserver/에 접속하여 온라인으로 저장소를 확인할 수 있다.

4.8 GitLab

간단하게 쓰기엔 GitWeb이 꽤 좋다. 그런데 좀 더 기능이 많은 Git 서버를 쓰려면 다른 서버를 찾아 설치해야 한다. GitLab은 널리 사용하는 서버 중 하나이다. 여기서 예제를 통해 설치하고 사용하는 것을 배워보자. GitLab은 기능이 많은만큼 설정도 복잡하고 유지 보수를 위해 해야 할 것도 많다.

설치

GitLab은 데이터베이스와 따로 연동해야 하는 웹 애플리케이션이라 다른 Git 서버들보다 설치가 복잡하지만, 문서화가 잘 되어있으므로 이를 참고한다.

설치 방법은 여러 가지다. 가상 머신 이미지나 원클릭 인스톨러를 내려받아 빨리 설치하고 환경에 맞게 후다닥 설정해서 사용할 수 있다. https://bitnami.com/stack/gitlab에서 내려받을 수 있다. Bitnami의 로그인 화면은 아래와 같다 (alt-→ 를 눌러서 들어간다). 로그인 화면에 설치된 GitLab의 IP와 기본 사용자 이름, 비밀번호가 쓰여 있다.

그림 4-2 Bitnami GitLab 가상 머신의 로그인 화면

여기서 설명한 내용 이외의 것이 알고 싶다면 GitLab 커뮤니티 에디션의 readme 파일을 읽어보면 된다. https://gitlab.com/gitlab-org/gitlab-ce/tree/master에서 내려받을 수 있다. Chef의 레시피나 Digital Ocean[1]의 가상 머신,

---

1 (옮긴이) 호스팅 서비스

RPM, DEB 패키지 등에 관한 설치 방법들이 있다. "비공식적인" 설명서도 있다. 흔치 않은 운영체제나 데이터베이스와의 연동하는 법, 스크립트로 완전히 수동으로 설치하는 법 등 많은 주제를 다룬다.

관리자

GitLab의 관리자 도구는 웹 페이지로 되어있다. 웹 브라우저로 GitLab이 설치된 곳의 주소에 들어가면 그냥 보인다. 그리고 관리자로 로그인하자. 기본 사용자 이름은 admin@local.host, 비밀번호는 5iveL!fe이다(이건 로그인 후에 바꿀 수 있다). 로그인하고 나서 메뉴 오른쪽 위에 있는 "Admin area"를 클릭한다.

그림 4-3 GitLab 메뉴의 Admin area 버튼

사용자

GitLab의 사용자 계정은 한 사람당 하나씩 만든다. 사용자 계정의 내용은 복잡하지 않다. 로그인 데이터에 추가로 개인 정보가 들어있다. 사용자마다 **네임스페이스**가 있다. 네임스페이스는 프로젝트를 묶는 단위이다. jane 사용자가 project라는 프로젝트를 진행하고 있다면 프로젝트의 URL은 http://server/jane/project가 될 것이다.

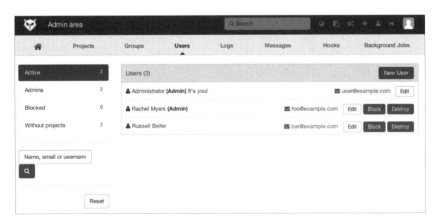

그림 4-4 GitLab 사용자의 관리 화면

사용자를 삭제하는 방법은 두 가지다. 일시적으로 GitLab에 로그인하지 못하게 하는 "정지(Blocking)"가 있다. 정지한 사용자 데이터와 네임스페이스 안의 프로젝트 데이터는 삭제되지 않고 그대로 남는다. 커밋의 이메일 주소에 대한 링크도 여전히 사용자 프로파일 페이지로 연결된다.

하지만 사용자를 "삭제(Destroying)"하면 그 사용자와 관련된 모든 데이터가 삭제된다. 삭제한 사용자의 모든 프로젝트와 데이터가 삭제되고 해당 사용자가 소유한 그룹도 삭제된다. 영구히 삭제돼 되돌릴 수 없으므로 조심해야 한다.

그룹

GitLab 그룹은 프로젝트와 누가 어떤 프로젝트에 어떻게 접근할지에 대한 권한 데이터의 모음이다. 그룹에도 사용자처럼 프로젝트 네임스페이스가 있다. training이라는 그룹이 materials라는 프로젝트를 가지고 있으면 URL은 http://server/training/materials가 된다.

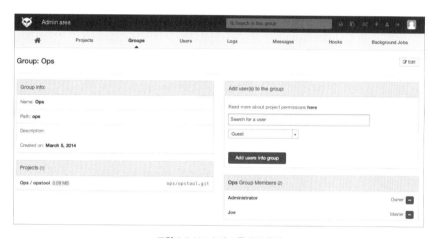

그림 4-5 GitLab의 그룹 관리 화면

그룹은 많은 사용자가 모인 곳이다. 그룹 사용자의 권한은 그룹의 프로젝트에 대한 권한과 그룹 자체에 대한 권한이 따로 있다. 권한은 "Guest"(이슈 등록과 채팅만 할 수 있다)부터 "Owner"(그룹과 구성원, 프로젝트에 대한 모든 제어가 가능하다)까지 지정할 수 있다. 여기에서 어떤 권한이 있는지 나열하기엔 너무 많다. GitLab의 관리 화면에서 각 권한에 대한 링크를 참고하길 바란다.

프로젝트

GitLab의 프로젝트는 간단히 이야기하면 하나의 Git 저장소다. 모든 프로젝트는
한 명의 사용자나 하나의 그룹에 속하게 된다. 사용자에 딸린 프로젝트는 사용
자가 관리자로서 그 프로젝트를 완전히 제어한다. 그룹에 딸린 프로젝트는 해당
그룹의 사용자 권한 수준에 따라 다르다.

　　프로젝트마다 공개 수준을 지정할 수 있어서 사람마다 프로젝트 페이지와 저
장소가 보이거나 안 보이게 할 수 있다. 프로젝트가 Private이면 프로젝트 소유
자가 허락한 사람들만 프로젝트에 접근할 수 있다. Internal은 로그인한 사용자
에게만 보인다. 그리고 Public 프로젝트는 모든 사람이 볼 수 있다. 이런 공개 수
준은 git "fetch"같은 접근이나 웹 UI 접근에 모두 적용된다.

훅

GitLab은 훅도 지원하는데 프로젝트 훅이나 시스템 훅을 사용할 수 있다. 훅은
어떤 이벤트가 발생하면 해당 이벤트 정보가 담긴 JSON 데이터를 HTTP POST
로 보낸다. Git 저장소나 GitLab과 연동해서 CI나 채팅, 개발 도구 등으로 자동
화하기에 좋다.

기본 사용법

먼저 새로운 프로젝트를 만들어보자. 툴바의 "+" 아이콘을 클릭한다. 프로젝트
의 이름, 프로젝트 네임스페이스, 공개 수준을 입력한다. 지금 입력한 것은 대부
분 나중에 다시 바꿀 수 있다. "Create Project"를 클릭하면 끝난다.

　　프로젝트가 만들어졌으면 로컬 Git 저장소랑 연결하자. HTTPS나 SSH 프로토
콜을 이용해 프로젝트를 Git 리모트로 등록한다. 저장소 URL은 프로젝트 홈페이
지 위쪽에 있다. 아래와 같이 명령어를 이용해 로컬 저장소에 gitlab이라는 이
름으로 리모트 저장소를 등록한다.

```
$ git remote add gitlab https://server/namespace/project.git
```

로컬 저장소가 없으면 그냥 아래 명령어를 실행한다.

```
$ git clone https://server/namespace/project.git
```

웹 UI는 꽤 유용하다. 저장소에 대한 각종 정보를 보여준다. 프로젝트 홈페이지

에서는 최근 활동을 보여주고 제일 위의 링크를 클릭하면 프로젝트의 파일과 커밋 로그가 나온다.

함께 일하기

함께 일할 사람에게 그냥 Git 저장소의 Push 권한을 주는 걸로 간단하게 협업을 시작할 수 있다. 프로젝트 설정 페이지에서 "Members" 섹션에 같이 일할 사용자를 추가한다. 그리고 그 사용자가 Push할 수 있도록 설정한다(다른 접근 수준에 대해서는 "그룹"에서 볼 수 있다). "Developer" 이상의 권한을 주면 그 사용자는 우리 저장소에 Push하거나 브랜치를 만들 수 있다.

Merge 요청을 하도록 해서 통제권을 유지한 채로 협업하는 방법도 있다. 프로젝트에 접근할 수 있는 모든 사용자가 프로젝트에 기여할 수 있다. 사용자는 마음껏 브랜치를 만들고 커밋, Push하고 나서 이 브랜치를 master나 다른 브랜치에 Merge해달라고 요청한다. Push 권한이 없는 사용자는 저장소를 "fork"한 다음에 "fork"한 자신의 저장소에 Push한다. 그리고는 원래 저장소에 내 저장소에 있는 브랜치를 Merge해달라고 요청하면 된다. 소유자는 이걸로 자신의 저장소에 대한 모든 통제 권한을 가진다. 어떤 데이터가 들어올 수 있는지 언제 들어오는지 소유자가 결정할 수 있다.

Merge 요청과 이슈는 대화의 기본 단위이다. 각 Merge 요청에서는 일반적인 토론뿐만 아니라 라인 단위로까지 대화가 이루어진다. 물론 코드 리뷰가 간단히 끝날 수도 있다. 요청과 이슈는 모두 사용자에게 할당되거나 마일스톤의 과제로 편입된다.

이 섹션에서는 GitLab의 Git과 맞닿은 부분만 설명했지만 이게 전부가 아니다. GitLab은 굉장히 성숙했다. 이 외에도 프로젝트 위키나 토론용 "walls", 시스템 관리 도구 등등 협업용 기능이 많다. GitLab의 장점은 일단 서버가 돌아가면 SSH로 서버에 접속할 일이 별로 없다는 것이다. 대부분 관리는 웹 브라우저로 가능하다.

4.9 또 다른 선택지, 호스팅

Git 서버를 직접 운영하기가 부담스러울 수 있다. 그런 사람들을 위해 Git 호스팅 서비스가 몇 가지 있다. 외부 Git 호스팅 서비스를 사용하면 좋은 점이 있다. 설정이 쉽고 서버 관리 비용을 아낄 수 있다. 내부적으로 Git 서버를 운영하더라도 소스 코드를 공개하기 위해 호스팅 서비스를 이용해야 할 수 있다. 이런 식으로 손쉽게 오픈 소스 커뮤니티를 구성한다.

현재 많은 호스팅 서비스가 있다. 각각 장단점이 있으므로 잘 선택해서 사용하면 된다. https://git.wiki.kernel.org/index.php/GitHosting에 최신 Git 호스팅 서비스 리스트가 있으니 참고하자.

GitHub에 대해서는 6장에서 자세히 설명하려 한다. GitHub은 가장 큰 Git 호스팅 서비스이다. Git 서버를 직접 운영하지 않으려면 수십 개의 호스팅 서비스 중에서 하나를 골라야 한다.

4.10 요약

Git 서버를 운영하거나 사람들과 협업을 하는 방법 몇 가지를 살펴보았다.

자신의 서버에서 Git 서버를 운영하면 제어 범위가 넓어지고 방화벽 등을 운영할 수 있다. 하지만 설정하고 유지 보수하는 데에 시간이 많이 든다. 호스팅 서비스를 이용하면 설정과 유지보수가 쉬워진다. 대신 코드를 외부에 두게 된다. 자신의 회사나 조직에서 이를 허용하는지 사용하기 전에 확인해야 한다.

필요에 따라 둘 중 하나를 선택하거나 두 방법을 적절히 섞어서 사용하는 것이 좋다.

5장

P r o G i t 2 n d E d i t i o n

분산 환경에서의 Git

앞 장에서 다른 개발자와 코드를 공유하는 리모트 저장소를 만드는 법을 배웠고, 로컬에서 작업하는 데 필요한 기본적인 명령어도 어느 정도 익숙해졌다. 이제는 분산 환경에서 Git이 제공하는 기능을 어떻게 효율적으로 사용할지를 배운다.

이번 장에서는 분산 환경에서 Git을 어떻게 사용할 수 있을지 살펴본다. 프로젝트 기여자 입장과 여러 수정사항을 취합하는 관리자 입장에서 두루 살펴본다. 즉, 프로젝트 기여자 또는 관리자로서 작업물을 프로젝트에 어떻게 포함할지와 수많은 개발자가 수행한 일을 취합하고 프로젝트를 운영하는 방법을 배운다.

5.1 분산 환경에서의 워크플로

중앙집중형 버전 관리 시스템과는 달리 Git은 분산형이다. Git은 구조가 매우 유연하기 때문에 여러 개발자가 함께 작업하는 방식을 더 다양하게 구성할 수 있다. 중앙집중형 버전 관리 시스템에서 각 개발자는 중앙 저장소를 중심으로 하는 하나의 노드일 뿐이다. 하지만 Git에서는 각 개발자의 저장소가 하나의 노드이기도 하고 중앙 저장소 같은 역할도 할 수 있다. 즉, 모든 개발자는 다른 개발자의 저장소에 일한 내용을 전송하거나, 다른 개발자들이 참여할 수 있도록 자신이 운영하는 저장소 위치를 공개할 수도 있다. 이런 특징은 프로젝트나 팀이 코드를 운영할 때 다양한 워크플로를 만들 수 있도록 해준다. 이런 유연성을 살려 저장소를 운영하는 몇 가지 방식을 소개한다. 각 방식의 장단점을 살펴보고 그 방식 중 하나를 고르거나 여러 가지를 적절히 섞어 쓰면 된다.

중앙집중식 워크플로

중앙집중식 시스템에서는 보통 중앙집중식 협업 모델이라는 한 가지 방식밖에 없다. 중앙 저장소는 딱 하나 있고 변경사항은 모두 이 중앙 저장소에 집중된다. 개발자는 이 중앙 저장소를 중심으로 작업한다.

그림 5-1 중앙집중식 워크플로

중앙집중식에서 개발자 두 명이 중앙저장소를 Clone하고 각자 수정하는 상황을 생각해보자. 한 개발자가 자신이 한 일을 커밋하고 나서 아무 문제 없이 서버에 Push한다. 그러면 다른 개발자는 자기 일을 커밋하고 Push하기 전에 첫 번째 개발자가 한 일을 먼저 Merge해야 한다. Merge를 해야 첫 번째 개발자가 작업한 내용을 덮어쓰지 않는다. 이런 개념은 Subversion과 같은 중앙집중식 버전 관리 시스템에서 사용하는 방식이고 Git에서도 당연히 이런 워크플로를 사용할 수 있다.

팀이 작거나 이미 중앙집중식에 적응한 상황이라면 이 워크플로에 따라 Git을 도입하여 사용할 수 있다. 중앙 저장소를 하나 만들고 개발자 모두에게 Push 권한을 부여한다. 모두에게 Push 권한을 부여해도 Git은 한 개발자가 다른 개발자의 작업 내용을 덮어쓰도록 허용하지 않는다. John과 Jessica가 동시에 같은 부분을 수정하는 상황을 생각해보자. John이 먼저 작업을 끝내고 수정한 내용을 서버로 Push한다. Jessica도 마찬가지로 작업을 끝내고 수정한 내용을 서버로 Push하려 하지만 서버가 바로 받아주지 않는다. 서버에는 John이 수정한 내용이 추가되었기 때문에 Push하기 전에 Fetch로 받아서 Merge한 후 Push할 수 있다. 이런 개념은 개발자에게 익숙해서 거부감 없이 도입할 수 있다.

작은 팀만 이렇게 일할 수 있는 것이 아니다. Git이 제공하는 브랜치 관리 모델을 사용하면 수백명의 개발자가 한 프로젝트 안에서 다양한 브랜치를 만들어서 함께 작업하기도 쉽다.

Integration-Manager 워크플로

Git을 사용하면 리모트 저장소를 여러 개 운영할 수 있다. 다른 개발자는 읽기만 가능하고 자신은 쓰기도 가능한 공개 저장소를 만드는 워크플로도 된다. 이 워크플로에는 보통 프로젝트를 대표하는 하나의 공식 저장소가 있다. 기여자는 우선 공식 저장소를 하나 Clone하고 수정하고 나서 자신의 저장소에 Push한다. 그다음에 프로젝트 Integration-Manager에게 새 저장소에서 Pull하라고 요청한다. 그러면 그 Integration-Manager는 기여자의 저장소를 리모트 저장소로 등록하고, 로컬에서 기여물을 테스트하고, 프로젝트 메인 브랜치에 Merge하고, 그 내용을 다시 프로젝트 메인 저장소에 Push한다. 이런 과정은 아래와 같다(그림 5-2).

1. 프로젝트 Integration-Manager는 프로젝트 메인 저장소에 Push한다.
2. 프로젝트 기여자는 메인 저장소를 Clone하고 수정한다.
3. 기여자는 자신의 저장소에 Push하고 Integration-Manager가 접근할 수 있도록 공개해 놓는다.
4. 기여자는 Integration-Manager에게 변경사항을 적용해 줄 것을 이메일로 요청한다.
5. Integration-Manager는 기여자의 저장소를 리모트 저장소로 등록하고 수정사항을 Merge하여 테스트한다.
6. Integration-Manager는 Merge한 사항을 메인 저장소에 Push한다.

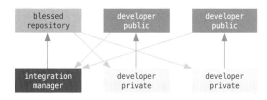

그림 5-2 Integration-manager 워크플로

이 방식은 GitHub이나 GitLab 같은 Hub 사이트를 통해 주로 사용하는 방식이다. 프로젝트를 Fork하고 수정사항을 반영하여 다시 모두에게 공개하기 좋은 구조로 돼 있다. 이 방식의 장점은 기여자와 Integration-Manager가 각자의 사정에 맞춰 프로젝트를 유지할 수 있다는 점이다. 기여자는 자신의 저장소와 브랜치에서 수정 작업을 계속해 나갈 수 있고 수정사항이 프로젝트에 반영되도록 기

다릴 필요가 없다. 관리자는 여유를 가지고 기여자가 Push해 놓은 커밋을 적절한 시점에 Merge한다.

Dictator와 Lieutenant 워크플로

이 방식은 저장소를 여러 개 운영하는 방식을 변형한 구조이다. 보통 수백 명의 개발자가 참여하는 아주 큰 프로젝트를 운영할 때 이 방식을 사용한다. 리눅스 커널 프로젝트가 대표적이다.

여러 명의 Integration-Manager가 저장소에서 자신이 맡은 부분만을 담당하는데 이들을 Lieutenants라고 부른다. 모든 Lieutenant는 최종 관리자 아래에 있으며 이 최종 관리자를 Dictator라고 부른다. 최종 관리자가 관리하는 저장소를 공식 저장소로 하며 모든 프로젝트 참여자는 이 공식 저장소를 기준으로 작업한다. 이러한 워크플로는 아래와 같다(그림 5-3).

1. 개발자는 코드를 수정하고 master 브랜치를 기준으로 자신의 토픽 브랜치를 Rebase한다. 여기서 master 브랜치란 Dictator의 브랜치를 말한다.
2. Lieutenant들은 개발자들의 수정사항을 자신이 관리하는 master 브랜치에 Merge한다.
3. Dictator는 Lieutenant의 master 브랜치를 자신의 master 브랜치로 Merge 한다.
4. Dictator는 Merge한 자신의 master 브랜치를 Push하며 다른 모든 개발자는 Dictator의 master 브랜치를 기준으로 Rebase한다.

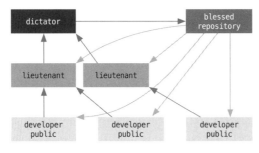

그림 5-3 Benevolent dictator 워크플로

이 방식이 일반적이지 않지만 깊은 계층 구조를 가지는 환경이나 규모가 큰 프로젝트에서는 매우 쓸모 있다. 프로젝트 리더가 모든 코드를 통합하기 전에 코드를 부분부분 통합하도록 여러 명의 Lieutenant에게 위임한다.

워크플로 요약

이 세 가지 워크플로가 Git 같은 분산 버전 관리 시스템에서 주로 사용하는 것들이다. 사실 이런 워크플로뿐만 아니라 다양한 변종 워크플로가 실제로 사용된다. 어떤 방식을 선택하고 혹은 조합해야 하는지 살짝 감이 잡힐 것이다. 앞으로 몇 가지 구체적 사례를 들고 우리가 다양한 환경에서 각 역할을 어떻게 수행하는지 살펴본다. 이어지는 내용에서 프로젝트에 참여하고 기여할 때 작업 패턴이 어떠한지 몇 가지 살펴보기로 한다.

5.2 프로젝트에 기여하기

프로젝트에 기여하는 방식을 설명하는데 가장 어려운 점은 그 방식이 매우 다양하다는 점이다. Git이 워낙 유연하게 설계됐기 때문에 사람들은 여러 가지 방식으로 사용할 수 있다. 게다가 프로젝트마다 환경이 달라서 프로젝트에 기여하는 방식을 쉽게 설명하기란 정말 어렵다. 기여하는 방식에 영향을 끼치는 몇 가지 변수가 있다. 활발히 기여하는 개발자의 수가 얼마인지, 선택한 워크플로가 무엇인지, 각 개발자에게 접근 권한을 어떻게 부여했는지, 외부에서도 기여할 수 있는지 등이 변수다.

첫 번째로 살펴볼 변수는 활발히 활동하는 개발자의 수이다. 얼마나 많은 개발자가 얼마나 자주 코드를 쏟아 내는가 하는 점이 활발한 개발자의 기준이다. 대부분 둘, 셋 정도의 개발자가 하루에 몇 번 커밋을 하고 활발하지 않은 프로젝트는 더 띄엄띄엄할 것이다. 하지만 아주 큰 프로젝트는 수백, 수천 명의 개발자가 하루에도 수십, 수백 개의 커밋을 만들어 낸다. 개발자가 많으면 많을수록 코드를 깔끔하게 적용하거나 Merge하기 어려워진다. 어떤 커밋은 다른 개발자가 이미 기여했기에 불필요해지기도 하고 때론 서로 충돌이 일어난다. 어떻게 해야 코드를 최신으로 유지하면서 원하는 대로 수정할 수 있을까?

두 번째 변수는 프로젝트에서 선택한 저장소 운영 방식(Workflow)이다. 개발자 모두가 메인 저장소에 쓰기 권한을 갖는 중앙집중형 방식인가? 프로젝트에 모든 Patch를 검사하고 통합하는 관리자가 따로 있는가? 모든 수정사항을 개발자끼리 검토하고 승인하는가? 그저 돕는 게 아니라 어떤 책임을 맡고 있는가? 중간 관리자가 있어서 그들에게 먼저 알려야 하는가?

세 번째 변수는 접근 권한이다. '프로젝트에 쓰기 권한이 있어서 직접 쓸 수 있는가? 아니면 읽기만 가능한가?'에 따라서 프로젝트에 기여하는 방식이 매우 달라진다. 쓰기 권한이 없다면 어떻게 수정 사항을 프로젝트에 반영할 수 있을까? 수정사항을 적용하는 정책이 프로젝트에 있는가? 얼마나 많은 시간을 프로젝트에 할애하는가? 얼마나 자주 기여하는가?

이런 질문에 따라 프로젝트에 기여하는 방법과 워크플로 등이 달라진다. 간단한 것부터 복잡한 것까지 예제를 통해 각 상황을 살펴보면 여러분이 실제 프로젝트에 필요한 워크플로를 선택하는 데 도움이 될 것이다.

커밋 가이드라인

다른 것보다 먼저 커밋 메시지에 대한 주의사항을 알아보자. 커밋 메시지를 잘 작성하는 가이드라인을 알아두면 다른 개발자와 함께 일하는 데 도움이 많이 된다. Git 프로젝트엔 커밋 메시지를 작성하는 데 참고할 만한 좋은 팁이 많다. Git 프로젝트의 'Documentation/SubmittingPatches' 문서를 참고하자.

무엇보다도 먼저 공백문자를 깨끗하게 정리하고 커밋해야 한다. Git은 공백문자를 검사해볼 수 있는 간단한 명령을 제공한다. 커밋을 하기 전에 `git diff --check` 명령으로 공백문자에 대한 오류를 확인할 수 있다.

그림 5-4 `git diff --check`의 결과

커밋을 하기 전에 공백문자에 대해 검사를 하면 공백으로 불필요하게 커밋되는 것을 막고 이런 커밋으로 인해 불필요하게 다른 개발자들이 신경 쓰는 일을 방지할 수 있다.

그리고 각 커밋은 논리적으로 구분되는 Changeset이다. 최대한 수정사항을 하나의 주제로 요약할 수 있어야 하고 여러 가지 이슈에 대한 수정사항을 하나의 커밋에 담지 않아야 한다. 여러 가지 이슈를 한꺼번에 수정했다고 하더라도 Staging Area을 이용하여 한 커밋에 하나의 이슈만 담기도록 한다. 작업 내용을 나누고, 커밋마다 적절한 메시지를 작성한다. 같은 파일의 다른 부분을 수정하는 경우에는 `git add --patch` 명령을 써서 한 부분씩 나누어 Staging Area 에 저장해야 한다(관련 내용은 "5.2 프로젝트에 기여하기"에서 다룬다). 결과적 으로 최종 프로젝트의 모습은 한 번에 커밋을 하든 다섯 번에 나누어 커밋을 하 든 똑같다. 하지만 여러 번 나누어 커밋하는 것이 다른 동료가 수정한 부분을 확 인할 때나 각 커밋의 시점으로 복원해서 검토할 때 이해하기 훨씬 쉽다. "7.6 히 스토리 단장하기"에서 이미 저장된 커밋을 다시 수정하거나 파일을 단계적으로 Staging Area에 저장하는 방법을 살펴본다. 다양한 도구를 이용해서 간단하고 이해하기 쉬운 커밋을 쌓아가야 한다.

마지막으로 명심해야 할 점은 커밋 메시지 자체다. 좋은 커밋 메시지를 작성 하는 습관은 Git을 사용하는 데 도움이 많이 된다. 일반적으로 커밋 메시지를 작 성할 때 사용하는 규칙이 있다. 메시지의 첫 라인에 50자가 넘지 않는 아주 간략 한 메시지를 적어 해당 커밋을 요약한다. 다음 한 라인은 비우고 그다음 라인부 터 커밋을 자세히 설명한다. 예를 들어 Git 개발 프로젝트에서는 개발 동기와 구 현 상황의 제약조건이나 상황 등을 자세하게 요구한다. 이런 점은 따를 만한 좋 은 가이드라인이다. 그리고 현재형 표현을 사용하는 것이 좋다. 명령문으로 시 작하는 것도 좋은 방법이다. 예를 들어 "I added tests for(테스트를 추가함)" 보 다는 "Add tests for(테스트 추가)"와 같이 메시지를 작성한다. 아래 예제는 Tim Pope이 작성한 커밋 메시지이다.

```
수정 내용 간략 요약(영문 50글자 이하)

자세한 설명. 영문 72글자 이상이 되면
라인 바꿈을 하고 이어지는 내용을 작성한다.
특정 상황에서는 첫 번째 라인이 이메일
메시지의 제목이 되고 나머지는 메일
내용이 된다. 빈 라인은 본문과 요약을
구별해주기에 중요하다(본문 전체를
생략하지 않는 한).
이어지는 내용도 한 라인 띄우고 쓴다.

  - 목록 표시도 사용할 수 있다.

  - 보통 '-' 나 '*' 표시를 사용해서 목록을 표현하고
    표시 앞에 공백 하나, 각 목록 사이에는 빈 라인
    하나를 넣는데, 상황에 따라 다르다.
```

메시지를 이렇게 작성하면 함께 일하는 사람은 물론이고 자신에게도 매우 유용 하다. Git 개발 프로젝트에는 잘 쓰인 커밋 메시지가 많으므로 프로젝트를 내려 받아서 `git log --no-merges` 명령으로 꼭 살펴보기를 권한다.

이 책에서 설명하는 예제의 커밋 메시지는 시간 관계상 위와 같이 아주 멋지게 쓰지 않았다. `git commit` 명령에서 -m 옵션을 사용하여 간단하게 적는다. 하지만! 저자처럼 하지 말고 시키는 대로 하셔야 한다.

비공개 소규모 팀

두세 명으로 이루어진 비공개 프로젝트가 가장 간단한 프로젝트일 것이다. "비공개"라고 함은 소스 코드가 공개되지 않은 것을 말하는 것이지 외부에서 접근할 수 없다는 건 아니다. 모든 개발자는 공유하는 저장소에 쓰기 권한이 있어야 한다.

이런 환경에서는 보통 Subversion 같은 중앙집중형 버전 관리 시스템에서 사용하던 방식을 사용한다. 물론 Git이 가진 오프라인 커밋 기능이나 브랜치 Merge 기능을 이용하긴 하지만 크게 다르지 않다. 가장 큰 차이점은 서버가 아닌 클라이언트 쪽에서 Merge한다는 점이다. 두 개발자가 저장소를 공유하는 시나리오를 살펴보자. 개발자 John은 저장소를 Clone하고 파일을 수정하고 나서 로컬에 커밋한다(예제에서 Git이 출력하는 메시지 중 일부는 ...으로 줄이고 생략했다).

```
# John's Machine
$ git clone john@githost:simplegit.git
Cloning into 'simplegit'...
...
$ cd simplegit/
$ vim lib/simplegit.rb
$ git commit -am 'removed invalid default value'
[master 738ee87] removed invalid default value
 1 files changed, 1 insertions(+), 1 deletions(-)
```

개발자 Jessica도 저장소를 Clone하고 나서 파일을 하나 새로 추가하고 커밋한다.

```
# Jessica's Machine
$ git clone jessica@githost:simplegit.git
Cloning into 'simplegit'...
...
$ cd simplegit/
$ vim TODO
$ git commit -am 'add reset task'
[master fbff5bc] add reset task
 1 files changed, 1 insertions(+), 0 deletions(-)
```

Jessica는 서버에 커밋을 Push한다.

```
# Jessica's Machine
$ git push origin master
```

```
...
To jessica@githost:simplegit.git
   1edee6b..fbff5bc  master -> master
```

John도 서버로 커밋을 Push하려고 한다.

```
# John's Machine
$ git push origin master
To john@githost:simplegit.git
 ! [rejected]        master -> master (non-fast forward)
error: failed to push some refs to 'john@githost:simplegit.git'
```

Jessica의 Push는 성공했지만, John의 커밋은 서버에서 거절된다. Subversion
을 사용했던 사람은 이 부분을 이해하는 것이 중요하다. 같은 파일을 수정한 것
도 아닌데 왜 Push가 거절되는 걸까? Subversion에서는 서로 다른 파일을 수정
하는 이런 Merge 작업은 자동으로 서버가 처리한다. 하지만 Git은 로컬에서 먼
저 Merge해야 한다. John은 Push하기 전에 Jessica가 수정한 커밋을 Fetch하고
Merge한다.

```
$ git fetch origin
...
From john@githost:simplegit
 + 049d078...fbff5bc master     -> origin/master
```

Fetch하고 나면 John의 로컬 저장소는 아래와 같이 된다.

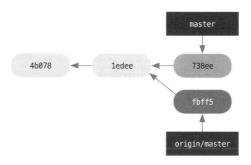

그림 5-5 Fetch하고 난 John의 저장소

John은 Jessica가 저장소로 Push했던 코드를 로컬 저장소에 가져왔다. 하지만
Push하기 전에 Fetch한 브랜치를 Merge해야 한다.

```
$ git merge origin/master
Merge made by recursive.
 TODO |   1 +
 1 files changed, 1 insertions(+), 0 deletions(-)
```

Merge가 잘 이루어지면 John의 브랜치는 아래와 같은 상태가 된다.

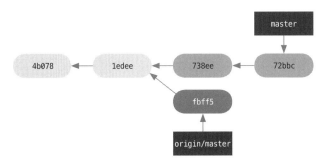

그림 5-6 origin/master 브랜치를 Merge한 후, John의 저장소

John은 Merge하고 나서 자신이 작업한 코드가 제대로 동작하는지 확인한다. 그 후에 공유하는 저장소에 Push한다.

```
$ git push origin master
...
To john@githost:simplegit.git
   fbff5bc..72bbc59  master -> master
```

이제 John의 저장소는 아래와 같이 되었다.

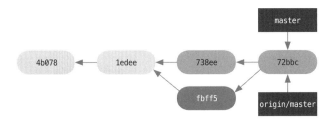

그림 5-7 Push한 후 John의 저장소

동시에 Jessica는 토픽 브랜치를 하나 만든다. issue54 브랜치를 만들고 세 번에 걸쳐서 커밋한다. 아직 John의 커밋을 Fetch하지 않은 상황이기 때문에 아래와 같은 상황이 된다.

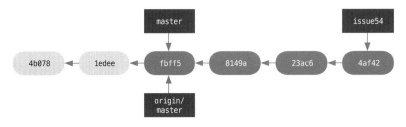

그림 5-8 Jessica 저장소의 토픽 브랜치

Jessica는 John의 작업을 적용하려면 Fetch해야 한다.

```
# Jessica's Machine
$ git fetch origin
...
From jessica@githost:simplegit
   fbff5bc..72bbc59  master     -> origin/master
```

위 명령으로 John이 Push한 커밋을 모두 내려받는다. 그러면 Jessica의 저장소
는 아래와 같은 상태가 된다.

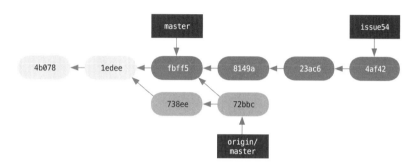

그림 5-9 John의 커밋을 Fetch한 후 Jessica의 저장소

이제 orgin/master와 Merge할 차례다. Jessica는 토픽 브랜치 작업을 마치고 어
떤 내용이 Merge되는지 git log 명령으로 확인한다.

```
$ git log --no-merges issue54..origin/master
commit 738ee872852dfaa9d6634e0dea7a324040193016
Author: John Smith <jsmith@example.com>
Date:   Fri May 29 16:01:27 2009 -0700

    removed invalid default value
```

issue54..origin/master 문법은 히스토리를 검색할 때 뒤의 브랜치(origin/
master)에 속한 커밋 중 앞의 브랜치(issue54)에 속하지 않은 커밋을 검색하는
문법이다. 자세한 내용은 7장에서 다룬다.

앞의 명령에 따라 히스토리를 검색한 결과 John이 생성하고 Jessica가 Merge
하지 않은 커밋을 하나 찾았다. origin/master 브랜치를 Merge하게 되면 검색된
커밋 하나가 로컬 작업에 Merge될 것이다.

Merge할 내용을 확인한 Jessica는 자신이 작업한 내용과 John이 Push한 작업
(origin/master)을 master 브랜치에 Merge하고 Push한다. 모든 내용을 합치기
전에 우선 master 브랜치를 Checkout한다.

Pro

```
$ git checkout master
Switched to branch 'master'
Your branch is behind 'origin/master' by 2 commits, and can be fast-forwarded.
```

origin/master, issue54 모두 Upstream 브랜치이기 때문에 둘 중에 무엇을 먼저 Merge하든 상관이 없다. 물론 어떤 것을 먼저 Merge하느냐에 따라 히스토리 순서는 달라지지만, 최종 결과는 똑같다. Jessica가 먼저 issue54 브랜치를 Merge 한다.

```
$ git merge issue54
Updating fbff5bc..4af4298
Fast forward
 README          |    1 +
 lib/simplegit.rb |    6 +++++-
 2 files changed, 6 insertions(+), 1 deletions(-)
```

보다시피 Fast-forward Merge이기 때문에 별 문제 없이 실행된다. 다음은 John 의 커밋(origin/master)을 Merge한다.

```
$ git merge origin/master
Auto-merging lib/simplegit.rb
Merge made by recursive.
 lib/simplegit.rb |    2 +-
 1 files changed, 1 insertions(+), 1 deletions(-)
```

위와 같이 Merge가 잘 되면 그림 아래와 같은 상태가 된다.

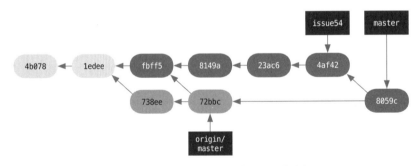

그림 5-10 John의 커밋을 Merge한 후 Jessica의 저장소

origin/master 브랜치가 Jessica의 master 브랜치로 나아갈(reachable) 수 있기 때문에 Push는 성공한다(물론 John이 그사이에 Push하지 않았다면).

```
$ git push origin master
...
To jessica@githost:simplegit.git
   72bbc59..8059c15  master -> master
```

126 5장 분산 환경에서의 Git

두 개발자의 커밋을 성공적으로 Merge하고 나면 결과는 아래와 같다.

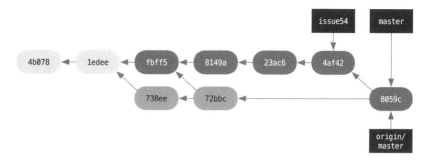

그림 5-11 Jessica가 서버로 Push한 후 저장소

매우 간단한 상황의 예제를 살펴보았다. 토픽 브랜치에서 수정하고 로컬의 **master** 브랜치에 Merge한다. 작업한 내용을 프로젝트의 공유 저장소에 Push하고자 할 때는 우선 **origin/master** 브랜치를 Fetch하고 Merge한다. 그리고 나서 Merge한 결과를 다시 서버로 Push한다. 이런 워크플로가 일반적이며 아래와 같이 나타낼 수 있다.

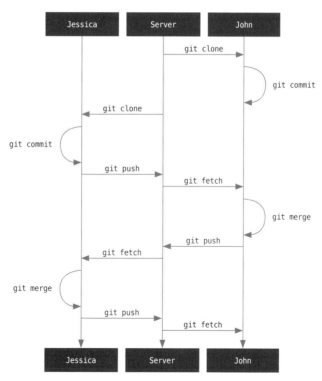

그림 5-12 여러 개발자가 Git을 사용하는 워크플로

비공개 대규모 팀

이 시나리오를 통해 기여자의 역할을 살펴볼 것이다. 이런 상황에는 보통 팀을 여러 개로 나눈다. 그래서 각각의 작은 팀이 서로 어떻게 하나로 Merge하는지를 살펴본다.

John과 Jessica는 어떤 기능을 함께 작업하게 됐다. 물론 각각 다른 일도 한다. 이런 상황이라면 회사는 Integration-manager 워크플로를 선택하는 게 좋다. 작은 팀이 수행한 결과물은 Integration-Manager가 Merge하고 공유 저장소의 master 브랜치를 업데이트한다. 팀마다 브랜치를 하나씩 만들고 Integration-Manager는 그 브랜치를 Pull해서 Merge한다.

두 팀에 모두 속한 Jessica의 작업 순서를 살펴보자. 우선 Jessica는 저장소를 Clone하고 featureA 작업을 먼저 한다. featureA 브랜치를 만들고 수정하고 커밋한다.

```
# Jessica's Machine
$ git checkout -b featureA
Switched to a new branch 'featureA'
$ vim lib/simplegit.rb
$ git commit -am 'add limit to log function'
[featureA 3300904] add limit to log function
 1 files changed, 1 insertions(+), 1 deletions(-)
```

이 수정한 부분을 John과 공유해야 한다. 공유하려면 우선 featureA 브랜치를 서버로 Push한다. Integration-Manager만 master 브랜치를 업데이트할 수 있기 때문에 master 브랜치로 Push를 할 수 없고 다른 브랜치로 John과 공유한다.

```
$ git push -u origin featureA
...
To jessica@githost:simplegit.git
 * [new branch]      featureA -> featureA
```

Jessica는 자신이 한 일을 featureA라는 브랜치로 Push했다는 이메일을 John에게 보낸다. John의 피드백을 기다리는 동안 Jessica는 Josie와 함께하는 featureB 작업을 하기로 한다. 서버의 master 브랜치를 기반으로 새로운 브랜치를 하나 만든다.

```
# Jessica's Machine
$ git fetch origin
$ git checkout -b featureB origin/master
Switched to a new branch 'featureB'
```

몇 가지 작업을 하고 featureB 브랜치에 커밋한다.

```
$ vim lib/simplegit.rb
$ git commit -am 'made the ls-tree function recursive'
[featureB e5b0fdc] made the ls-tree function recursive
 1 files changed, 1 insertions(+), 1 deletions(-)
$ vim lib/simplegit.rb
$ git commit -am 'add ls-files'
[featureB 8512791] add ls-files
 1 files changed, 5 insertions(+), 0 deletions(-)
```

그럼 Jessica의 저장소는 그림 아래와 같다.

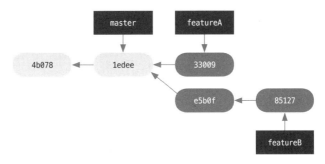

그림 5-13 Jessica의 저장소

작업을 마치고 Push하려고 하는데 Josie가 이미 일부 작업을 하고 서버에 featureBee 브랜치로 Push했다는 이메일을 보내왔다. Jessica는 Josie의 작업을 먼저 Merge해야만 Push할 수 있다. Merge하기 위해서 우선 `git fetch`로 Fetch 한다.

```
$ git fetch origin
...
From jessica@githost:simplegit
 * [new branch]      featureBee -> origin/featureBee
```

Fetch해 온 브랜치를 `git merge` 명령으로 Merge한다.

```
$ git merge origin/featureBee
Auto-merging lib/simplegit.rb
Merge made by recursive.
 lib/simplegit.rb |    4 ++++
 1 files changed, 4 insertions(+), 0 deletions(-)
```

Push하려고 하는데 작은 문제가 생겼다. Jessica는 featureB 브랜치에서 작업을 했는데 서버에는 브랜치가 featureBee라는 이름으로 되어 있다. 그래서 `git push` 명령으로 Push할 때 로컬 브랜치 featureB 뒤에 콜론(:)과 함께 서버 브랜치 이름을 직접 지정해 준다.

```
$ git push -u origin featureB:featureBee
...
To jessica@githost:simplegit.git
   fba9af8..cd685d1  featureB -> featureBee
```

이것은 refspec이란 것을 사용하는 것인데 "10.5 Refspec"에서 자세하게 설명한다. 명령에서 사용한 -u 옵션은 --set-upstream 옵션의 짧은 표현인데 브랜치를 추적하도록 설정해서 이후 Push나 Pull을 할 때 좀 더 편하게 사용할 수 있다.

John이 몇 가지 작업을 하고 나서 featureA에 Push했고 확인해 달라는 내용의 이메일을 보내왔다. Jessica는 git fetch로 Push한 작업을 Fetch한다.

```
$ git fetch origin
...
From jessica@githost:simplegit
   3300904..aad881d  featureA   -> origin/featureA
```

어떤 것이 업데이트됐는지 git log 명령으로 확인한다.

```
$ git log featureA..origin/featureA
commit aad881d154acdaeb2b6b18ea0e827ed8a6d671e6
Author: John Smith <jsmith@example.com>
Date:   Fri May 29 19:57:33 2009 -0700

    changed log output to 30 from 25
```

확인을 마치면 로컬의 featureA 브랜치로 Merge한다.

```
$ git checkout featureA
Switched to branch 'featureA'
$ git merge origin/featureA
Updating 3300904..aad881d
Fast forward
 lib/simplegit.rb |   10 +++++++++-
1 files changed, 9 insertions(+), 1 deletions(-)
```

Jessica는 일부 수정하고, 수정한 내용을 다시 서버로 Push한다.

```
$ git commit -am 'small tweak'
[featureA 774b3ed] small tweak
 1 files changed, 1 insertions(+), 1 deletions(-)
$ git push
...
To jessica@githost:simplegit.git
   3300904..774b3ed  featureA -> featureA
```

위와 같은 작업을 마치고 나면 Jessica의 저장소는 아래와 같은 모습이 된다.

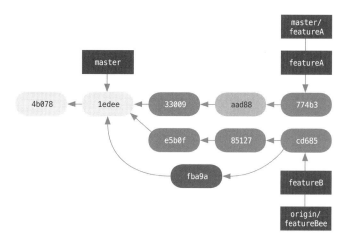

그림 5-14 마지막 Push한 후 Jessica의 저장소

그럼 featureA와 featureBee 브랜치가 프로젝트의 메인 브랜치로 Merge할 준비가 되었다고 Integration-Manager에게 알려준다. Integration-Manager가 두 브랜치를 모두 Merge하고 난 후에 메인 브랜치를 Fetch하면 아래와 같은 모양이 된다.

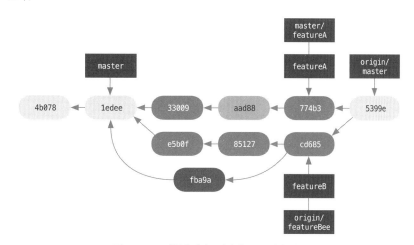

그림 5-15 두 브랜치가 메인 브랜치에 Merge된 후 저장소

수많은 팀의 작업을 동시에 진행하고 나중에 Merge하는 기능을 사용하려고 다른 버전 관리 시스템에서 Git으로 바꾸는 조직들이 많아지고 있다. 팀은 자신의 브랜치로 작업하지만, 메인 브랜치에 영향을 끼치지 않는다는 점이 Git의 장점이다. 다음은 이런 워크플로를 나타내고 있다.

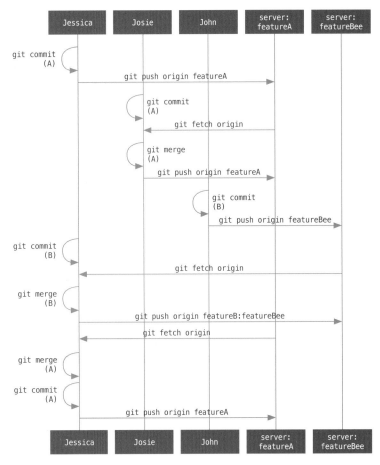

그림 5-16 Managed 팀의 워크플로

공개 프로젝트 Fork

비공개 팀을 운영하는 것과 공개 팀을 운영하는 것은 약간 다르다. 공개 팀을 운영할 때에는 모든 개발자가 프로젝트의 공유 저장소에 직접 쓰기 권한을 가지지는 않는다. 그래서 프로젝트의 관리자는 몇 가지 일을 더 해줘야 한다. Fork를 지원하는 Git 호스팅에서 Fork를 통해 프로젝트에 기여하는 법을 예제를 통해 살펴본다. Git 호스팅 사이트(Github, BitBucket, Google Code, repo.or.cz 등) 대부분은 Fork 기능을 지원하며 프로젝트 관리자는 보통 Fork하는 방식으로 프로젝트를 운영한다. 이와 달리 이메일과 Patch를 사용하는 방식도 있는데 뒤이어 살펴본다.

우선 처음 할 일은 메인 저장소를 Clone하는 것이다. 그리고 나서 토픽 브랜치를 만들고 일정 부분 기여한다. 그 순서는 아래와 같다.

```
$ git clone (url)
$ cd project
$ git checkout -b featureA
# (work)
$ git commit
# (work)
$ git commit
```

 rebase -i 명령을 사용하면 여러 커밋을 하나의 커밋으로 합치거나 프로젝트의 관리자가 수정사항을 쉽게 이해하도록 커밋을 정리할 수 있다. "7.5 히스토리 단장하기"에서 대화식으로 Rebase하는 방법을 살펴본다.

일단 프로젝트의 웹사이트로 가서 "Fork" 버튼을 누르면 원래 프로젝트 저장소에서 갈라져 나온, 쓰기 권한이 있는 저장소가 하나 만들어진다. 그러면 로컬에서 수정한 커밋을 원래 저장소에 Push할 수 있다. 그 저장소를 로컬 저장소의 리모트 저장소로 등록한다. 예를 들어 myfork로 등록한다.

```
$ git remote add myfork (url)
```

자 이제 등록한 리모트 저장소에 Push한다. 작업하던 것을 로컬 저장소의 master 브랜치에 Merge한 후 Push하는 것보다 리모트 브랜치에 바로 Push를 하는 방식이 훨씬 간단하다. 이렇게 하는 이유는 관리자가 토픽 브랜치를 프로젝트에 포함하고 싶지 않을 때 토픽 브랜치를 Merge하기 이전 상태로 master 브랜치를 되돌릴 필요가 없기 때문이다. 관리자가 토픽 브랜치를 Merge하든 Rebase하든 cherry-pick하든지 간에 결국 다시 관리자의 저장소를 Pull할 때에는 토픽 브랜치의 내용이 들어 있을 것이다.

```
$ git push -u myfork featureA
```

Fork한 저장소에 Push하고 나면 프로젝트 관리자에게 이 내용을 알려야 한다. 이것을 'Pull Request'라고 한다. Git 호스팅 사이트에서 관리자에게 보낼 메시지를 생성하거나 git request-pull 명령으로 이메일을 수동으로 만들 수 있다. GitHub의 "pull request" 버튼은 메시지를 자동으로 만들어 주는데 관련 내용은 "6.1 계정 만들고 설정하기"에서 살펴볼 수 있다..

request-pull 명령은 아규먼트를 두 개 입력받는다. 첫 번째 아규먼트는 작업한 토픽 브랜치의 Base 브랜치이다. 두 번째는 토픽 브랜치가 위치한 저장소 URL인데 위에서 등록한 리모트 저장소 이름을 적을 수 있다. 이 명령은 토픽 브랜치 수정사항을 요약한 내용을 결과로 보여준다. 예를 들어 Jessica가 John에게 Pull 요청을 보내는 상황을 살펴보자. Jessica는 토픽 브랜치에 두 번 커밋을 하고 Fork한 저장소에 Push했다. 그리고 아래와 같이 실행한다.

```
$ git request-pull origin/master myfork
The following changes since commit 1edee6b1d61823a2de3b09c160d7080b8d1b3a40.
  John Smith (1).
       added a new function

are available in the git repository at.

 git://githost/simplegit.git featureA

Jessica Smith (2).
     add limit to log function
     change log output to 30 from 25

 lib/simplegit.rb |   10 +++++++++-
 1 files changed, 9 insertions(+), 1 deletions(-)
```

관리자에게 이 내용을 보낸다. 이 내용에는 토픽 브랜치가 어느 시점에 갈라져 나온 것인지, 어떤 커밋이 있는지, Pull하려면 어떤 저장소에 접근해야 하는지에 대한 내용이 들어 있다.

프로젝트 관리자가 아니라고 해도 보통 origin/master를 추적하는 master 브랜치는 가지고 있다. 그래도 토픽 브랜치를 만들고 일을 하면 관리자가 수정 내용을 거부할 때 쉽게 버릴 수 있다. 토픽 브랜치를 만들어서 주제별로 독립적으로 일하는 동안에도 주 저장소의 master 브랜치는 계속 수정된다. 하지만 주 저장소의 브랜치의 최근 커밋 이후로 Rebase하면 깨끗하게 Merge할 수 있다. 그리고 다른 주제의 일을 하려고 할 때는 앞서 Push한 토픽 브랜치에서 시작하지 말고 주 저장소의 master 브랜치로부터 만들어야 한다.

```
$ git checkout -b featureB origin/master
# (work)
$ git commit
$ git push myfork featureB
# (email maintainer)
$ git fetch origin
```

각 토픽은 일종의 실험실이라고 할 수 있다. 각 토픽은 서로 방해하지 않고 독립적으로 수정하고 Rebase할 수 있다.

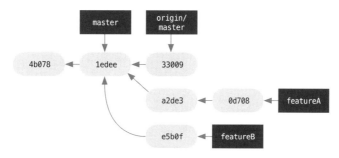

그림 5-17 featureB 수정작업이 끝난 직후 저장소

프로젝트 관리자가 사람들의 수정사항을 Merge하고 나서 Jessica의 브랜치를 Merge하려고 할 때 충돌이 날 수도 있다. 그러면 Jessica가 자신의 브랜치를 `origin/master`에 Rebase해서 충돌을 해결하고 다시 Pull Request을 보낸다.

```
$ git checkout featureA
$ git rebase origin/master
$ git push -f myfork featureA
```

위 명령들을 실행하고 나면 히스토리는 아래와 같아진다.

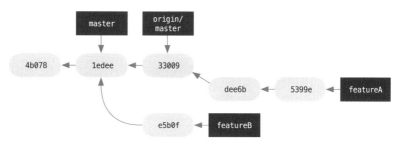

그림 5-18 FeatureA에 대한 Rebase가 적용된 후 저장소

브랜치를 Rebase해 버렸기 때문에 Push할 때 -f 옵션을 주고 강제로 기존 서버에 있던 `featureA` 브랜치의 내용을 덮어 써야 한다. 아니면 새로운 브랜치를(예를 들어 `featureAv2`) 서버에 Push해도 된다.

또 다른 시나리오를 하나 더 살펴보자. 프로젝트 관리자는 `featureB` 브랜치의 내용은 좋지만, 상세 구현은 다르게 하고 싶다. 관리자는 `featureB` 담당자에게 상세구현을 다르게 해달라고 요청한다. `featureB` 담당자는 하는 김에 `featureB` 브랜치를 프로젝트의 최신 `master` 브랜치 기반으로 옮긴다. 먼저 `origin/master` 브랜치에서 `featureBv2` 브랜치를 새로 하나 만들고, `featureB`의 커밋들을 모두 Squash해서 Merge하고, 만약 충돌이 나면 해결하고, 상세 구현을 수정하고, 새 브랜치를 Push한다.

```
$ git checkout -b featureBv2 origin/master
$ git merge --squash featureB
# (change implementation)
$ git commit
$ git push myfork featureBv2
```

--squash 옵션은 현재 브랜치에 Merge할 때 해당 브랜치의 커밋을 모두 하나의 커밋으로 합쳐서 Merge한다. 이때 Merge 커밋은 만들지 않는다. 다른 브랜치에서 수정한 사항을 전부 가져오는 것은 똑같다. 하지만 새로 만들어지는 커밋은 부모가 하나이고 커밋을 기록하기 전에 좀 더 수정할 기회도 있다. 다른 브랜치에서 수정한 사항을 전부 가져오면서 그 전에 추가로 수정할 게 있으면 수정하고 Merge할 수 있다. 게다가 새로 만들어지는 커밋은 부모가 하나다. --no-commit 옵션을 추가하면 커밋을 합쳐 놓고 자동으로 커밋하지 않는다.

수정을 마치면 관리자에게 featureBv2 브랜치를 확인해 보라고 메시지를 보낸다.

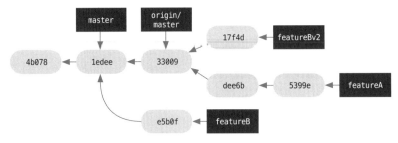

그림 5-19 featureBv2 브랜치를 커밋한 후 저장소

대규모 공개 프로젝트와 이메일을 통한 관리

대규모 프로젝트는 보통 수정사항이나 Patch를 수용하는 자신만의 규칙을 마련해놓고 있다. 프로젝트마다 규칙은 서로 다를 수 있으므로 각 프로젝트의 규칙을 미리 알아둘 필요가 있다.

오래된 대규모 프로젝트는 대부분 메일링리스트를 통해서 Patch를 받아들이는데 예제를 통해 살펴본다.

토픽 브랜치를 만들어 수정하는 작업은 앞서 살펴본 바와 거의 비슷하지만, Patch를 제출하는 방식이 다르다. 프로젝트를 Fork하여 Push하는 것이 아니라 커밋 내용을 메일로 만들어 개발자 메일링리스트에 제출한다.

```
$ git checkout -b topicA
# (work)
$ git commit
# (work)
$ git commit
```

커밋을 두 번 하고 메일링리스트에 보내 보자. git format-patch 명령으로 메일
링리스트에 보낼 mbox 형식의 파일을 생성한다. 각 커밋은 하나씩 이메일 메시
지로 생성되는데 커밋 메시지의 첫 번째 라인이 제목이 되고 Merge 메시지 내
용과 Patch 자체가 메일 메시지의 본문이 된다. 이 방식은 수신한 이메일에 들어
있는 Patch를 바로 적용할 수 있어서 좋다. 메일 속에는 커밋의 모든 내용이 포
함된다. 메일에 포함된 Patch를 적용하는 것은 다음 절에서 살펴본다.

```
$ git format-patch -M origin/master
0001-add-limit-to-log-function.patch
0002-changed-log-output-to-30-from-25.patch
```

format-patch 명령을 실행하면 생성한 파일 이름을 보여준다. -M 옵션은 이름이
변경된 파일이 있는지 살펴보라는 옵션이다. 각 파일의 내용은 아래와 같다.

```
$ cat 0001-add-limit-to-log-function.patch
From 330090432754092d704da8e76ca5c05c198e71a8 Mon Sep 17 00:00:00 2001
From: Jessica Smith <jessica@example.com>
Date: Sun, 6 Apr 2008 10:17:23 -0700
Subject: [PATCH 1/2] add limit to log function

Limit log functionality to the first 20

---
 lib/simplegit.rb |    2 +-
 1 files changed, 1 insertions(+), 1 deletions(-)

diff --git a/lib/simplegit.rb b/lib/simplegit.rb
index 76f47bc..f9815f1 100644
--- a/lib/simplegit.rb
+++ b/lib/simplegit.rb
@@ -14,7 +14,7 @@ class SimpleGit
   end

   def log(treeish = 'master')
-    command("git log #{treeish}")
+    command("git log -n 20 #{treeish}")
   end

   def ls_tree(treeish = 'master')
--
2.1.0
```

메일링리스트에 이메일을 보내기 전에 각 Patch 파일을 손으로 고칠 수 있다. --- 라인과 Patch가 시작되는 라인(diff --git로 시작하는 라인) 사이에 내용을 추가하면 개발자는 읽을 수 있지만, 나중에 Patch에 적용되지는 않는다.

특정 메일 프로그램을 사용하거나 이메일을 보내는 명령어로 메일링리스트에 보낼 수 있다. 붙여 넣기로 위의 내용이 그대로 들어가지 않는 메일 프로그램도 있다. 사용자 편의를 위해 공백이나 라인 바꿈 문자 등을 넣어 주는 메일 프로그램은 원본 그대로 들어가지 않는다. 다행히 Git에는 Patch 메일을 그대로 보낼 수 있는 도구가 있다. IMAP 프로토콜로 보낸다.

필자가 사용하는 방법인, Gmail을 사용하여 Patch 메일을 전송하는 방법을 살펴보자. 추가로 Git 프로젝트의 Documentation/SubmittingPatches 문서의 마지막 부분을 살펴보면 다양한 메일 프로그램으로 메일을 보내는 방법을 설명한다.

메일을 보내려면 먼저 ~/.gitconfig 파일에서 이메일 부분 설정한다. git config 명령으로 추가할 수도 있고 직접 파일을 열어서 추가할 수도 있다. 아무튼, 아래와 같이 설정을 한다.

```
[imap]
  folder = "[Gmail]/Drafts"
  host = imaps://imap.gmail.com
  user = user@gmail.com
  pass = p4ssw0rd
  port = 993
  sslverify = false
```

IMAP 서버가 SSL을 사용하지 않으면 마지막 두 라인은 필요 없고 host에서 imaps:// 대신 imap://로 한다. 이렇게 설정하면 git imap-send 명령으로 Patch 파일을 IMAP 서버의 Draft 폴더에 이메일로 보낼 수 있다.

```
$ cat *.patch |git imap-send
Resolving imap.gmail.com... ok
Connecting to [74.125.142.109]:993... ok
Logging in...
sending 2 messages
100% (2/2) done
```

이후 Gmail의 Draft 폴더로 가서 To 부분을 메일링리스트의 주소로 변경하고 CC 부분에 해당 메일을 참고해야 하는 관리자나 개발자의 메일 주소를 적고 실제로 전송한다.

SMTP 서버를 이용해서 Patch를 보낼 수도 있다. 먼저 SMTP 서버를 설정해야 한다. git config 명령으로 하나씩 설정할 수도 있지만 아래와 같이 ~/.gitconfig

파일의 sendemail 섹션을 손으로 직접 고쳐도 된다.

```
[sendemail]
  smtpencryption = tls
  smtpserver = smtp.gmail.com
  smtpuser = user@gmail.com
  smtpserverport = 587
```

이렇게 설정하면 git send-email 명령으로 패치를 보낼 수 있다.

```
$ git send-email *.patch
0001-added-limit-to-log-function.patch
0002-changed-log-output-to-30-from-25.patch
Who should the emails appear to be from? [Jessica Smith <jessica@example.com>]
Emails will be sent from: Jessica Smith <jessica@example.com>
Who should the emails be sent to? jessica@example.com
Message-ID to be used as In-Reply-To for the first email? y
```

명령을 실행하면 아래와 같이 서버로 Patch를 보내는 내용이 화면에 나타난다.

```
(mbox) Adding cc: Jessica Smith <jessica@example.com> from
  \line 'From: Jessica Smith <jessica@example.com>'
OK. Log says.
Sendmail: /usr/sbin/sendmail -i jessica@example.com
From: Jessica Smith <jessica@example.com>
To: jessica@example.com
Subject: [PATCH 1/2] added limit to log function
Date: Sat, 30 May 2009 13:29:15 -0700
Message-Id: <1243715356-61726-1-git-send-email-jessica@example.com>
X-Mailer: git-send-email 1.6.2.rc1.20.g8c5b.dirty
In-Reply-To: <y>
References: <y>
Result: OK
```

요약

이번 절에서는 다양한 워크플로에 따라 Git을 어떻게 사용하는지 살펴보고 그에 필요한 도구들을 설명했다. 다음 절에서는 동전의 뒷면인 프로젝트를 운영하는 방법에 대하여 살펴본다. 즉 친절한 Dictator나 Integration-Manager가 되어 보는 것이다.

5.3 프로젝트 관리하기

효율적으로 기여하는 방법뿐만 아니라 효율적으로 운영하는 방법도 알아야 한다. 언젠가는 단순히 프로젝트에 기여하는 것이 아니라 프로젝트를 직접 운영해야 할 수도 있다. 프로젝트를 운영하는 것은 크게 두 가지로 이루어진다. 하나는

format-patch 명령으로 생성한 Patch를 이메일로 받아서 프로젝트에 Patch를 적용하는 것이다. 다른 하나는 프로젝트의 다른 리모트 저장소로부터 변경 내용을 Merge하는 것이다. 저장소를 아주 깔끔하고 정돈된 상태로 운영하고 Patch를 적용하거나 수정사항을 확인하기 쉬운 상태로 유지하려면 좋은 운영 방식을 터득해야 한다. 좋은 운영 방식은 다른 사람들이 이해하기 쉽고 프로젝트가 오랫동안 운영돼도 흐트러짐이 없어야 한다.

토픽 브랜치에서 일하기

메인 브랜치에 통합하기 전에 임시로 토픽 브랜치를 하나 만들고 거기에 통합해보고 나서 다시 메인 브랜치에 통합하는 것이 좋다. 이렇게 하면 Patch를 적용할 때 이리저리 수정해 보기도 하고 좀 더 고민해 봐야 하면 Patch를 적용해둔 채로 나중으로 미룰 수도 있다. 무슨 Patch인지 브랜치 이름에 간단히 적어주면 다른 작업을 하다가 나중에 이 브랜치로 돌아왔을 때 기억해내기 훨씬 수월하다. 프로젝트 관리자라면 이런 토픽 브랜치의 이름을 잘 지어야 한다. 예를 들어 sc 라는 사람이 작업한 Patch라면 sc/ruby_client처럼 앞에 닉네임을 붙여서 브랜치를 만들 수 있다. master 브랜치에서 새 토픽 브랜치를 아래와 같이 만든다.

```
$ git branch sc/ruby_client master
```

checkout -b 명령으로 브랜치를 만들고 Checkout까지 한 번에 할 수 있다.

```
$ git checkout -b sc/ruby_client master
```

이렇게 토픽 브랜치를 만들고 Patch를 적용해보고 적용한 내용을 다시 Long-Running 브랜치로 Merge한다.

이메일로 받은 Patch를 적용하기

이메일로 받은 Patch를 프로젝트에 적용하기 전에 우선 토픽 브랜치에 Patch를 적용한다. Patch를 적용하는 방법은 git apply 명령을 사용하는 것과 git am 명령을 사용하는 것 두 가지가 있다.

apply 명령을 사용하는 방법

git diff나 Unix의 diff 명령(다음 절에서 다루겠지만 추천하지 않는 방법)으로 만든 Patch 파일을 적용할 때는 `git apply` 명령을 사용한다. Patch 파일이 /tmp/patch-ruby-client.patch라고 하면 아래와 같은 명령으로 Patch를 적용할 수 있다.

```
$ git apply /tmp/patch-ruby-client.patch
```

위 명령을 실행하면 Patch 파일 내용에 따라 현재 디렉터리의 파일들을 변경한다. 위 명령은 `patch -p1` 명령과 거의 같다. 하지만, 이 명령이 `patch` 명령보다 훨씬 더 꼼꼼하게 비교한다. `git diff`로 생성한 Patch 파일에 파일을 추가하거나, 파일을 삭제하고, 파일의 이름을 변경하는 내용이 들어 있으면 그대로 적용된다. 이런 것은 `patch` 명령으로 할 수 없다. 그리고 `git apply`는 "모두 적용, 아니면 모두 취소" 모델을 사용하기 때문에 Patch를 적용하는 데 실패하면 Patch를 적용하기 이전 상태로 전부 되돌려 놓는다. Patch 명령은 여러 파일에 적용하다가 중간에 실패하면 거기서 그대로 중단하기 때문에 깔끔하지 못하다. `git apply`는 Patch보다 훨씬 결벽증적이다. 이 명령은 자동으로 커밋해 주지 않기 때문에 변경된 파일을 직접 Staging Area에 추가하고 커밋해야 한다.

실제로 Patch를 적용하기 전에 Patch가 잘 적용되는지 한번 시험해보려면 `git apply --check` 명령을 사용한다.

```
$ git apply --check 0001-seeing-if-this-helps-the-gem.patch
error: patch failed: ticgit.gemspec:1
error: ticgit.gemspec: patch does not apply
```

화면에 아무 내용도 뜨지 않으면 Patch가 깔끔하게 적용됐다는 것이다. 이 명령은 Patch를 적용해 보고 에러가 발생하면 0이 아닌 값을 반환하기 때문에 셸 스크립트에서도 사용할 수 있다.

am 명령을 사용하는 방법

프로젝트 기여자가 Git의 format-patch 명령을 잘 사용하면 관리자의 작업은 훨씬 쉬워진다. format-patch 명령으로 만든 Patch 파일은 기여자의 정보와 커밋 정보가 포함되어 있기 때문이다. 그래서 기여자가 diff보다 format-patch를 사용하도록 권해야 한다. `git apply`는 기존의 Patch 파일에만 사용한다.

format-patch 명령으로 생성한 Patch 파일은 `git am` 명령으로 적용한다. `git am`은 이메일 여러 통이 들어 있는 mbox 파일을 읽어서 Patch한다. mbox 파일은 간단한 텍스트 파일이고 그 내용은 아래와 같다.

```
From 330090432754092d704da8e76ca5c05c198e71a8 Mon Sep 17 00:00:00 2001
From: Jessica Smith <jessica@example.com>
Date: Sun, 6 Apr 2008 10:17:23 -0700
Subject: [PATCH 1/2] add limit to log function

Limit log functionality to the first 20
```

이 내용은 format-patch 명령으로 생성한 파일의 앞부분이다. 이 파일은 mbox 형식이다. 받은 메일이 git send-email로 만든 메일이라면 mbox 형식으로 저장하고 이 mbox 파일을 git am 명령으로 적용한다. 사용하는 메일 클라이언트가 여러 이메일을 하나의 mbox 파일로 저장할 수 있다면 메일 여러 개를 한 번에 Patch할 수 있다.

이메일로 받은 것이 아니라 format-patch 명령으로 만든 이슈 트래킹 시스템 같은데 올라온 파일이라면 먼저 내려받고서 git am 명령으로 Patch한다.

```
$ git am 0001-limit-log-function.patch
Applying: add limit to log function
```

Patch가 성공하면 자동으로 새로운 커밋이 하나 만들어진다. 이메일의 From과 Date에서 저자 정보가, 이메일의 제목과 메시지에서 커밋 메시지가 추출돼 사용된다. 예를 들어 위의 mbox 예제 파일을 적용해서 생성되는 커밋은 아래와 같다.

```
$ git log --pretty=fuller -1
commit 6c5e70b984a60b3cecd395edd5b48a7575bf58e0
Author:     Jessica Smith <jessica@example.com>
AuthorDate: Sun Apr 6 10:17:23 2008 -0700
Commit:     Scott Chacon <schacon@gmail.com>
CommitDate: Thu Apr 9 09:19:06 2009 -0700

    add limit to log function

    Limit log functionality to the first 20
```

Commit 부분의 커밋 정보는 누가 언제 Patch했는지 알려 준다. Author 정보는 실제로 누가 언제 Patch 파일을 만들었는지 알려 준다.

Patch에 실패할 수도 있다. 보통 Patch가 생성된 시점보다 해당 브랜치가 너무 업데이트됐을 때나 아직 적용되지 않은 다른 Patch가 필요한 경우에 일어난다. 이러면 git am 명령은 Patch를 중단하고 사용자에게 어떻게 처리할지 물어온다.

```
$ git am 0001-seeing-if-this-helps-the-gem.patch
Applying: seeing if this helps the gem
error: patch failed: ticgit.gemspec:1
error: ticgit.gemspec: patch does not apply
Patch failed at 0001.
When you have resolved this problem run "git am --resolved".
If you would prefer to skip this patch, instead run "git am --skip".
To restore the original branch and stop patching run "git am --abort".
```

성공적으로 Patch하지 못하면 Git은 Merge나 Rebase의 경우처럼 문제를 일으킨 파일에 충돌 표시를 해 놓는다. Merge나 Rebase할 때 충돌을 해결하는 것처럼 Patch의 충돌도 해결할 수 있다. 충돌한 파일을 열어서 충돌 부분을 수정하고 나서 Staging Area에 추가하고 `git am --resolved` 명령을 입력한다.

```
$ (fix the file)
$ git add ticgit.gemspec
$ git am --resolved
Applying: seeing if this helps the gem
```

충돌이 났을 때 Git에 좀 더 머리를 써서 Patch를 적용하도록 하려면 -3 옵션을 사용한다. 이 옵션은 Git에 3-way Patch를 적용해 보라고 하는 것이다. Patch가 어느 시점에서 갈라져 나온 것인지 알 수 없기 때문에 이 옵션은 기본적으로 비활성화돼 있다. 하지만 같은 프로젝트의 커밋이라면 기본옵션보다 훨씬 똑똑하게 충돌 상황을 해결한다.

```
$ git am -3 0001-seeing-if-this-helps-the-gem.patch
Applying: seeing if this helps the gem
error: patch failed: ticgit.gemspec:1
error: ticgit.gemspec: patch does not apply
Using index info to reconstruct a base tree...
Falling back to patching base and 3-way merge...
No changes -- Patch already applied.
```

위의 경우는 이미 Patch한 것을 다시 Patch하는 상황이다. -3 옵션이 없었으면 충돌을 알아서 해결하지 못했을 것이다.

하나의 mbox 파일에 들어 있는 여러 Patch를 적용할 때 am 명령의 대화형 방식을 사용할 수 있다. 이 방식을 사용하면 Patch를 적용할 때마다 묻는다.

```
$ git am -3 -i mbox
Commit Body is:
--------------------------
seeing if this helps the gem
--------------------------
Apply? [y]es/[n]o/[e]dit/[v]iew patch/[a]ccept all
```

이 옵션은 Patch를 여러 개 적용할 때 유용하다. 적용하려는 Patch의 내용을 미리 꼭 기억해두지 않아도 되고 적용하기 전에 이미 적용된 Patch인지 알 수 있다.

모든 Patch를 토픽 브랜치에 적용하고 커밋까지 마치면 Long-Running 브랜치에 어떻게 통합할지를 결정해야 한다.

리모트 브랜치로부터 통합하기

프로젝트 기여자가 자신의 저장소를 만들고 커밋을 몇 번 하고 저장소의 URL과 변경 내용을 메일로 보내왔다면 URL을 리모트 저장소로 등록하고 Merge할 수 있다.

예를 들어 Jessica는 `ruby-client` 브랜치에 엄청난 기능을 만들어 놨다고 이메일을 보내왔다. 이 리모트 브랜치를 등록하고 Checkout해서 테스트한다.

```
$ git remote add jessica git://github.com/jessica/myproject.git
$ git fetch jessica
$ git checkout -b rubyclient jessica/ruby-client
```

후에 Jessiaca가 이메일로 또 다른 엄청난 기능을 개발한 브랜치를 보내오면 이미 저장소를 등록했기 때문에 간단히 Fetch하고 Checkout할 수 있다.

다른 개발자들과 함께 지속적으로 개발할 때는 이 방식이 가장 사용하기 좋다. 물론 기여하는 사람이 간단한 Patch를 이따금씩만 만들어 내면 이메일로 Patch 파일을 받는 것이 낫다. 기여자가 저장소 서버를 만들어 커밋하고 관리자가 리모트 저장소로 등록해서 Patch를 합치는 작업보다 시간과 노력이 덜 든다. 물론 Patch 한두 개를 보내는 사람들까지도 모두 리모트 저장소로 등록해서 사용해도 된다. 스크립트나 호스팅 서비스를 사용하면 좀 더 쉽게 관리할 수 있다. 어쨌든 어떤 방식이 좋을지는 우리가 어떻게 개발하고 어떻게 기여할지에 달렸다.

리모트 저장소로 등록하면 커밋의 히스토리도 알 수 있다. Merge할 때 어디서부터 커밋이 갈라졌는지 알 수 있기 때문에 -3 옵션을 주지 않아도 자동으로 3-way Merge가 적용된다.

리모트 저장소로 등록하지 않고도 Merge할 수 있다. 계속 함께 일할 개발자가 아닐 때 사용하면 좋다. 아래는 리모트 저장소로 등록하지 않고 URL을 직접 사용하여 Merge를 하는 예이다.

```
$ git pull https://github.com/onetimeguy/project
From https://github.com/onetimeguy/project
 * branch            HEAD       -> FETCH_HEAD
Merge made by recursive.
```

무슨 내용인지 확인하기

기여물이 포함된 토픽 브랜치가 있으니 이제 그 기여물을 Merge할지 말지 결정해야 한다. 이번 절에서는 메인 브랜치에 Merge할 때 필요한 명령어를 살펴본다. 주로 토픽 브랜치를 검토하는 데 필요한 명령이다.

먼저 지금 작업하는 브랜치에서 master 브랜치에 속하지 않는 커밋만 살펴보는 것이 좋다. --not 옵션으로 히스토리에서 master 브랜치에 속한 커밋은 제외하고 살펴본다. 앞서 살펴본 master..contrib 형식을 사용하여 확인할 수도 있다. contrib 브랜치에 Patch를 두 개 Merge했으면 아래와 같은 명령어로 그 결과를 살펴볼 수 있다.

```
$ git log contrib --not master
commit 5b6235bd297351589efc4d73316f0a68d484f118
Author: Scott Chacon <schacon@gmail.com>
Date:   Fri Oct 24 09:53:59 2008 -0700

    seeing if this helps the gem

commit 7482e0d16d04bea79d0dba8988cc78df655f16a0
Author: Scott Chacon <schacon@gmail.com>
Date:   Mon Oct 22 19:38:36 2008 -0700

    updated the gemspec to hopefully work better
```

git log 명령에 -p 옵션을 주면 각 커밋에서 실제로 무슨 내용이 변경됐는지 살펴볼 수 있다. 이 옵션은 각 commit의 뒤에 diff의 내용을 출력해 준다.

토픽 브랜치를 다른 브랜치에 Merge하기 전에 어떤 부분이 변경될지 미리 살펴볼 수 있다. 이때는 색다른 명령을 사용해야 한다. 물론 아래와 같은 명령을 사용할 수도 있다.

```
$ git diff master
```

이 명령은 diff 내용을 보여주긴 하지만 잘못된 것을 보여줄 수도 있다. 토픽 브랜치에서 작업하는 동안 master 브랜치에 새로운 커밋이 추가될 수도 있다. 그렇기 때문에 기대하는 diff 결과가 아닐 수 있다. 위 명령은 토픽 브랜치의 마지막 커밋과 master 브랜치의 마지막 커밋을 비교한다. master 브랜치에 한 줄을 추가되면 토픽 브랜치에서 한 라인 삭제한 것으로 보여 준다.

master 브랜치가 가리키는 커밋이 토픽 브랜치의 조상이라면 아무 문제 없다. 하지만 그렇지 않은 경우라면 이 diff 도구는 토픽 브랜치에만 있는 내용은 추가하는 것이고 master 브랜치에만 있는 내용은 삭제하는 것으로 간주한다.

정말 보고 싶은 것은 토픽 브랜치에 추가한 것이고 결국에는 이것을 master 브랜치에 추가하려는 것이다. 그러니까 master 브랜치와 토픽 브랜치의 공통 조상인 커밋을 찾아서 토픽 브랜치가 현재 가리키는 커밋과 비교해야 한다.

아래와 같은 명령으로 공통 조상인 커밋을 찾고 이 조상 커밋에서 변경된 내용을 살펴본다.

```
$ git merge-base contrib master
36c7dba2c95e6bbb78dfa822519ecfec6e1ca649
$ git diff 36c7db
```

이 방법으로 원하는 결과를 얻을 수 있지만, 사용법이 불편하다. Git은 Triple-Dot으로 간단하게 위와 같이 비교하는 방법을 지원한다. diff 명령을 사용할 때 두 브랜치 사이에 ...를 쓰면, 두 브랜치의 공통 조상과 브랜치의 마지막 커밋을 비교한다.

```
$ git diff master...contrib
```

이 명령은 master 브랜치와 현재 토픽 브랜치에서 달라진 것들만 보여주기 때문에 기억해두면 매우 유용하게 사용할 수 있다.

기여물 통합하기

기여물을 토픽 브랜치에 다 적용하고 Long-Running 브랜치나 master 브랜치로 통합할 준비가 되었다면 이제 어떻게 해야 할까. 프로젝트를 운영하는 데 쓰는 작업 방식은 어떤 것이 있을까. 앞으로 그 예제를 몇 가지 살펴본다.

Merge하는 워크플로

바로 master 브랜치에 Merge하는 것이 가장 간단하다. 이 워크플로에서는 master 브랜치가 안전한 코드라고 가정한다. 토픽 브랜치를 검증하고 master 브랜치로 Merge할 때마다 토픽 브랜치를 삭제한다. 그림 5-20처럼 ruby_client 브랜치와 php_client 브랜치가 있을 때 ruby_client 브랜치를 master 브랜치로 Merge한 후 php_client 브랜치를 Merge하면 그림 5-21과 같아진다.

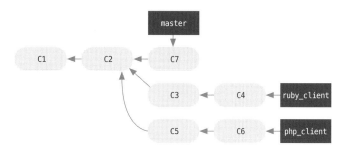

그림 5-20 여러 토픽 브랜치 히스토리

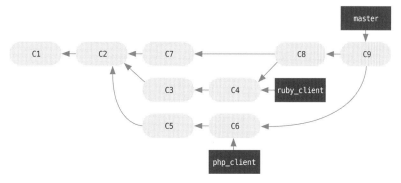

그림 5-21 Merge한 후 저장소

이 워크플로에서 가장 간단한 시나리오다. 프로젝트의 규모가 커지거나 코드를 더 안정적으로 관리할 때에는 이렇게 쉽게 Merge되지 않을 것이다.

개발자가 많고 규모가 큰 프로젝트에서는 최소한 두 단계로 Merge하는 것이 좋다. 살펴볼 예에서는 Long-Running 브랜치를 두 개를 유지한다. master 브랜치는 아주 안정적인 버전을 릴리스하기 위해서 사용한다. develop 브랜치는 새로 수정된 코드를 통합할 때 사용한다. 그리고 두 브랜치를 모두 공개 저장소에 Push한다. 우선 develop 브랜치에 토픽 브랜치(그림 5-22)를 그림 5-23과 같이 Merge한다. 그 후에 릴리스해도 될 만한 수준이 되면 master 브랜치를 develop 브랜치까지 Fast-forward한다(그림 5-24).

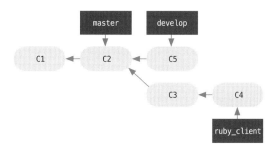

그림 5-22 토픽 브랜치를 Merge하기 전

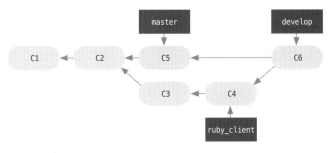

그림 5-23 토픽 브랜치를 Merge한 후

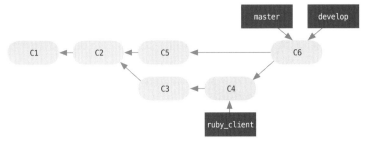

그림 5-24 토픽 브랜치를 릴리스한 후

이 워크플로를 사용하면 프로젝트 저장소를 Clone하고 나서 개발자가 안정 버전이 필요하면 master 브랜치를 빌드하고, 안정적이지 않더라도 좀 더 최신 버전이 필요하면 develop 브랜치를 Checkout하여 빌드한다. 이 개념을 좀 더 확장해서 사용할 수 있다. 토픽 브랜치를 검증하기 위한 integrate 브랜치를 만들어 Merge하고 토픽 브랜치가 검증되면 develop 브랜치에 Merge한다. 그리고 develop 브랜치에서 충분히 안정됐다는 것이 증명되면 그때 master 브랜치에 Merge한다.

대규모 Merge 워크플로

Git을 개발하는 프로젝트는 Long-Running의 브랜치를 4개 운영한다. 각 브랜치 이름은 master, next, pu(Proposed Updates), maint이다. maint는 마지막으로 릴리스한 버전을 지원하는 브랜치다. 기여자가 새로운 기능을 제안하면 관리자는 그림 5-25처럼 자신의 저장소에 토픽 브랜치를 만들어 관리한다. 그리고 토픽에 부족한 점은 없는지, 안정적인지 계속 테스트한다. 안정화되면 next로 Merge하고 저장소에 Push한다. 그러면 모두가 잘 통합됐는지 확인할 수 있다.

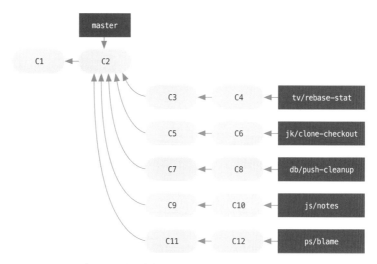

그림 5-25 토픽 브랜치를 동시에 여러 개 관리하는 것은 복잡하다

토픽 브랜치가 좀 더 개선돼야 하면 next가 아니라 pu에 Merge한다. 그 후에 충분히 검증을 마치면 pu에서 next로 옮기고 next를 기반으로 pu를 다시 만든다. next에는 아직 master에 넣기에 모자라 보이는 것들이 들어있다. 즉 next 브랜치는 정말 가끔 Rebase하고 pu는 자주 Rebase하지만 master는 항상 Fast-forward한다.

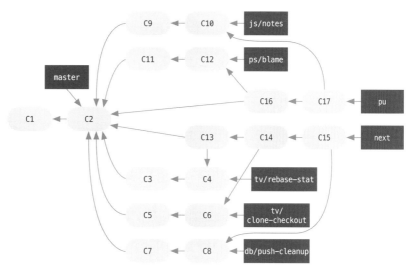

그림 5-26 토픽 브랜치를 Long-Running 브랜치로 Merge하기

토픽 브랜치가 결국 master 브랜치로 Merge되면 저장소에서 삭제한다. 그리고 이전 릴리스 버전에 Patch가 필요하면 maint 브랜치를 이용해 대응한다. Git을

개발하는 프로젝트를 Clone하면 브랜치가 4개 있고 각 브랜치를 이용하여 진행 사항을 확인해볼 수 있다. 그래서 새로운 기능을 추가하려면 적당한 브랜치를 보고 고른다. 이 워크플로는 잘 구조화돼 있어서 코드가 새로 추가돼도 테스트하기 쉽다.

Rebase와 Cherry-Pick 워크플로

히스토리를 한 줄로 관리하려고 Merge보다 Rebase나 Cherry-Pick을 더 선호하는 관리자들도 있다. 토픽 브랜치에서 작업을 마친 후 master에 통합할 때 master 브랜치를 기반으로 Rebase한다. 그러면 커밋이 다시 만들어진다. master 대신 develop 등의 브랜치에도 가능하다. 문제가 없으면 master 브랜치를 Fast-forward한다. 이렇게 한 줄로 히스토리를 유지할 수 있다.

한 브랜치에서 다른 브랜치로 작업한 내용을 옮기는 또 다른 방식으로 Cherry-pick이란 것도 있다. Git의 Cherry-pick은 커밋 하나만 Rebase하는 것이다. 커밋 하나로 Patch 내용을 만들어 현재 브랜치에 적용을 하는 것이다. 토픽 브랜치에 있는 커밋 중에서 하나만 고르거나 토픽 브랜치에 커밋이 하나밖에 없을 때 Rebase보다 유용하다. 아래와 같은 예를 들어보자.

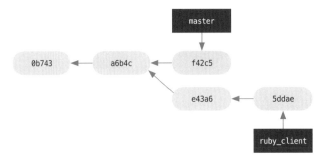

그림 5-27 Cherry-pick을 실행하기 전의 저장소

e43a6 커밋 하나만 현재 브랜치에 적용하려면 아래와 같은 명령을 실행한다.

```
$ git cherry-pick e43a6fd3e94888d76779ad79fb568ed180e5fcdf
Finished one cherry-pick.
[master]: created a0a41a9: "More friendly message when locking the index fails."
 3 files changed, 17 insertions(+), 3 deletions(-)
```

위 명령을 실행하면 e43a6 커밋에서 변경된 내용을 현재 브랜치에 똑같이 적용한다. 하지만 변경을 적용한 시점이 다르므로 새 커밋의 SHA-1 해시값은 달라진다.

명령을 실행하고 나면 아래와 같이 된다.

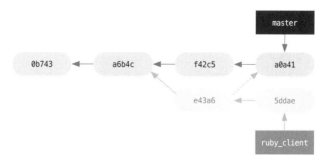

그림 5-28 Cherry-pick 방식으로 커밋 하나를 적용한 후 저장소

Rebase나 Cherry-pick 방식으로 토픽 브랜치를 합치고 나면 필요 없는 토픽 브랜치나 커밋은 삭제한다.

Rerere

수시로 Merge나 Rebase를 한다거나 오랫동안 유지되는 토픽 브랜치를 쓰는 사람에게 유용한 "rerere" 기능이 있다.

Rerere의 뜻은 "reuse recorded reolution"(충돌 해결방법 재사용)이고 수작업으로 하던 작업을 쉽게 하는 방법이다. rerere 기능이 활성화돼 있으면 Merge가 성공할 때마다 그 이전과 이후 상태를 저장해둔다. 나중에 충돌이 발생하면 비슷한 상황에서 Merge가 성공한 적이 있었는지 찾아보고 해결할 수 있다면 자동으로 해결한다.

Rerere 기능의 동작은 두 부분으로 나누어 볼 수 있다. Rerere 기능을 설정하는 부분과 Rerere 기능을 명령으로 사용하는 부분이다. 설정은 `rerere.enabled` 값을 설정하면 되는데 글로벌 설정에 저장해 두고 사용하면 편하다.

```
$ git config --global rerere.enabled true
```

이제부터 Merge가 성공할 때마다 전후 상황을 기록해두고 나중에 충돌이 나면 사용할 수 있게 됐다.

필요하다면 `git rerere` 명령을 사용하여 저장된 캐시를 바탕으로 대화형 인터페이스를 통해 충돌을 다룰 수도 있다. `git rerere` 명령을 직접 실행하면 현재 Merge 과정에서 발생한 충돌을 해결하는 데 참고할 만한 이전 Merge 기록을 찾아준다(사실 `rerere.enabled` 옵션이 켜져 있다면 자동). Rerere 기능을 사용할 때 기록할 내용을 세세하게 설정하거나, 기록된 내용 중에 특정 기록을 지운다거나 하는 보조 명령도 제공한다. 자세한 내용은 "7.9 Rerere"에서 다루기로 한다.

릴리스 버전에 태그 달기

적당한 때가 되면 릴리스해야 한다. 그리고 언제든지 그 시점으로 되돌릴 수 있게 태그를 다는 것이 좋다. 2장에서 살펴본 대로 태그를 달면 된다. 서명된 태그를 달면 아래와 같이 출력된다.

```
$ git tag -s v1.5 -m 'my signed 1.5 tag'
You need a passphrase to unlock the secret key for
user: "Scott Chacon <schacon@gmail.com>"
1024-bit DSA key, ID F721C45A, created 2009-02-09
```

태그에 서명하면 서명에 사용한 PGP 공개키도 배포해야 한다. Git 개발 프로젝트는 관리자의 PGP 공개키를 Blob 형식으로 Git 저장소에 함께 배포한다. 이 Blob 파일을 사용하여 태그에 서명했다. gpg --list-keys 명령으로 어떤 PGP 공개키를 포함할지 확인한다.

```
$ gpg --list-keys
/Users/schacon/.gnupg/pubring.gpg
---------------------------------
pub   1024D/F721C45A 2009-02-09 [expires: 2010-02-09]
uid                  Scott Chacon <schacon@gmail.com>
sub   2048g/45D02282 2009-02-09 [expires: 2010-02-09]
```

git hash-object라는 명령으로 공개키를 바로 Git 저장소에 넣을 수 있다. 이 명령은 Git 저장소 안에 Blob 형식으로 공개키를 저장해주고 그 Blob의 SHA-1 값을 알려준다.

```
$ gpg -a --export F721C45A | git hash-object -w --stdin
659ef797d181633c87ec71ac3f9ba29fe5775b92
```

hash-object 명령으로 구한 SHA-1 해시값으로 PGP 공개키를 가리키는 태그를 만든다.

```
$ git tag -a maintainer-pgp-pub 659ef797d181633c87ec71ac3f9ba29fe5775b92
```

git push --tags 명령으로 앞서 만든 maintainer-pgp-pub 태그를 공유한다. 다른 사람이 태그의 서명을 확인하려면 우선 Git 저장소에 저장된 PGP 공개키를 꺼내서 GPG키 데이터베이스에 저장해야 한다.

```
$ git show maintainer-pgp-pub | gpg --import
```

사람들은 이렇게 공개키를 얻어서 서명된 태그를 확인한다. 또한, 관리자가 태그 메시지에 서명을 확인하는 방법을 적어 놓으면 좋다. git show <tag>로 서명된 태그를 어떻게 확인하는지 설명한다.

빌드넘버 만들기

Git은 'v123'처럼 숫자 형태로 커밋 이름을 만들지 않기 때문에 사람이 기억하기 어렵다. 하지만 git describe 명령으로 좀 더 사람이 기억하기 쉬운 이름을 얻을 수 있다. Git은 가장 가까운 태그의 이름과, 태그에서 얼마나 더 커밋이 쌓였는지, 그리고 해당 커밋의 SHA-1 값을 조금 가져다가 이름을 만든다.

```
$ git describe master
v1.6.2-rc1-20-g8c5b85c
```

이렇게 사람이 읽을 수 있는 이름으로 스냅샷이나 빌드를 만든다. 만약 저장소에서 Clone한 후 소스 코드로 Git을 설치하면 git --version 명령은 이렇게 생긴 빌드넘버를 보여준다. 태그가 달린 커밋에 git describe 명령을 사용하면 다른 정보 없이 태그 이름만 사용한다.

　git describe 명령은 -a나 -s 옵션을 주고 만든 Annotated 태그가 필요하다. 릴리스 태그는 git describe 명령으로 만드니, 꼭 이름이 적당한지 사전에 확인해야 한다. 그리고 이 값은 checkout이나 show 명령에도 사용할 수 있지만, 전적으로 이름 뒤에 붙은 SHA-1 값을 사용한다. 그래서 이 값으로는 해당 커밋을 찾지 못할 수도 있다. 최근 리눅스 커널에서는 충돌 때문에 축약된 SHA-1가 8자에서 10자로 늘어났다. 이제는 8자일 때 생성한 값은 사용할 수 없다.

릴리스 준비하기

배포할 릴리스 버전이 준비되었다. 먼저 Git을 사용하지 않는 사람을 위해 소스 코드 스냅샷을 압축한다. 쉽게 압축할 수 있도록 Git은 git archive 명령을 지원한다.

```
$ git archive master --prefix='project/' | gzip > `git describe master`.tar.gz
$ ls *.tar.gz
v1.6.2-rc1-20-g8c5b85c.tar.gz
```

이 압축 파일을 풀면 프로젝트의 가장 마지막 스냅샷이 나온다. ZIP 형식으로 압축파일을 만들려면 --format=zip 옵션을 사용한다.

```
$ git archive master --prefix='project/' --format=zip > `git describe master`.zip
```

이렇게 압축한 스냅샷 파일은 웹사이트나 이메일로 사람들에게 배포할 수 있다.

Shortlog 보기

이메일로 프로젝트의 변경사항을 사람들에게 알려야 할 때, git shortlog 명령을 사용하면 지난 릴리스 이후의 변경사항 목록을 쉽게 얻어올 수 있다. git shortlog 명령은 주어진 범위에 있는 커밋을 요약해준다. 아래는 최근 릴리스 버전인 v1.0.1 이후의 커밋을 요약해 주는 예제이다.

```
$ git shortlog --no-merges master --not v1.0.1
Chris Wanstrath (8):
      Add support for annotated tags to Grit::Tag
      Add packed-refs annotated tag support.
      Add Grit::Commit#to_patch
      Update version and History.txt
      Remove stray puts
      Make ls_tree ignore nils

Tom Preston-Werner (4):
      fix dates in history
      dynamic version method
      Version bump to 1.0.2
      Regenerated gemspec for version 1.0.2
```

이렇게 v1.0.1 이후 변경 내용을 Author를 기준으로 정리한 커밋을 이메일로 전송한다.

5.4 요약

이제 Git 프로젝트에 기여하고, 자신의 프로젝트를 운영하고, 다른 사람이 기여한 내용을 통합하는 것 정도는 쉽게 할 수 있을 것이다. 일단 쓸만한 Git 개발자가 된 것을 축하한다. 다음 장에서 Git을 호스팅하는 가장 대중적이고 가장 큰 서비스인 GitHub에 대해 살펴볼 것이다.

6장

P r o   G i t   2 n d   E d i t i o n

GitHub

GitHub은 가장 큰 Git 저장소 호스트이다. 수백만 개발자가 모여서 수백만 프로젝트를 수행하는 중추다. Git 저장소를 GitHub에 만들어 운영하는 비율이 높다. 많은 오픈 소스 프로젝트가 GitHub을 이용해서 Git 호스팅, 이슈 트래킹, 코드 리뷰 등등의 일을 한다. Git을 많이 사용하다 보면 Git 프로젝트 자체에는 참여하지 않더라도 GitHub을 꼭 써야 하는 상황이 오거나 스스로 쓰고 싶어질 것이다.

이 장은 GitHub을 잘 쓰는 방법을 설명한다. 계정을 생성해서 관리하는 방법, Git 저장소를 만들고 사용하는 방법, 프로젝트에 기여하거나 다른 사람의 기여를 받아들이는 방법, 프로그래밍 가능한 GitHub 인터페이스, 각종 팁으로 삶을 편하게 만드는 방법을 살펴본다.

프로젝트를 GitHub에 만들 생각이 없거나 GitHub에 있는 프로젝트에 참여할 생각이 없으면 그냥 7장으로 넘어가도 된다.

> **인터페이스는 변하는 거야**
>
> 웹사이트의 UI는 시간에 따라 변한다. 그래서 GitHub 스크린샷들은 시간이 지나면 달라지게 된다. 사실 우리는 변하지 않고 멈춰줬으면 좋겠다. 최신 스크린샷이 포함된 버전을 읽고 싶다면 이 책의 온라인 버전을 읽어라. 아마 거기엔 좀 더 최신 스크린샷이 적용돼 있을 것이다.

6.1 계정 만들고 설정하기

가장 먼저 할 일은 무료 사용자 계정을 만드는 일이다. https://github.com을 방문해서 사용자 이름과 이메일 주소, 암호를 입력하고 "Sign up for GitHub"이라는 큰 녹색 버튼을 누른다.

그림 6-1 GitHub 가입 폼

다음 보이는 화면은 유료 옵션에 대한 안내 페이지인데, 지금은 무시한다. GitHub은 입력한 이메일 주소로 확인 메일을 보냈을 것이다. 메일의 지시를 따르자. 나중에 살펴볼 테지만 이 과정은 매우 중요하다.

 무료 계정도 GitHub 기능을 전부 사용할 수 있다. 딱 한 가지 제약이 있는데 모든 사람이 읽을 수 있는 공개 프로젝트만 만들 수 있다. GitHub에 돈을 내면 비공개 프로젝트도 만들 수 있지만, 이 책에서 설명하지 않는다.

화면 왼쪽 꼭대기에 있는 Octocat 로고를 클릭하면 대시보드 페이지로 이동한다. 이제 GitHub을 사용할 준비가 된 것이다.

SSH 사용하기

이제는 https:// 프로토콜로도 Git 저장소를 사용하는 데 부족함이 없다. 간단히 사용자 이름과 암호로 인증만 하면 된다. 공개 프로젝트를 Clone하는 데는 인증도 필요 없다. 우리가 만든 계정은 프로젝트를 Fork하고 그 프로젝트에 Push할 때가 돼야 비로소 필요하다.

SSH 리모트를 쓰려면 공개키를 설정해야 한다(아직 공개키가 없으면 "4.3 SSH 공개키 만들기"를 참고). 다음 창의 오른쪽 꼭대기에 있는 계정 설정 링크를 클릭하자.

그림 6-2 계정 설정 링크

그런 다음 왼쪽에 있는 메뉴에서 "SSH keys"를 선택한다.

그림 6-3 SSH keys 링크

여기서 "Add an SSH key" 버튼을 클릭한다. 키 이름을 적당히 입력하고 ~/.ssh/
id_rsa.pub 파일의 내용을 입력 칸에 복사해 넣는다. 그리고 "Add key" 버튼을
클릭한다.

> ✓ SSH key 이름은 기억하기 쉬운 걸로 짓는다. "내 노트북"이나 "회사 계정" 같이 구분하기
> 쉬운 이름으로 짓는다. 나중에 키를 삭제할 때 헷갈리지 않고 바로 알 수 있도록 짓는 것이
> 중요하다.

아바타

자동으로 생성해준 아바타를 다른 아바타로 바꿀 수도 있다. "SSh Keys" 탭 위에
있는 "Profile" 탭으로 가서 "Upload new picture"를 클릭한다.

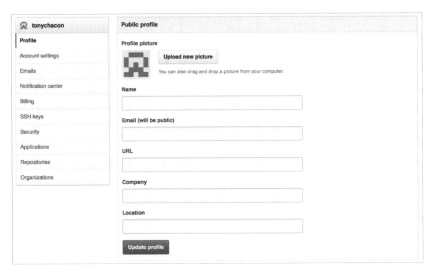

그림 6-4 Profile 링크

여기서는 여러분의 하드디스크에 있을 Git 로고를 선택하고 필요한 만큼 자른다.

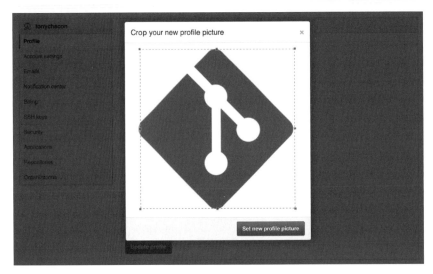

그림 6-5 아바타 자르기

이제부터 GitHub 사이트에서 어디에서든 사용자 이름 옆에 아바타가 보인다.

　Gravatar 서비스에 아바타를 올린 적이 있으면 자동으로 그 아바타가 사용되고 지금 이 단계를 밟을 필요가 없다.

사용자 이메일 주소

Github은 Git 커밋에 있는 이메일 주소를 보고 어떤 사용자인지 식별한다. 사용자가 이메일 주소를 여러 개 사용해서 커밋했어도 GitHub에 그 이메일을 모두 등록하기만 했으면 GitHub은 잘 처리한다. "Emails" 화면에서 모두 등록한다.

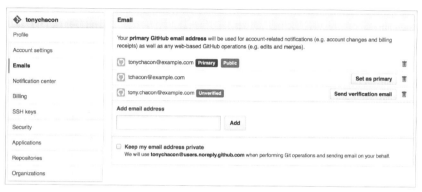

그림 6-6 이메일 주소 추가하기

그림 6-6의 이메일 주소는 각각 다른 상태다. 첫 번째 주소는 이미 확인을 한 주(Primary) 주소이다. 알림이나 영수증 메일은 주 주소로 간다. 두 번째 주소도 확인한 주소로 주 주소로 변경할 수 있는 상태다. 마지막 주소는 아직 확인이 안 되어 주 주소로 변경할 수 없다. 저장소의 커밋 메시지에 이 주소 세 개 중 하나라도 있으면 GitHub이 해당 사용자 계정 페이지로 링크를 걸어준다.

투팩터 인증(Two Factor Authentication)

더 안전한 보안을 위해서 "2FA"(투팩터 인증)을 설정한다. 2FA는 최근 들어 인기가 높아지는 인증 메커니즘이다. 암호를 도둑맞았을 때 위험을 완화하기 위해 사용한다. 2FA를 활성화 시키면 GitHub에 로그인할 때 인증 수단이 두 가지 필요하다.[1] 둘 중 한 가지 방법만 뚫어서는 공격자가 계정에 접근할 수 없다.

2FA 설정 화면은 계정 설정 페이지의 Security 탭에 있다.

---

1 (옮긴이) 기존 로그인 방식에 OTP나 SMS를 추가.

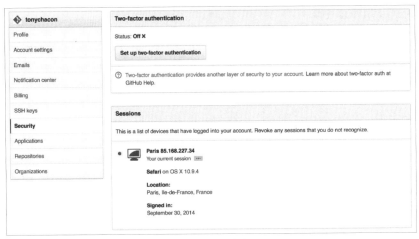

그림 6-7 Security 탭에 있는 2FA

"Set up two-factor authentication" 버튼을 클릭하면 2FA 설정 페이지로 이동한다. "TOTP(Time based One-Time) 비밀번호"를 생성하는 스마트폰 앱을 사용하는 방식을 고르거나, GitHub이 인증 코드를 SMS로 전송해주는 방식을 고를 수 있다. 설정하면 로그인할 때 TOTP나 인증코드가 필요하다.

마음에 드는 인증 방법을 고르고 지시에 따라 2FA를 설정한다. GitHub에 로그인할 때마다 한 가지 코드를 더 입력해야 한다. 이제 계정은 좀 더 안전해졌다.

6.2 GitHub 프로젝트에 기여하기

계정은 이제 만들었으니 프로젝트에 참여하는 방법을 살펴볼 차례다.

프로젝트 Fork하기

참여하고 싶은 프로젝트가 생기면 아마 그 프로젝트에 Push할 권한은 없을 테니까 "Fork"해야 한다. "Fork"하면 GitHub이 프로젝트를 통째로 복사해준다. 그 복사본은 사용자 네임스페이스에 있고 Push할 수도 있다.

 과거에는 "Fork"가 좋은 의미로 쓰이지 않았다. 오픈 소스 프로젝트를 "Fork"한다는 것은 복사해서 조금은 다른 프로젝트를 만드는 것을 의미했고, 때때로 원래 프로젝트와 경쟁하거나 기여자를 나누는 결과를 가져오기도 했다. GitHub에서 "Fork"는 단순히 자신의 네임스페이스로 복사하는 것을 뜻한다. 그래서 공개한 상태로 수정하고 좀 더 열린 방식으로 참여할 수 있다.

이 방식에서는 사람들을 프로젝트에 추가하고 Push 권한을 줘야 할 필요가 없다. 사람들은 프로젝트를 "Fork"해서 Push한다. 그리고 Push한 변경 내용을 원래 저장소로 보내 기여한다. 이것을 Pull Request라고 부르는데 나중에 다시 설명한다. 토론 스레드를 만들고 거기서 코드 리뷰를 하면서 토론하는 스레드를 만들어 토론을 시작한다. 프로젝트 소유자 마음에 들 때까지 소유자와 기여자는 함께 토론한다. 마음에 들게 되면 Merge한다.

프로젝트는 쉽게 Fork할 수 있다. 프로젝트 페이지를 방문해서 오른쪽 꼭대기에 있는 "Fork" 버튼을 클릭한다.

그림 6-8 Fork 버튼

몇 초 안에 복사된 프로젝트 페이지로 이동한다. 이 새 프로젝트의 소유자는 Fork한 사람 자신이기 때문에 쓰기 권한이 있다.

GitHub 플로

GitHub은 Pull Request가 중심인 협업 워크플로를 위주로 설계됐다. 이 워크플로는 Fork해서 프로젝트에 기여하는 것인데 단일 저장소만 사용하는 작은 팀이나 전 세계에서 흩어져서 일하는 회사, 혹은 한 번도 본 적 없는 사람들 사이에서도 유용하다. 3장에서 설명했던 "토픽 브랜치" 중심으로 일하는 방식이다.

보통은 아래와 같이 일한다.

1. master에서 토픽 브랜치를 만든다.
2. 뭔가 수정해서 커밋한다.
3. 자신의 GitHub 프로젝트에 브랜치를 Push한다.
4. GitHub에 Pull Request를 연다.
5. 토론하면서 그에 따라 계속 커밋한다.
6. 프로젝트 소유자는 Pull Request를 Merge하고 닫는다.

이 방식은 기본적으로 "5.1 분산 환경에서의 워크플로"에서 설명하는 Integration-Manager 워크플로와 같다. 토론이나 리뷰를 이메일이 아니라 GitHub에서 제공하는 웹 기반 도구를 사용하는 것뿐이다.

GitHub에 있는 오픈소스 프로젝트에 이 워크플로를 이용해서 뭔가 기여하는 예제를 살펴보자.

Pull Request 만들기

Tony는 자신의 Arduino 장치에서 실행해볼 만한 코드를 찾고 있었고 GitHub에 있는 https://github.com/schacon/blink에서 매우 흡족한 프로그램을 찾았다.

그림 6-9 기여하고자 하는 프로젝트

다 좋은데 너무 빠르게 깜빡이는 게 마음에 안 들었다. 매초 깜빡이는 것보다 3초에 한 번 깜빡이는 게 더 좋을 것 같았다. 그래서 프로그램을 수정하고 원 프로젝트에 다시 보내기로 했다.

앞서 설명했던 것처럼 Fork 버튼을 클릭해서 프로젝트를 복사한다. 사용자 이름이 "tonychacon"이라면 https://github.com/tonychacon/blink에 프로젝트가 복사된다. 이 프로젝트는 본인 프로젝트이고 수정할 수 있다. 이 프로젝트를 로컬에 Clone해서 토픽 브랜치를 만들고 코드를 수정하고 나서 GitHub에 다시 Push한다.

```
$ git clone https://github.com/tonychacon/blink ❶
Cloning into 'blink'...

$ cd blink
```

```
$ git checkout -b slow-blink ❷
Switched to a new branch 'slow-blink'

$ sed -i '' 's/1000/3000/' blink.ino ❸

$ git diff --word-diff ❹
diff --git a/blink.ino b/blink.ino
index 15b9911..a6cc5a5 100644
--- a/blink.ino
+++ b/blink.ino
@@ -18,7 +18,7 @@ void setup() {
// the loop routine runs over and over again forever:
void loop() {
  digitalWrite(led, HIGH);   // turn the LED on (HIGH is the voltage level)
  [-delay(1000);-]{+delay(3000);+}               // wait for a second
  digitalWrite(led, LOW);    // turn the LED off by making the voltage LOW
  [-delay(1000);-]{+delay(3000);+}               // wait for a second
}

$ git commit -a -m 'three seconds is better' ❺
[master 5ca509d] three seconds is better
 1 file changed, 2 insertions(+), 2 deletions(-)

$ git push origin slow-blink ❻
Username for 'https://github.com': tonychacon
Password for 'https://tonychacon@github.com':
Counting objects: 5, done.
Delta compression using up to 8 threads.
Compressing objects: 100% (3/3), done.
Writing objects: 100% (3/3), 340 bytes | 0 bytes/s, done.
Total 3 (delta 1), reused 0 (delta 0)
To https://github.com/tonychacon/blink
 * [new branch]      slow-blink -> slow-blink
```

❶ Fork한 개인 저장소를 로컬에 Clone한다.

❷ 뭘 하는지 설명하는 이름의 토픽 브랜치를 만든다.

❸ 코드를 수정한다.

❹ 잘 고쳤는지 확인한다.

❺ 토픽 브랜치에 커밋한다.

❻ GitHub의 개인 저장소에 토픽 브랜치를 Push한다.

Fork한 내 저장소에 가면 GitHub은 토픽 브랜치가 하나 Push됐다는 것을 알려주고 원 저장소에 Pull Request를 보낼 수 있는 큰 녹색 버튼을 보여준다.

  아니면 저장소의 브랜치 페이지로(https://github.com/<user>/<project>/branches) 가서 해당 브랜치의 "New pull request" 버튼을 이용한다.

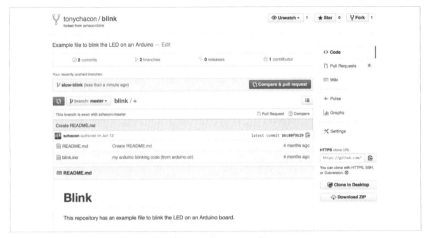

그림 6-10 Pull Request 버튼

녹색 버튼을 클릭하면 Pull Request의 제목과 설명을 입력하는 화면이 보인다. 항상 프로젝트 소유자가 판단을 내릴 수 있을 정도로 공을 들여 작성해야 한다. 왜 수정했는지 얼마나 가치 있는지 설명해서 관리자를 설득해야 한다.

그리고 "ahead" 토픽 브랜치가 master 브랜치에서 달라진 커밋도 보여주고 수정된 내용을 "unified diff" 형식으로 보여준다. 이 수정 내용이 프로젝트 관리자가 Merge할 내용이다.

그림 6-11 Pull Request를 생성하는 페이지

화면에 있는 'Create pull request' 버튼을 클릭하면 프로젝트 원소유자는 누군가 코드를 보냈다는 알림을 받는다. 그 알림에는 해당 Pull Request에 대한 모든 것을 보여주는 페이지의 링크가 들어 있다.

 Pull Request는 보통 공개 프로젝트에서 사용한다. 기여자는 수정하고 나서 원 저장소에 Pull Request를 연다. 개발 초창기에는 프로젝트 내부에서도 많이 사용한다. 이미 Pull Request를 열어 놓은 토픽 브랜치라고 할지라도 계속 Push할 수 있다. 마지막이 아니라 처음부터 Pull Request를 열면 어떤 주제를 가지고 팀 동료와 함께 토론할 수 있어서 좋다.

Pull Request 놓고 감 놓고 배 놓기

Pull Request가 오면 프로젝트 소유자는 변경점이 무엇인지 확인한 후, Merge 혹은 거절하거나 코멘트를 달 수 있다. 아이디어 자체를 소유자의 마음에 들게 하려면 빛을 보기까지 좀 더 공을 들여야 한다.

이런 소통을 이메일로 하는 워크플로는 5장에 설명했었다. GitHub에서는 온라인에서 한다. 프로젝트 소유자는 'unified diff' 형식의 변경사항을 검토하고 즉각 해당 라인에 코멘트를 달 수 있다.

그림 6-12 Pull Request의 코드에 코멘트 달기

관리자가 코멘트를 달면 Pull Request를 만든 사람에게 알림이 간다. 실제로는 저장소를 'Watch'하는 사람 모두에게 알림이 간다. 알림 정책은 설정할 수 있지만, 다음에 검토한다. 알림을 받는 Tony가 이메일 알림을 켰다면 이메일 알림도 받는다.

그림 6-13 이메일 알림으로 온 코멘트

누구나 Pull Request에 코멘트를 달 수 있다. 그림 6-14를 보면 프로젝트 소유자가 코드에 코멘트를 달거나 Pull Request 자체에 코멘트를 달면서 토론하는 것을 보여 준다. 코드 코멘트도 맥락을 이루어 커뮤니케이션 할 수 있다.

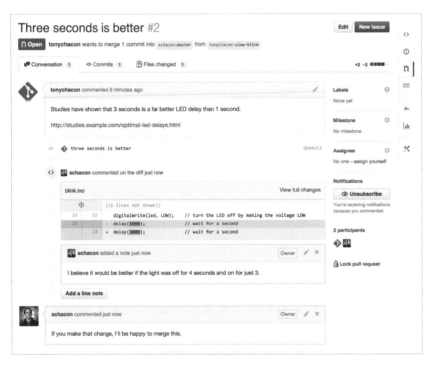

그림 6-14 Pull Request 토론 페이지

이 토론을 보고 기여자는 자신이 무엇을 해야 자신의 코드가 받아들여질지 알수 있다. 다행히 매우 직관적이다. 만약 이 일을 이메일로 하고자 한다면 관련커밋을 정리해서 메일링리스트에 다시 보내야 한다. 하지만 GitHub에서는 해당토픽 브랜치에 간단히 추가로 커밋하고 Push하면 된다. 그림 6-15에서 Push로

업데이트한 PR의 코드를 보면 예전 코드에 달렸던 코멘트는 나오지 않는다. 추가된 커밋으로 인해 코드가 수정되었기 때문이다.

기존 PR에 이어서 Push를 하면 알림이 가지 않는다. 그래서 Tony는 자신이 작업한 내용을 코멘트로 남겼다. 그러면 프로젝트 소유자는 무슨 일이 있었는지 쉽게 알 수 있다.

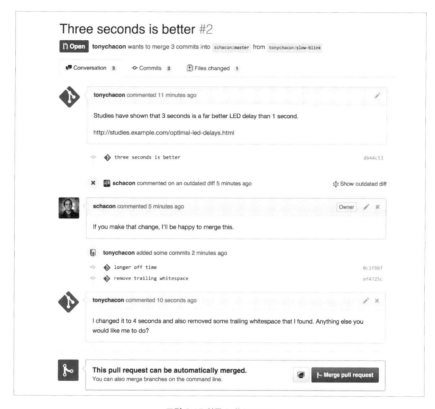

그림 6-15 최종 Pull Request

꼭 짚고 넘어가야 할 것이 있다. 이 Pull Request의 "Files Changed" 탭을 클릭하면 "unified" diff를 볼 수 있다. 이 Pull Request가 주 브랜치에 Merge되면 어떻게 달라지는지 보여준다. `git diff` 명령을 빌어 표현하자면 `git diff master ...<branch>`와 같은 명령이 실행되는 거고 `<branch>`는 Pull Request의 브랜치를 의미한다. "5.3 프로젝트 관리하기"에서 자세히 설명한다.

그 외 GitHub은 Pull Request가 Merge될 수 있는지 검사해서 서버에서 Merge할 수 있도록 Merge 버튼을 제공한다는 것 역시 유의해야 한다. 이 버튼은 저장소에 쓰기 권한이 있는 사람만 볼 수 있고, 이 버튼으로 Merge하면 Merge 커밋이 생긴다(Trivial Merge). "fast-forward" Merge가 가능할 때도 "non-fast-forward"로 Merge한다.

로컬에 Pull Request 브랜치를 당겨와서 Merge해도 된다. `master` 브랜치에 Merge해서 GitHub에 Push하면 자동으로 해당 Pull Request가 닫힌다.

이런 방식이 대부분의 GitHub 프로젝트가 사용하는 기본 워크플로다. 토픽 브랜치를 만들고 Pull Request를 연다. 거기서 토론을 계속하고 그 브랜치에 커밋을 하기도 한다. 마지막에는 Merge하고 Request를 닫는다.

> ✅ **Fork는 옵션**
>
> 한 저장소의 두 브랜치를 두고도 Pull Request를 열 수 있다. 한 저장소에 쓰기 권한이 있는 동료 둘이서 어떤 기능을 추가하려고 하고 있다면 토픽 브랜치를 만들고 Push한다. 그러고 나서 같은 저장소의 master 브랜치에 대해 Pull Request를 만들어 코드 리뷰와 토론을 시작한다. Fork는 필수가 아니다.

Pull Request 팁

GitHub에서 프로젝트에 기여하는 방법 중 가장 기본적인 방법을 살펴봤다. Pull Request를 사용할 때 도움이 되는 유용한 팁을 몇 가지 살펴보자.

Patch를 Pull Request로 보내기

보통 프로젝트에서는 Pull Request의 Patch가 완벽하고 큐처럼 꼭 순서대로 적용돼야 한다고 생각하지 않는다. 메일링 리스트를 사용하던 프로젝트에서는 Patch 순서가 의미가 있다고 생각한다. Github의 Pull Request는 어떤 주제를 두고 논의하는 자리다. 논의가 다 무르익으면 Merge한다.

이 차이는 매우 중요하다. 일반적으로 처음부터 완벽한 코드를 보낼 수 없어서 메일링 리스트로 Patch를 보낼 일은 별로 없다. Pull Request는 초기부터 프로젝트 관리자와 소통할 수 있도록 해주기 때문에 혼자 답을 찾는 게 아니라 커뮤니티에서 함께 찾을 수 있다. 누군가 Pull Request를 열면 관리자와 커뮤니티는 어떻게 수정하는 게 좋을지 의견을 낸다. Patch를 처음부터 다시 전체를 작성하지 않아도 된다. 수정한 만큼만 해당 브랜치에 커밋하고 하던 일과 대화를 계속해 나가면 된다.

그림 6-15로 돌아가서 다시 보면 기여자가 커밋을 Rebase하거나 Pull Request를 다시 열지 않았다는 것을 확인할 수 있다. 그냥 기존 브랜치에 좀 더 커밋하

고 Push했을 뿐이다. 나중에 시간이 지나서 이 Pull Request를 다시 읽으면 왜 이런 방향으로 결정했는지 맥락을 쉽게 알 수 있다. 웹 사이트에서 "Merge" 버튼을 누르면 Merge 커밋을 일부러 남기겠다는 뜻이 된다. 이 Merge 커밋에는 Pull Request 정보가 들어가기 때문에 필요하면 언제든지 맥락을 확인할 수 있다.

Pull Request를 최신으로 업데이트하기

Pull Request가 만든 지 오래됐거나 깨끗하게 Merge되지 않으면 메인테이너가 쉽게 Merge할 수 있게 수정한다. GitHub은 자동으로 Merge할 수 있는 Pull Request인지 아닌지 Pull Request 페이지 하단에서 알려준다.

그림 6-16 깨끗하게 Merge할 수 없는 Pull Request

그림 6-16 같은 메시지를 보면 해당 브랜치를 고쳐서 녹색으로 만든다. 메인테이너가 고치지 않아도 되도록 한다.

이 문제를 해결하는 방법은 두 가지가 있다. 대상 브랜치(보통은 master 브랜치)를 기준으로 Rebase하는 방법이 있고 대상 브랜치를 Pull Request 브랜치에 Merge하는 방법이 있다.

GitHub을 사용하는 개발자는 대부분 후자를 고른다. 앞서 살펴봤던 것과 같은 이유다. Rebase하면 히스토리는 깨끗해지지만 훨씬 더 어렵고 에러 나기 쉽다.

Pull Request가 Merge될 수 있도록 대상 브랜치를 Merge하려면 먼저 원 저장소를 리모트로 추가한다. 그러고 나서 Fetch하고 그 저장소의 대상 브랜치를 해당 토픽 브랜치에 Merge한다. 문제를 해결하고 그 브랜치에 다시 Push한다.

"tonychacon" 예제에 이 워크플로를 적용해보자. 원저자가 뭔가 수정을 했는데 Pull Request와 충돌이 난다. 여기부터 살펴보자.

```
$ git remote add upstream https://github.com/schacon/blink ❶

$ git fetch upstream ❷
remote: Counting objects: 3, done.
remote: Compressing objects: 100% (3/3), done.
Unpacking objects: 100% (3/3), done.
remote: Total 3 (delta 0), reused 0 (delta 0)
From https://github.com/schacon/blink
 * [new branch]      master     -> upstream/master
```

```
$ git merge upstream/master ❸
Auto-merging blink.ino
CONFLICT (content): Merge conflict in blink.ino
Automatic merge failed; fix conflicts and then commit the result.

$ vim blink.ino ❹
$ git add blink.ino
$ git commit
[slow-blink 3c8d735] Merge remote-tracking branch 'upstream/master' \
    into slower-blink

$ git push origin slow-blink ❺
Counting objects: 6, done.
Delta compression using up to 8 threads.
Compressing objects: 100% (6/6), done.
Writing objects: 100% (6/6), 682 bytes | 0 bytes/s, done.
Total 6 (delta 2), reused 0 (delta 0)
To https://github.com/tonychacon/blink
   ef4725c..3c8d735  slower-blink -> slow-blink
```

❶ 원 저장소를 "upstream"이라는 이름의 리모트로 추가한다.

❷ 리모트에서 최신 데이터를 Fetch한다.

❸ 대상 브랜치를 토픽 브랜치에 Merge한다.

❹ 충돌을 해결한다.

❺ 같은 토픽 브랜치에 다시 Push한다.

이렇게 하면 Pull Request는 자동으로 업데이트되고 깨끗하게 Merge할 수 있는
지 재확인된다.

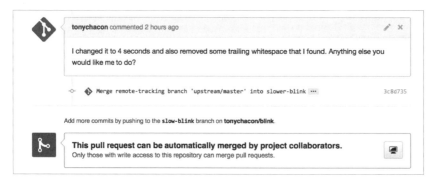

그림 6-17 깨끗하게 Merge할 수 있는 Pull Request

연속성은 Git의 장기 중 하나다. 오랫동안 무엇인가 만들고 있다면 최신으로 유
지하기 위해 대상 브랜치를 쉽게 Merge해 올 수 있다. 다 마칠 때까지 하고 또
하고 할 수 있다. Merge할 때 발생하는 충돌만 해결하면 되고 지속적으로 개발

프로세스를 관리할 수 있다.

브랜치를 꼭 깨끗하게 유지하고 싶어서 Rebase해야 한다고 생각한다면 이미 열어 놓은 Pull Request에 대고 Push하지 말아야 한다. 그럼 이 브랜치를 가져다 Merge해 놓은 사람들은 "3.6 Rebase하기"에서 설명했듯이 충격에 빠질 것이다. 대신 브랜치를 새로 만들어 Push한다. 그리고 Pull Request도 새로 여는데 원 Pull Request가 뭔지 알 수 있도록 참조를 달고 원래 것은 닫는다.

참조

그럼 바로 "어떻게 Pull Request를 참조시키지?"라는 의문이 들겠지만, 방법은 매우 많다. GitHub에 쓰기 가능한 곳 어디에서나 참조를 달 수 있다.

먼저 Issue와 Pull Request를 서로 참조시키는 방법부터 살펴보자. 모든 Pull Request와 Issue에는 프로젝트 내에서 유일한 번호를 하나 할당한다. 예를 들어, #3인 Pull Request와 #3인 Issue는 동시에 있을 수 없다. #<num>과 같은 형태로 코멘트나 설명에 Pull Request와 Issue를 참조시킬 수 있다. 이 방법은 단일 프로젝트 범위에서만 유효하다. Fork 저장소의 Issue나 Pull Request를 참조시키려고 한다면 username#<num>라고 쓰고 아예 다른 저장소면 username/repo#<num>라고 써야 한다.

설명을 위해 이미 브랜치를 Rebase했고 Pull Request를 새로 만들었다고 하자. 그럼 예전 Pull Request가 뭔지 알 수 있도록 새것에서 예전 것을 참조하게 해보고, 그림 6-18 같이 Fork한 저장소의 이슈나 아예 다른 저장소의 이슈도 참조하게 해보자.

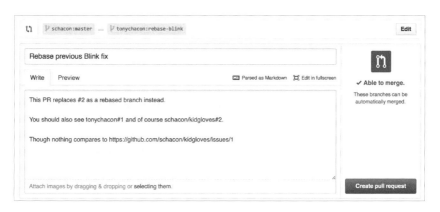

그림 6-18 Pull Request의 상호 참조 편집

이 Pull Request를 보내면 그림 6-19처럼 보인다.

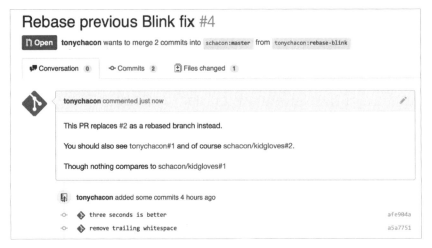

그림 6-19 Pull Request의 상호 참조

GitHub URL을 전부 입력해도 딱 필요한 만큼으로 줄어든다.

그리고 원래 있던 Pull Request를 닫으면 새 Pull Request에는 기존 Pull Request가 닫혔다고 언급된다. Github은 Pull Request 타임라인에 트랙백 이벤트를 자동으로 만든다. 그래서 이 Pull Request에 방문하는 사람은 예전 Pull Request가 닫혔는지 알 수 있고, 그 링크가 있기에 바로 클릭해서 예전 것을 볼 수 있다. 이 링크는 그림 6-20처럼 생겼다.

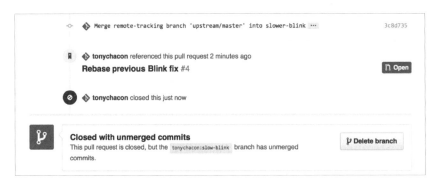

그림 6-20 닫은 Pull Request의 트랙백

이슈뿐만 아니라 커밋의 SHA도 참조할 수 있다. 40자 SHA를 적으면 GitHub은 자동으로 해당 커밋에 링크를 걸어 준다. Fork 저장소나 아예 다른 저장소의 커밋도 이슈와 같은 방식으로 링크시킬 수 있다.

Markdown

다른 이슈를 링크하는 것은 GitHub 글쓰기의 첫걸음에 불과하다. "GitHub Flavored Markdown"이라는 형식으로 이슈나 Pull Request의 설명, 코멘트, 코드 주석 등에서 글을 쓸 수 있다. Markdown 형식으로 글을 쓰면 그냥 텍스트로 쓴 글이지만 형식을 갖춰 미끈하고 아름답게 렌더링된다.

그림 6-21은 Markdown으로 쓴 글이 어떻게 렌더링되는지 보여준다.

그림 6-21 Markdown 예제

GitHub Flavored Markdown

GitHub Flavored Markdown(이하 GFM)은 기본 Markdown을 확장했다. GFM은 Pull Request나 이슈 등의 글을 쓸 때 매우 유용하다.

태스크 리스트

GFM이 확장한 기능 중 태스크 리스트가 있는데 Pull Request에서 사용하면 좋다. 간단히 말해서 태스크 리스트는 완료했다고 표시할 수 있는 체크박스의 목록이다. 이슈나 Pull Request에서 다 했다고 표기하고 싶을 때 사용한다.

태스크 리스트는 아래와 같이 사용한다.

```
- [X] Write the code
- [ ] Write all the tests
- [ ] Document the code
```

이 태스크 리스트를 이슈나 Pull Request에 사용하면 그림 6-22처럼 렌더링된다.

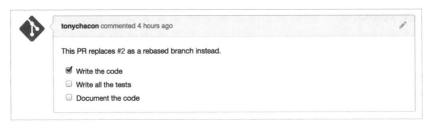

그림 6-22 태스크 리스트

Pull Request를 Merge하기 전에 꼭 처리해야 하는 일의 목록을 표현할 때 태스크 리스트를 사용한다. Markdown을 직접 고치지 않고 체크박스만 클릭해도 해당 태스크가 완료됐다고 업데이트되기 때문에 상당히 좋은 기능이다.

GitHub은 이슈나 Pull Requests에 있는 태스크 리스트를 집계해서 목록 화면에서 보여준다. 예를 들어, 태스크들이 정리된 Pull Request가 있으면 Pull Request 요약 페이지에서 얼마나 진행됐는지 볼 수 있다. 그래서 Pull Request를 태스크 여러 개로 쪼개 두면 그 브랜치가 얼마나 진행됐는지 알기 쉽다. 그림 6-23을 보자.

그림 6-23 Pull Request 목록 화면에서 보여주는 태스크 현황

코드 조각

코멘트에 코드 조각도 넣을 수 있다. 실제로 구현해서 브랜치에 커밋하기 전에 뭔가 아이디어를 코드로 표현해 볼 때 좋다. 그 외에도 단순히 코드 예제를 보여주기 위해서 사용하거나 해당 Pull Request에서 구현한 것이 무엇인지 보여줄 때도 사용한다.

백틱으로 울타리(fence)를 만들어 그 안에 코드 조각을 넣는다.

````
```java
for(int i=0 ; i < 5 ; i++)
{
    System.out.println("i is : " + i);
}
```
````

코드 조각에 언어 이름을 쓰면 GitHub은 구문 강조(Syntax Highlight)도 해준다. 그림 6-24는 언어 이름을 넣어서 구문 강조된 결과다.

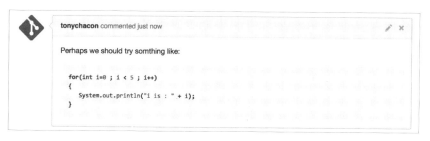

그림 6-24 구문 강조로 미끈해진 코드

인용

아주 긴 글에서 딱 한 부분만 집어서 논의하고 싶을 때 > 문자로 해당 부분을 인용하고 그 밑에 코멘트를 단다. 이 방법은 매우 흔히 사용하는 방법이라, 상당히 유용하고 단축키도 지원한다. 인용하고 싶은 텍스트를 선택하고 r 키를 누르면 바로 코멘트 상자에 해당 텍스트가 인용된다.

아래와 같이 인용한다.

```
> Whether 'tis Nobler in the mind to suffer
> The Slings and Arrows of outrageous Fortune,
How big are these slings and in particular, these arrows?
```

이 텍스트는 그림 6-25처럼 렌더링된다.

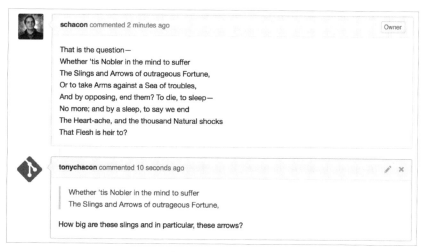

그림 6-25 인용 예제

Emoji

마지막으로, 글에 Emoji를 넣을 수 있다. Emoji는 GitHub 이슈나 Pull Request 에서 정말 많이 사용된다. GitHub은 Emoji를 쉽게 사용할 수 있도록 한다. 코멘트를 쓸 때 : 문자로 Emoji 입력을 시작하면 선택해서 자동완성할 수 있도록 Emoji 목록을 보여준다.

그림 6-26 Emoji 자동완성

Emoji는 :<name>: 형식으로 생겼다. 아래 예제를 보자.

```
I :eyes: that :bug: and I :cold_sweat:.
:trophy: for :microscope: it.
:+1: and :sparkles: on this :ship:, it's :fire::poop:!
:clap::tada::panda_face:
```

렌더링되면 그림 6-27처럼 보인다.

그림 6-27 Emoji를 많이 쓴 글

Emoji는 정보 전달하는 데도 좋지만 얼마나 재밌고 기쁜지 같은 표현도 가능하다.

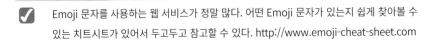 Emoji 문자를 사용하는 웹 서비스가 정말 많다. 어떤 Emoji 문자가 있는지 쉽게 찾아볼 수 있는 치트시트가 있어서 두고두고 참고할 수 있다. http://www.emoji-cheat-sheet.com

이미지

GitHub이 제공하는 글에 이미지를 포함하는 기능은 기술적으로 GFM이 아니지만 엄청나게 유용하다. Markdown 형식으로 이미지를 첨부하고 싶을 때, 일반적인 방법은 이미지를 올리고 그 URL을 찾아서 일일이 입력하는 식인데 번거롭다. GitHub에서는 이미지를 바로 Drag-and-Drop으로 붙여넣을 수 있다.

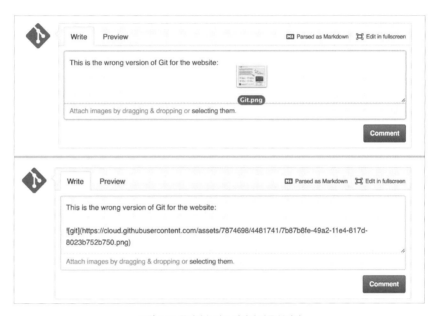

그림 6-28 끌어다 놓기로 이미지 자동 붙이기

그림 6-18에서 보면 Text Area 위에 "Parsed As Markdown"이라는 표시를 볼수 있다. 그 링크를 클릭하면 GitHub에서 Markdown을 어떻게 사용하는지 알려주는 치트시트가 나온다.

6.3 GitHub 프로젝트 관리하기

지금까지 남의 프로젝트에 기여하는 법을 살펴보았고 이번에는 직접 프로젝트를 운영하는 법을 살펴보자. 프로젝트를 생성해서 관리하는 방식 말이다.

새 저장소 만들기

저장소를 새로 만들고 프로젝트 코드를 공유해 보자. 대시보드 오른쪽에 있는 "New repository" 버튼을 클릭하면 저장소를 만드는 폼으로 이동한다. 맨 위 툴바의 사용자 이름 옆에 있는 + 버튼을 클릭해도 된다(그림 6-30 참고).

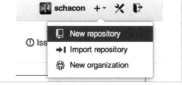

그림 6-29 Your repositories 박스 　　　　　그림 6-30 사용자 이름 옆 New repository 메뉴

위 버튼을 누르면 "새 저장소"를 만드는 화면으로 이동한다.

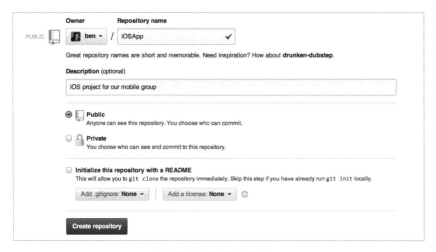

그림 6-31 새 저장소 만들기

프로젝트 이름을 넣는 것만 필수다. 다른 것은 생략해도 된다. "Create Repository" 버튼을 클릭하면 '뿅'하고 `<user>/<project_name>` 위치에 GitHub 저장소가 생긴다.

아직 저장소에 코드가 하나도 없어서, GitHub은 Git 저장소를 만드는 방법이나 기존 Git 프로젝트를 넣는 방법을 보여준다. 이 내용을 다시 살펴보고 싶다면 2장을 보라. 여기서 다시 설명하진 않는다.

GitHub에 프로젝트를 올렸으면 다른 사람들에게 프로젝트 URL을 알려주고 공유할 수 있다.

모든 프로젝트의 HTTP URL은 `https://github.com/<user>/<project_name>`처럼 생겼고 SSH는 `git@github.com:<user>/<project_name>`처럼 생겼다. Git은 이 두 URL을 통해서 Fetch하고 Push할 수 있지만, 인증 방식은 사용하는 프로토콜에 따라 다르다.

GitHub 계정 없이 Clone할 수 있기 때문에 공개 프로젝트를 공유할 때는 SSH보다 HTTP URL을 더 많이 공유한다. SSH URL을 사용하려면 계정도 있어야 하고 SSH 키도 GitHub 에 등록해야 한다. 브라우저에서 프로젝트 페이지에 접속할 때도 저장소 URL로 사용하는 HTTP URL을 그대로 사용한다.

동료 추가하기

저장소에 커밋 권한을 주고 싶은 동료가 있으면 "Collaborator"로 추가해야 한다. Ben과 Jeff, Louise라는 동료가 있는데 그들이 내 저장소에 Push할 수 있도록 하고 싶으면, 내 프로젝트에 GitHub 계정들을 추가해야 한다. 계정이 추가된 사람은 해당 프로젝트와 Git 저장소에 "Push"할 수 있을 뿐만 아니라 읽고 쓰기도 가능하다.

오른쪽 밑에 있는 "Settings" 링크를 클릭한다.

그림 6-32 저장소 설정 링크

왼쪽 메뉴에서 "Collaborators"를 선택한다. 텍스트 박스에 사용자 이름을 입력하고 "Add collaborator"를 클릭한다. 필요한 사람을 모두 추가할 때까지 반복한다. 그리고 오른쪽에 있는 "×"를 클릭하면 권한이 회수된다.

그림 6-33 저장소의 동료

Pull Request 관리하기

프로젝트를 만들고 코드도 넣고 동료가 Push할 수 있게 했다. 이제 Pull Reqeust 가 왔을 때 어떻게 해야 하는지 보자.

Pull Request는 같은 저장소나 Fork한 저장소에서 브랜치를 보내오는 것이 다. 그 둘의 차이는 권한에 있다. Fork한 저장소는 다른 사람의 저장소이기 때문 에 그 보내온 브랜치에 Push할 권한이 없다. 하지만 같은 저장소의 브랜치에는 Push할 수 있다.

"tonychacon"이라는 사람이 "fade"라는 Arduino 프로젝트를 만든 상황을 살펴 보자.

이메일 알림

어떤 사람이 코드를 수정해서 Pull Request를 보내왔다. 그러면 새로운 Pull Request가 왔다는 메일이 담당자에게 간다. 그림 6-34 같은 메일을 보낸다.

그림 6-34 새 Pull Request에 대한 이메일 알림

이 이메일은 무엇이 달라진 것인지 간략히 보여준다. 해당 Pull Request에서 어 떤 파일이 얼마나 변경됐는지 보여준다. 그리고 Pull Request 페이지 링크도 있 고 CLI로 Merge하는 방법과 URL도 간략히 보여준다.

`git pull <url> patch-1`라는 명령이 궁금할 텐데 이렇게 하면 리모트 브랜치

를 간단히 Merge할 수 있다. 저장소를 리모트로 추가하지 않아도 된다. 필요하면 토픽 브랜치를 만들고 5장 "리모트 브랜치로부터 통합하기"에서 배운 명령어로 Pull Request로 직접 Merge해도 된다.

그리고 눈치챘을 테지만 .diff와 .patch URL은 Pull Request의 'Unified Diff'와 Patch 버전의 URL이다. 이 URL로 아래와 같이 Pull Request를 Merge할 수 있다.

```
$ curl http://github.com/tonychacon/fade/pull/1.patch | git am
```

Pull Request로 함께 일하기

6장 "GitHub 플로"에서 설명했듯이 Pull Request를 만든 사람과 토론할 수 있다. GFM을 사용하여 특정 커밋을 선택하거나, 특정 라인을 지정하거나, 혹은 전체 Pull Request 자체에도 코멘트를 남길 수 있다.

일단 대화에 참여하고 나면 누군가 코멘트할 때마다 이메일 알림이 계속 온다. 그 이메일에는 Pull Request 페이지의 링크가 포함돼 있기 때문에 어떤 일이 일어나고 있는지 쉽게 알 수 있다. 그리고 답 메일을 보내면 Pull Request의 코멘트로 달린다.

그림 6-35 답변 메일이 Pull Request의 스레드가 된다

보내온 코드가 마음에 들어서 Merge하고 싶다면 로컬에 가져와서 Merge할 수 있다. `git pull <url> <branch>` 명령으로 Merge하면 되는데 먼저 Fork한 저장소를 리모트로 추가하고 Fetch해서 Merge한다.

GitHub 사이트에서 "Merge" 버튼을 누르기만 하면 간편하게 Merge할 수 있다 (Trivial Merge). "fast-forward"가 가능할 때에도 "non-fast-forward" Merge를 하므로 Merge 커밋이 생긴다. 그래서 "Merge" 버튼을 클릭해서 Merge하면 항상 Merge 커밋이 생긴다. 여기서 어떻게 해야 하는지 'command line' 힌트 링크를 클릭하면 그림 6-36과 같이 알려준다.

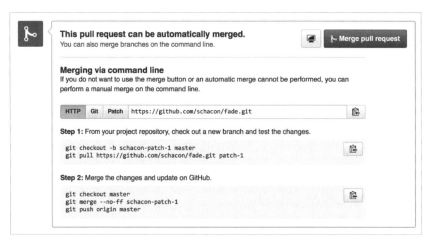

그림 6-36 Merge 버튼과 Pull Request를 수동으로 Merge하기

만약 Pull Request를 Merge하지 않기로 했다면 그냥 닫으면 된다. 그러면 그 Pull Request를 보낸 사람에게 알림이 간다.

Pull Request의 Ref

일일이 리모트를 등록하고 Pull하는 것은 Pull Request를 많이 처리하는 사람에게는 고통스럽다. GitHub은 이럴 때 사용하는 방법을 제공한다. 이 내용은 "10.5 Refspec"에서 자세히 설명할 터이나 조금 어려울 수 있다.

GitHub은 Pull Request의 브랜치를 서버에 있는 가상 브랜치로 노출해준다. GitHub이 자동으로 해주기 때문에 바로 이용하면 된다.

이걸 해보려면 저수준("plumbing") 명령어인 ls-remote가 필요하다. 이 명령어는 아무래도 매일 쓰는 명령어는 아니지만, 서버에 어떤 Ref가 있는지 보여준다. "plumbing" 명령어는 "10.1 Plumbing 명령과 Porcelain 명령"에서 자세히 설명한다.

이 명령어로 좀 전의 "blink" 저장소를 살펴보자. 저장소 브랜치뿐만 아니라 태그 등 온갖 Ref를 보여준다.

```
$ git ls-remote https://github.com/schacon/blink
10d539600d86723087810ec636870a504f4fee4dHEAD
10d539600d86723087810ec636870a504f4fee4drefs/heads/master
6a83107c62950be9453aac297bb0193fd743cd6erefs/pull/1/head
afe83c2d1a70674c9505cc1d8b7d380d5e076ed3refs/pull/1/merge
3c8d735ee16296c242be7a9742ebfbc2665adec1refs/pull/2/head
15c9f4f80973a2758462ab2066b6ad9fe8dcf03drefs/pull/2/merge
a5a7751a33b7e86c5e9bb07b26001bb17d775d1arefs/pull/4/head
31a45fc257e8433c8d8804e3e848cf61c9d3166crefs/pull/4/merge
```

저장소 안이라면 git ls-remote origin이라고 실행시켜도 된다. 저장된 리모트 이름을 사용할 수 있다.

GitHub 저장소에 어떤 Pull Reqeust라도 열려있다면 refs/pull/로 시작하는 이름으로 Ref가 생성된다. 이것도 브랜치지만 refs/heads/로 시작하는 브랜치와는 달리 Clone과 Fetch할 때 받아들여지지 않는다. 기본적으로 무시된다.

Pull Request에는 두 종류의 Ref가 있다. /head로 끝나는 것은 Pull Request 브랜치가 가리키는 마지막 커밋이다. 누군가 우리 저장소에 bug-fix라는 브랜치를 Pull Request로 보내는 상황을 살펴보자. 이 브랜치는 a5a775 커밋을 가리킨다. bug-fix 브랜치는 Fork한 저장소에 있는 브랜치라서 우리 저장소에 없다. 그럼에도 a5a775를 가리키는 pull/<pr#>/head 형식의 브랜치가 자동으로 생긴다. 그래서 매번 다른 저장소를 리모트로 등록하지 않고서도 Pull Request 브랜치를 쉽게 Pull할 수 있다.

그 브랜치를 한번 가져와 보자.

```
$ git fetch origin refs/pull/958/head
From https://github.com/libgit2/libgit2
 * branch            refs/pull/958/head -> FETCH_HEAD
```

"리모트의 브랜치 origin을 refs/pull/958/head로 Fetch한다"는 뜻이다. Git은 충실하게 전부 내려받고 마지막 커밋을 .git/FETCH_HEAD에 저장한다. git merge FETCH_HEAD으로 Merge해서 테스트할 수 있다. 이렇게 Merge하면 Merge 커밋 메시지가 약간 이상해진다. 또한 많은 Pull Request를 처리해야 할 때, 쓸데없는 Merge 커밋도 많아진다.

항상 Pull Request를 전부 가져오게 할 수 있다. .git/config 파일을 열어서 origin 리모트를 찾는다. origin 리모트는 사실 아래와 같은 것을 의미한다.

```
[remote "origin"]
   url = https://github.com/libgit2/libgit2
   fetch = +refs/heads/*:refs/remotes/origin/*
```

fetch =로 시작하는 라인이 "refspec."이라는 거다. 리모트 이름과 로컬 .git 디렉터리를 어떻게 매핑하는지 나타낸다. 여기서는 해당 리모트에서 refs/heads에 해당하는 이름이 refs/remotes/origin 디렉터리에 매핑된다는 의미다. Refspec을 새로 추가해보자.

```
[remote "origin"]
    url = https://github.com/libgit2/libgit2.git
    fetch = +refs/heads/*:refs/remotes/origin/*
    fetch = +refs/pull/*/head:refs/remotes/origin/pr/*
```

추가한 마지막 라인의 의미는 refs/pull/123/head 같은 Ref를 'refs/remotes/
origin/pr/123에 저장'한다는 의미다. git fetch라고 실행하면 새 Refspec의 브
랜치도 가져온다.

```
$ git fetch
# …
 * [new ref]            refs/pull/1/head -> origin/pr/1
 * [new ref]            refs/pull/2/head -> origin/pr/2
 * [new ref]            refs/pull/4/head -> origin/pr/4
# …
```

서버에 있는 모든 Pull Request을 추적하는 트래킹 브랜치가 생겼다. 쓰기는 불
가능하지만 계속 Fetch해 올 수 있다. 이렇게 하면 Pull Request를 로컬에 가져
와서 작업하는 게 편해진다.

```
$ git checkout pr/2
Checking out files: 100% (3769/3769), done.
Branch pr/2 set up to track remote branch pr/2 from origin.
Switched to a new branch 'pr/2'
```

head로 끝나는 Refspec에 대해서 살펴봤고, 이제 refs/pull/#/merge처럼 생긴
Refspec을 살펴보자. 이 브랜치는 GitHub에서 Merge 버튼으로 Merge했을 때 적
용되는 결과다. GitHub에서 실제로 Merge하기 전에 로컬로 가져와서 먼저 테스
트할 수 있다.

Pull Request 이어가기

Pull Request를 Merge할 브랜치는 master가 아니어도 된다. 주 브랜치를 고를
수도 있고 Pull Request를 열 때 다른 브랜치를 골라도 된다. 심지어 다른 Pull
Request를 고를 수도 있다.

착착 잘 진행하는 어떤 Pull Request가 있는데 거기에 뭔가 아이디어를 더하고
싶다는 생각이 들었다. 좋은 아이디어라는 확신도 부족하고 무엇보다 Merge될
브랜치에 Push 권한이 없다. 이럴 땐 Pull Request에 Pull Request를 보낼 수 있다.

Pull Request를 만들러 가면 페이지 위쪽에 어떤 저장소의 브랜치를 어떤 저장소
의 브랜치로 요청하는 것인지를 보여주는 박스가 있다. "Edit" 버튼을 누르면 Fork

한 저장소 중 하나로 저장소를 변경하고 해당 저장소의 브랜치로 변경할 수 있다.

그림 6-37 Pull Request을 어디로 보낼지 대상을 선택한다

쉽게 다른 Fork 저장소나 Pull Request의 브랜치를 골라 Pull Request를 열 수 있다.

멘션과 알림

어떤 팀이나 사람에게 질문하거나 피드백을 받고 싶을 때 GitHub의 알림 시스템이 쉽고 편하다.

GitHub 어디에서나 @만 입력해도 동료나 기여자의 사용자 이름이 자동완성된다.

그림 6-38 누군가에게 멘션을 보낼 때 @를 입력하면 자동완성이 뜬다

자동완성 메뉴에 없는 사람도 입력할 수 있지만 자동완성이 편하고 빠르다.

GitHub에서 글을 쓸 때 @멘션을 하면 해당 사용자에게 알림이 간다. 일일이 의견을 물으러 다니는 것보다 이렇게 토론에 참여시키는 게 훨씬 유용하다. GitHub

에서는 멘션으로 팀의 동료나 다른 사람을 이슈나 Pull Request에 참여시킬 수 있다.

한번 @멘션으로 언급되면 그 사람은 "구독 상태(Subscribed)"가 된다. 그래서 해당 이슈나 Pull Request에서 계속 알림이 온다. 이슈나 Pull Request를 직접 만들었거나, 해당 저장소를 'Watching'하는 상태이거나, 코멘트를 단 경우에도 구독 상태가 된다. 더는 알림을 받고 싶지 않으면 화면의 "Unsubscribe" 버튼으로 끌 수 있다.

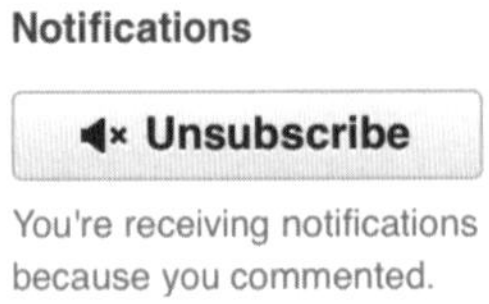

Notifications

◀× Unsubscribe

You're receiving notifications
because you commented.

그림 6-39 특정 이슈와 Pull Request의 알림 끊기(Unsubscribe)

알림 페이지

GitHub의 "알림"은 프로젝트에서 어떤 일이 일어나면 바로 알 수 있도록 안내해 주는 것이다. 이 알림은 원하는 방법으로 설정해 쓸 수 있다. 설정의 "Notification center" 탭에 가면 설정 옵션이 있다.

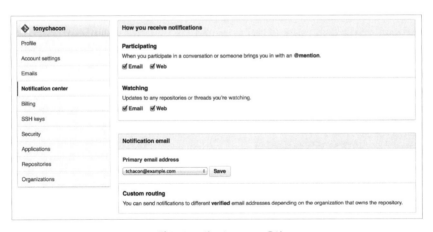

그림 6-40 Notification center 옵션

알림을 Email로 받을지 Web으로 받을지 선택할 수 있다. 물론 두 가지 방법을 동시에 사용해도 된다. 그리고 그냥 대화에 참여하는 경우와 프로젝트를 'Watching'하는 경우를 나누어 선택할 수 있다.

웹 알림

Web 알림은 GitHub에서 제공하는 것으로 GitHub 사이트에서만 확인할 수 있다. 이 옵션을 선택하면 알림이 오면 알림 아이콘에 파란 점을 볼 수 있다. 그림 6-41을 확인해보자.

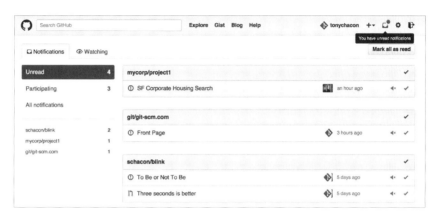

그림 6-41 Notification center

알림 아이콘을 클릭하면 알림 메시지를 확인할 수 있다. 알림은 프로젝트별로 분류된다. 왼쪽 메뉴에 있는 프로젝트를 선택하면 관련 알림만 걸러서 볼 수 있다. 각 알림에 있는 체크박스를 클릭해서 읽었다고 표시를 할 수 있고 제일 위에 있는 체크박스를 클릭하면 해당 알림에 대해서 전부 읽음 표시를 할 수 있다. 그리고 'Mute' 버튼을 클릭하면 해당 사항에 대해서는 더는 알림이 오지 않는다.

이 기능을 사용하면 쏟아지는 알림들도 매우 효율적으로 처리할 수 있다. GitHub을 많이 사용하는 사용자는 이메일 알림을 꺼놓고 GitHub 사이트에서만 알림을 관리하기도 한다.

이메일 알림

이메일 알림을 켜 놓으면 이메일로도 GitHub 알림을 확인할 수 있다. 그림 6-13과 그림 6-34의 예를 보면 관련 알림들이 이메일 스레드로 잘 분류되는 것을 볼 수 있다. 그래서 이메일 스레드를 잘 지원하는 메일 클라이언트를 사용하는 것이 좋다.

GitHub이 보낸 이메일 헤더를 보면 여러 가지 메타데이터가 들어 있다. 그래서 사용자는 이메일 필터나 룰 같은 자동 관리 기능으로 쉽게 관리할 수 있다.

그림 6-34에서 보여준 이메일의 헤더는 아래와 같다.

```
To: tonychacon/fade <fade@noreply.github.com>
Message-ID: <tonychacon/fade/pull/1@github.com>
Subject: [fade] Wait longer to see the dimming effect better (#1)
X-GitHub-Recipient: tonychacon
List-ID: tonychacon/fade <fade.tonychacon.github.com>
List-Archive: https://github.com/tonychacon/fade
List-Post: <mailto:reply+i-4XXX@reply.github.com>
List-Unsubscribe: <mailto:unsub+i-XXX@reply.github.com>,...
X-GitHub-Recipient-Address: tchacon@example.com
```

프로젝트에 따라 혹은 Pull Request인지에 따라 분류하거나 다른 주소로 재전송하고 싶다면 Message-ID를 이용하는 게 좋다. 이 데이터는 <user>/<project>/<type>/<id> 형식으로 돼 있다. 만약 이슈에 대한 데이터면 <type> 부분이 "pull"이 아니라 "issues"라고 돼 있을 것이다.

List-Post와 List-Unsubscribe 필드를 인식하는 메일 클라이언트를 사용하고 있으면 좀 더 편리하게 사용할 수 있다. List-Post는 이메일로 리스트에 글을 올리는 데 사용하고 List-Unsubscribe는 이메일 클라이언트에서 알림을 그만 받도록 할 수 있다. 이슈와 Pull Request 페이지의 "Unsubscribe" 버튼을 클릭하거나 웹 알림 페이지에서 "Mute" 버튼을 클릭하는 것과 같다.

이메일과 웹 알림이 둘 다 켜져 있으면 알림이 이메일로도 오고 웹으로도 온다. 이메일 클라이언트에서 이미지가 허용되어 있으면, 메일을 읽었을 때 웹에서도 읽었다고 표시된다.

특별한 파일

저장소에 있는 파일 중에서 GitHub이 사용하는 몇 가지 특이한 파일들이 있다.

README

GitHub은 저장소 랜딩 페이지를 보여줄 때 README 파일을 이용해서 보여준다. README 파일 형식에 상관없이 잘 보여준다. README 파일이든 README.md 파일이든 README.asciidoc 파일이든 GitHub이 자동으로 렌더링해서 보여준다.

많은 사람이 이 파일에 저장소나 프로젝트를 처음 방문한 사람들에게 필요한 정보를 정리해 둔다. 보통 아래와 같은 내용을 쓴다.

• 무슨 프로젝트인지

• 설정하고 설치하는 방법

• 사용법과 실행결과에 대한 예제

- 프로젝트의 라이선스
- 기여하는 방법

GitHub은 README 파일을 렌더링하는 것이기 때문에 이미지나 외부 링크를 적어도 된다.

CONTRIBUTING

GitHub은 CONTRIBUTING 파일도 인식한다. README와 마찬가지로 원하는 파일 형식을 사용하면 된다. Pull Request를 열 때 이 파일이 있으면 그림 6-42 와 같이 링크를 보여준다.

그림 **6-42** CONTRIBUTING 파일이 있음을 보여준다

이 파일에는 프로젝트에 기여하는 방법과 Pull Request 규칙 같은 것을 적는다. 그러면 사람들이 Pull Request를 열 때 이 가이드라인을 참고할 수 있다.

프로젝트 관리

특별히 관리할 만한 게 별로 없지만 알고 있으면 유용한 것들을 소개한다.

기본 브랜치 변경하기

기본 브랜치를 "master" 말고 다른 브랜치로 설정할 수 있다. Pull Request를 열 때 설정한 기본 브랜치가 기본으로 선택된다. 기본 브랜치는 저장소 설정 페이지의 "Options" 탭에서 변경한다.

그림 6-43 기본 브랜치 변경하기

기본 브랜치 변경은 쉽고 정말로 기본으로 쓰인다. 저장소를 Clone하면 여기서
설정한 브랜치가 기본으로 Checkout된다.

프로젝트 넘기기

프로젝트 소유자를 다른 사용자나 Organization으로 변경할 수 있다. 저장소 설
정 페이지의 "Options" 탭을 보면 페이지 아래쪽에 "Transfer ownership" 항목
이 있다. 여기 있는 Transfer 버튼으로 프로젝트를 넘길 수 있다.

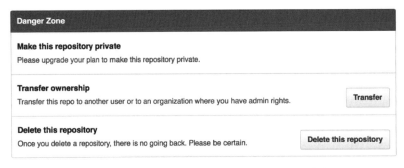

그림 6-44 다른 GitHub 사용자나 Organization에 프로젝트 넘기기

맡던 프로젝트를 다른 사람에게 넘겨주거나 프로젝트가 커져서 Organizaiton
계정으로 옮기고 싶을 때 유용하다.

저장소만 옮겨지는 것이 아니라 'Watching'하는 사람이나 'Star'한 사람까지도
함께 옮겨진다. 그리고 URL은 Redirect되는데, 웹 접속뿐만 아니라 Clone이나
Fetch 요청까지도 Redirect된다.

6.4 Organization 관리하기

GitHub에는 Organization이라는 계정도 있다. 개인 계정처럼 Organizaiton 계
정도 프로젝트 네임스페이스지만 다른 점이 많다. 이 계정은 여러 명이 같은

프로젝트를 관리하는 데 사용하는 그룹 계정이고 사람들을 서브 그룹을 나누어 관리하는 도구도 있다. 이 계정은 "perl"이나 "rails" 같은 오픈소스 그룹이나 "goolge"이나 "twitter" 같은 회사가 사용한다.

Organization 기초

Organization을 만들기는 매우 쉽다. GitHub 페이지 오른쪽 위에 있는 "+" 아이콘을 클릭하고 메뉴에서 "New organization"을 선택하면 된다.

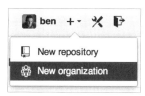

그림 6-45 New organization 메뉴 아이템

먼저 이름과 소유자 이메일 주소를 입력해서 Organization 계정을 만든다. 그러고 나서 다른 사람들을 초대한다. 필요하면 공동소유자로 만들 수 있다.

다 만들면 Organization의 소유자가 된다. 개인 계정과 마찬가지로 Organization도 오픈 소스에는 무료다.

GitHub은 Organization 소유자가 저장소를 Fork할 때는 어느 계정으로 Fork하는 것인지 묻는다. 새 저장소를 만들 때도 개인 계정 밑에 만들지 Organization 밑에 만들지 선택할 수 있다. 그리고 소유자는 해당 Organization에 저장소가 생길 때마다 자동으로 "Watching" 상태가 된다.

6.1절 "아바타"에서 개인 아바타를 올렸던 것처럼 Organization 계정에도 똑같이 아바타를 올릴 수 있다. 계정 랜딩 페이지도 개인 계정과 같다. 가지고 있는 저장소의 목록 페이지가 랜딩 페이지이고 다른 사람들이 볼 수 있다.

Organization 계정이 개인 계정과 다른 점이 있는데 그 점들을 살펴보자.

팀

Organization과 개인은 팀을 통해 연결된다. Organizatoin의 사용자와 저장소는 팀으로 관리되고 저장소의 권한 설정도 팀으로 관리한다.

만약 회사에 `frontend`, `backend`, `deployscripts` 이렇게 저장소가 세 개 있다고 하자. HTML/CSS/JavaScript 개발자는 `frontend` 저장소에 접근 권한이 있어야 한

다. 반대로 운영하는 사람들은 backend나 deployscripts 같은 저장소에 접근 권한이 있어야 한다. Organization에서 팀은 저장소에서 함께 일하는 사람을 관리하는 효과적인 도구다.

Organization 페이지는 저장소, 사용자, 팀을 한눈에 보여주는 대시보드다.

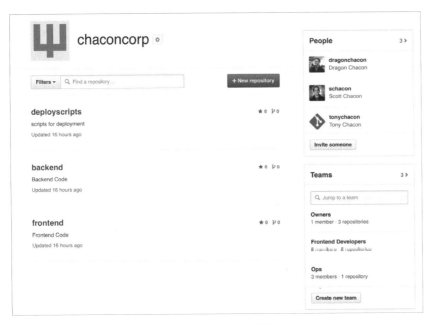

그림 6-46 Organization 페이지

그림 6-46 오른쪽에 있는 'Teams' 사이드바를 클릭하면 팀을 관리하는 페이지로 넘어간다. 다음 페이지에서 팀에 팀원이나 저장소를 추가하고, 설정을 관리하고, 팀의 권한을 설정할 수 있다. 팀은 저장소에 대해 읽기 전용, 읽고 쓰기, 관리 권한을 가질 수 있다. 그림 6-47에 있는 "Settings" 버튼을 클릭하면 권한 수준을 변경할 수 있다.

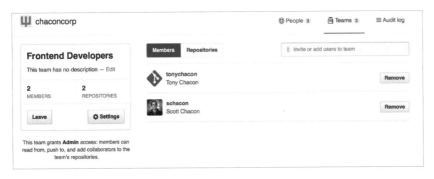

그림 6-47 팀 페이지

누군가를 팀에 초대하면 그 사람에게 초대 메일이 간다.

개인 사용자에 멘션하는 것처럼 팀 @mentions도 사용할 수 있다. @acmecorp/frontend처럼 하면 팀의 모든 멤버가 참여하게 된다. 정확히 누구한테 물어야 할지 모를 때는 그냥 팀 전체에 문의하는 것도 방법이다.

사용자가 속하는 팀의 수는 제한이 없다. 그렇다고 단순히 팀을 권한 관리 용도로 사용하지 마라. ux, css, refactoring과 같이 팀은 어떤 질문 등을 관리하기에 좋고 legal, colorblind 같은 팀은 또 다른 이슈를 처리하는 데 좋다.

감사 로그

소유자는 Organization에서 일어나는 모든 정보를 알 수 있다. 'Audit Log' 탭에 보면 저장소에서 일어난 일들의 로그가 있다. 누가 세계 어디에서 무슨 일을 했는지 보여준다.

그림 6-48 감사 로그

소유자는 이 화면에서 누가, 어디서, 무엇을 했는지 걸러 볼 수 있다.

6.5 GitHub 스크립팅

지금까지 GitHub의 주요기능과 워크플로를 모두 살펴봤다. 프로젝트가 크거나 그룹이 크면 매우 꼼꼼하게 설정하거나 다른 서비스를 통합시켜야 할 필요도 있다.

다행히 GitHub에는 해커들에게 제공하는 방법이 있다. 이 절에서는 GitHub 훅과 API을 사용하는 법을 설명한다.

훅

GitHub 저장소 관리의 훅과 서비스 절을 보면 다른 시스템과 연동하는 가장 쉬운 방법이 나온다.

서비스

GitHub 서비스부터 살펴보자. 훅과 서비스는 저장소의 설정 페이지에서 연동할 수 있다. 이전에 동료를 추가하거나 기본 브랜치를 설정하던 그곳이다. 그림 6-49처럼 생겼다.

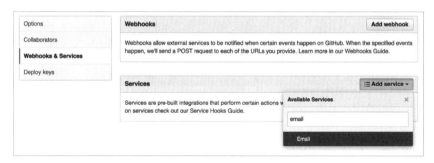

그림 6-49 서비스와 훅 설정 화면

CI, 버그 트래커, 이슈 트래커, 채팅, 문서 시스템 등등과 연동하는 데 사용하는 서비스가 수십 개 준비돼 있다. 여기서는 가장 단순한 Email 훅을 살펴본다. "Add Service" 메뉴에서 "email"을 선택하면 그림 6-50 같은 설정 화면으로 이동한다.

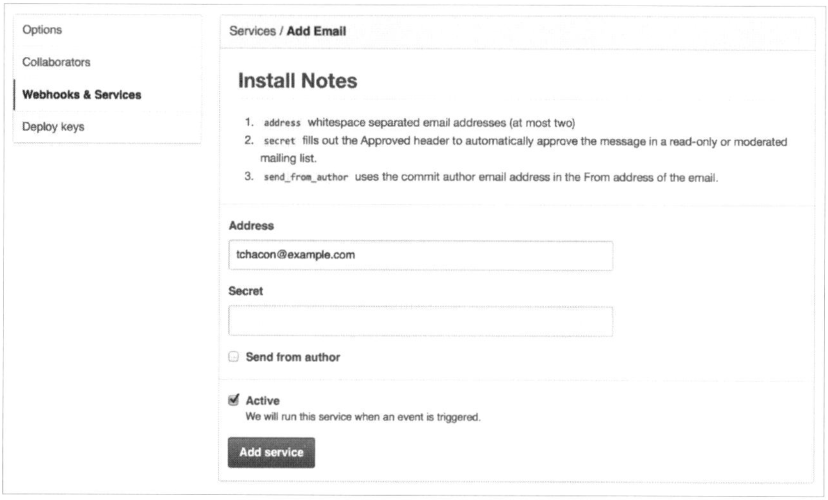

그림 6-50 Email 서비스 설정

이메일을 입력하고 "Add service" 버튼을 누르면 누군가 저장소에 Push할 때마다 이메일이 날아간다. 서비스는 다양한 이벤트를 처리할 수 있지만, 보통은 Push할 때 그 데이터를 가지고 뭔가를 한다.

연동하려는 시스템을 지원하는 서비스가 이미 있는지 GitHub에서 먼저 찾아봐야 한다. 예를 들어 Jenkins를 사용해서 코드 테스트할 계획이라면 Jenkins 서비스를 이용해서 연동한다. 누군가 저장소에 Push할 때마다 테스트를 수행되도록 할 수 있다.

훅

GitHub 서비스에 없는 사이트나 외부 서비스와 연동하고 싶거나 좀 더 세세한 설정을 하고 싶으면 GitHub 훅을 이용한다. GitHub 저장소의 훅은 단순하다. URL을 하나 주면 그 URL로 HTTP 페이로드를 보내준다.

GitHub 훅 페이로드를 처리하는 간단한 웹 서비스를 하나 만들고 그 서비스에 원하는 동작을 구현하는 것이 일반적이다.

그림 6-49의 "Add webhook" 버튼을 클릭하면 다음과 같은 페이지로 이동한다.

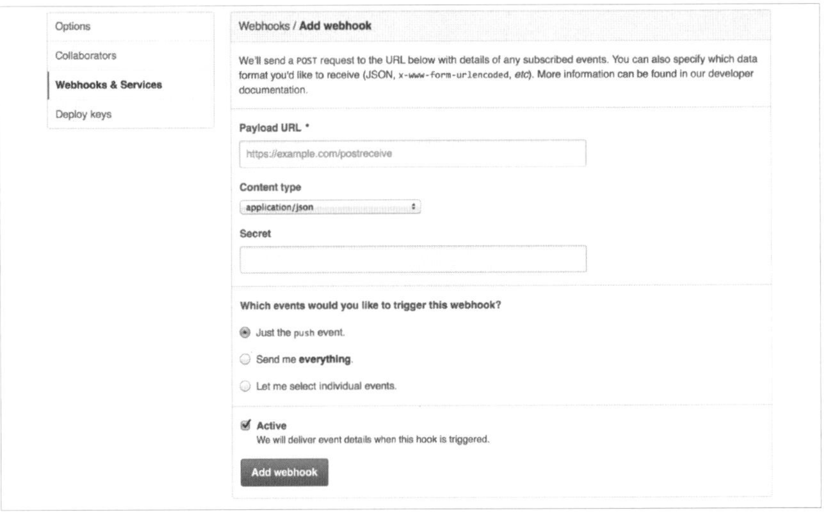

그림 6-51 웹훅 설정

웹훅 설정은 매우 간단하다. URL과 보안 키를 입력하고 "Add webhook" 버튼을 클릭한다. 어떤 이벤트의 페이로드가 필요한 것인지도 선택할 수 있지만 push 이벤트의 페이로드만 보내는 것이 기본이다. 그래서 누군가 아무 브랜치에나 코드를 Push하면 HTTP 페이로드가 전송된다.

웹훅을 처리하는 간단한 웹서비스 예제를 하나 살펴보자. 이 웹서비스는 Ruby 웹 프레임워크인 Sinatra를 사용했다. 간략하기 때문에 무엇을 하는 웹 서비스인지 쉽게 이해할 수 있을 것이다.

이메일을 보내는 서비스를 만들어 보자. 이 서비스는 누가 어느 브랜치에 어떤 파일을 Push했는지 알려준다. 이런 서비스는 매우 간단하게 만들 수 있다.

```ruby
require 'sinatra'
require 'json'
require 'mail'

post '/payload' do
  push = JSON.parse(request.body.read) # parse the JSON

  # gather the data we're looking for
  pusher = push["pusher"]["name"]
  branch = push["ref"]

  # get a list of all the files touched
  files = push["commits"].map do |commit|
    commit['added'] + commit['modified'] + commit['removed']
  end
  files = files.flatten.uniq
```

```
# check for our criteria
if pusher == 'schacon' &&
    branch == 'ref/heads/special-branch' &&
    files.include?('special-file.txt')

  Mail.deliver do
    from     'tchacon@example.com'
    to       'tchacon@example.com'
    subject  'Scott Changed the File'
    body     "ALARM"
  end
end
end
```

GitHub은 누가 Push했는지, 어느 브랜치에 Push했는지, Push한 커밋에서 어떤 파일을 수정했는지에 대한 정보를 JSON 페이로드에 담아서 보낸다. 여기서는 특정 조건을 검사해서 만족할 때만 이메일을 보낸다.

GitHub은 개발하고 테스트할 때 사용하는 개발자 콘솔도 제공한다. 이 콘솔은 훅을 설정한 페이지에 있다. 콘솔에서 해당 웹훅의 최근 히스토리 몇 개를 확인할 수 있다. 어떤 데이터가 전송됐는지 확인할 수 있다. 만약 전송에 성공했으면 요청과 응답의 보디와 헤더를 모두 확인할 수 있다. 이것으로 훅을 쉽게 테스트하고 디버깅할 수 있다.

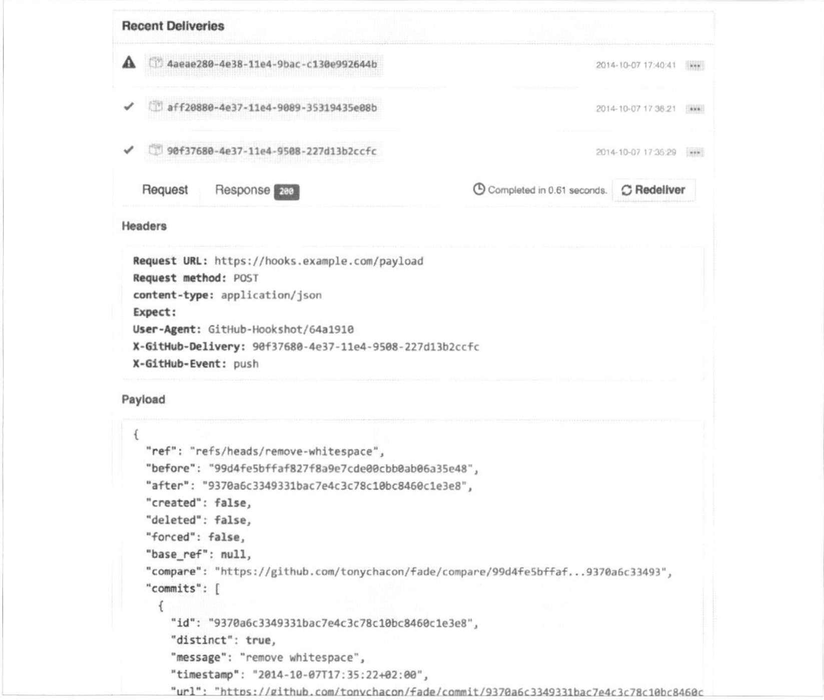

그림 6-52 웹훅 디버깅 정보

서비스를 테스트할 수 있도록 히스토리에 있는 페이로드를 재전송할 수 있다.

어떤 이벤트가 있고 각각 어떻게 웹훅을 만드는지 자세히 알고 싶다면 GitHub 개발 문서를 보라. https://developer.github.com/webhooks/

GitHub API

서비스와 혹은 저장소에서 발생한 이벤트의 알림을 받는 방법이다. 그런데 이벤트의 정보를 좀 더 자세히 알고 싶거나 자동으로 동료를 추가하거나 이슈에 레이블을 달도록 하고 싶은데 좋은 방법이 없을까?

이런 일을 위해서 GitHub API가 준비돼 있다. GitHub이 제공하는 API Endpoint는 매우 많아서 웹 사이트에서 하는 웬만한 일은 자동화할 수 있다. 이 절에서는 인증하고 API에 연결하고, 이슈에 코멘트하고, Pull Request의 상태를 변경하는 법을 배운다.

기본 사용법

인증이 필요하지 않은 API Endpoint에 GET 요청을 보내기가 가장 쉽다. 사용자 정보나 오픈 소스 프로젝트의 정보를 읽어오는 것 등이 이에 해당한다. 아래처럼 요청을 보내면 "schacon"이라는 사용자에 대해 자세히 알 수 있다.

```
$ curl https://api.github.com/users/schacon
{
  "login": "schacon",
  "id": 70,
  "avatar_url": "https://avatars.githubusercontent.com/u/70",
# …
  "name": "Scott Chacon",
  "company": "GitHub",
  "following": 19,
  "created_at": "2008-01-27T17:19:28Z",
  "updated_at": "2014-06-10T02:37:23Z"
}
```

이렇게 Organization, 프로젝트, 이슈, 커밋 정보를 가져오는 Endpoint가 많이 있다. GitHub 페이지에서 볼 수 있는 것은 다 된다. 심지어 Markdown을 렌더링하거나 .gitignore 템플릿을 제공하는 API도 있다.

```
$ curl https://api.github.com/gitignore/templates/Java
{
  "name": "Java",
  "source": "*.class
```

```
# Mobile Tools for Java (J2ME)
.mtj.tmp/

# Package Files #
*.jar
*.war
*.ear

# virtual machine crash logs, see http://www.java.com/en/download/help/error_hotspot.xml
hs_err_pid*
"
}
```

이슈에 코멘트하기

이슈나 Pull Request에 코멘트를 달거나 공개하지 않은 정보를 얻으려고 할 때는 인증이 필요하다.

몇 가지 방법으로 인증할 수 있다. 사용자 이름과 암호가 필요한 Basic 인증도 가능하지만, 개인 엑세스 토큰을 사용하는 게 낫다. 설정 페이지의 "Applications" 탭에서 생성할 수 있다.

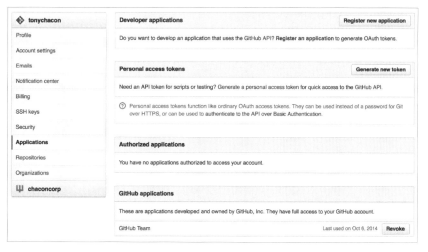

그림 6-53 설정 페이지의 Applications 탭에서 엑세스 토큰을 생성

토큰을 어디에 쓸지 범위를 선택하고 설명을 입력한다. 나중에 스크립트나 애플리케이션을 더는 사용하지 않게 되었을 때, 삭제를 편히 할 수 있도록 설명을 이해하기 쉽게 다는 게 좋다.

토큰이 생성되면 복사해서 사용한다. 이제 스크립트에서 사용자 이름과 암호를 사용하지 않고 이 토큰을 사용할 수 있다. 토큰은 허용하는 범위가 제한돼 있고 언제든지 폐기할 수 있어서 좋다.

인증하지 않으면 API 사용 횟수가 낮게 제한된다. 인증하지 않으면 한 시간에 60번만 허용되지만, 인증을 하면 한 시간에 5,000번까지 허용된다.

이제 이슈에 코멘트를 달아보자. #6 이슈에 코멘트를 달 거다. repos/<user>/<repo>/issues/<num>/comments 형식의 URL로 POST 요청을 보내는데 'Authorization' 헤더에 생성한 토큰을 넣어서 함께 보낸다.

```
$ curl -H "Content-Type: application/json" \
       -H "Authorization: token TOKEN" \
       --data '{"body":"A new comment, :+1:"}' \
       https://api.github.com/repos/schacon/blink/issues/6/comments
{
  "id": 58322100,
  "html_url": "https://github.com/schacon/blink/issues/6#issuecomment-58322100",
  ...
  "user": {
    "login": "tonychacon",
    "id": 7874698,
    "avatar_url": "https://avatars.githubusercontent.com/u/7874698?v=2",
    "type": "User",
  },
  "created_at": "2014-10-08T07:48:19Z",
  "updated_at": "2014-10-08T07:48:19Z",
  "body": "A new comment, :+1:"
}
```

해당 이슈 페이지에 가면 코멘트를 확인할 수 있다. 그림 6-54처럼 잘 써진다.

그림 6-54 GitHub API로 쓴 코멘트

웹사이트에서 할 수 있는 일은 전부 API로도 할 수 있다. 마일스톤을 만들고 설정하기, 사람들에게 이슈나 Pull Request를 할당하기, 레이블을 만들고 수정하기, 커밋 데이터 사용하기, 커밋을 하거나 브랜치 만들기, Pull Request를 만들고 닫고 Merge하기, 팀을 만들고 수정하기, Pull Request 코드에 코멘트하기, 사이트에서 검색하기 등등 다 된다.

Pull Request의 상태 변경하기

우리가 살펴볼 마지막 예제는 Pull Request에 관한 것인데 굉장히 유용하다. 커밋은 하나 이상의 상태를 가질 수 있는데 API를 통해서 상태를 추가하거나 조회할 수 있다.

대부분의 CI나 테스팅 서비스들은 코드가 푸시되면 바로 테스트를 하고 나서 이 API를 사용한다. 커밋이 모든 테스트를 통과하면 리포트한다. 이 API로 커밋 메시지가 규칙에 맞게 작성됐는지 리포트할 수 있다. 코드를 보낸 사람이 제대로 가이드라인을 지켰는지 혹은 커밋에 제대로 서명했는지 기록할 수도 있다.

커밋 메시지에 Signed-off-by라는 스트링이 있는지 검사하는 웹 서비스를 만들어 보자. 먼저 저장소에 이 웹서비스를 호출하는 웹훅을 등록한다.

```ruby
require 'httparty'
require 'sinatra'
require 'json'

post '/payload' do
  push = JSON.parse(request.body.read) # parse the JSON
  repo_name = push['repository']['full_name']

  # look through each commit message
  push["commits"].each do |commit|

    # look for a Signed-off-by string
    if /Signed-off-by/.match commit['message']
      state = 'success'
      description = 'Successfully signed off!'
    else
      state = 'failure'
      description = 'No signoff found.'
    end

    # post status to GitHub
    sha = commit["id"]
    status_url = "https://api.github.com/repos/#{repo_name}/statuses/#{sha}"

    status = {
      "state"       => state,
      "description" => description,
      "target_url"  => "http://example.com/how-to-signoff",
      "context"     => "validate/signoff"
    }
    HTTParty.post(status_url,
      :body => status.to_json,
      :headers => {
        'Content-Type'  => 'application/json',
        'User-Agent'    => 'tonychacon/signoff',
        'Authorization' => "token #{ENV['TOKEN']}" }
    )
  end
end
```

이 웹훅 서비스는 별로 어렵지 않다. 누군가 Push하면 모든 커밋을 훑는데, 커밋 메시지에서 Signed-off-by 스트링을 찾는다. 그 결과의 상태를 /repos/<user>/<repo>/statuses/<commit_sha>라는 Endpoint 주소에 POST 요청으로 보낸다.

커밋의 상태는 'success', 'failure', 'error'일 수 있다. 커밋의 상태(state)와 설명(description), 자세한 정보를 확인할 수 있는 URL(target_url), 상태를 구분하는 "컨텍스트(context)"를 함께 전송한다. 단일 커밋에서도 다양한 경우가 있기 때문에, 컨텍스트가 필요하다. 예를 들어 유효성을 검증하거나 상태값을 제공해주는 테스팅 서비스의 경우 상태값을 제공해야 하는데, "context" 필드를 통해 어떻게 상태가 변화했는지를 알 수 있다.

이 훅을 적용하고 나서 누군가 Pull Request를 새로 열면 그림 6-55 같은 상태 메시지를 보게 된다.

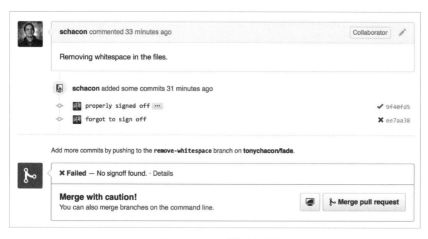

그림 6-55 API로 표기한 커밋 상태

"Signed-off-by" 스트링이 있는 커밋 메시지에는 녹색 체크 아이콘이 달리고, 그렇지 않은 커밋에는 빨간 '✕' 표시가 달린다. 그리고 Pull Request의 상태는 마지막 커밋의 상태를 보여주는데 상태가 'failure'면 경고해준다. 이 API를 사용해서 테스트 결과를 Pull Request에 리포트하는 것은 매우 유용하다. 테스트에 실패하는 커밋을 Merge하는 일을 미연에 방지할 수 있다.

Octokit

이 책에서는 단순한 HTTP 요청을 보냈기 때문에 curl만 사용했다. 하지만 더 편리하게 API를 사용할 수 있게 해주는 오픈 소스 라이브러리가 있다. 이 책을 쓰는 시점에서는 Go와 Objective-C, Ruby, .NET을 지원한다. 자세한 정보는 http://github.com/octokit에 가서 확인하면 되고 이미 많은 기능을 지원한다.

이 도구로 프로젝트가 요구하는 대로 GitHub의 워크플로를 최적화할 수 있다. 전체 API에 대한 구체적인 문서와 상황별 가이드는 https://developer.github.com에서 볼 수 있다.

6.6 요약

이제 GitHub 사용자가 됐다. 계정을 생성하는 방법, Organization을 만드는 방법, 저장소를 만들고 Push하는 방법, 다른 사람의 프로젝트에 참여하는 방법, 다른 사람의 참여를 받아들이는 방법을 배웠다. 다음 장에서는 Git의 전지전능한 도구로 복잡한 상황을 헤쳐나가는 방법을 살펴본다. 진정한 Git 고수가 될 수 있을 것이다.

7장

P r o G i t 2 n d E d i t i o n

Git 도구

지금까지 일상적으로 자주 사용하는 명령들과 몇 가지 워크플로를 배웠다. 파일을 추적하고 커밋하는 등의 기본적인 명령뿐만 아니라 Staging Area가 왜 좋은지도 배웠고 가볍게 토픽 브랜치를 만들고 Merge하는 방법도 다뤘다. 이제는 Git 저장소로 충분히 소스 코드를 관리할 수 있을 것이다.

이 장에서는 일상적으로 사용하지는 않지만 위급한 상황에서 필요한 Git 도구를 살펴본다.

7.1 리비전 조회하기

리비전 하나를 조회할 수도 있고 범위를 주고 여러 개를 조회할 수도 있다. 거의 필요하진 않지만 알아두면 좋다.

리비전 하나 가리키기

SHA-1 해시값으로도 커밋을 외울 수 있지만, 사람이 사용하기 좋은 방법이 있다. 이 절에서는 커밋을 표현하는 방법을 몇 가지 설명한다.

SHA-1 줄여 쓰기

Git은 해시값의 앞 몇 글자만으로도 어떤 커밋인지 충분히 식별할 수 있다. 중복되지 않으면 해시값의 앞 4자만으로도 나타낼 수 있다. 즉, 이때 짧은 SHA-1 값으로 시작하는 해시는 유일하다.

먼저 git log 명령으로 어떤 커밋이 있는지 조회하는 예제를 보자.

```
$ git log
commit 734713bc047d87bf7eac9674765ae793478c50d3
Author: Scott Chacon <schacon@gmail.com>
Date:   Fri Jan 2 18:32:33 2009 -0800

    fixed refs handling, added gc auto, updated tests

commit d921970aadf03b3cf0e71becdaab3147ba71cdef
Merge: 1c002dd... 35cfb2b...
Author: Scott Chacon <schacon@gmail.com>
Date:   Thu Dec 11 15:08:43 2008 -0800

    Merge commit 'phedders/rdocs'

commit 1c002dd4b536e7479fe34593e72e6c6c1819e53b
Author: Scott Chacon <schacon@gmail.com>

    added some blame and merge stuff
```

git show 명령으로 1c002dd...로 시작하는 커밋을 조회할 수 있다. 다음 명령은 모두 같다(단 짧은 해시값이 다른 커밋과 중복되지 않는다고 가정).

```
$ git show 1c002dd4b536e7479fe34593e72e6c6c1819e53b
$ git show 1c002dd4b536e7479f
$ git show 1c002d
```

git log 명령에 --abbrev-commit이라는 옵션을 추가하면 짧고 중복되지 않는 해시값을 보여준다. 기본으로 7자를 보여주고 해시값이 중복되는 경우 더 긴 해시값을 보여준다.

```
$ git log --abbrev-commit --pretty=oneline
ca82a6d changed the version number
085bb3b removed unnecessary test code
a11bef0 first commit
```

보통은 8자에서 10자 내외로도 충분히 유일하게 커밋을 나타낼 수 있다.

꽤 큰 프로젝트인 리눅스 커널은 45만 개 이상의 커밋, 360만 개 이상의 오브젝트가 있다. 리눅스 커널 프로젝트는 해시값 11개만 사용해도 충돌이 없다.

 Git을 쓰는 사람들은 가능성이 작긴 하지만 언젠가 SHA-1 값이 중복될까 걱정한다. 정말 그렇게 되면 어떤 일이 벌어질까?

이미 있는 SHA-1 값이 Git 데이터베이스에 커밋되면 새로운 개체라고 해도 이미 커밋된 것으로 생각한다. 그래서 해당 SHA-1 값의 커밋을 Checkout하면 항상 처음 저장한 커밋만 Checkout된다.

그러나 해시값이 중복되는 일은 일어나기 어렵다. SHA-1 값의 크기는 20바이트(160 비트)이다. 해시값이 중복될 확률이 50%가 되는 데 필요한 개체의 수는 2^{80}이다. 이 수는 1자 2000해('자'는 '경'의 '억'배 - 10^{24}, 충돌 확률을 구하는 공식은 $p=(n(n-1)/2) * (1/2^{160}))$이다. 즉, 지구에 존재하는 모래알의 수에 1200을 곱한 수와 맞먹는다.

아직도 SHA-1 해시값이 중복될까 봐 걱정하는 사람들을 위해 좀 더 덧붙이겠다. 지구에서 약 6억 5천만 명의 인구가 개발을 하고 각자 매초 리눅스 커널 히스토리 전체(360만 개)와 맞먹는 개체를 쏟아 내고 바로 Push한다고 가정하자. 이런 상황에서 해시값의 충돌 날 확률이 50%가 되기까지는 약 2년이 걸린다. 그냥 어느 날 동료가 한순간에 모두 늑대에게 물려 죽을 확률이 훨씬 더 높다.

브랜치로 가리키기

브랜치를 사용하는 것이 커밋을 나타내는 가장 쉬운 방법이다. 커밋 개체나 SHA-1 값이 필요한 곳이면 브랜치 이름을 사용할 수 있다. 만약 topic1 브랜치의 최근 커밋을 보고 싶으면 아래와 같이 실행한다. topic1 브랜치가 ca82a6d를 가리키고 있기 때문에 두 명령의 결과는 같다.

```
$ git show ca82a6dff817ec66f44342007202690a93763949
$ git show topic1
```

브랜치가 가리키는 개체의 SHA-1 값에 대한 궁금증은 rev-parse이라는 Plumbing 도구가 해결해 준다. 10장에서 이 뚫어뺑에 대해 시원하게 설명한다. 기본적으로 rev-parse은 저수준 명령이기 때문에 평소에는 전혀 필요하지 않다. 그래도 한번 사용해보고 어떤 결과가 나오는지 알아 두자.

```
$ git rev-parse topic1
ca82a6dff817ec66f44342007202690a93763949
```

RefLog로 가리키기

Git은 자동으로 브랜치와 HEAD가 지난 몇 달 동안에 가리켰었던 커밋을 모두 기록하는데 이 로그를 'Reflog'라고 부른다.

git reflog를 실행하면 Reflog를 볼 수 있다.

```
$ git reflog
734713b HEAD@{0}: commit: fixed refs handling, added gc auto, updated
d921970 HEAD@{1}: merge phedders/rdocs: Merge made by recursive.
1c002dd HEAD@{2}: commit: added some blame and merge stuff
1c36188 HEAD@{3}: rebase -i (squash): updating HEAD
```

```
95df984 HEAD@{4}: commit: # This is a combination of two commits.
1c36188 HEAD@{5}: rebase -i (squash): updating HEAD
7e05da5 HEAD@{6}: rebase -i (pick): updating HEAD
```

Git은 브랜치가 가리키는 것이 달라질 때마다 그 정보를 임시 영역에 저장한다. 그래서 예전에 가리키던 것이 무엇인지 확인해 볼 수 있다. @{n} 규칙을 사용하면 아래와 같이 HEAD가 5번 전에 가리켰던 것을 알 수 있다.

```
$ git show HEAD@{5}
```

순서뿐 아니라 시간도 사용할 수 있다. 어제 날짜의 master 브랜치를 보고 싶으면 아래와 같이 한다.

```
$ git show master@{yesterday}
```

이 명령은 어제 master 브랜치가 가리키고 있던 것이 무엇인지 보여준다. Reflog에 남아있을 때만 조회할 수 있기 때문에 너무 오래된 커밋은 조회할 수 없다.

git log -g 명령을 사용하면 git reflog 결과를 git log 명령과 같은 형태로 볼 수 있다.

```
$ git log -g master
commit 734713bc047d87bf7eac9674765ae793478c50d3
Reflog: master@{0} (Scott Chacon <schacon@gmail.com>)
Reflog message: commit: fixed refs handling, added gc auto, updated
Author: Scott Chacon <schacon@gmail.com>
Date:   Fri Jan 2 18:32:33 2009 -0800

    fixed refs handling, added gc auto, updated tests

commit d921970aadf03b3cf0e71becdaab3147ba71cdef
Reflog: master@{1} (Scott Chacon <schacon@gmail.com>)
Reflog message: merge phedders/rdocs: Merge made by recursive.
Author: Scott Chacon <schacon@gmail.com>
Date:   Thu Dec 11 15:08:43 2008 -0800

    Merge commit 'phedders/rdocs'
```

Reflog의 일은 모두 로컬의 일이기 때문에 내 Reflog가 동료의 저장소에는 있을 수 없다. 이제 막 Clone한 저장소는 아무것도 한 것이 없어서 Reflog가 하나도 없다. git show HEAD@{2.months.ago} 같은 명령은 적어도 두 달 전에 Clone한 저장소에서나 사용할 수 있다. 그러니까 이 명령을 5분 전에 Clone한 저장소에 사용하면 아무 결과도 나오지 않는다.

계통 관계로 가리키기

계통 관계로도 커밋을 표현할 수 있다. 이름 끝에 ^를 붙이면 Git은 해당 커밋의 부모를 찾는다. 프로젝트 히스토리가 아래와 같을 때는 아래처럼 한다.

```
$ git log --pretty=format:'%h %s' --graph
* 734713b fixed refs handling, added gc auto, updated tests
*   d921970 Merge commit 'phedders/rdocs'
|\
| * 35cfb2b Some rdoc changes
* | 1c002dd added some blame and merge stuff
|/
* 1c36188 ignore *.gem
* 9b29157 add open3_detach to gemspec file list
```

HEAD^는 바로 "HEAD의 부모"를 의미하므로 바로 이전 커밋을 보여준다.

```
$ git show HEAD^
commit d921970aadf03b3cf0e71becdaab3147ba71cdef
Merge: 1c002dd... 35cfb2b...
Author: Scott Chacon <schacon@gmail.com>
Date:   Thu Dec 11 15:08:43 2008 -0800

    Merge commit 'phedders/rdocs'
```

^ 뒤에 숫자도 사용할 수 있다. 예를 들어 **d921970^2**는 "d921970의 두 번째 부모"를 의미한다. 그래서 두 번째 부모가 있는 Merge 커밋에만 사용할 수 있다. 첫 번째 부모는 Merge할 때 Checkout했던 브랜치를 말하고 두 번째 부모는 Merge한 대상 브랜치를 의미한다.

```
$ git show d921970^
commit 1c002dd4b536e7479fe34593e72e6c6c1819e53b
Author: Scott Chacon <schacon@gmail.com>
Date:   Thu Dec 11 14:58:32 2008 -0800

    added some blame and merge stuff

$ git show d921970^2
commit 35cfb2b795a55793d7cc56a6cc2060b4bb732548
Author: Paul Hedderly <paul+git@mjr.org>
Date:   Wed Dec 10 22:22:03 2008 +0000

    Some rdoc changes
```

계통을 표현하는 방법으로 ~라는 것도 있다. HEAD~와 HEAD^는 똑같이 첫 번째 부모를 가리킨다. 하지만 그 뒤에 숫자를 사용하면 달라진다. HEAD~2는 명령을 실행할 시점의 "첫 번째 부모의 첫 번째 부모", 즉 "조부모"를 가리킨다. 위의 예제에서 HEAD~3은 아래와 같다.

```
$ git show HEAD~3
commit 1c3618887afb5fbcbea25b7c013f4e2114448b8d
Author: Tom Preston-Werner <tom@mojombo.com>
Date:   Fri Nov 7 13:47:59 2008 -0500

    ignore *.gem
```

이것은 HEAD^^^와 같은 표현이다. 부모의 부모의 부모, 즉 증조부모쯤 되겠다.

```
$ git show HEAD^^^
commit 1c3618887afb5fbcbea25b7c013f4e2114448b8d
Author: Tom Preston-Werner <tom@mojombo.com>
Date:   Fri Nov 7 13:47:59 2008 -0500

    ignore *.gem
```

이 두 표현을 같이 사용할 수도 있다. 위의 예제에서 HEAD~3^2를 사용하면 증조
부모의 Merge 커밋의 부모의 부모를 조회한다.

범위로 커밋 가리키기

커밋을 하나씩 조회할 수도 있지만, 범위를 주고 여러 커밋을 한꺼번에 조회할
수도 있다. 범위를 사용하여 조회할 수 있으면 브랜치를 관리할 때 유용하다. 상
당히 많은 브랜치를 가지고 있고 "왜 이 브랜치들은 아직도 주 브랜치에 Merge
도 안 되고 뭐지?"라는 의문이 들면 범위를 주고 어떤 브랜치인지 쉽게 찾을 수
있다.

Double Dot

범위를 표현하는 문법으로 Double Dot(..)을 많이 쓴다. Double Dot은 어떤 커
밋들이 한쪽에는 관련됐고 다른 쪽에는 관련되지 않았는지 Git에게 물어보는 것
이다. 예를 들어 그림 7-1과 같은 커밋 히스토리가 있다고 가정하자.

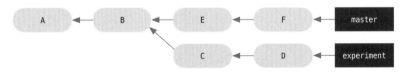

그림 7-1 범위를 설명하는 데 사용할 예제

experiment 브랜치의 커밋들 중에서 아직 master 브랜치에 Merge하지 않은 것들만 보고 싶으면 master..experiment라고 사용한다. 이 표현은 "master에는 없지만, experiment에는 있는 커밋"을 의미한다. 여기에서는 설명을 쉽게 하려고 실제 조회 결과가 아니라 그림 7-1의 문자를 사용한다.

```
$ git log master..experiment
D
C
```

반대로 experiment에는 없고 master에만 있는 커밋이 궁금하면 브랜치 순서를 거꾸로 사용한다. experiment..master는 experiment에는 없고 master에만 있는 것을 알려준다.

```
$ git log experiment..master
F
E
```

experiment 브랜치를 Merge할 때마다 Merge하기 전에 무엇이 변경됐는지 확인해보고 싶을 것이다. 그리고 리모트 저장소에 Push할 때에도 마찬가지로 차이점을 확인해보고 싶을 것이다. 이럴 때 굉장히 유용하다.

```
$ git log origin/master..HEAD
```

이 명령은 origin 저장소의 master 브랜치에는 없고 현재 Checkout 중인 브랜치에만 있는 커밋을 보여준다. Checkout한 브랜치가 origin/master라면 git log origin/master..HEAD가 보여주는 커밋이 Push하면 서버에 전송될 커밋들이다. 그리고 한쪽의 Refs를 생략하면 Git은 HEAD라고 가정하기 때문에 git log origin/master..는 git log origin/master..HEAD와 같다.

세 개 이상의 Refs

Double Dot은 간단하고 유용하지만 두 개 이상의 브랜치에는 사용할 수 없다. 그러니까 현재 작업 중인 브랜치에는 있지만 다른 여러 브랜치에는 없는 커밋을 보고 싶으면 ..으로는 확인할 수 없다. Git은 ^이나 --not 옵션 뒤에 브랜치 이름을 넣으면 그 브랜치에 없는 커밋을 찾아준다. 아래의 명령 세 가지는 모두 같은 명령이다.

```
$ git log refA..refB
$ git log ^refA refB
$ git log refB --not refA
```

이 옵션들은 Double Dot으로는 할 수 없는, 세 개 이상의 Refs에 사용할 수 있는 장점이 있다. 예를 들어 refA나 refB에는 있지만 refC에는 없는 커밋을 보려면 아래 중 하나의 명령을 사용한다.

```
$ git log refA refB ^refC
$ git log refA refB --not refC
```

이 조건을 잘 응용하면 작업 중인 브랜치와 다른 브랜치를 매우 상세하게 비교해볼 수 있다.

Triple Dot

Triple Dot은 양쪽에 있는 두 Refs 사이에서 공통으로 가지는 것을 제외하고 서로 다른 커밋만 보여준다. 그림 7-1의 커밋 히스토리를 다시 보자. 만약 master와 experiment의 공통부분은 빼고 다른 커밋만 보고 싶으면 아래와 같이 하면 된다.

```
$ git log master...experiment FEDC
```

우리가 아는 log 명령의 결과를 최근 날짜순으로 보여준다. 이 예제에서는 커밋을 네 개 보여준다.

그리고 log 명령에 --left-right 옵션을 추가하면 각 커밋이 어느 브랜치에 속하는지도 보여주기 때문에 좀 더 이해하기 쉽다.

```
$ git log master...experiment
F
E
D
C
```

위와 같은 명령을 사용하면 원하는 커밋을 좀 더 꼼꼼하게 살펴볼 수 있다.

7.2 대화형 명령

Git은 대화형 스크립트도 제공해서 명령을 좀 더 쉽게 사용할 수 있다. 여기서 소개하는 몇 가지 대화형 명령을 이용하면 바로 전문가처럼 능숙하게 커밋할 수 있다. 스크립트를 통해 커밋할 파일을 고르고 수정된 파일 일부분만 커밋할 수도 있다. 스크립트는 수정하는 파일이 매우 많아서 통째로 커밋하기 어려울 때이슈별로 나눠서 커밋하기에 좋다. 이슈별로 나눠서 커밋하면 함께 일하는 동료가 검토하기 쉬워진다. git add 명령에 -i나 --interactive 옵션을 주고 실행하면 Git은 아래와 같은 대화형 모드로 들어간다.

```
$ git add -i
           staged     unstaged path
  1:    unchanged        +0/-1 TODO
  2:    unchanged        +1/-1 index.html
  3:    unchanged        +5/-1 lib/simplegit.rb

*** Commands ***
  1: status     2: update     3: revert     4: add untracked
  5: patch      6: diff       7: quit       8: help
What now>
```

이 명령은 Staging Area의 현재 상태가 어떻고 할 수 있는 일이 무엇인지 보여준다. 기본적으로 git status 명령이 보여주는 것과 같지만 좀 더 간결하고 정돈돼있다. 왼쪽에는 Staged 상태인 파일들을 보여주고 오른쪽에는 Unstaged 상태인파일들을 보여준다.

그리고 마지막 Commands 부분에서는 할 수 있는 일이 무엇인지 보여준다. 파일들을 Stage하고 Unstage하는 것, Untracked 상태의 파일들을 추가하는 것 그리고 Stage한 파일을 Diff할 수 있다. 게다가 수정한 파일 일부분만 Staging Area에추가할 수도 있다.

Staging Area에 파일 추가하고 추가 취소하기

What now> 프롬프트에서 2나 u를(update) 입력하면 Staging Area에 추가할 수있는 파일을 전부 보여준다.

```
What now> 2
           staged     unstaged path
  1:    unchanged        +0/-1 TODO
  2:    unchanged        +1/-1 index.html
  3:    unchanged        +5/-1 lib/simplegit.rb
Update>>
```

TODO와 index.html 파일을 Stage하려면 다음과 같이 입력한다.

```
Update>> 1,2
          staged     unstaged path
* 1:    unchanged       +0/-1 TODO
* 2:    unchanged       +1/-1 index.html
  3:    unchanged       +5/-1 lib/simplegit.rb
Update>>
```

* 표시가 붙은 파일은 Stage하도록 선택한 것이다. 선택하고 `Update>>` 프롬프트
에 아무것도 입력하지 않고 엔터를 치면 Git은 선택한 파일을 Staging Area로 추
가한다.

```
Update>>
updated 2 paths

*** Commands ***
  1: status     2: update     3: revert     4: add untracked
  5: patch      6: diff       7: quit       8: help
What now> 1
          staged     unstaged path
  1:      +0/-1      nothing TODO
  2:      +1/-1      nothing index.html
  3:    unchanged      +5/-1 lib/simplegit.rb
```

이제 TODO와 index.html 파일은 Stage했고 simplegit.rb 파일만 아직
Unstaged 상태로 남아 있다. 이제 TODO 파일을 다시 Unstage 하고 싶으면 3이
나 r(revert)을 입력한다.

```
*** Commands ***
  1: status     2: update     3: revert     4: add untracked
  5: patch      6: diff       7: quit       8: help
What now> 3
          staged     unstaged path
  1:      +0/-1      nothing TODO
  2:      +1/-1      nothing index.html
  3:    unchanged      +5/-1 lib/simplegit.rb
Revert>> 1
          staged     unstaged path
* 1:      +0/-1      nothing TODO
  2:      +1/-1      nothing index.html
  3:    unchanged      +5/-1 lib/simplegit.rb
Revert>> [enter]
reverted one path
```

다시 status를 선택하면 TODO 파일이 Unstaged 상태인 것을 알 수 있다.

```
*** Commands ***
  1: status     2: update     3: revert     4: add untracked
  5: patch      6: diff       7: quit       8: help
What now> 1
```

```
           staged      unstaged path
  1:     unchanged        +0/-1 TODO
  2:       +1/-1      nothing index.html
  3:     unchanged        +5/-1 lib/simplegit.rb
```

Staged 파일들의 변경내용을 보려면 6이나 d(diff)를 입력한다. 그러면 먼저
Staged 상태인 파일들을 보여준다. 그리고 그중 파일 하나를 선택한다. 그 결과
는 커맨드라인에서 git diff --cached라고 실행한 결과와 같다.

```
*** Commands ***
  1: status     2: update     3: revert     4: add untracked
  5: patch      6: diff       7: quit       8: help
What now> 6
           staged      unstaged path
  1:         +1/-1        nothing index.html
Review diff>> 1
diff --git a/index.html b/index.html
index 4d07108..4335f49 100644
--- a/index.html
+++ b/index.html
@@ -16,7 +16,7 @@ Date Finder

 <p id="out">...</p>

-<div id="footer">contact : support@github.com</div>
+<div id="footer">contact : email.support@github.com</div>

 <script type="text/javascript">
```

위와 같이 대화형 추가 모드를 사용하면 Staging Area에 파일들을 좀 더 쉽게 추
가할 수 있다.

파일 일부분만 Staging Area에 추가하기

파일 일부분만 Staging Area에 추가하는 것도 가능하다. 예를 들어 simplegit.rb
파일은 고친 부분이 두 군데이다. 그중 하나를 추가하고 나머지는 그대로 두고
싶다. Git에서는 이런 작업도 매우 쉽게 할 수 있다. 대화형 프롬프트에서 5, p를
(patch) 입력한다. 그러면 Git은 부분적으로 Staging Area에 추가할 파일이 있는
지 묻는다. 파일을 선택하면 파일의 특정 부분을 Staging Area에 추가할 것인지
부분별로 구분하여 묻는다.

```
diff --git a/lib/simplegit.rb b/lib/simplegit.rb
index dd5ecc4..57399e0 100644
--- a/lib/simplegit.rb
+++ b/lib/simplegit.rb
```

```
@@ -22,7 +22,7 @@ class SimpleGit
   end

   def log(treeish = 'master')
-    command("git log -n 25 #{treeish}")
+    command("git log -n 30 #{treeish}")
   end

   def blame(path)
Stage this hunk [y,n,a,d,/,j,J,g,e,?]?
```

여기에서 ?를 입력하면 선택할 수 있는 명령을 설명해준다.

```
Stage this hunk [y,n,a,d,/,j,J,g,e,?]? ?
y - stage this hunk
n - do not stage this hunk
a - stage this and all the remaining hunks in the file
d - do not stage this hunk nor any of the remaining hunks in the file
g - select a hunk to go to
/ - search for a hunk matching the given regex
j - leave this hunk undecided, see next undecided hunk
J - leave this hunk undecided, see next hunk
k - leave this hunk undecided, see previous undecided hunk
K - leave this hunk undecided, see previous hunk
s - split the current hunk into smaller hunks
e - manually edit the current hunk
? - print help
```

y나 n을 입력하면 각 부분을 Stage할지 말지 결정할 수 있다. 하지만 파일을 통째로 Stage하거나 필요할 때까지 아예 그대로 남겨 두는 것이 다음부터 더 유용할지도 모른다. 어쨌든 파일의 어떤 부분은 Stage하고 다른 부분은 Unstaged 상태로 남겨놓고 status 명령으로 확인해보면 결과는 아래와 같다.

```
What now> 1
           staged     unstaged path
  1:     unchanged      +0/-1 TODO
  2:         +1/-1     nothing index.html
  3:         +1/-1      +4/-0 lib/simplegit.rb
```

simplegit.rb 파일의 상태를 보자. 어떤 라인은 Staged 상태이고 어떤 라인은 Unstaged라고 알려줄 것이다. 이 파일의 일부를 Stage했다. 이제 대화형 모드를 종료하고 일부분만 Stage한 파일을 커밋할 수 있다.

대화형 스크립트로만 파일 일부분을 Stage할 수 있는 것은 아니다. git add -p나 git add --patch로도 같은 일을 할 수 있다.

reset --patch 명령을 사용해서 파일 일부만 Stage Area에서 내릴 수 있다. 또 checkout --patch를 사용해서 파일 일부를 다시 Checkout받을 수 있다. stash save --patch 명령으로는 파일 일부만 Stash할 수 있다. 각 명령에 대해서 더 자세히 알아보자

7.3 Stashing과 Cleaning

여러분이 어떤 프로젝트에서 한 부분을 담당하고 있다고 하자. 그리고 여기에서 뭔가 작업하던 일이 있고 다른 요청이 들어와서 잠시 브랜치를 변경해야 할 일이 생겼다고 치자. 그런데 이런 상황에서 아직 완료하지 않은 일을 커밋하는 것이 껄끄럽다는 것이 문제다. 커밋하지 않고 나중에 다시 돌아와서 작업을 다시 하고 싶을 것이다. 이 문제는 git stash라는 명령으로 해결할 수 있다.

Stash 명령을 사용하면 워킹 디렉터리에서 수정한 파일들만 저장한다. Stash는 Modified이면서 Tracked 상태인 파일과 Staging Area에 있는 파일들을 보관해두는 장소다. 아직 끝내지 않은 수정사항을 스택에 잠시 저장했다가 나중에 다시 적용할 수 있다.

하던 일을 Stash하기

예제 프로젝트를 하나 살펴보자. 파일을 두 개 수정하고 그중 하나는 Staging Area에 추가한다. 그리고 git status 명령을 실행하면 아래와 같은 결과를 볼 수 있다.

```
$ git status
Changes to be committed:
  (use "git reset HEAD <file>..." to unstage)

    modified:   index.html

Changes not staged for commit:
  (use "git add <file>..." to update what will be committed)
  (use "git checkout -- <file>..." to discard changes in working directory)

    modified:   lib/simplegit.rb
```

이제 브랜치를 변경해 보자. 아직 작업 중인 파일은 커밋할 게 아니라서 모두 Stash한다. git stash나 git stash save를 실행하면 스택에 새로운 Stash가 만들어진다.

```
$ git stash
Saved working directory and index state \
  "WIP on master: 049d078 added the index file"
```

```
HEAD is now at 049d078 added the index file
(To restore them type "git stash apply")
```

대신 워킹 디렉터리는 깨끗해졌다.

```
$ git status
# On branch master
nothing to commit, working directory clean
```

이제 아무 브랜치나 골라서 쉽게 바꿀 수 있다. 수정하던 것을 스택에 저장했다.
아래와 같이 git stash list를 사용하여 저장한 Stash를 확인한다.

```
$ git stash list
stash@{0}: WIP on master: 049d078 added the index file
stash@{1}: WIP on master: c264051 Revert "added file_size"
stash@{2}: WIP on master: 21d80a5 added number to log
```

Stash 두 개는 원래 있었다. 그래서 현재 총 세 개의 Stash를 사용할 수 있다. 이
제 git stash apply를 사용하여 Stash를 다시 적용할 수 있다. git stash 명령을
실행하면 Stash를 다시 적용하는 방법도 알려줘서 편리하다. git stash apply
stash@{2}처럼 Stash 이름을 입력하면 골라서 적용할 수 있다. 이름이 없으면
Git은 가장 최근의 Stash를 적용한다.

```
$ git stash apply
# On branch master
# Changed but not updated:
#   (use "git add <file>..." to update what will be committed)
#
#       modified:   index.html
#       modified:   lib/simplegit.rb
#
```

Git은 Stash에 저장할 때 수정했던 파일들을 복원해준다. 복원할 때의 워킹 디렉
터리는 Stash할 때의 그 브랜치이고 워킹 디렉터리도 깨끗한 상태였다. 하지만
꼭 깨끗한 워킹 디렉터리나 Stash할 때와 같은 브랜치에 적용해야 하는 것은 아
니다. 어떤 브랜치에서 Stash하고 다른 브랜치로 옮기고서 거기에 Stash를 복원
할 수 있다. 그리고 꼭 워킹 디렉터리가 깨끗한 상태일 필요도 없다. 워킹 디렉
터리에 수정하고 커밋하지 않은 파일들이 있을 때도 Stash를 적용할 수 있다. 만
약 충돌이 있으면 알려준다.

　Git은 Stash를 적용할 때 Staged 상태였던 파일을 자동으로 다시 Staged 상태
로 만들어 주지 않는다. 그래서 git stash apply 명령을 실행할 때 --index 옵

선을 주어 Staged 상태까지 적용한다. 그래야 원래 작업하던 상태로 돌아올 수 있다.

```
$ git stash apply --index
# On branch master
# Changes to be committed:
#   (use "git reset HEAD <file>..." to unstage)
#
#       modified:   index.html
#
# Changed but not updated:
#   (use "git add <file>..." to update what will be committed)
#
#       modified:   lib/simplegit.rb
#
```

apply 옵션은 단순히 Stash를 적용하는 것뿐이다. Stash는 여전히 스택에 남아 있다. git stash drop 명령을 사용하여 해당 Stash를 제거한다.

```
$ git stash list
stash@{0}: WIP on master: 049d078 added the index file
stash@{1}: WIP on master: c264051 Revert "added file_size"
stash@{2}: WIP on master: 21d80a5 added number to log
$ git stash drop stash@{0}
Dropped stash@{0} (364e91f3f268f0900bc3ee613f9f733e82aaed43)
```

그리고 git stash pop이라는 명령도 있는데 이 명령은 Stash를 적용하고 나서 바로 스택에서 제거해준다.

Stash를 만드는 새로운 방법

Stash를 만드는 방법은 여러 가지다. 주로 사용하는 옵션으로 stash save 명령과 같이 쓰는 --keep-index이다. 이 옵션을 이용하면 이미 Staging Area에 들어 있는 파일을 Stash하지 않는다.

많은 파일을 변경했지만 몇몇 파일만 커밋하고 나머지 파일은 나중에 처리하고 싶을 때 유용하다.

```
$ git status -s
M  index.html
 M lib/simplegit.rb

$ git stash --keep-index
Saved working directory and index state WIP on master: 1b65b17 added the index file
HEAD is now at 1b65b17 added the index file
```

```
$ git status -s
M  index.html
```

추적하지 않는 파일과 추적 중인 파일을 같이 Stash하는 일도 꽤 빈번하다. 기본적으로 git stash는 추적 중인 파일만 저장한다. 추적 중이지 않은 파일을 같이 저장하려면 Stash 명령을 사용할 때 --include-untracked나 -u 옵션을 붙여준다.

```
$ git status -s
M  index.html
 M lib/simplegit.rb
?? new-file.txt

$ git stash -u
Saved working directory and index state WIP on master: 1b65b17 added the index file
HEAD is now at 1b65b17 added the index file

$ git status -s
$
```

끝으로 --patch 옵션을 붙이면 Git은 수정된 모든 사항을 저장하지 않는다. 대신 대화형 프롬프트가 뜨며 변경된 데이터 중 저장할 것과 저장하지 않을 것을 지정할 수 있다.

```
$ git stash --patch
diff --git a/lib/simplegit.rb b/lib/simplegit.rb
index 66d332e..8bb5674 100644
--- a/lib/simplegit.rb
+++ b/lib/simplegit.rb
@@ -16,6 +16,10 @@ class SimpleGit
        return `#{git_cmd} 2>&1`.chomp
      end
    end
+
+    def show(treeish = 'master')
+      command("git show #{treeish}")
+    end

 end
 test
Stash this hunk [y,n,q,a,d,/,e,?]? y

Saved working directory and index state WIP on master: 1b65b17 added the index file
```

Stash를 적용한 브랜치 만들기

보통 Stash에 저장하면 한동안 그대로 유지한 채로 그 브랜치에서 계속 새로운 일을 한다. 그러면 이제 저장한 Stash를 적용하는 것이 문제가 된다. 수정한 파일에 Stash를 적용하면 충돌이 일어날 수도 있고 그러면 또 충돌을 해결해야 한다. 필요한 것은 Stash한 것을 쉽게 다시 테스트하는 것이다. `git stash branch` 명령을 실행하면 Stash할 당시의 커밋을 Checkout한 후 새로운 브랜치를 만들고 여기에 적용한다. 이 모든 것이 성공하면 Stash를 삭제한다.

```
$ git stash branch testchanges
Switched to a new branch "testchanges"
# On branch testchanges
# Changes to be committed:
#   (use "git reset HEAD <file>..." to unstage)
#
#       modified:   index.html
#
# Changed but not updated:
#   (use "git add <file>..." to update what will be committed)
#
#       modified:   lib/simplegit.rb
#Dropped refs/stash@{0} (f0dfc4d5dc332d1cee34a634182e168c4efc3359)
```

이 명령은 브랜치를 새로 만들고 Stash를 복원해주는 매우 편리한 도구다.

워킹 디렉터리 청소하기

작업하고 있던 파일을 Stash하지 않고 단순히 그 파일들을 치워버리고 싶을 때가 있다. `git clean` 명령이 그 일을 한다.

보통은 Merge나 외부 도구가 만들어낸 파일을 지우거나 이전 빌드 작업으로 생성된 각종 파일을 지우는 데 필요하다.

이 명령을 사용할 때는 신중해야 한다. 이 명령을 사용하면 워킹 디렉터리 안의 추적하고 있지 않은 모든 파일이 지워지기 때문이다. 명령을 실행하고 나서 후회해도 소용없다. 지워진 파일은 돌아오지 않는다. `git stash --all` 명령을 이용하면 지우는 건 똑같지만, 먼저 모든 파일을 Stash하므로 좀 더 안전하다.

워킹 디렉터리의 불필요한 파일들을 전부 지우려면 `git clean`을 사용한다. 추적 중이지 않은 모든 정보를 워킹 디렉터리에서 지우고 싶다면 `git clean -f -d` 명령을 사용하자. 이 명령은 하위 디렉터리까지 모두 지워버린다. `-f` 옵션은 강제(force)의 의미이며 "진짜로 그냥 해라"라는 뜻이다.

이 명령을 실행했을 때 어떤 일이 일어날지 미리 보고 싶다면 `-n` 옵션을 사용한다. `-n` 옵션은 "가상으로 실행해보고 어떤 파일들이 지워질지 알려달라"라는 뜻이다.

```
$ git clean -d -n
Would remove test.o
Would remove tmp/
```

git clean 명령은 추적 중이지 않은 파일만 지우는 게 기본 동작이다. .gitignore 에 명시했거나 해서 무시되는 파일은 지우지 않는다. 무시된 파일까지 함께 지우려면 -x 옵션이 필요하다. 그래서 .o 파일 같은 빌드 파일까지도 지울 수 있다.

```
$ git status -s
 M lib/simplegit.rb
?? build.TMP
?? tmp/

$ git clean -n -d
Would remove build.TMP
Would remove tmp/

$ git clean -n -d -x
Would remove build.TMP
Would remove test.o
Would remove tmp/
```

git clean이 무슨 짓을 할지 확신이 안 들 때는 항상 -n 옵션을 붙여서 먼저 실행해보자. clean 명령을 대화형으로 실행하려면 -i 옵션을 붙이면 된다.

대화형으로 실행한 clean 명령의 모습은 아래와 같다.

```
$ git clean -x -i
Would remove the following items:
  build.TMP  test.o
*** Commands ***
    1: clean    2: filter by pattern    3: select by numbers    4: ask each    5: quit
    6: help
What now>
```

대화형으로 실행하면 파일마다 지우지 말지 결정하거나 특정 패턴으로 걸러서 지울 수도 있다.

7.4 내 작업에 서명하기

Git은 암호학적으로 안전하다. 하지만 그냥 되는 건 아니다. 저장소에 아무나 접근하지 못하게 하고 진짜로 확인된 사람에게서만 커밋을 받으려면 GPG를 이용한다.

GPG 소개

우선 뭔가를 서명하려면, GPG 설정도 하고 개인 키도 설치해야 한다.

```
$ gpg --list-keys
/Users/schacon/.gnupg/pubring.gpg
----
pub   2048R/0A46826A 2014-06-04
uid                  Scott Chacon (Git signing key) <schacon@gmail.com>
sub   2048R/874529A9 2014-06-04
```

가진 키가 없으면 키를 새로 만들어야 한다. 키를 만들려면 gpg --genkey 명령을 실행한다.

```
gpg --gen-key
```

서명에 사용할 수 있는 개인 키가 이미 있다면 Git 설정 중에 user.signingkey로 설정해서 사용할 수 있다.

```
git config --global user.signingkey 0A46826A
```

설정하고 나면 이제 Git은 태그와 커밋에 서명할 때 등록한 키를 사용한다.

태그 서명하기

GPG 개인 키 설정을 마쳤으면 새로 만드는 태그들에 서명할 수 있다. 서명하려면 -a 대신 -s만 쓰면 된다.

```
$ git tag -s v1.5 -m 'my signed 1.5 tag'

You need a passphrase to unlock the secret key for
user: "Ben Straub <ben@straub.cc>"
2048-bit RSA key, ID 800430EB, created 2014-05-04
```

태그를 git show 명령으로 보면, GPG 서명이 붙어 있는 걸 볼 수 있다.

```
$ git show v1.5
tag v1.5
Tagger: Ben Straub <ben@straub.cc>
Date:   Sat May 3 20:29:41 2014 -0700

my signed 1.5 tag
-----BEGIN PGP SIGNATURE-----
Version: GnuPG v1

iQEcBAABAgAGBQJTZbQlAAoJEF0+sviABDDrZbQH/09PfE51KPVPlanr6q1v4/Ut
LQxfojUWiLQdg2ESJItkcuweYg+kc3HCyFejeDIBw9dpXt00rY26p05qrpnG+85b
```

```
hM1/PswpPLuBSr+oCIDj5GMC2r2iEKsfv2fJbNW8iWAXVLoWZRF8B0MfqX/YTMbm
ecorc4iXzQu7tupRihslbNkfvfciMnSDeSvzCpWAHl7h8Wj6hhqePmLm9lAYqnKp
8S5B/1SSQuEAjRZgI4IexpZoeKGVDptPHxLLS38fozsyi0QyDyzEgJxcJQVMXxVi
RUysgqjcpT8+iQM1PblGfHR4XAhuOqN5Fx06PSaFZhqvWFezJ28/CLyX5q+oIVk=
=EFTF
-----END PGP SIGNATURE-----

commit ca82a6dff817ec66f44342007202690a93763949
Author: Scott Chacon <schacon@gee-mail.com>
Date:   Mon Mar 17 21:52:11 2008 -0700

    changed the version number
```

태그 확인하기

git tag -v [tag-name] 명령을 이용해 태그에 서명한 사람이 정말 그 사람이 맞는지 확인한다. 이 명령은 서명을 확인하기 위해 GPG를 사용한다. 확인 작업을 하려면 서명한 사람의 GPG 공개키를 키 관리 시스템에 등록해 두어야 한다.

```
$ git tag -v v1.4.2.1
object 883653babd8ee7ea23e6a5c392bb739348b1eb61
type commit
tag v1.4.2.1
tagger Junio C Hamano <junkio@cox.net> 1158138501 -0700

GIT 1.4.2.1

Minor fixes since 1.4.2, including git-mv and git-http with alternates.
gpg: Signature made Wed Sep 13 02:08:25 2006 PDT using DSA key ID F3119B9A
gpg: Good signature from "Junio C Hamano <junkio@cox.net>"
gpg:                 aka "[jpeg image of size 1513]"
Primary key fingerprint: 3565 2A26 2040 E066 C9A7  4A7D C0C6 D9A4 F311 9B9A
```

서명한 사람의 공개키가 없으면 아래와 같은 메시지가 나타난다.

```
gpg: Signature made Wed Sep 13 02:08:25 2006 PDT using DSA key ID F3119B9A
gpg: Can't check signature: public key not found
error: could not verify the tag 'v1.4.2.1'
```

커밋에 서명하기

최신 버전(v1.7.9 이상)의 Git은 커밋에도 서명할 수 있다. 커밋에 서명하고 싶으면 git commit 명령에 -S 옵션만 붙여주면 된다.

```
$ git commit -a -S -m 'signed commit'

You need a passphrase to unlock the secret key for
user: "Scott Chacon (Git signing key) <schacon@gmail.com>"
2048-bit RSA key, ID 0A46826A, created 2014-06-04
```

```
[master 5c3386c] signed commit
 4 files changed, 4 insertions(+), 24 deletions(-)
 rewrite Rakefile (100%)
 create mode 100644 lib/git.rb
```

서명을 확인하려면 git log 명령에 --show-signature 옵션을 붙여주자.

```
$ git log --show-signature -1
commit 5c3386cf54bba0a33a32da706aa52bc0155503c2
gpg: Signature made Wed Jun  4 19:49:17 2014 PDT using RSA key ID 0A46826A
gpg: Good signature from "Scott Chacon (Git signing key) <schacon@gmail.com>"
Author: Scott Chacon <schacon@gmail.com>
Date:   Wed Jun 4 19:49:17 2014 -0700

    signed commit
```

git log로 출력한 로그에서 커밋에 대한 서명 정보를 알려면 %G? 포맷을 이용한다.

```
$ git log --pretty="format:%h %G? %aN  %s"

5c3386c G Scott Chacon  signed commit
ca82a6d N Scott Chacon  changed the version number
085bb3b N Scott Chacon  removed unnecessary test code
a11bef0 N Scott Chacon  first commit
```

위 로그에서 제일 최근 커밋만 올바르게 서명한 커밋이라는 것을 확인할 수 있다. 다른 커밋들은 서명하지 않았다.

1.8.3 버전 이후의 Git에서는 "git merge"와 "git pull"에서 GPG 서명 정보를 이용해 Merge를 허용하지 않을 수 있다. --verify-signatures 옵션으로 이 기능을 사용할 수 있다.

Merge할 때에 --verify-signatures 옵션을 붙이면 Merge할 커밋 중 서명하지 않았거나 신뢰할 수 없는 사람이 서명한 커밋이 있으면 Merge되지 않는다.

```
$ git merge --verify-signatures non-verify
fatal: Commit ab06180 does not have a GPG signature.
```

Merge할 커밋 전부가 신뢰할 수 있는 사람에 의해 서명된 커밋이면 모든 서명을 출력하고 Merge를 수행한다.

```
$ git merge --verify-signatures signed-branch
Commit 13ad65e has a good GPG signature by Scott Chacon (Git signing key)
<schacon@gmail.com>
Updating 5c3386c..13ad65e
```

```
Fast-forward
 README | 2 ++
 1 file changed, 2 insertions(+)
```

git merge 명령에도 -S 옵션을 붙일 수 있다. 이 옵션을 붙이면 Merge 커밋을 서명하겠다는 의미이다. 아래 예제에서 Merge할 모든 커밋이 올바르게 서명됐는지 확인하고 Merge 커밋에도 서명을 하는 것을 보자.

```
$ git merge --verify-signatures -S  signed-branch
Commit 13ad65e has a good GPG signature by Scott Chacon (Git signing key)
<schacon@gmail.com>

You need a passphrase to unlock the secret key for
user: "Scott Chacon (Git signing key) <schacon@gmail.com>"
2048-bit RSA key, ID 0A46826A, created 2014-06-04

Merge made by the 'recursive' strategy.
 README | 2 ++
 1 file changed, 2 insertions(+)
```

모두가 서명하게 하려면

태그와 커밋에 서명하는 것은 멋지지만 실제로 서명 기능을 사용하려면 팀의 모든 사람이 서명 기능을 이해하고 사용해야만 한다.

만약 그렇지 않으면 팀원들에게 커밋을 어떻게 서명된 커밋으로 재생성하는지 가르치느라 세월을 보내게 될 것이다.

반드시 작업에 적용하기 전에 GPG 서명 기능을 이해하고 이 기능이 가지는 장점을 완전히 파악하고 있어야만 한다.

7.5 검색

프로젝트가 크든 작든 함수의 정의나 함수가 호출되는 곳을 검색해야 하는 경우가 많다. 함수의 히스토리를 찾아보기도 한다. Git은 데이터베이스에 저장된 코드나 커밋에서 원하는 부분을 빠르고 쉽게 검색하는 도구가 여러 가지 있으며 앞으로 함께 살펴보기로 한다.

Git Grep

Git의 grep 명령을 이용하면 커밋 트리의 내용이나 워킹 디렉터리의 내용을 문자열이나 정규 표현식을 이용해 쉽게 찾을 수 있다. Git 소스를 예로 들어 명령을 어떻게 사용하는지 알아보자.

기본적으로 대상을 지정하지 않으면 워킹 디렉터리의 파일에서 찾는다. 명령을 실행할 때 -n 옵션을 추가하면 찾을 문자열이 위치한 라인 번호도 같이 출력한다.

```
$ git grep -n gmtime_r
compat/gmtime.c:3:#undef gmtime_r
compat/gmtime.c:8:          return git_gmtime_r(timep, &result);
compat/gmtime.c:11:struct tm *git_gmtime_r(const time_t *timep, struct tm *result)
compat/gmtime.c:16:        ret = gmtime_r(timep, result);
compat/mingw.c:606:struct tm *gmtime_r(const time_t *timep, struct tm *result)
compat/mingw.h:162:struct tm *gmtime_r(const time_t *timep, struct tm *result);
date.c:429:            if (gmtime_r(&now, &now_tm))
date.c:492:            if (gmtime_r(&time, tm)) {
git-compat-util.h:721:struct tm *git_gmtime_r(const time_t *, struct tm *);
git-compat-util.h:723:#define gmtime_r git_gmtime_r
```

grep 명령에서 쓸만한 몇 가지 옵션을 좀 더 살펴보자.

예를 들어 위의 결과 대신 어떤 파일에서 몇 개나 찾았는지만 알고 싶다면 --count 옵션을 이용한다.

```
$ git grep --count gmtime_r
compat/gmtime.c:4
compat/mingw.c:1
compat/mingw.h:1
date.c:2
git-compat-util.h:2
```

매칭되는 라인이 있는 함수나 메서드를 찾고 싶다면 -p 옵션을 준다.

```
$ git grep -p gmtime_r *.c
date.c=static int match_multi_number(unsigned long num, char c,
                                const char *date, char *end, struct tm *tm)
date.c:            if (gmtime_r(&now, &now_tm))
date.c=static int match_digit(const char *date, struct tm *tm, int *offset,
                             int *tm_gmt)
date.c:            if (gmtime_r(&time, tm)) {
```

gmtime_r 함수를 date.c 파일에서 match_multi_number, match_digit 함수에서 호출하고 있다는 걸 확인할 수 있다.

--and 옵션을 이용해서 여러 단어가 한 라인에 동시에 나타나는 줄 찾기 같은 복잡한 조합으로 검색할 수 있다. 예를 들어 "LINK"나 "BUF_MAX" 둘 중 하나를 포함한 상수 정의를 1.8.0 이전 버전의 Git 소스 코드에서 검색하는 것을 할 수 있다.

--break와 --heading 옵션을 붙여 더 읽기 쉬운 형태로 잘라서 출력할 수도 있다.

```
$ git grep --break --heading \
    -n -e '#define' --and \( -e LINK -e BUF_MAX \) v1.8.0
v1.8.0:builtin/index-pack.c
62:#define FLAG_LINK (1u<<20)

v1.8.0:cache.h
73:#define S_IFGITLINK   0160000
74:#define S_ISGITLINK(m)        (((m) & S_IFMT) == S_IFGITLINK)

v1.8.0:environment.c
54:#define OBJECT_CREATION_MODE OBJECT_CREATION_USES_HARDLINKS

v1.8.0:strbuf.c
326:#define STRBUF_MAXLINK (2*PATH_MAX)

v1.8.0:symlinks.c
53:#define FL_SYMLINK  (1 << 2)

v1.8.0:zlib.c
30:/* #define ZLIB_BUF_MAX ((uInt)-1) */
31:#define ZLIB_BUF_MAX ((uInt) 1024 * 1024 * 1024) /* 1GB */
```

git grep 명령은 grep이나 ack 같은 일반적인 검색 도구보다 몇 가지 좋은 점이 있다.

우선 매우 빠르다. 또한, 워킹 디렉터리만이 아니라 Git 히스토리 내의 어떠한 정보라도 찾아낼 수 있다. 위의 예제에서 이전 버전의 소스에서도 특정 단어를 찾아낸 것을 볼 수 있다.

Git 로그 검색

어떤 변수가 **어디에** 있는지를 찾아보는 게 아니라, 히스토리에서 **언제** 추가되거나 변경됐는지 찾아볼 수도 있다. git log 명령을 이용하면 Diff 내용도 검색하여 어떤 커밋에서 찾고자 하는 내용을 추가했는지 찾을 수 있다.

ZLIB_BUF_MAX라는 상수가 가장 처음 나타난 때를 찾는 문제라면 -S 옵션을 이용해 해당 문자열이 추가된 커밋과 없어진 커밋만 검색할 수 있다.

```
$ git log -SZLIB_BUF_MAX --oneline
e01503b zlib: allow feeding more than 4GB in one go
ef49a7a zlib: zlib can only process 4GB at a time
```

위 두 커밋의 변경사항을 살펴보면 ef49a7a에서 ZLIB_BUF_MAX 상수가 처음 나오고 e01503b에서는 변경된 것을 알 수 있다.

더 세세한 조건을 걸어 찾고 싶다면 로그를 검색할 때 –G 옵션으로 정규표현식을 써서 검색하면 된다.

라인 로그 검색

진짜 미친 듯이 좋은 로그 검색 도구가 또 있다. 라인 히스토리 검색이다. 비교적 최근에 추가된 기능이어서 잘 알려지진 않았지만, 진짜 좋다. git log를 쓸 때 –L 옵션을 붙이면 어떤 함수나 한 라인의 히스토리를 볼 수 있다.

예를 들어 zlib.c 파일에 있는 git_deflate_bound 함수의 모든 변경사항을 보길 원한다고 생각해보자. git log –L :git_deflate_bound:zlib.c라고 실행하면 된다. 이 명령을 실행하면 함수의 시작과 끝을 인식해서 함수에서 일어난 모든 히스토리를 함수가 처음 만들어진 때부터 Patch를 나열하여 보여준다.

```
$ git log –L :git_deflate_bound:zlib.c
commit ef49a7a0126d64359c974b4b3b71d7ad42ee3bca
Author: Junio C Hamano <gitster@pobox.com>
Date:   Fri Jun 10 11:52:15 2011 -0700

    zlib: zlib can only process 4GB at a time

diff --git a/zlib.c b/zlib.c
--- a/zlib.c
+++ b/zlib.c
@@ -85,5 +130,5 @@
-unsigned long git_deflate_bound(z_streamp strm, unsigned long size)
+unsigned long git_deflate_bound(git_zstream *strm, unsigned long size)
 {
-       return deflateBound(strm, size);
+       return deflateBound(&strm->z, size);
 }

commit 225a6f1068f71723a910e8565db4e252b3ca21fa
Author: Junio C Hamano <gitster@pobox.com>
Date:   Fri Jun 10 11:18:17 2011 -0700

    zlib: wrap deflateBound() too

diff --git a/zlib.c b/zlib.c
--- a/zlib.c
+++ b/zlib.c
@@ -81,0 +85,5 @@
+unsigned long git_deflate_bound(z_streamp strm, unsigned long size)
+{
+       return deflateBound(strm, size);
+}
+
```

Git이 함수의 처음과 끝을 인식하지 못할 때는 정규표현식으로 인식하게 할 수도 있다.

`git log -L '/unsigned long git_deflate_bound/',/^}/:zlib.c` 명령으로 위와 같은 결과를 볼 수 있다. 한 라인의 히스토리만 검색할 수도 있고 여러 라인에 걸친 히스토리를 검색할 수도 있다.

7.6 히스토리 단장하기

Git으로 일하다 보면 어떤 이유로든 커밋 히스토리를 수정해야 할 때가 있다. 결정을 나중으로 미룰 수 있는 게 Git의 장점이다. Staging Area로 커밋할 파일을 고르는 일을 커밋하는 순간으로 미룰 수 있고 Stash 명령으로 하던 일을 미룰 수 있다. 게다가 이미 커밋해서 결정한 내용을 수정할 수 있다. 그리고 수정할 수 있는 것도 매우 다양하다. 커밋들의 순서도 변경할 수 있고 커밋 메시지와 커밋한 파일도 변경할 수 있다. 여러 개의 커밋을 하나로 합치거나 반대로 하나의 커밋을 여러 개로 분리할 수도 있다. 아니면 커밋 전체를 삭제할 수도 있다. 하지만 이 모든 것은 다른 사람과 코드를 공유하기 전에 해야 한다.

이 절에서는 사람들과 코드를 공유하기 전에 커밋 히스토리를 예쁘게 단장하는 방법을 설명한다.

마지막 커밋을 수정하기

히스토리를 단장하는 일 중에서는 마지막 커밋을 수정하는 작업이 가장 자주 하는 일이다. 기본적으로 두 가지로 나눌 수 있는데 하나는 커밋 메시지를 수정하는 것이고 다른 하나는 파일 목록을 수정하는 것이다.

커밋 메시지를 수정하는 방법은 매우 간단하다.

```
$ git commit --amend
```

이 명령은 자동으로 텍스트 편집기를 실행시켜서 마지막 커밋 메시지를 열어준다. 여기에 메시지를 바꾸고 편집기를 닫으면 편집기는 바뀐 메시지로 마지막 커밋을 수정한다.

커밋하고 난 후 새로 만든 파일이나 수정한 파일을 가장 최근 커밋에 집어넣을 수 있다. 기본적으로 방법은 같다. 파일을 수정하고 `git add` 명령으로 Staging Area에 넣거나 `git rm` 명령으로 추적하는 파일 삭제한다. 그리고 `git commit`

--amend 명령으로 커밋하면 된다. 이 명령은 현 Staging Area의 내용을 이용해서 수정한다.

이때 SHA-1 값이 바뀌기 때문에 과거의 커밋을 변경할 때 주의해야 한다. Rebase와 같이 이미 Push한 커밋은 수정하면 안 된다.

커밋 메시지를 여러 개 수정하기

최근 커밋이 아니라 예전 커밋을 수정하려면 다른 도구가 필요하다. 히스토리 수정하기 위해 만들어진 도구는 없지만 rebase 명령을 이용하여 수정할 수 있다. 현재 작업하는 브랜치에서 각 커밋을 하나하나 수정하는 것이 아니라 어느 시점부터 HEAD까지의 커밋을 한 번에 Rebase한다. 대화형 Rebase 도구를 사용하면 커밋을 처리할 때마다 잠시 멈춘다. 그러면 각 커밋의 메시지를 수정하거나 파일을 추가하고 변경하는 등의 일을 진행할 수 있다. git rebase 명령에 -i 옵션을 추가하면 대화형 모드로 Rebase할 수 있다. 어떤 시점부터 HEAD까지 Rebase할 것인지 인자로 넘기면 된다.

마지막 커밋 메시지 세 개를 모두 수정하거나 그중 몇 개를 수정하는 시나리오를 살펴보자. git rebase -i의 인자로 편집하려는 마지막 커밋의 부모를 HEAD~2^나 HEAD~3로 해서 넘긴다. 마지막 세 개의 커밋을 수정하는 것이기 때문에 ~3이 좀 더 기억하기 쉽다. 그렇지만 실질적으로 가리키게 되는 것은 수정하려는 커밋의 부모인 네 번째 이전 커밋이다.

```
$ git rebase -i HEAD~3
```

이 명령은 Rebase하는 것이기 때문에 메시지의 수정 여부와 관계없이 HEAD~3.. HEAD 범위에 있는 모든 커밋을 수정한다. 다시 강조하지만 이미 중앙서버에 Push한 커밋은 절대 고치지 말아야 한다. Push한 커밋을 Rebase하면 결국 같은 내용을 두 번 Push하는 것이기 때문에 다른 개발자들이 혼란스러워 할 것이다.

실행하면 Git은 수정하려는 커밋 목록이 첨부된 스크립트를 텍스트 편집기로 열어준다.

```
pick f7f3f6d changed my name a bit
pick 310154e updated README formatting and added blame
pick a5f4a0d added cat-file

# Rebase 710f0f8..a5f4a0d onto 710f0f8
#
```

```
# Commands:
#  p, pick = use commit
#  r, reword = use commit, but edit the commit message
#  e, edit = use commit, but stop for amending
#  s, squash = use commit, but meld into previous commit
#  f, fixup = like "squash", but discard this commit's log message
#  x, exec = run command (the rest of the line) using shell
#
# These lines can be re-ordered; they are executed from top to bottom.
#
# If you remove a line here THAT COMMIT WILL BE LOST.
#
# However, if you remove everything, the rebase will be aborted.
#
# Note that empty commits are commented out
```

이 커밋은 모두 log 명령과는 정반대의 순서로 나열된다. log 명령을 실행하면
아래와 같은 결과를 볼 수 있다.

```
$ git log --pretty=format:"%h %s" HEAD~3..HEAD
a5f4a0d added cat-file
310154e updated README formatting and added blame
f7f3f6d changed my name a bit
```

위 결과의 역순임을 기억하자. 대화형 Rebase는 스크립트에 적혀 있는 순서대
로 HEAD~3부터 적용하기 시작하고 위에서 아래로 각각의 커밋을 순서대로 수정
한다. 순서대로 적용하는 것이기 때문에 제일 위에 있는 것이 최신이 아니라 가
장 오래된 것이다.

특정 커밋에서 실행을 멈추게 하려면 스크립트를 수정해야 한다. pick이라는
단어를 'edit'로 수정하면 그 커밋에서 멈춘다. 가장 오래된 커밋 메시지를 수정
하려면 아래와 같이 편집한다.

```
edit f7f3f6d changed my name a bit
pick 310154e updated README formatting and added blame
pick a5f4a0d added cat-file
```

저장하고 편집기를 종료하면 Git은 목록에 있는 커밋 중에서 가장 오래된 커밋
으로 이동하고, 아래와 같은 메시지를 보여주고, 명령 프롬프트를 보여준다.

```
$ git rebase -i HEAD~3
Stopped at f7f3f6d... changed my name a bit
You can amend the commit now, with

        git commit --amend
```

```
Once you're satisfied with your changes, run

        git rebase --continue
```

명령 프롬프트가 나타날 때 Git은 Rebase 과정에서 현재 정확히 뭘 해야 하는지 메시지로 알려준다. 아래와 같은 명령을 실행하고

```
$ git commit --amend
```

커밋 메시지를 수정하고 텍스트 편집기를 종료하고 나서 아래 명령을 실행한다.

```
$ git rebase --continue
```

이렇게 나머지 두 개의 커밋에 적용하면 끝이다. 다른 것도 pick을 edit로 수정해서 이 작업을 몇 번이든 반복할 수 있다. 매번 Git이 멈출 때마다 커밋을 정정할 수 있고 완료할 때까지 계속할 수 있다.

커밋 순서 바꾸기

대화형 Rebase 도구로 커밋 전체를 삭제하거나 순서를 조정할 수 있다. "added cat-file" 커밋을 삭제하고 다른 두 커밋의 순서를 변경하려면 아래와 같은 Rebase 스크립트를

```
pick f7f3f6d changed my name a bit
pick 310154e updated README formatting and added blame
pick a5f4a0d added cat-file
```

아래와 같이 수정한다.

```
pick 310154e updated README formatting and added blame
pick f7f3f6d changed my name a bit
```

수정한 내용을 저장하고 편집기를 종료하면 Git은 브랜치를 이 커밋의 부모로 이동시키고서 310154e와 f7f3f6d를 순서대로 적용한다. 명령이 끝나고 나면 커밋 순서가 변경됐고 "added cat-file" 커밋이 제거된 것을 확인할 수 있다.

커밋 합치기

대화형 Rebase 명령을 이용하여 여러 개의 커밋을 꾹꾹 눌러서 하나의 커밋으로 만들어 버릴 수 있다. Rebase 스크립트에 자동으로 포함된 도움말에 설명이 있다.

```
#
# Commands:
#  p, pick = use commit
#  r, reword = use commit, but edit the commit message
#  e, edit = use commit, but stop for amending
#  s, squash = use commit, but meld into previous commit
#  f, fixup = like "squash", but discard this commit's log message
#  x, exec = run command (the rest of the line) using shell
#
# These lines can be re-ordered; they are executed from top to bottom.
#
# If you remove a line here THAT COMMIT WILL BE LOST.
#
# However, if you remove everything, the rebase will be aborted.
#
# Note that empty commits are commented out
```

"pick"이나 "edit" 말고 "squash"를 입력하면 Git은 해당 커밋과 바로 이전 커밋을 합칠 것이고 커밋 메시지도 Merge한다. 그래서 3개의 커밋을 모두 합치려면 스크립트를 아래와 같이 수정한다.

```
pick f7f3f6d changed my name a bit
squash 310154e updated README formatting and added blame
squash a5f4a0d added cat-file
```

저장하고 나서 편집기를 종료하면 Git은 3개의 커밋 메시지를 Merge할 수 있도록 에디터를 바로 실행해준다.

```
# This is a combination of 3 commits.
# The first commit's message is:
changed my name a bit

# This is the 2nd commit message:

updated README formatting and added blame

# This is the 3rd commit message:

added cat-file
```

이 메시지를 저장하면 3개의 커밋이 모두 합쳐진 하나의 커밋만 남는다.

커밋 분리하기

커밋을 분리한다는 것은 기존의 커밋을 해제하고(혹은 되돌려 놓고) Stage를 여러 개로 분리하고 나서 그것을 원하는 횟수만큼 다시 커밋하는 것이다. 예로 들었던 커밋 세 개 중에서 가운데 것을 분리해보자. 이 커밋의 "updated README formatting and added blame"을 "updated README formatting"과 "added blame"으로 분리하는 것이다. rebase -i 스크립트에서 해당 커밋을 "edit"로 변경한다.

```
pick f7f3f6d changed my name a bit
edit 310154e updated README formatting and added blame
pick a5f4a0d added cat-file
```

저장하고 나서 명령 프롬프트로 넘어간 다음에 그 커밋을 해제하고 그 내용을 다시 두 개로 나눠서 커밋하면 된다. 저장하고 편집기를 종료하면 Git은 제일 오래된 커밋의 부모로 이동하고서 f7f3f6d과 310154e을 처리하고 콘솔 프롬프트를 보여준다. 여기서 커밋을 해제하는 git reset HEAD^ 라는 명령으로 커밋을 해제한다. 그러면 수정했던 파일은 Unstaged 상태가 된다. 그 다음에 파일을 Stage한 후 커밋하는 일을 원하는 만큼 반복하고 나서 git rebase --continue라는 명령을 실행하면 남은 Rebase 작업이 끝난다.

```
$ git reset HEAD^
$ git add README
$ git commit -m 'updated README formatting'
$ git add lib/simplegit.rb
$ git commit -m 'added blame'
$ git rebase --continue
```

나머지 a5f4a0d 커밋도 처리되면 히스토리는 아래와 같다.

```
$ git log -4 --pretty=format:"%h %s"
1c002dd added cat-file
9b29157 added blame
35cfb2b updated README formatting
f3cc40e changed my name a bit
```

다시 강조하지만 Rebase하면 목록에 있는 모든 커밋의 SHA-1 값은 변경된다. 절대로 이미 서버에 Push한 커밋을 수정하면 안 된다.

filter-branch는 포크레인

수정해야 하는 커밋이 너무 많아서 Rebase 스크립트로 수정하기 어려울 것 같으면 다른 방법을 사용하는 것이 좋다. 모든 커밋의 이메일 주소를 변경하거나 어떤 파일을 삭제하는 경우를 살펴보자. filter-branch라는 명령으로 수정할 수 있는데 Rebase가 삽이라면 이 명령은 포크레인이라고 할 수 있다. filter-branch

도 역시 수정하려는 커밋이 이미 공개돼서 다른 사람과 함께 공유하는 중이라면 사용하지 말아야 한다. 하지만 잘 쓰면 꽤 유용하다. filter-branch가 유용한 경우를 예로 들어 설명하기 때문에 여기에서 대략 어떤 경우에 유용할지 배울 수 있다.

모든 커밋에서 파일을 제거하기

갑자기 누군가 생각 없이 git add . 같은 명령을 실행해서 공룡 똥 덩어리를 커밋했거나 실수로 암호가 포함된 파일을 커밋해서 이런 파일을 다시 삭제해야 하는 상황을 살펴보자. 이런 상황은 생각보다 자주 발생한다. filter-branch는 히스토리 전체에서 필요한 것만 골라내는 데 사용하는 도구다. filter-branch의 --tree-filter라는 옵션을 사용하면 히스토리에서 passwords.txt라는 파일을 아예 제거할 수 있다.

```
$ git filter-branch --tree-filter 'rm -f passwords.txt' HEAD
Rewrite 6b9b3cf04e7c5686a9cb838c3f36a8cb6a0fc2bd (21/21)
Ref 'refs/heads/master' was rewritten
```

--tree-filter 옵션은 프로젝트를 Checkout한 후에 각 커밋에 명시한 명령을 실행시키고 그 결과를 다시 커밋한다. 이 경우에는 각 스냅샷에 passwords.txt라는 파일이 있으면 그 파일을 삭제한다. 실수로 편집기의 백업파일을 커밋했으면 git filter-branch --tree-filter 'rm -f *~' HEAD라고 실행해서 삭제할 수 있다.

이 명령은 모든 파일과 커밋을 정리하고 브랜치 포인터를 다시 복원해준다. 이런 작업은 테스팅 브랜치에서 실험하고 나서 master 브랜치에 적용하는 게 좋다. filter-branch 명령에 --all 옵션을 추가하면 모든 브랜치에 적용할 수 있다.

하위 디렉터리를 루트 디렉터리로 만들기

다른 VCS에서 코드를 임포트하면 그 VCS만을 위한 디렉터리가 있을 수 있다. SVN에서 코드를 임포트하면 trunk, tags, branch 디렉터리가 포함된다. 모든 커밋에 대해 trunk 디렉터리를 프로젝트 루트 디렉터리로 만들 때도 filter-branch 명령이 유용하다.

```
$ git filter-branch --subdirectory-filter trunk HEAD
Rewrite 856f0bf61e41a27326cdae8f09fe708d679f596f (12/12)
Ref 'refs/heads/master' was rewritten
```

이제 trunk 디렉터리를 루트 디렉터리로 만들었다. Git은 입력한 디렉터리와 관련이 없는 커밋을 자동으로 삭제한다.

모든 커밋의 이메일 주소를 수정하기

프로젝트를 오픈 소스로 공개할 때 아마도 회사 이메일 주소로 커밋된 것을 개인 이메일 주소로 변경해야 한다. 아니면 아예 git config로 이름과 이메일 주소를 설정하는 것을 잊었을 수도 있다. 자신의 이메일 주소만 변경하도록 조심해야 한다. filter-branch 명령의 --commit-filter 옵션을 사용하여 해당 커밋만 골라서 이메일 주소를 수정할 수 있다.

```
$ git filter-branch --commit-filter '
        if [ "$GIT_AUTHOR_EMAIL" = "schacon@localhost" ];
        then
                GIT_AUTHOR_NAME="Scott Chacon";
                GIT_AUTHOR_EMAIL="schacon@example.com";
                git commit-tree "$@";
        else
                git commit-tree "$@";
        fi' HEAD
```

이메일 주소를 새 주소로 변경했다. 모든 커밋은 부모의 SHA-1 값을 가지고 있기 때문에 조건에 만족하는 커밋의 SHA-1 값만 바뀌는 것이 아니라 모든 커밋의 SHA-1 값이 바뀐다.

7.7 Reset 명확히 알고 가기

Git의 다른 특별한 도구를 더 살펴보기 보기 전에 reset과 checkout에 대해 이야기를 해보자. 이 두 명령은 Git을 처음 사용하는 사람을 가장 헷갈리게 하는 부분이다. 제대로 이해하고 사용할 수 없을 것으로 보일 정도로 많은 기능을 지녔다. 이해하기 쉽게 간단한 비유를 들어 살펴보자.

세 개의 트리

Git을 서로 다른 세 트리를 관리하는 콘텐츠 관리자로 생각하면 reset과 checkout을 좀 더 쉽게 이해할 수 있다. 여기서 '트리' 란 실제로는 '파일의 묶음' 이다. 자료구조의 트리가 아니다(셋 중 Index는 트리가 아니지만, 이해를 쉽게 하려고 일단 트리라고 한다).

Git은 일반적으로 세 가지 트리를 관리하는 시스템이다.

트리	역할
HEAD	마지막 커밋 스냅샷, 다음 커밋의 부모 커밋
Index	다음에 커밋할 스냅샷
워킹 디렉터리	샌드박스

HEAD

HEAD는 현재 브랜치를 가리키는 포인터이며, 브랜치는 브랜치에 담긴 커밋 중 가장 마지막 커밋을 가리킨다. 지금의 HEAD가 가리키는 커밋은 바로 다음 커밋의 부모가 된다. 단순하게 생각하면 HEAD는 **마지막 커밋의 스냅샷**이다.

HEAD가 가리키는 스냅샷을 살펴보기는 쉽다. 아래는 HEAD 스냅샷의 디렉터리 리스팅과 각 파일의 SHA-1 체크섬을 보여주는 예제다.

```
$ git cat-file -p HEAD
tree cfda3bf379e4f8dba8717dee55aab78aef7f4daf
author Scott Chacon  1301511835 -0700
committer Scott Chacon  1301511835 -0700

initial commit

$ git ls-tree -r HEAD
100644 blob a906cb2a4a904a152...    README
100644 blob 8f94139338f9404f2...    Rakefile
040000 tree 99f1a6d12cb4b6f19...    lib
```

cat-file와 ls-tree 명령은 일상적으로는 잘 사용하지 않는 저수준 명령이다. 이런 저수준 명령을 "plumbing" 명령이라고 한다. Git이 실제로 무슨 일을 하는지 볼 때 유용하다.

Index

Index는 **바로 다음에 커밋할** 것들이다. 이미 앞에서 우리는 이런 개념을 "Staging Area"라고 배운 바 있다. "Staging Area"는 사용자가 `git commit` 명령을 실행했을 때 Git이 처리할 것들이 있는 곳이다.

먼저 Index는 워킹 디렉터리에서 마지막으로 Checkout한 브랜치의 파일 목록과 파일 내용으로 채워진다. 이후 파일을 변경하고 변경한 내용으로 Index를 업데이트할 수 있다. 이렇게 업데이트하고 `git commit` 명령을 실행하면 Index는 새 커밋으로 변환된다.

```
$ git ls-files -s
100644 a906cb2a4a904a152e80877d4088654daad0c859 0    README
100644 8f94139338f9404f26296befa88755fc2598c289 0    Rakefile
100644 47c6340d6459e05787f644c2447d2595f5d3a54b 0    lib/simplegit.rb
```

또 다른 저수준 ls-files 명령은 훨씬 더 장막 뒤에 가려져 있는 명령으로 이를
실행하면 현재 Index가 어떤 상태인지를 확인할 수 있다.

Index는 엄밀히 말해 트리 구조는 아니다. 사실 Index는 평평한 구조(flattened
manifest)로 구현되어 있다. 여기에서는 쉽게 이해할 수 있도록 그냥 트리라고 설
명한다.

워킹 디렉터리

마지막으로 워킹 디렉터리를 살펴보자. 위의 두 트리는 파일과 그 내용을 효율적
인 형태로 .git 디렉터리에 저장한다. 하지만 사람이 알아보기 어렵다. 워킹 디
렉터리는 실제 파일로 존재한다. 바로 눈에 보이기 때문에 사용자가 편집하기 수
월하다. 워킹 디렉터리는 **샌드박스**로 생각하자. 커밋하기 전에는 Index(Staging
Area)에 올려놓고 얼마든지 변경할 수 있다.

```
$ tree
.
├── README
├── Rakefile
└── lib
    └── simplegit.rb

1 directory, 3 files
```

워크플로

Git의 주목적은 프로젝트의 스냅샷을 지속적으로 저장하는 것이다. 이 트리 세
개를 사용해 더 나은 상태로 관리한다.

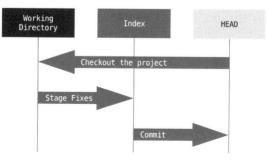

그림 7-2

이 과정을 시각화해보자. 하나의 파일이 있는 디렉터리로 이동한다. 이걸 파일의 v1이라고 하고 파란색으로 표시한다. `git init` 명령을 실행하면 Git 저장소가 생기고 HEAD는 아직 없는 브랜치를 가리킨다(master는 아직 없다).

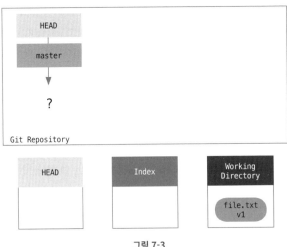

그림 7-3

이 시점에서는 워킹 디렉터리 트리에만 데이터가 있다.

이제 파일을 커밋해보자. `git add` 명령으로 워킹 디렉터리의 내용을 Index로 복사한다.

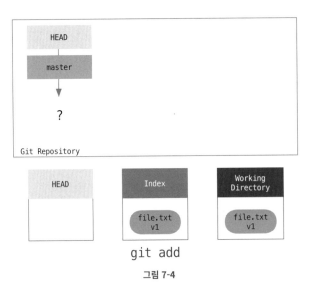

git add

그림 7-4

그리고 `git commit` 명령을 실행한다. 그러면 Index의 내용을 스냅샷으로 영구히 저장하고 그 스냅샷을 가리키는 커밋 객체를 만든다. 그리고는 master가 그 커밋 객체를 가리키도록 한다.

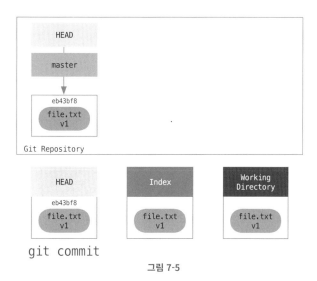

그림 7-5

이때 `git status` 명령을 실행하면 아무런 변경사항이 없다고 나온다. 세 트리 모두가 같기 때문이다.

다시 파일 내용을 바꾸고 커밋해보자. 위에서 했던 것과 과정은 비슷하다. 먼저 워킹 디렉터리의 파일을 고친다. 이를 이 파일의 v2라고 하자. 이건 빨간색으로 표시한다.

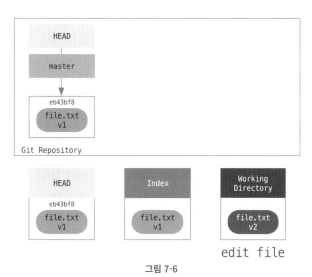

그림 7-6

git status 명령을 바로 실행하면 "Changes not staged for commit," 아래에 빨간색으로 된 파일을 볼 수 있다. Index와 워킹 디렉터리가 다른 내용을 담고 있기 때문에 그렇다. git add 명령을 실행해서 변경사항을 Index에 올려주자.

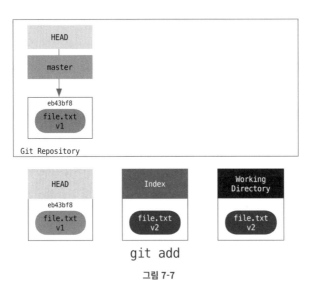

git add

그림 7-7

이 시점에서 git status 명령을 실행하면 "Changes to be committed" 아래에 파일 이름이 녹색으로 변한다. Index와 HEAD의 다른 파일들이 여기에 표시된다. 즉, 다음 커밋할 것과 지금 마지막 커밋이 다르다는 말이다. 마지막으로 git commit 명령을 실행해 커밋한다.

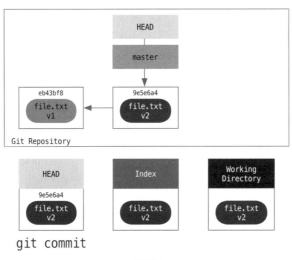

git commit

그림 7-8

이제 git status 명령을 실행하면 아무것도 출력하지 않는다. 세 개의 트리의 내용이 다시 같아졌기 때문이다.

브랜치를 바꾸거나 Clone 명령도 내부에서는 비슷한 절차를 밟는다. 브랜치를 Checkout하면, **HEAD**가 새로운 브랜치를 가리키도록 바뀌고, 새로운 커밋의 스냅샷을 **Index**에 놓는다. 그리고 Index의 내용을 **워킹 디렉터리**로 복사한다.

Reset의 역할

위의 트리 세 개를 이해하면 reset 명령이 어떻게 동작하는지 쉽게 알 수 있다.

예를 들어 file.txt 파일 하나를 수정하고 커밋한다. 이것을 세 번 반복한다. 그러면 히스토리는 아래와 같이 된다.

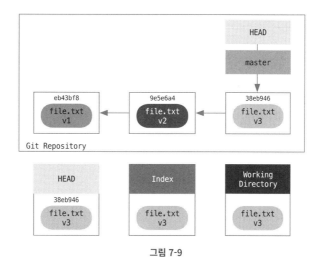

그림 7-9

이제 reset 명령이 정확히 어떤 일을 하는지 낱낱이 파헤쳐보자. reset 명령은 이 세 트리를 간단하고 예측 가능한 방법으로 조작한다. 트리를 조작하는 동작은 세 단계 이하로 이루어진다.

1단계: HEAD 이동

reset 명령이 하는 첫 번째 일은 HEAD 브랜치를 이동시킨다. checkout 명령처럼 HEAD가 가리키는 브랜치를 바꾸지는 않는다. HEAD는 계속 현재 브랜치를 가리키고 있고, 현재 브랜치가 가리키는 커밋을 바꾼다. HEAD가 master 브랜치를 가리키고 있다면(즉 master 브랜치를 Checkout하고 작업하고 있다면) git reset 9e5e6a4 명령은 master 브랜치가 9e5e6a4를 가리키게 한다.

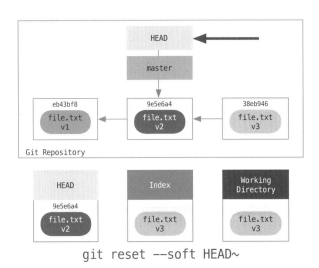

git reset --soft HEAD~

그림 7-10

reset 명령에 커밋을 넘기고 실행하면 언제나 이런 작업을 수행한다. reset --soft 옵션을 사용하면 딱 여기까지 진행하고 동작을 멈춘다.

이제 위의 다이어그램을 보고 어떤 일이 일어난 것인지 생각해보자. reset 명령은 가장 최근의 git commit 명령을 되돌린다. git commit 명령을 실행하면 Git은 새로운 커밋을 생성하고 HEAD가 가리키는 브랜치가 새로운 커밋을 가리키도록 업데이트한다. reset 명령 뒤에 HEAD~(HEAD의 부모 커밋)를 주면 Index나 워킹 디렉터리는 그대로 놔두고 브랜치가 가리키는 커밋만 이전으로 되돌린다. Index를 업데이트한 다음에 git commit 명령를 실행하면 git commit --amend 명령의 결과와 같아진다("7.6 히스토리 단장하기" 참조).

2단계: Index 업데이트 (--mixed)

여기서 `git status` 명령을 실행하면 Index와 reset 명령으로 이동시킨 HEAD 의 다른 점이 녹색으로 출력된다.

reset 명령은 여기서 한 발짝 더 나아가 Index를 현재 HEAD가 가리키는 스냅 샷으로 업데이트할 수 있다.

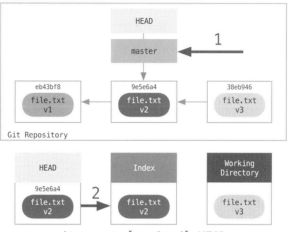

git reset [--mixed] HEAD~

그림 7-11

--mixed 옵션을 주고 실행하면 reset 명령은 여기까지 하고 멈춘다. reset 명령 을 실행할 때 아무 옵션도 주지 않으면 기본적으로 --mixed 옵션으로 동작한다 (예제와 같이 `git reset HEAD~` 처럼 명령을 실행하는 경우).

위의 다이어그램을 보고 어떤 일이 일어날지 한번 더 생각해보자. 가리키는 대상을 가장 최근의 commit으로 되돌리는 것은 같다. 그리고 나서 Staging Area 를 비우기까지 한다. `git commit` 명령도 되돌리고 `git add` 명령까지 되돌리는 것이다.

3단계: 워킹 디렉터리 업데이트 (--hard)

reset 명령은 세 번째로 워킹 디렉터리까지 업데이트한다. --hard 옵션을 사용 하면 reset 명령은 이 단계까지 수행한다.

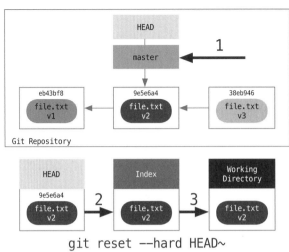

git reset --hard HEAD~

그림 7-12

이 과정은 어떻게 동작하는지 가늠해보자. reset 명령을 통해 git add와 git commit 명령으로 생성한 마지막 커밋을 되돌린다. **그리고** 워킹 디렉터리의 내용까지도 되돌린다.

이 —hard 옵션은 매우 매우 중요하다. reset 명령을 위험하게 만드는 유일한 옵션이다. Git에는 데이터를 실제로 삭제하는 방법이 별로 없다. 이 삭제하는 방법은 그중 하나다. reset 명령을 어떻게 사용하더라도 간단히 결과를 되돌릴 수 있다. 하지만 —hard 옵션은 되돌리는 것이 불가능하다. 이 옵션을 사용하면 워킹 디렉터리의 파일까지 강제로 덮어쓴다. 이 예제는 파일의 **v3** 버전을 아직 Git이 커밋으로 보관하고 있기 때문에 reflog를 이용해서 다시 복원할 수 있다. 만약 커밋한 적 없다면 Git이 덮어쓴 데이터는 복원할 수 없다.

복습

reset 명령은 정해진 순서대로 세 개의 트리를 덮어써 나가다가 옵션에 따라 지정한 곳에서 멈춘다.

1. HEAD가 가리키는 브랜치를 옮긴다. (—soft 옵션이 붙으면 여기까지)
2. Index를 HEAD가 가리키는 상태로 만든다. (—hard 옵션이 붙지 않았으면 여기까지)
3. 워킹 디렉터리를 Index의 상태로 만든다.

경로를 주고 Reset하기

지금까지 reset 명령을 실행하는 기본 형태와 사용 방법을 살펴봤다. reset 명령을 실행할 때 경로를 지정하면 1단계를 건너뛰고 정해진 경로의 파일에만 나머지 reset 단계를 적용한다. 이는 당연한 이야기다. HEAD는 포인터인데 경로에 따라 파일별로 기준이 되는 커밋을 부분적으로 적용하는 건 불가능하다. 하지만 Index나 워킹 디렉터리는 일부분만 갱신할 수 있다. 따라서 2, 3단계는 가능하다.

예를 들어 git reset file.txt 명령을 실행한다고 가정하자. 이 형식은(커밋의 해시값이나 브랜치도 표기하지 않고 --soft나 --hard도 표기하지 않은) git reset --mixed HEAD file.txt를 짧게 쓴 것이다.

1. HEAD의 브랜치를 옮긴다(건너뜀).
2. Index를 HEAD가 가리키는 상태로 만든다(여기서 멈춤).

본질적으로는 file.txt 파일을 HEAD에서 Index로 복사하는 것뿐이다.

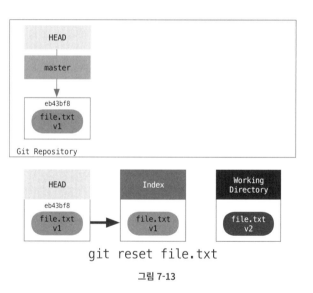

git reset file.txt

그림 7-13

이 명령은 해당 파일을 Unstaged 상태로 만든다. 이 명령의 다이어그램과 git add 명령을 비교해보면 정확히 반대인 것을 알 수 있다.

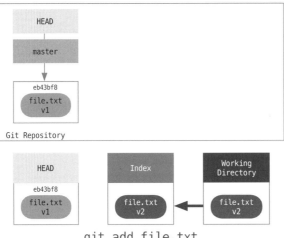

git add file.txt

그림 7-14

이것이 git status 명령에서 이 명령을 보여주는 이유다. 이 명령으로 파일을 Unstaged 상태로 만들 수 있다(더 자세한 내용은 "2.4 되돌리기" 참고).

특정 커밋을 명시하면 Git은 "HEAD에서 파일을 가져오는" 것이 아니라 그 커밋에서 파일을 가져온다. git reset eb43bf file.txt 명령과 같이 실행한다.

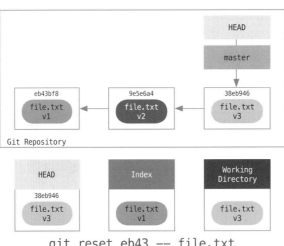

git reset eb43 -- file.txt

그림 7-15

이 명령을 실행한 것과 같은 결과를 만들려면 워킹 디렉터리의 파일을 v1으로 되돌리고 git add 명령으로 Index를 v1으로 만들고 나서 다시 워킹 디렉터리를 v3로 되돌려야 한다(결과만 같다는 얘기다). 이 상태에서 git commit 명령을 실행하면 v1으로 되돌린 파일 내용을 기록한다. 워킹 디렉터리를 사용하지 않았다.

git add 명령처럼 reset 명령도 Hunk 단위로 사용할 수 있다. --patch 옵션을 사용해서 Staging Area에서 Hunk 단위로 Unstaged 상태로 만들 수 있다. 이렇게 선택적으로 Unstaged 상태로 만들거나 내리거나 이전 버전으로 복원시킬 수 있다.

합치기(Squash)

여러 커밋을 하나의 커밋으로 합치는 재밌는 도구를 알아보자.

"oops."나 "WIP", "forgot this file" 같은 깃털처럼 가벼운 커밋들이 있다고 해보자. 이럴 때는 reset 명령으로 커밋들을 하나로 합쳐서 남들에게 똑똑한 척할 수 있다(7장 "커밋 합치기"를 보면 squash 명령어가 따로 있지만, 여기서는 reset 명령을 쓰는 것이 더 간단할 때도 있다는 것을 보여준다).

이런 프로젝트가 있다고 생각해보자. 첫 번째 커밋은 파일 하나를 추가했고, 두 번째 커밋은 기존 파일을 수정하고 새로운 파일도 추가했다. 세 번째 커밋은 첫 번째 파일을 다시 수정했다. 두 번째 커밋은 아직 작업 중인 커밋으로 이 커밋을 세 번째 커밋과 합치고 싶은 상황이다.

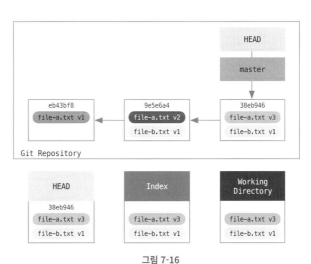

그림 7-16

git reset --soft HEAD~2 명령을 실행하여 HEAD 포인터를 이전 커밋으로 되돌릴 수 있다(히스토리에서 그대로 유지할 처음 커밋 말이다).

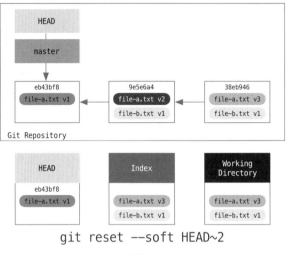

git reset --soft HEAD~2

그림 7-17

이 상황에서 git commit 명령을 실행힌다.

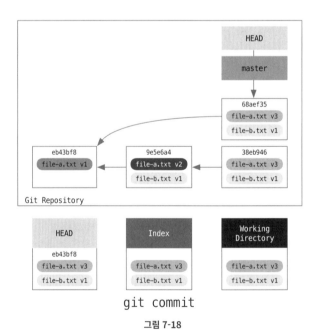

git commit

그림 7-18

이제 사람들에게 공개할만한 히스토리가 만들어졌다. file-a.txt 파일이 있는 v1 커밋이 하나 그대로 있고, 두 번째 커밋에는 v3 버전의 file-a.txt 파일과 새로 추가된 file-b.txt 파일이 있다. v2 버전은 더는 히스토리에 없다.

Checkout

아마도 checkout 명령과 reset 명령에 어떤 차이가 있는지 궁금할 것이다. reset 명령과 마찬가지로 checkout 명령도 위의 세 트리를 조작한다. checkout 명령도 파일 경로를 쓰느냐 안 쓰느냐에 따라 동작이 다르다.

경로 없음

git checkout [branch] 명령은 git reset --hard [branch] 명령과 비슷하게 [branch] 스냅샷을 기준으로 세 트리를 조작한다. 하지만 두 가지 사항이 다르다.

첫 번째로 reset --hard 명령과는 달리 checkout 명령은 워킹 디렉터리를 안전하게 다룬다. 저장하지 않은 것이 있는지 확인해서 날려버리지 않는다는 것을 보장한다. 사실 보기보다 좀 더 똑똑하게 동작한다. 워킹 디렉터리에서 Merge 작업을 한번 시도해보고 변경하지 않은 파일만 업데이트한다. 반면 reset --hard 명령은 확인하지 않고 단순히 모든 것을 바꿔버린다.

두 번째 중요한 차이점은 HEAD를 업데이트하는가이다. reset 명령은 HEAD가 가리키는 브랜치를 움직이지만(브랜치 Refs를 업데이트하지만), checkout 명령은 HEAD 자체를 다른 브랜치로 옮긴다.

예를 들어 각각 다른 커밋을 가리키는 master와 develop 브랜치가 있고 현재 워킹 디렉터리는 develop 브랜치라고 가정해보자(즉 HEAD는 develop 브랜치를 가리킨다). git reset master 명령을 실행하면 develop 브랜치는 master 브랜치가 가리키는 커밋과 같은 커밋을 가리키게 된다. 반면 git checkout master 명령을 실행하면 develop 브랜치가 가리키는 커밋은 바뀌지 않고 HEAD가 master 브랜치를 가리키도록 업데이트된다. 이제 HEAD는 master 브랜치를 가리키게 된다.

그래서 위 두 경우 모두 HEAD는 결과적으로 A 커밋을 가리키게 되지만 방식은 완전히 다르다. reset 명령은 HEAD가 가리키는 브랜치의 포인터를 옮겼고 checkout 명령은 HEAD 자체를 옮겼다.

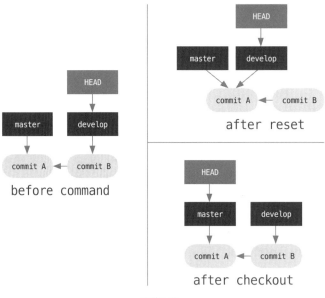

그림 7-19

경로 있음

checkout 명령을 실행할 때에 파일 경로를 줄 수도 있다. reset 명령과 비슷하게 HEAD는 움직이지 않는다. 동작은 git reset [branch] file 명령과 비슷하다. Index의 내용이 해당 커밋 버전으로 변경될 뿐만 아니라 워킹 디렉터리의 파일도 해당 커밋 버전으로 변경된다.

완전히 git reset --hard [branch] file 명령의 동작이랑 같다. 워킹 디렉터리가 안전하지도 않고 HEAD도 움직이지 않는다.

git reset이나 git add 명령처럼 checkout 명령도 --patch 옵션을 사용해서 Hunk 단위로 되돌릴 수 있다.

요약

reset 명령이 좀 더 쉬워졌을 거라 생각한다. 아직 checkout 명령과 정확하게 무엇이 다른지 혼란스럽거나 정확한 사용법을 다 익히지 못했을 수도 있지만 괜찮다.

아래에 어떤 명령이 어떤 트리에 영향을 주는지에 대한 요약표를 준비했다. 명령이 HEAD가 가리키는 브랜치를 움직인다면 "HEAD" 열에 "REF"라고 적혀 있고 HEAD 자체가 움직인다면 "HEAD"라고 적혀 있다. 'WD Safe?' 열을 꼭 보

자. 여기에 NO라고 적혀 있다면 워킹 디렉터리에 저장하지 않은 내용이 안전하지 않기 때문에 해당 명령을 실행하기 전에 한 번쯤 더 생각해보아야 한다.

	HEAD	Index	Workdir	WD Safe?
Commit Level				
reset --soft [commit]	REF	NO	NO	YES
reset [commit]	REF	YES	NO	YES
reset --hard [commit]	REF	YES	YES	**NO**
checkout [commit]	HEAD	YES	YES	YES
File Level				
reset (commit) [file]	NO	YES	NO	YES
checkout (commit) [file]	NO	YES	YES	**NO**

7.8 고급 Merge

Git의 Merge는 진짜 가볍다. Git에서는 브랜치끼리 몇 번이고 Merge하기가 쉽다. 오랫동안 합치지 않은 두 브랜치를 한 번에 Merge하면 거대한 충돌이 발생한다. 조그마한 충돌을 자주 겪고 그걸 풀어나감으로써 브랜치를 최신으로 유지하는 게 낫다.

하지만 가끔 까다로운 충돌도 발생한다. 다른 버전 관리 시스템과 달리 Git은 충돌이 나면 모호한 상황까지 해결하려 들지 않는다. Git의 철학은 Merge가 잘될지 아닐지 판단하는 것을 잘 하자이다. 충돌이 나도 자동으로 해결하려고 노력하지 않는다. 오랫동안 따로 유지한 두 브랜치를 Merge하려면 몇 가지 해야할 일이 있다.

이 절에서는 어떤 Git 명령을 사용해서 무슨 일을 해야 하는지 알아보자. 그 외에도 특수한 상황에서 사용하는 Merge 방법과 Merge를 잘 마무리하는 방법을 소개한다.

Merge 충돌

"3.2 브랜치와 Merge의 기초"에서 기초적인 Merge 충돌 해결에 대해서 다뤘다. Git은 복잡한 Merge 충돌이 났을 때 필요한 도구도 가지고 있다. 무슨 일이 일어났고 어떻게 해결하는 게 나은지 알 수 있다.

Merge할 때는 충돌이 날 수 있어서 Merge하기 전에 워킹 디렉터리를 깔끔히 정리하는 것이 좋다. 워킹 디렉터리에 작업하던 게 있다면 임시 브랜치에 커밋하거나 Stash해둔다. 그래야 어떤 일이 일어나도 다시 되돌릴 수 있다. 작업 중인 파일을 저장하지 않은 채로 Merge하면 작업했던 일부를 잃을 수도 있다.

매우 간단한 예제를 따라가 보자. 현재 'hello world'를 출력하는 Ruby 파일을 하나 가지고 있다.

```
#! /usr/bin/env ruby

def hello
  puts 'hello world'
end

hello()
```

저장소에 whitespace 브랜치를 생성하고 모든 유닉스 개행을 DOS 개행으로 바꾸어 커밋한다. 파일의 모든 라인이 바뀌었지만, 공백만 바뀌었다. 그 후 "hello world" 문자열을 "hello mundo"로 바꾼 다음에 커밋한다.

```
$ git checkout -b whitespace
Switched to a new branch 'whitespace'

$ unix2dos hello.rb
unix2dos: converting file hello.rb to DOS format ...
$ git commit -am 'converted hello.rb to DOS'
[whitespace 3270f76] converted hello.rb to DOS
 1 file changed, 7 insertions(+), 7 deletions(-)

$ vim hello.rb
$ git diff -b
diff --git a/hello.rb b/hello.rb
index ac51efd..e85207e 100755
--- a/hello.rb
+++ b/hello.rb
@@ -1,7 +1,7 @@
 #! /usr/bin/env ruby

 def hello
-  puts 'hello world'
+  puts 'hello mundo'^M
 end

 hello()

$ git commit -am 'hello mundo change'
[whitespace 6d338d2] hello mundo change
 1 file changed, 1 insertion(+), 1 deletion(-)
```

master 브랜치로 다시 이동한 다음에 함수에 대한 설명을 추가한다.

```
$ git checkout master
Switched to branch 'master'

$ vim hello.rb
$ git diff
diff --git a/hello.rb b/hello.rb
index ac51efd..36c06c8 100755
--- a/hello.rb
+++ b/hello.rb
@@ -1,5 +1,6 @@
 #! /usr/bin/env ruby

+# prints out a greeting
 def hello
   puts 'hello world'
 end

$ git commit -am 'document the function'
[master bec6336] document the function
 1 file changed, 1 insertion(+)
```

이때 whitespace 브랜치를 Merge하면 공백 변경 탓에 충돌이 난다.

```
$ git merge whitespace
Auto-merging hello.rb
CONFLICT (content): Merge conflict in hello.rb
Automatic merge failed; fix conflicts and then commit the result.
```

Merge 취소하기

Merge 중에 발생한 충돌을 해결하는 방법은 몇 가지가 있다. 첫 번째는 그저 이 상황을 벗어나는 것이다. 예상하던 일도 아니고 지금 당장 처리할 일도 아니라면 git merge --abort 명령으로 간단히 Merge하기 전으로 되돌린다.

```
$ git status -sb
# # master
UU hello.rb

$ git merge --abort

$ git status -sb
# # master
```

git merge --abort 명령은 Merge하기 전으로 되돌린다. 완전히 뒤로 되돌리지 못하는 유일한 경우는 Merge 전에 워킹 디렉터리에서 Stash하지 않았거나 커밋하지 않은 파일이 존재하고 있었을 때뿐이다. 그 외에는 잘 돌아간다.

어떤 이유로든 Merge를 처음부터 다시 하고 싶다면 `git reset --hard HEAD` 명령으로 되돌릴 수 있다. 이 명령은 워킹 디렉터리를 그 시점으로 완전히 되돌려서 저장하지 않은 것은 사라진다는 점에 주의하자.

공백 무시하기

공백 때문에 충돌이 날 때도 있다. 단순한 상황이고 실제로 충돌 난 파일을 살펴봤을 때 한쪽의 모든 라인이 지워지고 다른 쪽에는 추가됐기 때문에 간단하다고 할 수 있다. 기본적으로 Git은 이런 모든 라인이 변경됐다고 인지하여 Merge할 수 없다.

기본 Merge 전략은 공백의 변화는 무시하도록 하는 옵션을 주는 것이다. Merge할 때 무수한 공백 때문에 문제가 생기면 그냥 Merge를 취소한 다음 -Xignore-all-space나 -Xignore-space-change 옵션을 주어 다시 Merge한다. 첫 번째 옵션은 **모든** 공백을 무시하고 두 번째 옵션은 뭉쳐 있는 공백을 하나로 취급한다.

```
$ git merge -Xignore-space-change whitespace
Auto-merging hello.rb
Merge made by the 'recursive' strategy.
 hello.rb | 2 +-
 1 file changed, 1 insertion(+), 1 deletion(-)
```

위 예제는 모든 공백 변경사항을 무시하면 실제 파일은 충돌 나지 않고 모든 Merge가 잘 실행된다.

팀원 중 누군가 스페이스를 탭으로 바꾸거나 탭을 스페이스로 바꾸는 짓을 했을 때 이 옵션이 그대를 구원해 준다.

수동으로 Merge하기

Merge 작업할 때 공백 처리 옵션을 사용하면 Git이 꽤 잘해준다. 하지만 Git이 자동으로 해결하지 못하는 때도 있다. 이럴 때는 외부 도구의 도움을 받아 해결한다. 예를 들어 Git이 자동으로 해결해주지 못하는 상황에 부닥치면 직접 손으로 해결해야 한다.

파일을 dos2unix로 변환하고 Merge하면 된다. 이걸 Git에서 어떻게 하는지 살펴보자.

먼저 Merge 충돌 상태에 있다고 치자. 현시점의 파일과 Merge할 파일, 공통 조상의 파일이 필요하다. 이 파일들로 어쨌든 잘 Merge되도록 수정하고 다시 Merge를 시도해야 한다.

우선 세 가지 버전의 파일을 얻는 건 쉽다. Git은 세 버전의 모든 파일에 "stages" 숫자를 붙여서 Index에 다 가지고 있다. Stage 1는 공통 조상 파일, Stage 2는 현재 개발자의 버전에 해당하는 파일, Stage 3은 MERGE_HEAD가 가리키는 커밋의 파일이다.

git show 명령으로 각 버전의 파일을 꺼낼 수 있다.

```
$ git show :1:hello.rb > hello.common.rb
$ git show :2:hello.rb > hello.ours.rb
$ git show :3:hello.rb > hello.theirs.rb
```

좀 더 저수준으로 파고들자면 ls-files -u 명령을 사용한다. 이 명령은 Plumbing 명령으로 각 파일을 나타내는 Git Blob의 SHA를 얻을 수 있다.

```
$ git ls-files -u
100755 ac51efdc3df4f4fd328d1a02ad05331d8e2c9111 1	hello.rb
100755 36c06c8752c78d2aff89571132f3bf7841a7b5c3 2	hello.rb
100755 e85207e04dfdd5eb0a1e9febbc67fd837c44a1cd 3	hello.rb
```

:1:hello.rb는 그냥 Blob SHA-1를 지칭하는 줄임말이다.

이제 워킹 디렉터리에 세 버전의 파일을 모두 가져왔다. 공백 문제를 수동으로 고친 다음에 다시 Merge한다. Merge할 때에는 'git merge-file' 명령을 이용한다.

```
$ dos2unix hello.theirs.rb
dos2unix: converting file hello.theirs.rb to Unix format ...

$ git merge-file -p \
    hello.ours.rb hello.common.rb hello.theirs.rb > hello.rb

$ git diff -b
diff --cc hello.rb
index 36c06c8,e85207e..0000000
--- a/hello.rb
+++ b/hello.rb
@@@ -1,8 -1,7 +1,8 @@@
  #! /usr/bin/env ruby

 +# prints out a greeting
  def hello
-   puts 'hello world'
+   puts 'hello mundo'
  end

  hello()
```

이렇게 해서 멋지게 Merge가 완료된 파일을 얻었다. 사실 이것이 ignore-all-space 옵션을 사용하는 것보다 더 나은 방법이다. 왜냐면 공백을 무시하지 않고 실제로 고쳤기 때문이다. ignore-all-space 옵션을 사용한 Merge에서는 여전히 DOS의 개행 문자가 남아서 한 파일에 두 형식의 개행문자가 뒤섞인다.

Merge 커밋을 완료하기 전에 양쪽 부모에 대해서 무엇이 바뀌었는지 확인하려면 git diff를 사용한다. 이 명령을 이용하면 Merge의 결과로 워킹 디렉터리에 무엇이 바뀌었는지 알 수 있다. 한번 자세히 살펴보자.

Merge 후의 결과를 Merge하기 전의 브랜치와 비교하려면, 다시 말해 무엇이 합쳐졌는지 알려면 git diff --ours 명령을 실행한다.

```
$ git diff --ours
* Unmerged path hello.rb
diff --git a/hello.rb b/hello.rb
index 36c06c8..44d0a25 100755
--- a/hello.rb
+++ b/hello.rb
@@ -2,7 +2,7 @@

 # prints out a greeting
 def hello
-  puts 'hello world'
+  puts 'hello mundo'
 end

 hello()
```

위의 결과에서 Merge를 했을 때 현재 브랜치에서는 무엇을 추가했는지를 알 수 있다.

Merge할 파일을 가져온 쪽과 비교해서 무엇이 바뀌었는지 보려면 git diff --theirs를 실행한다. 아래 예제에서는 공백을 빼고 비교하기 위해 -b 옵션을 같이 써주었다.

```
$ git diff --theirs -b
* Unmerged path hello.rb
diff --git a/hello.rb b/hello.rb
index e85207e..44d0a25 100755
--- a/hello.rb
+++ b/hello.rb
@@ -1,5 +1,6 @@
 #! /usr/bin/env ruby

+# prints out a greeting
 def hello
   puts 'hello mundo'
 end
```

마지막으로 git diff --base를 사용해서 양쪽 모두와 비교하여 바뀐 점을 알아본다.

```
$ git diff --base -b
* Unmerged path hello.rb
diff --git a/hello.rb b/hello.rb
index ac51efd..44d0a25 100755
--- a/hello.rb
+++ b/hello.rb
@@ -1,7 +1,8 @@
 #! /usr/bin/env ruby

+# prints out a greeting
 def hello
-  puts 'hello world'
+  puts 'hello mundo'
 end

 hello()
```

수동 Merge를 위해서 만들었던 각종 파일은 이제 필요 없으니 git clean 명령을 실행해서 지워준다.

```
$ git clean -f
Removing hello.common.rb
Removing hello.ours.rb
Removing hello.theirs.rb
```

충돌 파일 Checkout

앞서 살펴본 여러 가지 방법으로 충돌을 해결했지만 바라던 결과가 아닐 수도 있고 심지어 결과가 잘 동작하지 않아 충돌을 직접 수동으로 더 많은 정보를 살펴보며 해결해야 하는 경우도 있다.

예제를 조금 바꿔보자. 이번 예제에서는 긴 호흡의 브랜치 두 개가 있다. 각 브랜치에는 몇 개의 커밋이 있는데 양쪽은 Merge할 때 반드시 충돌이 날 만한 내용이 들어 있다.

```
$ git log --graph --oneline --decorate --all
* f1270f7 (HEAD, master) update README
* 9af9d3b add a README
* 694971d update phrase to hola world
| * e3eb223 (mundo) add more tests
| * 7cff591 add testing script
| * c3ffff1 changed text to hello mundo
|/
* b7dcc89 initial hello world code
```

master에만 있는 세 개의 커밋과 mundo 브랜치에만 존재하는 또 다른 세 개의 커밋이 있다. master 브랜치에서 mundo 브랜치를 Merge하면 충돌이 난다.

```
$ git merge mundo
Auto-merging hello.rb
CONFLICT (content): Merge conflict in hello.rb
Automatic merge failed; fix conflicts and then commit the result.
```

해당 파일을 열어서 충돌이 발생한 내용을 보면 아래와 같다.

```
#! /usr/bin/env ruby

def hello
<<<<<<< HEAD
  puts 'hola world'
=======
  puts 'hello mundo'
>>>>>>> mundo
end

hello()
```

양쪽 브랜치에서 추가된 부분이 이 파일에 다 적용됐다. 적용한 커밋 중 파일의 같은 부분을 수정해서 위와 같은 충돌이 생긴다.

충돌을 해결하는 몇 가지 도구에 대해 알아보자. 어쩌면 이 충돌을 어떻게 해결해야 하는지 명확하지 않을 수도 있다. 맥락을 좀 더 살펴봐야 하는 상황 말이다.

git checkout 명령에 --conflict 옵션을 붙여 사용하는 게 좋은 방법이 될 수 있다. 이 명령은 파일을 다시 Checkout받아서 충돌 표시된 부분을 교체한다. 충돌 난 부분은 원래의 코드로 되돌리고 다시 고쳐보려고 할 때 알맞은 도구다.

--conflict 옵션에는 diff3나 merge를 넘길 수 있고 merge가 기본값이다. --conflict 옵션에 diff3를 사용하면 Git은 약간 다른 모양의 충돌 표시를 남긴다. "ours"나 "theirs" 말고도 "base" 버전의 내용까지 제공한다.

```
$ git checkout --conflict=diff3 hello.rb
```

위 명령을 실행하면 아래와 같은 결과가 나타난다.

```
#! /usr/bin/env ruby

def hello
<<<<<<< ours
```

```
  puts 'hola world'
||||||| base
  puts 'hello world'
=======
  puts 'hello mundo'
>>>>>>> theirs
end

hello()
```

이런 형태의 충돌 표시를 계속 보고 싶다면 기본으로 사용하도록 `merge.conflictstyle` 설정 값을 `diff3`로 설정한다.

```
$ git config --global merge.conflictstyle diff3
```

`git checkout` 명령도 `--ours`와 `--theirs` 옵션을 지원한다. 이 옵션은 Merge하지 않고 둘 중 한쪽만을 선택할 때에 사용한다.

이 옵션은 바이너리 파일이 충돌 나서 한쪽을 선택해야 하는 상황이나 한쪽 브랜치의 온전한 파일을 원할 때 사용할 수 있다. 일단 Merge하고 나서 특정 파일만 Checkout한 후에 커밋하는 방법도 있다.

Merge 로그

`git log` 명령은 충돌을 해결할 때도 도움이 된다. 로그에는 충돌을 해결할 때 도움이 될 만한 정보가 있을 수 있다. 과거를 살짝 들춰보면 개발 당시에 같은 곳을 고쳐야만 했던 이유를 밝혀내는 데 도움이 된다.

"Triple Dot" 문법을 이용하면 Merge에 사용한 양 브랜치의 모든 커밋의 목록을 얻을 수 있다. 자세한 문법은 7.1절 "Triple Dot"을 참고한다.

```
$ git log --oneline --left-right HEAD...MERGE_HEAD
< f1270f7 update README
< 9af9d3b add a README
< 694971d update phrase to hola world
> e3eb223 add more tests
> 7cff591 add testing script
> c3ffff1 changed text to hello mundo
```

위와 같이 총 6개의 커밋을 볼 수 있다. 커밋이 어떤 브랜치에서 온 것인지 보여준다.

맥락에 따라 필요한 결과만 추려 볼 수도 있다. `git log` 명령에 `--merge` 옵션을 추가하면 충돌이 발생한 파일이 속한 커밋만 보여준다.

```
$ git log --oneline --left-right --merge
< 694971d update phrase to hola world
> c3ffff1 changed text to hello mundo
```

--merge 대신 -p를 사용하면 충돌 난 파일의 변경사항만 볼 수 있다. 이건 왜 충돌이 났는지 또 이를 해결하기 위해 어떻게 해야 하는지 이해하는 데 **진짜로** 유용하다.

Combined Diff 형식

Merge가 성공적으로 끝난 파일은 Staging Area에 올려놓았다. 이 상태에서 충돌 난 파일들이 그대로 있을 때 git diff 명령을 실행하면 충돌 난 파일이 무엇인지 알 수 있다. 어떤 걸 더 고쳐야 하는지 아는 데에 도움이 된다.

Merge하다가 충돌이 났을 때 git diff 명령을 실행하면 꽤 생소한 Diff 결과를 보여준다.

```
$ git diff
diff --cc hello.rb
index 0399cd5,59727f0..0000000
--- a/hello.rb
+++ b/hello.rb
@@@ -1,7 -1,7 +1,11 @@@
  #! /usr/bin/env ruby

  def hello
++<<<<<<< HEAD
 +  puts 'hola world'
++=======
+   puts 'hello mundo'
++>>>>>>> mundo
  end

  hello()
```

이런 형식을 "Combined Diff"라고 한다. 각 라인은 두 개의 칼럼으로 구분할 수 있다. 첫 번째 칼럼은 "ours" 브랜치와 워킹 디렉터리의 차이(추가 또는 삭제)를 보여준다. 두 번째 칼럼은 "theirs"와 워킹 디렉터리 사이의 차이를 나타낸다.

이 예제에서 <<<<<와 >>>>>> 충돌 마커 표시는 어떤 쪽에도 존재하지 않고 추가된 코드라는 것을 알 수 있다. 이 표시는 Merge 도구가 만들어낸 코드이기 때문이다. 물론 이 표시는 지워야 하는 라인이다.

충돌을 다 해결하고 git diff 명령을 다시 실행하면 아래와 같이 보여준다. 이 결과도 유용하다.

```
$ vim hello.rb
$ git diff
diff --cc hello.rb
index 0399cd5,59727f0..0000000
--- a/hello.rb
+++ b/hello.rb
@@@ -1,7 -1,7 +1,7 @@@
  #! /usr/bin/env ruby

  def hello
-   puts 'hola world'
 -  puts 'hello mundo'
++  puts 'hola mundo'
  end

  hello()
```

이 결과는 세 가지 사실을 보여준다. "hola world"는 Our 브랜치에 있었지만 워킹 디렉터리에는 없다. "hello mundo"는 Their 브랜치에 있었지만 워킹 디렉터리에는 없다. "hola mundo"는 어느 쪽 브랜치에도 없고 워킹 디렉터리에는 있다. 충돌을 해결하고 마지막으로 확인하고 나서 커밋하는 데 유용하다.

이 정보를 git log 명령을 통해서도 얻을 수 있다. Merge 후에 무엇이 어떻게 바뀌었는지 알아야 할 때 유용하다. Merge 커밋에 대해서 git show 명령을 실행하거나 git log -p에 --cc 옵션을 추가해도 같은 결과를 얻을 수 있다. git log -p 명령은 기본적으로 Merge 커밋이 아닌 커밋의 Patch를 출력한다.

```
$ git log --cc -p -1
commit 14f41939956d80b9e17bb8721354c33f8d5b5a79
Merge: f1270f7 e3eb223
Author: Scott Chacon <schacon@gmail.com>
Date:   Fri Sep 19 18:14:49 2014 +0200

    Merge branch 'mundo'

    Conflicts:
        hello.rb

diff --cc hello.rb
index 0399cd5,59727f0..e1d0799
--- a/hello.rb
+++ b/hello.rb
@@@ -1,7 -1,7 +1,7 @@@
  #! /usr/bin/env ruby

  def hello
-   puts 'hola world'
 -  puts 'hello mundo'
++  puts 'hola mundo'
  end
  hello()
```

Merge 되돌리기

지금까지 Merge하는 방법을 배웠으나 Merge할 때 실수할 수도 있다. Git에서는 실수해도 된다. 실수해도 (대부분 간단하게) 되돌릴 수 있다.

Merge 커밋도 예외는 아니다. 토픽 브랜치에서 일을 하다가 master로 잘못 Merge했다고 생각해보자. 커밋 히스토리는 아래와 같다.

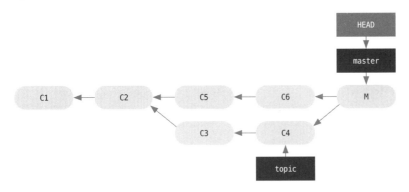

그림 7-20 우발적인 Merge 커밋

접근 방식은 원하는 결과에 따라 두 가지로 나눌 수 있다.

Refs 수정

실수로 생긴 Merge 커밋이 로컬 저장소에만 있을 때는 브랜치를 원하는 커밋을 가리키도록 옮기기가 쉽고 빠르다. 잘못 Merge하고 나서 `git reset --hard HEAD~` 명령으로 브랜치를 되돌리면 된다.

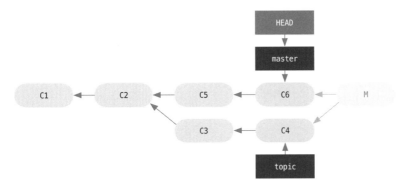

그림 7-21 `git reset --hard HEAD~` 실행 후의 히스토리

reset에 대해서는 이미 앞의 "7.7 Reset 명확히 알고 가기"에서 다뤘었기 때문에 이 내용이 그리 어렵진 않을 것이다. 간단하게 복습해보자. reset --hard 명령 은 아래의 세 단계로 수행한다.

1. HEAD의 브랜치를 지정한 위치로 옮긴다. 이 경우엔 master 브랜치를 Merge 커밋(C6) 이전으로 되돌린다.
2. Index를 HEAD의 내용으로 바꾼다.
3. 워킹 디렉터리를 Index의 내용으로 바꾼다.

이 방법의 단점은 히스토리를 다시 쓴다는 것이다. 다른 사람들과 공유된 저장 소에서 히스토리를 덮어쓰면 문제가 생길 수 있다. 무슨 문제가 일어나는지 알 고 싶다면 3.6절 "Rebase의 위험성"을 참고하자. 간단히 말해 다시 쓰는 커밋 이 이미 다른 사람들과 공유한 커밋이라면 reset 하지 않는 게 좋다. 이 방법은 Merge하고 나서 다른 커밋을 생성했다면 제대로 동작하지 않는다. HEAD를 이 동시키면 Merge 이후에 만든 커밋을 잃어버린다.

커밋 되돌리기

브랜치를 옮기지 못할 경우는 모든 변경사항을 취소하는 새로운 커밋을 만들 수 도 있다. Git에서 이 기능을 "revert"라고 부른다. 지금의 경우엔 아래처럼 실행 한다.

```
$ git revert -m 1 HEAD
[master b1d8379] Revert "Merge branch 'topic'"
```

-m 1 옵션은 부모가 보호되어야 하는 "mainline"이라는 것을 나타낸다. HEAD로 Merge를 했을 때(git merge topic1) Merge 커밋은 두 개의 부모 커밋을 가진다. 첫 번째 부모 커밋은 HEAD(C6)이고 두 번째 부모 커밋은 Merge 대상 브랜치(C4) 이다. 두 번째 부모 커밋(C4)에서 받아온 모든 변경사항을 되돌리고 첫 번째 부 모(C6)로부터 받아온 변경사항은 남겨두고자 하는 상황이다.

변경사항을 되돌린 커밋은 히스토리에서 아래와 같이 보인다.

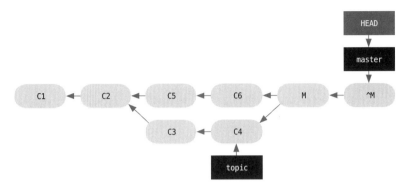

그림 7-22 `git revert -m 1` 실행 후의 히스토리

새로 만든 커밋 ^M은 C6와 내용이 완전히 똑같다. 잘못 Merge한 커밋까지 HEAD
의 히스토리에서 볼 수 있다는 것 말고는 Merge하지 않은 것과 같다. topic 브
랜치를 master 브랜치에 다시 Merge하면 Git은 아래와 같이 어리둥절해한다.

```
$ git merge topic
Already up-to-date.
```

이미 Merge했던 topic 브랜치에는 더는 master 브랜치로 Merge할 내용이 없다.
상황을 더 혼란스럽게 하는 경우는 topic에서 뭔가 더 일하고 다시 Merge하는
경우이다. Git은 Merge 이후에 새로 만들어진 커밋만 가져온다.

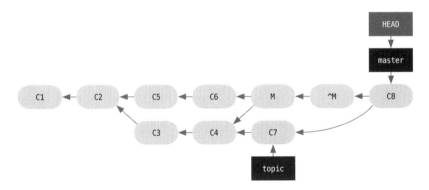

그림 7-23 좋지 않은 Merge가 있는 히스토리

이러면 가장 좋은 방법은 되돌렸던 Merge 커밋을 다시 되돌리는 것이다. 이후
에 추가한 내용을 새 Merge 커밋으로 만드는 게 좋다.

```
$ git revert ^M
[master 09f0126] Revert "Revert "Merge branch 'topic'""
$ git merge topic
```

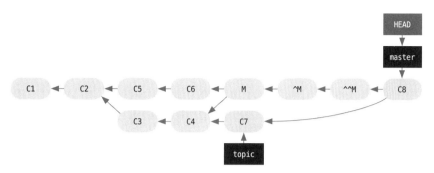

그림 7-24 되돌린 Merge를 다시 Merge한 후의 히스토리

위 예제에서는 M과 ^M이 상쇄됐다. ^^M은 C3와 C4의 변경사항을 담고 있고 C8은 C7의 내용을 훌륭하게 Merge했다. 이리하여 현재 topic 브랜치를 완전히 Merge 한 상태가 됐다.

다른 방식의 Merge

지금까지 두 브랜치를 평범하게 Merge하는 방법에 대해 알아보았다. Merge는 보통 "recursive" 전략을 사용한다. 브랜치를 한번에 Merge하는 방법은 여러 가 지다. 그 중 몇 개만 간단히 알아보자.

Our/Their 선택하기

먼저 일반적인 "recursive" 전략을 사용하는 Merge 작업을 할 때 유용한 옵션을 소개한다. 앞에서 ignore-all-space와 ignore-space-change 기능을 -X 옵션에 붙여 쓰는 것을 보았다. 이 -X 옵션은 충돌이 나 어느 쪽을 선택할 때에도 사용 한다.

아무 옵션도 지정하지 않고 두 브랜치를 Merge하면 Git은 코드에 충돌 난 곳을 표시하고 해당 파일을 충돌 난 파일로 표시해준다. 충돌을 직접 해결하는 게 아니라 미리 Git에 충돌이 났을 때 두 브랜치 중 한쪽을 선택하라고 알려줄 수 있 다. merge 명령을 사용할 때 -Xours나 Xtheirs 옵션을 추가하면 된다.

Git에 이 옵션을 주면 충돌 표시가 남지 않는다. Merge가 가능하면 Merge될 것이고 충돌이 나면 사용자가 명시한 쪽의 내용으로 대체한다. 바이너리 파일도 똑같다.

"hello world" 예제로 돌아가서 다시 Merge를 해보자. Merge를 하면 충돌이 나는 것을 볼 수 있다.

```
$ git merge mundo
Auto-merging hello.rb
CONFLICT (content): Merge conflict in hello.rb
Resolved 'hello.rb' using previous resolution.
Automatic merge failed; fix conflicts and then commit the result.
```

하지만 -Xours나 -Xtheirs 옵션을 주면 충돌이 났다는 소리가 없다.

```
$ git merge -Xours mundo
Auto-merging hello.rb
Merge made by the 'recursive' strategy.
 hello.rb | 2 +-
 test.sh  | 2 ++
 2 files changed, 3 insertions(+), 1 deletion(-)
 create mode 100644 test.sh
```

한쪽 파일에는 "hello mundo"가 있고 다른 파일에는 "hola world"가 있다. 이 Merge에서 충돌 표시를 하는 대신 간단히 "hola world"를 선택한다. 충돌 나지 않은 나머지는 잘 Merge된다.

이 옵션은 `git merge-file` 명령에도 사용할 수 있다. 앞에서 이미 `git merge-file --ours` 같이 실행해서 파일을 따로따로 Merge했다.

이런 식의 동작을 원하지만 애초에 Git이 Merge 시도조차 하지 않는 자비 없는 옵션도 있다. "ours" Merge 전략이다. 이 전략은 Recursive Merge 전략의 "ours" 옵션과는 다르다.

이 작업은 기본적으로 거짓으로 Merge한다. 그리고 양 브랜치를 부모로 삼는 새 Merge 커밋을 만든다. 하지만 Their 브랜치는 참고하지 않는다. Our 브랜치의 코드를 그대로 사용하고 Merge한 것처럼 기록할 뿐이다.

```
$ git merge -s ours mundo
Merge made by the 'ours' strategy.
$ git diff HEAD HEAD~
$
```

지금 있는 브랜치와 Merge 결과가 다르지 않다는 것을 알 수 있다.

이 ours 전략을 이용해 이미 Merge가 되었다고 Git을 속이고 실제로는 Merge를 나중에 수행한다. 예를 들어 release 브랜치를 만들고 여기에도 코드를 추가했다. 언젠가 이것을 master 브랜치에도 Merge해야 하지만 아직은 하지 않았다. 그리고 master 브랜치에서 bugfix 브랜치를 만들어 버그를 수정하고 이것을 release 브랜치에도 적용(Backport)해야 한다. bugfix 브랜치를 release 브랜치로 Merge하고 이미 포함된 master 브랜치에도 merge -s ours 명령으로 Merge

해 둔다. 이렇게 하면 나중에 release 브랜치를 Merge할 때 버그 수정에 대한 커밋으로 충돌이 일어나지 않게끔 할 수 있다.

서브트리 Merge

서브트리 Merge의 개념은 프로젝트 두 개가 있을 때 한 프로젝트를 다른 프로젝트의 하위 디렉터리로 매핑하여 사용하는 것이다. Merge 전략으로 서브트리 (Subtree)를 사용하는 경우 Git은 매우 똑똑하게 서브트리를 찾아서 메인 프로젝트로 서브프로젝트의 내용을 Merge한다.

한 저장소에 완전히 다른 프로젝트의 리모트 저장소를 추가하고 데이터를 가져와서 Merge까지 하는 과정을 살펴보자.

먼저 Rack 프로젝트를 현재 프로젝트에 추가한다. Rack 프로젝트의 리모트 저장소를 현재 프로젝트의 리모트로 추가하고 Rack 프로젝트의 브랜치와 히스토리를 가져와(Fetch) 확인한다.

```
$ git remote add rack_remote https://github.com/rack/rack
$ git fetch rack_remote
warning: no common commits
remote: Counting objects: 3184, done.
remote: Compressing objects: 100% (1465/1465), done.
remote: Total 3184 (delta 1952), reused 2770 (delta 1675)
Receiving objects: 100% (3184/3184), 677.42 KiB | 4 KiB/s, done.
Resolving deltas: 100% (1952/1952), done.
From https://github.com/rack/rack
 * [new branch]      build      -> rack_remote/build
 * [new branch]      master     -> rack_remote/master
 * [new branch]      rack-0.4   -> rack_remote/rack-0.4
 * [new branch]      rack-0.9   -> rack_remote/rack-0.9
$ git checkout -b rack_branch rack_remote/master
Branch rack_branch set up to track remote branch refs/remotes/rack_remote/
master.
Switched to a new branch "rack_branch"
```

Rack 프로젝트의 브랜치인 rack_branch를 만들었다. 원 프로젝트는 master 브랜치에 있다. checkout 명령으로 두 브랜치를 이동하면 전혀 다른 두 프로젝트가 한 저장소에 있는 것처럼 보인다.[1]

```
$ ls
AUTHORS        KNOWN-ISSUES   Rakefile      contrib        lib
COPYING        README         bin           example        test
$ git checkout master
```

---

1 (옮긴이) git fetch rack_remote 명령의 결과에서 warning: no common commits 메시지를 주목해야 한다.

```
Switched to branch "master"
$ ls
README
```

상당히 이상한 방식으로 Git을 활용한다. 저장소의 브랜치가 꼭 같은 프로젝트가 아닐 수도 있다. Git에서는 전혀 다른 브랜치를 쉽게 만들 수 있다. 물론 이렇게 사용하는 경우는 드물다.

Rack 프로젝트를 master 브랜치의 하위 디렉터리로 만들 수 있다. 이는 git read-tree 명령을 사용한다. read-tree 명령과 같이 저수준 명령에 관련된 많은 내용은 10장 "Git의 내부"에서 다룬다. 간단히 말하자면 read-tree 명령은 어떤 브랜치로부터 루트 트리를 읽어서 현재 Staging Area나 워킹 디렉터리로 가져온다. master 브랜치로 다시 Checkout하고 rack_branch 브랜치를 rack이라는 master 브랜치의 하위 디렉터리로 만들어보자.

```
$ git read-tree --prefix=rack/ -u rack_branch
```

이제 커밋하면 Rack 프로젝트의 모든 파일이 Tarball 압축파일을 풀어서 소스코드를 포함한 것 같이 커밋에 새로 추가된다. 이렇게 쉽게 한 브랜치의 내용을 다른 브랜치에 Merge시킬 수 있다는 점이 흥미롭지 않은가? Rack 프로젝트가 업데이트되면 Pull해서 master 브랜치도 적용할 수 있을까?

```
$ git checkout rack_branch
$ git pull
```

위의 명령을 실행하고 업데이트된 결과를 master 브랜치로 다시 Merge한다. Recursive Merge 전략 옵션인 -Xsubtree 옵션과 --squash 옵션을 함께 사용하면 같은 커밋 메시지로 업데이트할 수 있다(Recursive 전략이 기본 전략이지만 설명을 위해서 사용한다).

```
$ git checkout master
$ git merge --squash -s recursive -Xsubtree=rack rack_branch
Squash commit -- not updating HEAD
Automatic merge went well; stopped before committing as requested
```

위 명령을 실행하면 Rack 프로젝트에서 변경된 모든 부분이 master 브랜치로 반영되고 커밋할 준비가 완료된다. 반대로 rack 하위 디렉터리에서 변경한 내용을 rack_branch로 Merge하는 것도 가능하다. 변경한 것을 메인테이너에게 보내거나 Upstream에 Push한다.

이런 방식은 서브모듈("7.11 서브모듈"에서 자세하게 다룬다)을 사용하지 않고 서브모듈을 관리하는 또 다른 워크플로이다. 하나의 저장소 안에 다른 프로젝트까지 유지하면서 서브트리 Merge 전략으로 업데이트도 할 수 있다. 프로젝트에 필요한 코드를 하나의 저장소에서 관리할 수 있다. 다만, 이렇게 저장소를 관리하는 방법은 저장소를 다루기 좀 복잡하고 통합할 때 실수하기 쉽다. 엉뚱한 저장소로 Push해버릴 가능성도 있다.

diff 명령으로 rack 하위 디렉터리와 rack_branch의 차이를 볼 때도 이상하다. Merge하기 전에 두 차이를 보고 싶어도 diff 명령을 사용할 수 없다.

대신 git diff-tree 명령이 준비돼 있다.

```
$ git diff-tree -p rack_branch
```

혹은 rack 하위 디렉터리가 Rack 프로젝트의 리모트 저장소의 master 브랜치와 어떤 차이가 있는지 살펴보고 싶을 수도 있다. 마지막으로 Fetch한 리모트의 master 브랜치와 비교하려면 아래와 같은 명령을 사용한다.

```
$ git diff-tree -p rack_remote/master
```

7.9 Rerere

git rerere 기능은 약간 숨겨진 기능이다. "reuse recorded resolution"은, 기록한 해결책 재사용하기란 뜻의 이름이고 이름 그대로 동작한다. Git은 충돌이 났을 때 각 코드 덩어리를 어떻게 해결했는지 기록을 해 두었다가 나중에 같은 충돌이 나면 기록을 참고하여 자동으로 해결한다.

이 기능을 사용하면 재미있는 시나리오가 가능하다. 문서에서 드는 예제 중 하나는 긴 호흡의 브랜치를 깔끔하게 Merge하고 싶은데 Merge 커밋은 많이 만들고 싶지 않을 때 사용하는 것이다. rerere 기능을 켜고 자주 Merge를 해서 충돌을 해결하고 Merge 이전으로 돌아간다. 이 과정을 반복해서 기록을 쌓아두면 rerere 기능은 나중에 한번에 Merge할 때 기록을 참고한다. 자동으로 충돌이 날 만한 부분을 다 해결해주니 몸과 마음이 평안하다.

브랜치를 Rebase할 때도 같은 전략을 사용할 수 있다. 쌓인 충돌 해결 기록을 참고하여 Git은 Rebase할 때 발생한 충돌도 최대한 해결한다. 충돌 덩어리들을 해결하고 Merge했는데 다시 Rebase하기로 마음을 바꿨을 때 같은 충돌을 두 번 해결할 필요 없다.

또 다른 상황을 생각해보자. 뭔가를 개선한 토픽 브랜치가 여러 개 있을 때 이 것을 테스트 브랜치에 전부 다 Merge해야 한다고 하자. Git 프로젝트 자체에서 자주 이렇게 한다. 테스트가 실패하면 해당 Merge를 취소하고 테스트가 실패한 토픽 브랜치만 빼고 다시 Merg한다. 한번 해결한 충돌은 다시 손으로 해결하지 않아도 된다.

rerere 기능은 간단히 아래 명령으로 설정한다.

```
$ git config --global rerere.enabled true
```

저장소에 .git/rr-cache 디렉터리를 만들어 기능을 켤 수도 있다. config 명령을 사용하는 방법이 깔끔하고 Global로 설정할 수 있다.

간단한 예제를 하나 더 살펴보자. 위에서 살펴본 예제와 비슷하다. 아래와 같은 파일 하나가 있다.

```
#! /usr/bin/env ruby

def hello
  puts 'hello world'
end
```

이전 예제와 마찬가지로 한 브랜치에서는 "hello"를 "hola"로 바꿨다. 그리고 다른 브랜치에서는 "world"를 "mundo"로 바꿨다.

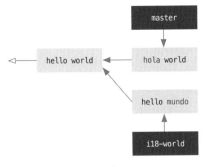

그림 7-25

이런 상황에서 이 두 브랜치를 Merge하면 당연히 충돌이 발생한다.

```
$ git merge i18n-world
Auto-merging hello.rb
```

```
CONFLICT (content): Merge conflict in hello.rb
Recorded preimage for 'hello.rb'
Automatic merge failed; fix conflicts and then commit the result.
```

Merge 명령을 실행한 결과에 Recorded preimage for FILE이라는 결과를 눈여
겨봐야 한다.

저 말이 없으면 평소처럼 그냥 충돌이 난다. 지금은 rerere 기능 때문에 몇 가
지 정보를 더 출력했다. 보통은 git status 명령을 실행해서 어떤 파일에 충돌이
발생했는지 확인한다.

```
$ git status
# On branch master
# Unmerged paths:
#   (use "git reset HEAD <file>..." to unstage)
#   (use "git add <file>..." to mark resolution)
#
#     both modified:      hello.rb
#
```

git rerere status 명령으로 충돌 난 파일을 확인할 수 있다.

```
$ git rerere status
hello.rb
```

그리고 git rerere diff 명령으로 해결 중인 상태를 확인할 수 있다. 얼마나 해
결했는지 비교해서 보여준다.

```
$ git rerere diff
--- a/hello.rb
+++ b/hello.rb
@@ -1,11 +1,11 @@
 #! /usr/bin/env ruby

 def hello
-<<<<<<<
-  puts 'hello mundo'
-=======
+<<<<<<< HEAD
   puts 'hola world'
->>>>>>>
+=======
+  puts 'hello mundo'
+>>>>>>> i18n-world
 end
```

rerere 기능에 포함된 것은 아니지만 ls-files -u 명령으로 이전/현재/대상 버전
의 해시를 확인할 수도 있다.

```
$ git ls-files -u
100644 39804c942a9c1f2c03dc7c5ebcd7f3e3a6b97519 1    hello.rb
100644 a440db6e8d1fd76ad438a49025a9ad9ce746f581 2    hello.rb
100644 54336ba847c3758ab604876419607e9443848474 3    hello.rb
```

이제는 puts 'hola mundo' 내용으로 충돌을 해결하자. 마지막으로 rerere diff
명령을 실행하면 rerere가 기록할 내용을 확인할 수 있다.

```
$ git rerere diff
--- a/hello.rb
+++ b/hello.rb
@@ -1,11 +1,7 @@
 #! /usr/bin/env ruby

 def hello
-<<<<<<<
-  puts 'hello mundo'
-=======
-  puts 'hola world'
->>>>>>>
+  puts 'hola mundo'
 end
```

간단하게 말해서 Git은 hello.rb 파일에서 충돌이 발생했을 때 한쪽엔 "hello
mundo"이고 다른 한쪽에는 "hola world"이면 이를 "hola mundo"로 해결한다.
이제 이 파일을 해결한 것으로 표시한 다음에 커밋한다.

```
$ git add hello.rb
$ git commit
Recorded resolution for 'hello.rb'.
[master 68e16e5] Merge branch 'i18n'
```

커밋을 쌓고 나면 "Recorded resolution for FILE"이라는 메시지를 결과에서 볼
수 있다.

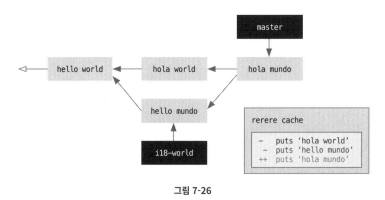

그림 7-26

이제 Merge를 되돌리고 Rebase를 해서 master 브랜치에 쌓아 보자. "7.7 Reset 명확히 알고 가기"에서 살펴본 대로 reset 명령을 사용하여 브랜치가 가리키는 커밋을 되돌린다.

```
$ git reset --hard HEAD^
HEAD is now at ad63f15 i18n the hello
```

이렇게 Merge하기 이전 상태로 돌아왔다. 이제 토픽 브랜치를 Rebase한다.

```
$ git checkout i18n-world
Switched to branch 'i18n-world'

$ git rebase master
First, rewinding head to replay your work on top of it...
Applying: i18n one word
Using index info to reconstruct a base tree...
Falling back to patching base and 3-way merge...
Auto-merging hello.rb
CONFLICT (content): Merge conflict in hello.rb
Resolved 'hello.rb' using previous resolution.
Failed to merge in the changes.
Patch failed at 0001 i18n one word
```

예상대로 Merge했을 때와 같은 충돌이 발생한다. 하지만 Rebase를 실행한 결과에 Resolved 'hello.rb' using previous resolution 메시지가 있다. 이 파일을 열어보면 이미 충돌이 해결된 것을 볼 수 있다. 파일 어디에도 충돌이 발생했다는 표시를 찾아볼 수 없다.

```
#! /usr/bin/env ruby

def hello
  puts 'hola mundo'
end
```

또 git diff 명령을 실행해보면 Git이 자동으로 해결한 결과도 확인할 수 있다.

```
$ git diff
diff --cc hello.rb
index a440db6,54336ba..0000000
--- a/hello.rb
+++ b/hello.rb
@@@ -1,7 -1,7 +1,7 @@@
  #! /usr/bin/env ruby

  def hello
-   puts 'hola world'
 -  puts 'hello mundo'
++  puts 'hola mundo'
  end
```

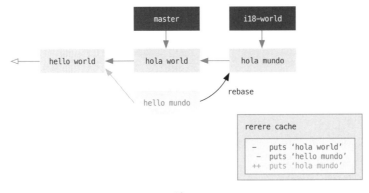

그림 7-27

checkout 명령으로 충돌이 발생한 시점의 상태로 파일 내용을 되돌릴 수도 있다.

```
$ git checkout --conflict=merge hello.rb
$ cat hello.rb
#! /usr/bin/env ruby

def hello
<<<<<<< ours
  puts 'hola world'
=======
  puts 'hello mundo'
>>>>>>> theirs
end
```

"7.8 고급 Merge"에서 이러한 명령을 사용하는 예제를 보았다. 이때 rerere 명령을 실행하면 충돌이 발생한 코드를 자동으로 다시 해결한다.

```
$ git rerere
Resolved 'hello.rb' using previous resolution.
$ cat hello.rb
#! /usr/bin/env ruby

def hello
  puts 'hola mundo'
end
```

강제로 충돌이 발생한 상황으로 되돌리고 rerere 명령으로 자동으로 충돌을 해결했다. 이제 충돌을 해결한 파일을 추가하고 Rebase를 완료하기만 하면 된다.

```
$ git add hello.rb
$ git rebase --continue
Applying: i18n one word
```

이처럼 여러 번 Merge하거나, Merge 커밋을 쌓지 않으면서도 토픽 브랜치를 master 브랜치의 최신 내용으로 유지하거나, Rebase를 자주 한다면 rerere 기능을 켜두는 게 여러모로 몸과 마음에 도움이 된다.

7.10 Git으로 버그 찾기

Git에는 디버깅에 사용하면 좋은 기능도 있다. Git은 굉장히 유연해서 어떤 형식의 프로젝트에나 사용할 수 있다. 문제를 일으킨 범인이나 버그를 쉽게 찾을 수 있도록 도와준다.

파일 어노테이션(Blame)

버그를 찾을 때 먼저 그 코드가 왜, 언제 추가했는지 알고 싶을 것이다. 이때는 파일 어노테이션을 활용한다. 한 줄 한 줄 마지막으로 커밋한 사람이 누구인지, 언제 마지막으로 커밋했는지 볼 수 있다. 어떤 메서드에 버그가 있으면 git blame 명령으로 그 메서드의 각 라인을 누가 언제 마지막으로 고쳤는지 찾아낼 수 있다.

```
$ git blame -L 12,22 simplegit.rb
^4832fe2 (Scott Chacon  2008-03-15 10:31:28 -0700 12)  def show(tree = 'master')
^4832fe2 (Scott Chacon  2008-03-15 10:31:28 -0700 13)    command("git show #{tree}")
^4832fe2 (Scott Chacon  2008-03-15 10:31:28 -0700 14)  end
^4832fe2 (Scott Chacon  2008-03-15 10:31:28 -0700 15)
9f6560e4 (Scott Chacon  2008-03-17 21:52:20 -0700 16)  def log(tree = 'master')
79eaf55d (Scott Chacon  2008-04-06 10:15:08 -0700 17)    command("git log #{tree}")
9f6560e4 (Scott Chacon  2008-03-17 21:52:20 -0700 18)  end
9f6560e4 (Scott Chacon  2008-03-17 21:52:20 -0700 19)
42cf2861 (Magnus Chacon 2008-04-13 10:45:01 -0700 20)  def blame(path)
42cf2861 (Magnus Chacon 2008-04-13 10:45:01 -0700 21)    command("git blame #{path}")
42cf2861 (Magnus Chacon 2008-04-13 10:45:01 -0700 22)  end
```

첫 항목은 그 라인을 마지막으로 수정한 커밋 SHA-1 값이다. 그다음 두 항목은 누가, 언제 그 라인을 커밋했는지 보여준다. 그래서 누가, 언제 커밋했는지 쉽게 찾을 수 있다. 그 뒤에 파일의 라인 번호와 내용을 보여준다. 그리고 ^4832fe2 커밋이 궁금할 텐데 이 표시가 붙어 있으면 그 커밋에서 해당 라인이 처음 커밋됐다는 것을 의미한다. 그러니까 해당 라인들은 4832fe2에서 커밋한 후 변경된 적이 없다. 지금까지 커밋을 가리킬 때 ^ 기호의 사용법을 적어도 세 가지 이상 배웠기 때문에 약간 헷갈릴 수 있으니 어노테이션에서의 의미를 혼동하지 말자.

Git은 파일 이름을 변경한 이력을 별도로 기록해두지 않는다. 하지만 원래 이 정보들은 각 스냅샷에 저장되고 이 정보를 이용하여 변경 이력을 만들어 낼 수 있다. 그러니까 파일에 생긴 변화는 무엇이든지 알아낼 수 있다. Git은 파일 어노테이션을 분석하여 코드들이 원래 어떤 파일에서 커밋된 것인지 찾아준다. 예를 들어 GITServerHandler.m을 여러 개의 파일로 리팩터링했는데 그중 한 파일이 GITPackUpload.m이라는 파일이었다. 이 경우 -C 옵션으로 GITPackUpload.m 파일을 추적해서 각 코드가 원래 어떤 파일로 커밋된 것인지 알 수 있었다.

```
$ git blame -C -L 141,153 GITPackUpload.m
f344f58d GITServerHandler.m (Scott 2009-01-04 141)
f344f58d GITServerHandler.m (Scott 2009-01-04 142) - (void) gatherObjectShasFromC
f344f58d GITServerHandler.m (Scott 2009-01-04 143) {
70befddd GITServerHandler.m (Scott 2009-03-22 144)          //NSLog(@"GATHER COMMI
ad11ac80 GITPackUpload.m   (Scott 2009-03-24 145)
ad11ac80 GITPackUpload.m   (Scott 2009-03-24 146)          NSString *parentSha;
ad11ac80 GITPackUpload.m   (Scott 2009-03-24 147)          GITCommit *commit = [g
ad11ac80 GITPackUpload.m   (Scott 2009-03-24 148)
ad11ac80 GITPackUpload.m   (Scott 2009-03-24 149)          //NSLog(@"GATHER COMMI
ad11ac80 GITPackUpload.m   (Scott 2009-03-24 150)
56ef2caf GITServerHandler.m (Scott 2009-01-05 151)          if(commit) {
56ef2caf GITServerHandler.m (Scott 2009-01-05 152)              [refDict setOb
56ef2caf GITServerHandler.m (Scott 2009-01-05 153)
```

언제나 코드가 커밋될 당시의 파일이름을 알 수 있기 때문에 코드를 어떻게 리팩터링해도 추적할 수 있다. 그리고 어떤 파일에 적용해봐도 각 라인을 커밋할 당시의 파일 이름을 알 수 있다. 버그를 찾을 때 정말 유용하다.

이진 탐색

파일 어노테이션은 특정 이슈와 관련된 커밋을 찾는 데도 좋다. 문제가 생겼을 때 의심스러운 커밋이 수십, 수백 개에 이르는 경우 도대체 어디서부터 시작해야 할지 모를 수 있다. 이때는 git bisect 명령이 유용하다. bisect 명령은 커밋 히스토리를 이진 탐색 방법으로 좁혀 주기 때문에 이슈와 관련된 커밋을 최대한 빠르게 찾아낼 수 있도록 도와준다.

코드를 운용 환경에 배포하고 난 후에 개발할 때 발견하지 못한 버그가 있다고 보고받았다. 그런데 왜 그런 현상이 발생하는지 아직 이해하지 못하는 상황을 가정해보자. 해당 이슈를 다시 만들고 작업하기 시작했는데 뭐가 잘못됐는지 알아낼 수 없다. 이럴 때 bisect 명령을 사용하여 코드를 뒤져 보는 게 좋다. 먼저 git bisect start 명령으로 이진 탐색을 시작하고 git bisect bad를 실행하여 현재 커밋에 문제가 있다고 표시를 남기고 나서 문제가 없는 마지막 커밋을 git bisect good [good_commit] 명령으로 표시한다.

```
$ git bisect start
$ git bisect bad
$ git bisect good v1.0
Bisecting: 6 revisions left to test after this
[ecb6e1bc347ccecc5f9350d878ce677feb13d3b2] error handling on repo
```

이 예제에서 마지막으로 괜찮았던 커밋(v1.0)과 현재 문제가 있는 커밋 사이에 있는 커밋은 전부 12개이고 Git은 그 중간에 있는 커밋을 Checkout해준다. 여기에서 해당 이슈가 구현됐는지 테스트해보고 만약 이슈가 있으면 그 중간 커밋 이전으로 범위를 좁히고 이슈가 없으면 그 중간 커밋 이후로 범위를 좁힌다. 이슈를 발견하지 못하면 git bisect good으로 이슈가 아직 없음을 알리고 계속 진행한다.

```
$ git bisect good
Bisecting: 3 revisions left to test after this
[b047b02ea83310a70fd603dc8cd7a6cd13d15c04] secure this thing
```

현재 문제가 있는 커밋과 지금 테스트한 커밋 사이에서 중간에 있는 커밋이 Checkout됐다. 다시 테스트해보고 이슈가 있으면 git bisect bad로 이슈가 있다고 알린다.

```
$ git bisect bad
Bisecting: 1 revisions left to test after this
[f71ce38690acf49c1f3c9bea38e09d82a5ce6014] drop exceptions table
```

이제 이슈를 처음 구현한 커밋을 찾았다. 이 SHA-1 값을 포함한 이 커밋의 정보를 확인하고 수정된 파일이 무엇인지 확인할 수 있다. 이 문제가 발생한 시점에 도대체 무슨 일이 있었는지 아래와 같이 살펴본다.

```
$ git bisect good
b047b02ea83310a70fd603dc8cd7a6cd13d15c04 is first bad commit
commit b047b02ea83310a70fd603dc8cd7a6cd13d15c04
Author: PJ Hyett <pjhyett@example.com>
Date:   Tue Jan 27 14:48:32 2009 -0800

    secure this thing

:040000 040000 40ee3e7821b895e52c1695092db9bdc4c61d1730
f24d3c6ebcfc639b1a3814550e62d60b8e68a8e4 M  config
```

이제 찾았으니까 git bisect reset 명령을 실행시켜서 이진 탐색을 시작하기 전
으로 HEAD를 돌려놓는다.

```
$ git bisect reset
```

수백 개의 커밋 중에서 버그가 만들어진 커밋을 찾는 데 몇 분밖에 걸리지 않는
다. 프로젝트가 정상적으로 수행되면 0을 반환하고 문제가 있으면 1을 반환하는
스크립트를 만든다면, 이 git bisect 과정을 완전히 자동으로 수행할 수 있다.
먼저 bisect start 명령으로 이진 탐색에 사용할 범위를 알려준다. 위에서 한 것
처럼 문제가 있다고 아는 커밋과 문제가 없다고 아는 커밋을 넘기면 된다.

```
$ git bisect start HEAD v1.0
$ git bisect run test-error.sh
```

문제가 생긴 첫 커밋을 찾을 때까지 Checkout할 때마다 test-error.sh를 실행
한다. make가 됐든지 make tests가 됐든지 어쨌든 이슈를 찾는 테스트를 실행하
여 찾는다.

7.11 서브모듈

프로젝트를 수행하다 보면 다른 프로젝트를 함께 사용해야 하는 경우가 종종 있
다. 함께 사용할 다른 프로젝트는 외부에서 개발한 라이브러리라든가 내부 여러
프로젝트에서 공통으로 사용할 라이브러리일 수 있다. 이런 상황에서 자주 생기
는 이슈는 두 프로젝트를 서로 별개로 다루면서도 그중 하나를 다른 하나 안에
서 사용할 수 있어야 한다는 것이다.

   Atom 피드를 제공하는 웹사이트를 만드는 것을 예로 들어보자. Atom 피드를
생성하는 코드는 직접 작성하지 않고 라이브러리를 가져다 쓰기로 한다. 라이브
러리를 사용하려면 CPAN이나 Ruby gem 같은 라이브러리 관리 도구를 사용하
여 Shared 라이브러리 형태로 쓰거나 직접 라이브러리의 소스 코드를 프로젝트
로 복사해서 사용할 수 있다. 우선 Shared 라이브러리를 사용하기에는 문제가 있
다. 프로젝트를 사용하는 모든 환경에 라이브러리가 설치되어 있어야 하고 라이
브러리를 프로젝트에 맞게 약간 수정해서 사용하고 배포하기가 어렵다. 또한 라
이브러리 소스 코드를 직접 프로젝트에 포함해서 사용하고 배포하는 경우에는
라이브러리 Upstream 코드가 업데이트됐을 때 Merge하기가 어렵다는 문제다.

Git의 서브모듈은 이런 문제를 다루는 도구다. Git 저장소 안에 다른 Git 저장소를 디렉터리로 분리해 넣는 것이 서브모듈이다. 다른 독립된 Git 저장소를 Clone해서 내 Git 저장소 안에 포함할 수 있으며 각 저장소의 커밋은 독립적으로 관리한다.

서브모듈 시작하기

예제로 하위 프로젝트 여러 개를 가지는 하나의 프로젝트를 만들어 서브모듈의 기능을 살펴보자.

작업할 Git 저장소에 미리 준비된 리모트 Git 저장소를 서브모듈로 추가해보자. 서브모듈을 추가하는 명령으로 git submodule add 뒤에 추가할 저장소의 URL을 붙여준다. 이 URL은 절대경로도 되고 상대경로도 된다. 예제로 "DbConnector"라는 라이브러리를 추가한다.

```
$ git submodule add https://github.com/chaconinc/DbConnector
Cloning into 'DbConnector'...
remote: Counting objects: 11, done.
remote: Compressing objects: 100% (10/10), done.
remote: Total 11 (delta 0), reused 11 (delta 0)
Unpacking objects: 100% (11/11), done.
Checking connectivity... done.
```

기본적으로 서브모듈은 프로젝트 저장소의 이름으로 디렉터리를 만든다. 예제에서는 "DbConnector"라는 이름으로 만든다. 명령의 마지막에 원하는 이름을 넣어 다른 디렉터리 이름으로 서브모듈을 추가할 수도 있다.

서브모듈을 추가하고 난 후 git status 명령을 실행하면 몇 가지 정보를 알 수 있다.

```
$ git status
On branch master
Your branch is up-to-date with 'origin/master'.

Changes to be committed:
  (use "git reset HEAD <file>..." to unstage)

    new file:   .gitmodules
    new file:   DbConnector
```

우선 .gitmodules 파일이 만들어졌다. 이 파일은 서브디렉터리와 하위 프로젝트 URL의 매핑 정보를 담은 설정파일이다.

```
[submodule "DbConnector"]
    path = DbConnector
    url = https://github.com/chaconinc/DbConnector
```

서브모듈 개수만큼 이 항목이 생긴다. 이 파일도 .gitignore 파일처럼 버전을 관리한다.

다른 파일처럼 Push하고 Pull한다. 이 프로젝트를 Clone하는 사람은 .gitmodules 파일을 보고 어떤 서브모듈 프로젝트가 있는지 알 수 있다.

 예를 들어 다른 사람이 Pull을 하는 URL과 라이브러리의 작업을 Push하는 URL이 서로 다른 상황이라면 Pull URL이 모든 사람에게 접근 가능한 URL이어야 한다. 이러면 서브모듈 URL 설정을 덮어쓰게 해서 사용할 수 있는데 git config submodule.DbConnector.url PRIVATE_URL 명령으로 다른 사람과는 다른 서브모듈 URL을 사용할 수 있다. URL을 상대경로로 적을 수 있으면 상대경로를 사용하는 것이 낫다.

.gitmodules은 살펴봤고 이제 프로젝트 폴더에 대해 살펴보자. git diff 명령을 실행시키면 흥미로운 점을 발견할 수 있다.

```
$ git diff --cached DbConnector
diff --git a/DbConnector b/DbConnector
new file mode 160000
index 0000000..c3f01dc
--- /dev/null
+++ b/DbConnector
@@ -0,0 +1 @@
+Subproject commit c3f01dc8862123d317dd46284b05b6892c7b29bc
```

Git은 DbConnector 디렉터리를 서브모듈로 취급하기 때문에 해당 디렉터리 아래의 파일 수정사항을 직접 추적하지 않는다. 대신 서브모듈 디렉터리를 통째로 특별한 커밋으로 취급한다.

git diff에 --submodule 옵션을 더하면 서브모듈에 대해 더 자세히 나온다.

```
$ git diff --cached --submodule
diff --git a/.gitmodules b/.gitmodules
new file mode 100644
index 0000000..71fc376
--- /dev/null
+++ b/.gitmodules
@@ -0,0 +1,3 @@
+[submodule "DbConnector"]
+       path = DbConnector
+       url = https://github.com/chaconinc/DbConnector
Submodule DbConnector 0000000...c3f01dc (new submodule)
```

이제 하위 프로젝트를 포함한 커밋을 생성하면 아래와 같은 결과를 확인할 수 있다.

```
$ git commit -am 'added DbConnector module'
[master fb9093c] added DbConnector module
 2 files changed, 4 insertions(+)
 create mode 100644 .gitmodules
 create mode 160000 DbConnector
```

DbConnector 디렉터리의 모드는 **160000**이다. Git에 있어 160000 모드는 일반적인 파일이나 디렉터리가 아니라 특별하다는 의미다.

서브모듈 포함한 프로젝트 Clone

서브모듈을 포함하는 프로젝트를 Clone하는 예제를 살펴본다. 이런 프로젝트를 Clone하면 기본적으로 서브모듈 디렉터리는 빈 디렉터리이다.

```
$ git clone https://github.com/chaconinc/MainProject
Cloning into 'MainProject'...
remote: Counting objects: 14, done.
remote: Compressing objects: 100% (13/13), done.
remote: Total 14 (delta 1), reused 13 (delta 0)
Unpacking objects: 100% (14/14), done.
Checking connectivity... done.
$ cd MainProject
$ ls -la
total 16
drwxr-xr-x   9 schacon  staff  306 Sep 17 15:21 .
drwxr-xr-x   7 schacon  staff  238 Sep 17 15:21 ..
drwxr-xr-x  13 schacon  staff  442 Sep 17 15:21 .git
-rw-r--r--   1 schacon  staff   92 Sep 17 15:21 .gitmodules
drwxr-xr-x   2 schacon  staff   68 Sep 17 15:21 DbConnector
-rw-r--r--   1 schacon  staff  756 Sep 17 15:21 Makefile
drwxr-xr-x   3 schacon  staff  102 Sep 17 15:21 includes
drwxr-xr-x   4 schacon  staff  136 Sep 17 15:21 scripts
drwxr-xr-x   4 schacon  staff  136 Sep 17 15:21 src
$ cd DbConnector/
$ ls
$
```

분명히 DbConnector 디렉터리는 있지만 비어 있다. 서브모듈에 관련된 두 명령을 실행해야 완전히 Clone 과정이 끝난다. 먼저 `git submodule init` 명령을 실행하면 서브모듈 정보를 기반으로 로컬 환경설정 파일이 준비된다. 이후 `git submodule update` 명령으로 서브모듈의 리모트 저장소에서 데이터를 가져오고 서브모듈을 포함한 프로젝트의 현재 스냅샷에서 Checkout해야 할 커밋 정보를 가져와서 서브모듈 프로젝트에 대한 Checkout을 한다.

```
$ git submodule init
Submodule 'DbConnector' (https://github.com/chaconinc/DbConnector) registered for
path 'DbConnector'
$ git submodule update
Cloning into 'DbConnector'...
remote: Counting objects: 11, done.
remote: Compressing objects: 100% (10/10), done.
remote: Total 11 (delta 0), reused 11 (delta 0)
Unpacking objects: 100% (11/11), done.
Checking connectivity... done.
Submodule path 'DbConnector': checked out 'c3f01dc8862123d317dd46284b05b6892c7b29bc'
```

DbConnector 디렉터리는 마지막으로 커밋을 했던 상태로 복원된다.

하지만 같은 과정을 더 간단하게 실행하는 방법도 있다. 메인 프로젝트를 Clone할 때에 git clone 명령 뒤에 --recursive 옵션을 붙이면 서브모듈을 자동으로 초기화하고 업데이트한다.

```
$ git clone --recursive https://github.com/chaconinc/MainProject
Cloning into 'MainProject'...
remote: Counting objects: 14, done.
remote: Compressing objects: 100% (13/13), done.
remote: Total 14 (delta 1), reused 13 (delta 0)
Unpacking objects: 100% (14/14), done.
Checking connectivity... done.
Submodule 'DbConnector' (https://github.com/chaconinc/DbConnector) registered for
path 'DbConnector'
Cloning into 'DbConnector'...
remote: Counting objects: 11, done.
remote: Compressing objects: 100% (10/10), done.
remote: Total 11 (delta 0), reused 11 (delta 0)
Unpacking objects: 100% (11/11), done.
Checking connectivity... done.
Submodule path 'DbConnector': checked out 'c3f01dc8862123d317dd46284b05b6892c7b29bc'
```

서브모듈 포함한 프로젝트 작업

이제 프로젝트에 포함된 서브모듈의 저장소 데이터와 코드도 다 받아왔다. 메인 프로젝트와 서브모듈 프로젝트를 오가며 팀원과 협업할 준비가 되었다.

서브모듈 업데이트하기

가장 단순한 서브모듈 사용 방법은 하위 프로젝트를 수정하지 않고 참조만 하면서 최신 버전으로 업데이트하는 것이다. 간단한 예제로 이 경우를 살펴본다.

서브모듈 프로젝트를 최신으로 업데이트하려면 서브모듈 디렉터리에서 git fetch 명령을 실행하고 git merge 명령으로 Upstream 브랜치를 Merge한다.

```
$ git fetch
From https://github.com/chaconinc/DbConnector
   c3f01dc..d0354fc  master     -> origin/master
$ git merge origin/master
Updating c3f01dc..d0354fc
Fast-forward
 scripts/connect.sh | 1 +
 src/db.c           | 1 +
 2 files changed, 2 insertions(+)
```

메인 프로젝트로 돌아와서 `git diff --submodule` 명령을 실행하면 업데이트된 서브모듈과 각 서브모듈에 추가된 커밋을 볼 수 있다. 매번 `--submodule` 옵션을 쓰고 싶지 않다면 `diff.submodule`의 값을 "log"로 설정하면 된다.

```
$ git config --global diff.submodule log
$ git diff
Submodule DbConnector c3f01dc..d0354fc:
  > more efficient db routine
  > better connection routine
```

여기서 커밋하면 서브모듈은 업데이트된 내용으로 메인 프로젝트에 적용된다. 다른 사람들이 업데이트하면 적용된다.

서브모듈을 최신으로 업데이트하는 더 쉬운 방법도 있다. 서브모듈 디렉터리에서 Fetch 명령과 Merge 명령을 실행하지 않아도 `git submodule update --remote` 명령을 실행하면 Git이 알아서 서브모듈 프로젝트를 Fetch하고 업데이트한다.

```
$ git submodule update --remote DbConnector
remote: Counting objects: 4, done.
remote: Compressing objects: 100% (2/2), done.
remote: Total 4 (delta 2), reused 4 (delta 2)
Unpacking objects: 100% (4/4), done.
From https://github.com/chaconinc/DbConnector
   3f19983..d0354fc  master     -> origin/master
Submodule path 'DbConnector': checked out 'd0354fc054692d3906c85c3af05ddce39a
1c0644'
```

이 명령은 기본적으로 서브모듈 저장소의 master 브랜치를 Checkout하고 업데이트를 수행한다. 업데이트할 대상 브랜치를 원하는 브랜치로 바꿀 수 있다. 예를 들어 DbConnector 서브모듈 저장소에서 업데이트할 대상 브랜치를 "stable"로 바꾸고 싶다면 `.gitmodules` 파일에 설정하거나(이 파일을 공유하는 모두에게 "stable" 브랜치가 적용됨) 개인 설정 파일인 `.git/config` 파일에 설정한다. `.gitmodules` 파일에 설정하는 방법을 알아보자.

```
$ git config -f .gitmodules submodule.DbConnector.branch stable

$ git submodule update --remote
remote: Counting objects: 4, done.
remote: Compressing objects: 100% (2/2), done.
remote: Total 4 (delta 2), reused 4 (delta 2)
Unpacking objects: 100% (4/4), done.
From https://github.com/chaconinc/DbConnector
   27cf5d3..c87d55d  stable -> origin/stable
Submodule path 'DbConnector': checked out 'c87d55d4c6d4b05ee34fbc8cb6f7bf4585
ae6687'
```

-f .gitmodules 옵션을 포함하지 않으면 이 설정은 공유하지 않고 사용자에게만
적용된다. 다른 사람과 공유하는 저장소라면 같은 브랜치를 추적하도록 설정하
는 것이 더 낫다.

이제 git status 명령를 실행하면 새로 업데이트한 서브모듈에 "new commits"
가 있다는 걸 알 수 있다.

```
$ git status
On branch master
Your branch is up-to-date with 'origin/master'.

Changes not staged for commit:
  (use "git add <file>..." to update what will be committed)
  (use "git checkout -- <file>..." to discard changes in working directory)

    modified:   .gitmodules
    modified:   DbConnector (new commits)

no changes added to commit (use "git add" and/or "git commit -a")
```

설정 파일에 status.submodulesummary 항목을 설정하면 서브모듈의 변경사항을
간단히 보여준다.

```
$ git config status.submodulesummary 1

$ git status
On branch master
Your branch is up-to-date with 'origin/master'.

Changes not staged for commit:
  (use "git add <file>..." to update what will be committed)
  (use "git checkout -- <file>..." to discard changes in working directory)

    modified:   .gitmodules
    modified:   DbConnector (new commits)

Submodules changed but not updated:
```

```
* DbConnector c3f01dc...c87d55d (4):
  > catch non-null terminated lines
```

설정하고 난 후 git diff 명령을 실행해보자. .gitmodules 파일이 변경된 내용
은 물론이거니와 업데이트해서 커밋할 필요가 생긴 서브모듈 저장소의 변경 내
용을 확인할 수 있다.

```
$ git diff
diff --git a/.gitmodules b/.gitmodules
index 6fc0b3d..fd1cc29 100644
--- a/.gitmodules
+++ b/.gitmodules
@@ -1,3 +1,4 @@
 [submodule "DbConnector"]
        path = DbConnector
        url = https://github.com/chaconinc/DbConnector
+       branch = stable
 Submodule DbConnector c3f01dc..c87d55d:
  > catch non-null terminated lines
  > more robust error handling
  > more efficient db routine
  > better connection routine
```

서브모듈에 실제로 커밋할 커밋들의 정보를 보기에는 꽤 괜찮은 방법이다. 비슷
한 식으로 커밋한 후에 로그에서 위와 같이 살펴보려면 git log -p 명령으로 볼
수 있다.

```
$ git log -p --submodule
commit 0a24cfc121a8a3c118e0105ae4ae4c00281cf7ae
Author: Scott Chacon <schacon@gmail.com>
Date:   Wed Sep 17 16:37:02 2014 +0200

    updating DbConnector for bug fixes

diff --git a/.gitmodules b/.gitmodules
index 6fc0b3d..fd1cc29 100644
--- a/.gitmodules
+++ b/.gitmodules
@@ -1,3 +1,4 @@
 [submodule "DbConnector"]
        path = DbConnector
        url = https://github.com/chaconinc/DbConnector
+       branch = stable
Submodule DbConnector c3f01dc..c87d55d:
  > catch non-null terminated lines
  > more robust error handling
  > more efficient db routine
  > better connection routine
```

git submodule update --remote 명령을 실행하면 기본적으로 **모든** 서브모듈을 업데이트한다. 서브모듈이 엄청나게 많을 땐 특정 서브모듈만 업데이트하고자 할 수도 있는데, 이럴 때는 서브모듈의 이름을 지정해서 명령을 실행한다.

서브모듈 관리하기

메인 프로젝트에서 서브모듈을 사용할 때 서브모듈에서도 뭔가 작업을 해야 할 상황은 얼마든지 생길 수 있다. 메인 프로젝트에서 작업하는 도중에 말이다(동시에 다른 서브모듈도 수정하거나). 만약 Git의 서브모듈 기능을 사용하지 않는다면 다른 Dependency 관리 시스템(Maven이나 Rubygem 같은)을 사용할 수도 있다.

이번 절에서는 서브모듈을 수정하고 그 내용을 담은 커밋을 유지한 채로 메인 프로젝트와 서브모듈을 함께 관리하는 방법을 살펴본다.

서브모듈 저장소에서 git submodule update 명령을 실행하면 Git은 서브모듈의 변경사항을 업데이트한다. 하지만 서브모듈 로컬 저장소는 "Detached HEAD" 상태로 남는다. 이 말은 변경 내용을 추적하는 로컬 브랜치(예를 들자면 "master" 같은)가 없다는 것이다. 서브모듈 수정사항을 제대로 추적할 수 없게 된다.

서브모듈이 브랜치를 추적하게 하려면 할 일이 두 가지다. 우선 각 서브모듈 디렉터리로 가서 추적할 브랜치를 Checkout하고 일을 시작해야 한다. 이후 서브모듈을 수정한 다음에 git submodule update --remote 명령을 실행해 Upstream에서 새로운 커밋을 가져온다. 이 커밋을 Merge하거나 Rebase하는 것은 선택할 수 있다.

먼저 서브모듈 디렉터리로 가서 브랜치를 Checkout하자.

```
$ git checkout stable
Switched to branch 'stable'
```

여기서 "Merge"를 해보자. update 명령을 쓸 때 --merge 옵션을 추가하면 Merge 하도록 지정할 수 있다. 아래 결과에서 서버로부터 서브모듈의 변경사항을 가져와서 Merge하는 과정을 볼 수 있다.

```
$ git submodule update --remote --merge
remote: Counting objects: 4, done.
remote: Compressing objects: 100% (2/2), done.
```

```
remote: Total 4 (delta 2), reused 4 (delta 2)
Unpacking objects: 100% (4/4), done.
From https://github.com/chaconinc/DbConnector
   c87d55d..92c7337  stable      -> origin/stable
Updating c87d55d..92c7337
Fast-forward
 src/main.c | 1 +
 1 file changed, 1 insertion(+)
Submodule path 'DbConnector': merged in '92c7337b30ef9e0893e758dac2459d07362ab5ea'
```

DbConnector 디렉터리로 들어가면 새로 수정한 내용이 로컬 브랜치 stable에 이미 Merge된 것을 확인할 수 있다. 이제 다른 사람이 DbConnector 라이브러리를 수정해서 Upstream 저장소에 Push한 상태에서 우리가 DbConnector 라이브러리를 수정하면 무슨 일이 일어나는지 살펴보자.

```
$ cd DbConnector/
$ vim src/db.c
$ git commit -am 'unicode support'
[stable f906e16] unicode support
 1 file changed, 1 insertion(+)
```

이제 서브모듈을 업데이트하면 로컬 저장소에서 수정한 것이 무엇인지 Upstream 저장소에서 수정된 것이 무엇인지 볼 수 있다. 이 둘을 합쳐야 한다.

```
$ git submodule update --remote --rebase
First, rewinding head to replay your work on top of it...
Applying: unicode support
Submodule path 'DbConnector': rebased into '5d60ef9bbebf5a0c1c1050f242ceeb54ad58da94'
```

--rebase 옵션이나 --merge 옵션을 지정하지 않으면 Git은 로컬 변경사항을 무시하고 서버로부터 받은 해당 서브모듈의 버전으로 Reset을 하고 Detached HEAD 상태로 만든다.

```
$ git submodule update --remote
Submodule path 'DbConnector': checked out '5d60ef9bbebf5a0c1c1050f242ceeb54ad58da94'
```

일이 이렇게 되더라도 문제가 안 된다. Reset이 된 서브모듈 디렉터리로 가서 작업하던 브랜치를 Checkout하고 직접 origin/stable(아니면 원하는 어떠한 리모트 브랜치든)을 Merge하거나 Rebase하면 된다.

서브모듈에 커밋하지 않은 변경사항이 있는 채로 서브모듈을 업데이트하면 Git은 변경사항을 가져오지만, 서브모듈의 저장하지 않은 작업을 덮어쓰지 않는다.

```
$ git submodule update --remote
remote: Counting objects: 4, done.
remote: Compressing objects: 100% (3/3), done.
remote: Total 4 (delta 0), reused 4 (delta 0)
Unpacking objects: 100% (4/4), done.
From https://github.com/chaconinc/DbConnector
   5d60ef9..c75e92a  stable      -> origin/stable
error: Your local changes to the following files would be overwritten by
checkout:
    scripts/setup.sh
Please, commit your changes or stash them before you can switch branches.
Aborting
Unable to checkout 'c75e92a2b3855c9e5b66f915308390d9db204aca' in submodule path
'DbConnector'
```

업데이트 명령을 실행했을 때 Upstream 저장소의 변경사항과 충돌이 나면 알려
준다.

```
$ git submodule update --remote --merge
Auto-merging scripts/setup.sh
CONFLICT (content): Merge conflict in scripts/setup.sh
Recorded preimage for 'scripts/setup.sh'
Automatic merge failed; fix conflicts and then commit the result.
Unable to merge 'c75e92a2b3855c9e5b66f915308390d9db204aca' in submodule path
'DbConnector'
```

이러면 서브모듈 디렉터리로 가서 충돌을 해결하면 된다.

서브모듈 수정 사항 공유하기

현재 서브모듈은 변경된 내용을 포함하고 있다. 이 중 일부는 서브모듈 자체를
업데이트하여 Upstream 저장소에서 가져온 것이고 일부는 로컬에서 직접 수정
한 내용이다. 로컬에서 수정한 것은 아직 공유하지 않았으므로 아무도 사용할
수 없는 코드이다.

```
$ git diff
Submodule DbConnector c87d55d..82d2ad3:
  > Merge from origin/stable
  > updated setup script
  > unicode support
  > remove unnecesary method
  > add new option for conn pooling
```

서브모듈의 변경사항을 Push하지 않은 채로 메인 프로젝트에서 커밋을 Push하
면 안 된다. 변경사항을 Checkout한 다른 사람은 서브모듈이 의존하는 코드를

어디서도 가져올 수 없는 상황이 돼 곤란해진다. 서브모듈의 변경사항은 우리의 로컬에만 있다.

이런 불상사가 발생하지 않도록 하려면 메인 프로젝트를 Push하기 전에 서브모듈을 모두 Push했는지 검사하도록 Git에 물어보면 된다. `git push` 명령에 `--recurse-submodules` 옵션을 주고 이 옵션의 값으로 "check"나 "on-demand"를 설정한다. "check"는 간단히 서브모듈의 로컬 커밋이 Push되지 않은 상태라면 현재의 Push 명령도 실패하도록 하는 옵션이다.

```
$ git push --recurse-submodules=check
The following submodule paths contain changes that can
not be found on any remote:
  DbConnector

Please try

    git push --recurse-submodules=on-demand

or cd to the path and use

    git push

to push them to a remote.
```

예제에서 볼 수 있는 대로 이러한 상황에서 다음으로 무엇을 해야 하는지 Git은 도움을 준다. 가장 단순한 방법은 각 서브모듈 디렉터리로 가서 직접 일일이 Push해서 외부로 공유하고 나서 메인 프로젝트를 Push하는 것이다.

옵션으로 설정할 수 있는 다른 값으로 "on-demand" 값이 있는데, 이 값으로 설정하면 Git이 Push를 대신 시도한다.

```
$ git push --recurse-submodules=on-demand
Pushing submodule 'DbConnector'
Counting objects: 9, done.
Delta compression using up to 8 threads.
Compressing objects: 100% (8/8), done.
Writing objects: 100% (9/9), 917 bytes | 0 bytes/s, done.
Total 9 (delta 3), reused 0 (delta 0)
To https://github.com/chaconinc/DbConnector
   c75e92a..82d2ad3  stable -> stable
Counting objects: 2, done.
Delta compression using up to 8 threads.
Compressing objects: 100% (2/2), done.
Writing objects: 100% (2/2), 266 bytes | 0 bytes/s, done.
Total 2 (delta 1), reused 0 (delta 0)
To https://github.com/chaconinc/MainProject
   3d6d338..9a377d1  master -> master
```

앞에서 보듯이 Git이 메인 프로젝트를 Push하기 전에 DbConnector 모듈로 들어가서 Push를 한다. 모종의 이유 덕분에 서브모듈 Push에 실패한다면 메인 프로젝트의 Push 또한 실패하게 된다.

서브모듈 Merge하기

다른 누군가와 동시에 서브모듈을 수정하면 몇 가지 문제에 봉착하게 된다. 서브모듈의 히스토리가 갈라져서 상위 프로젝트에 커밋했다면 사태를 바로잡아야 한다.

서브모듈의 커밋 두 개를 비교했을 때 Fast-Forward Merge가 가능한 경우 Git은 단순히 마지막 커밋을 선택한다.

하지만 Fast-Forward가 가능하지 않으면 Git은 충돌 없이 Trivial Merge(Merge 커밋을 남기는 Merge)를 할 수 있다 해도 Merge하지 않는다. 서브모듈 커밋들이 분기됐다가 Merge해야 하는 경우 다음과 같은 결과를 보게 된다.

```
$ git pull
remote: Counting objects: 2, done.
remote: Compressing objects: 100% (1/1), done.
remote: Total 2 (delta 1), reused 2 (delta 1)
Unpacking objects: 100% (2/2), done.
From https://github.com/chaconinc/MainProject
   9a377d1..eb974f8  master     -> origin/master
Fetching submodule DbConnector
warning: Failed to merge submodule DbConnector (merge following commits not
found)
Auto-merging DbConnector
CONFLICT (submodule): Merge conflict in DbConnector
Automatic merge failed; fix conflicts and then commit the result.
```

앞의 결과를 통해 현재 상태를 살펴본다면 Git은 분기된 두 히스토리 브랜치를 찾았고 Merge가 필요하다는 것을 알게 된다. 이 상황은 "merge following commits not found(Merge 커밋을 찾을 수 없음)"라는 메시지로 표현하는데, 의미가 좀 이상하지만 왜 그런지는 이어지는 내용으로 설명한다.

이 문제를 해결하기 위해 서브모듈이 어떤 상태여야 하는지 알아야 한다. 이상하게도 Git은 이를 위한 정보를 충분히 주지 않는다. 양쪽 히스토리에 있는 커밋의 SHA도 알려주지 않는다. 그래도 알아내는 건 간단하다. `git diff` 명령을 실행하면 Merge하려는 양쪽 브랜치에 담긴 커밋의 SHA를 알 수 있다.

```
$ git diff
diff --cc DbConnector
index eb41d76,c771610..0000000
--- a/DbConnector
+++ b/DbConnector
```

위 같은 경우 **eb41d76**이 **로컬** 서브모듈의 커밋이고 **c771610**이 Upstream에 있는 커밋이다. 서브모듈의 디렉터리로 가면 현재 **eb41d76** 커밋을 가리키고 있고 Merge 작업은 아직 이루어지지 않았다. 이 상태에서 현재 **eb41d76** 커밋을 브랜치로 만들어 Merge 작업을 진행할 수 있다.

중요한 건 다른 쪽 커밋의 SHA이다. 이쪽이 Merge해야 할 대상이다. SHA 해시값을 명시하여 곧바로 Merge할 수도 있고 대상이 되는 커밋을 새로 브랜치로 하나 만들어 Merge할 수도 있다. 더 멋진 Merge 커밋 메시지를 위해서라도 후자를 추천한다.

문제를 해결하려면 서브모듈 디렉터리로 이동해서 `git diff`에서 나온 두 번째 SHA를 브랜치로 만들고 직접 Merge한다.

```
$ cd DbConnector

$ git rev-parse HEAD
eb41d764bccf88be77aced643c13a7fa86714135

$ git branch try-merge c771610
(DbConnector) $ git merge try-merge
Auto-merging src/main.c
CONFLICT (content): Merge conflict in src/main.c
Recorded preimage for 'src/main.c'
Automatic merge failed; fix conflicts and then commit the result.
```

실제 Merge 시 충돌이 일어났고 해결한 다음 커밋했다. 이후 Merge한 서브모듈 결과로 메인 프로젝트를 업데이트한다.

```
$ vim src/main.c ❶
$ git add src/main.c
$ git commit -am 'merged our changes'
Recorded resolution for 'src/main.c'.
[master 9fd905e] merged our changes

$ cd .. ❷
$ git diff ❸
diff --cc DbConnector
index eb41d76,c771610..0000000
--- a/DbConnector
+++ b/DbConnector
```

```
@@@ -1,1 -1,1 +1,1 @@@
- Subproject commit eb41d764bccf88be77aced643c13a7fa86714135
 -Subproject commit c77161012afbbe1f58b5053316ead08f4b7e6d1d
++Subproject commit 9fd905e5d7f45a0d4cbc43d1ee550f16a30e825a
$ git add DbConnector ❹

$ git commit -m "Merge Tom's Changes" ❺
[master 10d2c60] Merge Tom's Changes
```

❶ 먼저 충돌을 해결했다.

❷ 그리고 메인 프로젝트로 돌아간다.

❸ SHA-1를 다시 검사하고

❹ 충돌 난 서브모듈을 해결한다.

❺ Merge 결과를 커밋한다.

좀 따라가기 어려울 수 있지만 사실 그렇게 어려운 건 아니다.

Git으로 이 문제를 해결하는 흥미로운 다른 방법이 있다. 위에서 찾은 **두 커밋을 Merge한 Merge 커밋**이 서브모듈 저장소에 존재하면 Git은 이 Merge 커밋을 가능한 해결책으로 내놓는다. 누군가 이미 이 두 커밋을 Merge한 기록이 있으므로 Git은 이 Merge 커밋을 제안한다.

이런 이유에서 앞에서 본 Merge할 수 없다는 오류 메시지가 "merge following commits not found(Merge 커밋을 찾을 수 없음)"인 것이다. 이런 메시지가 이상한 까닭은 누가 이런 일을 한다고 상상조차 하기 어렵기 때문이다.

앞의 상황에서 마땅한 Merge 커밋을 하나 발견했다면 다음과 같은 결과를 볼 수 있다.

```
$ git merge origin/master
warning: Failed to merge submodule DbConnector (not fast-forward)
Found a possible merge resolution for the submodule:
 9fd905e5d7f45a0d4cbc43d1ee550f16a30e825a: > merged our changes
If this is correct simply add it to the index for example
by using:

  git update-index --cacheinfo 160000 9fd905e5d7f45a0d4cbc43d1ee550f16a30e825a
"DbConnector"

which will accept this suggestion.
Auto-merging DbConnector
CONFLICT (submodule): Merge conflict in DbConnector
Automatic merge failed; fix conflicts and then commit the result.
```

Git이 제시한 해결책은 마치 **git add**한 것처럼 현재 Index를 업데이트해서 충돌 상황을 해결하고 커밋하라는 것이다. 물론 제시한 해결책을 따르지 않을 수도 있다. 서브모듈 디렉터리로 이동해서 변경사항을 직접 확인하고 Fast-forward Merge를 한 후 Test해보고 커밋할 수도 있다.

```
$ cd DbConnector/
$ git merge 9fd905e
Updating eb41d76..9fd905e
Fast-forward

$ cd ..
$ git add DbConnector
$ git commit -am 'Fast forwarded to a common submodule child'
```

위와 같은 명령으로도 같은 작업을 수행할 수 있다. 이 방법을 사용하면 Merge 커밋에 해당하는 코드로 테스트까지 해 볼 수 있으며, Merge 작업 후에 서브모듈 디렉터리가 해당 코드로 업데이트된다.

서브모듈 팁

서브모듈 작업을 도와줄 몇 가지 팁을 소개한다.

서브모듈 Foreach 여행

foreach라는 서브모듈 명령이 있어 한번에 각 서브모듈에 Git 명령을 내릴 수 있다. 한 프로젝트 안에 다수의 서브모듈 프로젝트가 포함된 경우 유용하게 사용할 수 있다.

예를 들어 여러 서브모듈에 걸쳐 작업하던 도중에 새로운 기능을 추가하거나 버그 수정을 해야 하는 경우다. 간단히 아래와 같은 명령으로 한꺼번에 모든 서브모듈에 Stash 명령을 실행할 수 있다.

```
$ git submodule foreach 'git stash'
Entering 'CryptoLibrary'
No local changes to save
Entering 'DbConnector'
Saved working directory and index state WIP on stable: 82d2ad3 Merge from
origin/stable
HEAD is now at 82d2ad3 Merge from origin/stable
```

이렇게 명령을 실행하고 나면 모든 서브모듈과 함께 새 브랜치로 이동해서 작업할 준비를 마치게 된다.

```
$ git submodule foreach 'git checkout -b featureA'
Entering 'CryptoLibrary'
Switched to a new branch 'featureA'
Entering 'DbConnector'
Switched to a new branch 'featureA'
```

감이 잡히는가? 이 명령이 유용한 경우는 서브모듈을 포함한 메인 프로젝트의 전체 diff 내용을 한꺼번에 결과로 얻고자 하는 때다.

```
$ git diff; git submodule foreach 'git diff'
Submodule DbConnector contains modified content
diff --git a/src/main.c b/src/main.c
index 210f1ae..1f0acdc 100644
--- a/src/main.c
+++ b/src/main.c
@@ -245,6 +245,8 @@ static int handle_alias(int *argcp, const char ***argv)

        commit_pager_choice();

+       url = url_decode(url_orig);
+        /* build alias_argv */
        alias_argv = xmalloc(sizeof(*alias_argv) * (argc + 1));
        alias_argv[0] = alias_string + 1;
Entering 'DbConnector'
diff --git a/src/db.c b/src/db.c
index 1aaefb6..5297645 100644
--- a/src/db.c
+++ b/src/db.c
@@ -93,6 +93,11 @@ char *url_decode_mem(const char *url, int len)
        return url_decode_internal(&url, len, NULL, &out, 0);
 }

+char *url_decode(const char *url)
+{
+       return url_decode_mem(url, strlen(url));
+}
+ char *url_decode_parameter_name(const char **query)
 {
        struct strbuf out = STRBUF_INIT;
```

위의 결과로 알 수 있는 내용은 서브모듈에서 새 함수를 추가했고 메인 프로젝트에서 추가한 함수를 호출한다는 내용이다. 예제로 살펴본 내용은 아주 단순한 예시일 뿐이지만 어떻게 foreach 명령을 유용하게 사용하는지 감 잡을 수 있을 것이다.

유용한 Alias

서브모듈을 이용하는 명령은 대부분 길이가 길기 때문에 Alias를 만들어 사용하는 것이 편하다. 혹은 설정파일을 통해 기본값으로 모든 명령에 설정하지 않고 쉽게 서브모듈을 사용할 때도 Alias는 유용하다. Alias를 설정하는 방법은 "2.7 Git Alias"에서 이미 다루었다. 여기에서는 서브모듈에 관련된 몇 가지 유용한 Alias만 살펴본다.

```
$ git config alias.sdiff '!'"git diff && git submodule foreach 'git diff'"
$ git config alias.spush 'push --recurse-submodules=on-demand'
$ git config alias.supdate 'submodule update --remote --merge'
```

위와 같이 설정하면 git supdate 명령으로 간단히 서브모듈을 업데이트할 수 있고 git spush 명령으로 간단히 서브모듈도 업데이트가 필요한지 확인하며 메인 프로젝트를 Push할 수 있다.

서브모듈 사용할 때 주의할 점들

전체적으로 서브모듈은 어렵지 않게 사용할 수 있지만, 서브모듈의 코드를 수정하는 경우에는 주의해야 한다.

예를 들어 Checkout으로 브랜치를 변경하는 경우 서브모듈이 포함된 작업이라면 좀 애매하게 동작할 수 있다. 메인 프로젝트에서 새 브랜치를 생성하고 Checkout한 후 새로 서브모듈을 추가한다. 이후 다시 이전 브랜치로 Checkout하면 서브모듈 디렉터리는 추적하지 않는 디렉터리로 남게 된다.

```
$ git checkout -b add-crypto
Switched to a new branch 'add-crypto'

$ git submodule add https://github.com/chaconinc/CryptoLibrary
Cloning into 'CryptoLibrary'...
...

$ git commit -am 'adding crypto library'
[add-crypto 4445836] adding crypto library
 2 files changed, 4 insertions(+)
 create mode 160000 CryptoLibrary

$ git checkout master
warning: unable to rmdir CryptoLibrary: Directory not empty
Switched to branch 'master'
Your branch is up-to-date with 'origin/master'.

$ git status
On branch master
Your branch is up-to-date with 'origin/master'.
```

```
Untracked files:
  (use "git add <file>..." to include in what will be committed)

    CryptoLibrary/

nothing added to commit but untracked files present (use "git add" to track)
```

물론 추적하지 않는 디렉터리를 지우는 건 쉽다. 이렇게 수동으로 지워야 한다는 게 이상한 것이다. 수동으로 디렉터리를 지우고 다시 서브모듈을 추가했던 브랜치로 Checkout하면 submodule update --init 명령을 실행해 줘야 서브모듈의 코드가 나타난다.[2]

```
$ git clean -fdx
Removing CryptoLibrary/

$ git checkout add-crypto
Switched to branch 'add-crypto'

$ ls CryptoLibrary/

$ git submodule update --init
Submodule path 'CryptoLibrary': checked out 'b8dda6aa182ea4464f3f3264b11e0268545172af'

$ ls CryptoLibrary/
Makefileincludesscriptssrc
```

명령이 어려운 건 아니지만, 다시 봐도 이상하다.

또 하나 주의 깊게 살펴볼 일은 서브디렉터리를 서브모듈로 교체하면서 브랜치 간 이동하는 경우이다. 메인 프로젝트에서 관리하던 서브디렉터리를 새 서브모듈로 교체할 때 주의를 기울이지 않으면 Git을 집어 던지고 싶게 된다. 서브디렉터리를 서브모듈로 교체하는 상황을 살펴보자. 우선 서브디렉터리를 그냥 지우고 바로 서브모듈을 추가한다면 오류가 나타난다.

```
$ rm -Rf CryptoLibrary/
$ git submodule add https://github.com/chaconinc/CryptoLibrary
'CryptoLibrary' already exists in the index
```

이와 같은 오류를 해결하려면 우선 CryptoLibrary 디렉터리를 관리대상에서 삭제하고 나서 서브모듈을 추가한다.

```
$ git rm -r CryptoLibrary
$ git submodule add https://github.com/chaconinc/CryptoLibrary
```

---

2 (옮긴이) 이렇게 코드를 가져오고 나면 Detached HEAD가 된다.

```
Cloning into 'CryptoLibrary'...
remote: Counting objects: 11, done.
remote: Compressing objects: 100% (10/10), done.
remote: Total 11 (delta 0), reused 11 (delta 0)
Unpacking objects: 100% (11/11), done.
Checking connectivity... done.
```

위의 작업을 master가 아닌 어떤 브랜치에서 실행한 상황이다. 만약 다시 master 브랜치로 Checkout하게 되면 서브모듈이 아니라 서브디렉터리가 존재해야 하는 상황이 되는데, 아래와 같은 오류를 만나게 된다.

```
$ git checkout master
error: The following untracked working tree files would be overwritten by
checkout:
  CryptoLibrary/Makefile
  CryptoLibrary/includes/crypto.h
  ...
Please move or remove them before you can switch branches.
Aborting
```

물론 checkout -f 옵션을 붙여서 강제로 브랜치를 Checkout할 수 있지만, 서브모듈에서 저장하지 않은 내용을 되돌릴 수 없게 덮어쓰기 때문에 주의 깊게 강제 적용 옵션을 사용해야 한다.

```
$ git checkout -f master
warning: unable to rmdir CryptoLibrary: Directory not empty
Switched to branch 'master'
```

후에 다시 서브모듈을 추가했던 브랜치로 Checkout하면 서브모듈 디렉터리 CryptoLibrary는 비어 있다. 간혹 git submodule update 명령으로 서브모듈을 초기화하더라도 서브모듈 코드가 살아나지 않을 수 있다. 이럴 때는 서브모듈 디렉터리로 이동해서 git checkout . 명령을 실행하면 서브모듈 코드가 나타난다. 서브모듈을 여러 개 사용하는 경우 submodule foreach 명령으로 한꺼번에 코드를 복구할 수 있다.

　최신 버전의 Git은 서브모듈의 커밋 데이터도 메인 프로젝트의 .git 디렉터리에서 관리한다. 예전 버전의 Git과 달리 서브모듈이 포함된 디렉터리를 망가뜨렸다 하더라도 기록해 둔 커밋 데이터는 쉽게 찾을 수 있다.

　이런 여러 도구와 함께 서브모듈을 사용한다면 간단하고 효율적으로 메인 프로젝트와 하위 프로젝트를 동시에 관리할 수 있다.

7.12 Bundle

앞에서 Git 데이터를 네트워크를 거쳐 전송하는 일반적인 방법(HTTP, SSH 등)을 다루었다. 일반적으로 사용하진 않지만, 꽤 유용한 방법이 하나 더 있다.

Git에는 "Bundle"이란 것이 있다. 데이터를 한 파일에 몰아넣는 것이다. 이 방법은 다양한 경우 유용하게 사용할 수 있다. 예를 들어 네트워크가 불통인데 변경사항을 동료에게 보낼 때, 출장을 나갔는데 보안상의 이유로 로컬 네트워크에 접속하지 못할 때, 통신 인터페이스 장비가 고장 났을 때, 갑자기 공용 서버에 접근하지 못할 때, 누군가에게 수정사항을 이메일로 보내야 하는데 40개씩이나 되는 커밋을 format-patch로 보내고 싶지 않을 때를 예로 들 수 있다.

바로 이럴 때 git bundle이 한줄기 빛이 되어준다. bundle 명령은 보통 git push 명령으로 올려 보낼 모든 것을 감싸서 하나의 바이너리 파일로 만든다. 이 파일을 이메일로 보내거나 USB로 다른 사람에게 보내서 다른 저장소에 풀어서 (Unbundle) 사용한다.

간단한 예제를 보자. 이 저장소에는 커밋이 두 개 있다.

```
$ git log
commit 9a466c572fe88b195efd356c3f2bbeccdb504102
Author: Scott Chacon <schacon@gmail.com>
Date:   Wed Mar 10 07:34:10 2010 -0800

    second commit

commit b1ec3248f39900d2a406049d762aa68e9641be25
Author: Scott Chacon <schacon@gmail.com>
Date:   Wed Mar 10 07:34:01 2010 -0800

    first commit
```

이 저장소를 다른 사람에게 통째로 보내고 싶은데 그 사람의 저장소에 Push 할 권한이 없거나, 그냥 Push하고 싶지 않을 때, git bundle create 명령으로 Bundle을 만들 수 있다.

```
$ git bundle create repo.bundle HEAD master
Counting objects: 6, done.
Delta compression using up to 2 threads.
Compressing objects: 100% (2/2), done.
Writing objects: 100% (6/6), 441 bytes, done.
Total 6 (delta 0), reused 0 (delta 0)
```

이렇게 repo.bundle이라는 이름의 파일을 생성할 수 있다. 이 파일에는 이 저장소의 master브랜치를 다시 만드는 데 필요한 모든 정보가 다 들어 있다. bundle 명령으로 모든 Refs를 포함하거나 Bundle에 포함할 특정 구간의 커밋을 지정할 수 있다. 이 Bundle을 다른 곳에서 Clone하려면 위의 명령처럼 HEAD Refs를 포함해야 한다.

repo.bundle 파일을 다른 사람에게 이메일로 전송하거나 USB 드라이브에 담아서 나갈 수 있다.

혹은 repo.bundle 파일을 일할 곳으로 어떻게든 보내놓으면, 이 Bundle 파일을 마치 URL에서 가져온 것처럼 Clone해서 사용할 수 있다.

```
$ git clone repo.bundle repo
Cloning into 'repo'...
...
$ cd repo
$ git log --oneline
9a466c5 second commit
b1ec324 first commit
```

Bundle 파일에 HEAD Refs를 포함하지 않으려면 -b master 옵션을 써주거나 포함할 브랜치를 지정해줘야 한다. 그렇지 않으면 Git은 어떤 브랜치로 Checkout 할지 알 수 없다.

이제 새 커밋 세 개를 추가해서 채운 저장소를 다시 원래 Bundle을 만들었던 저장소로 USB든 메일이든 Bundle로 보내 새 커밋을 옮겨보기로 한다.

```
$ git log --oneline
71b84da last commit - second repo
c99cf5b fourth commit - second repo
7011d3d third commit - second repo
9a466c5 second commit
b1ec324 first commit
```

먼저 Bundle 파일에 추가할 커밋의 범위를 정해야 한다. 전송할 최소한의 데이터를 알아서 인식하는 네트워크 프로토콜과는 달리 Bundle 명령을 사용할 때는 수동으로 지정해야 한다. 전체 저장소를 Bundle 파일로 만들 수도 있지만, 차이점만 Bundle로 묶는 게 좋다. 예제에서는 로컬에서 만든 세 개의 커밋만 묶는다.

우선 차이점을 찾아내야 Bundle 파일을 만들 수 있다. "7.1 범위로 커밋 가리키기"에서 살펴본 대로 숫자를 사용하여 커밋의 범위를 지정할 수 있다. 원래 Clone한 브랜치인 master에는 없던 세 개의 커밋을 얻어내려면 origin/master..master 또는 master ^origin/master 파라미터를 쓰면 된다. log 명령으로 시험해볼 수 있다.

```
$ git log --oneline master ^origin/master
71b84da last commit - second repo
c99cf5b fourth commit - second repo
7011d3d third 6commit - second repo
```

이제 Bundle 파일에 포함할 커밋을 얻었으니 묶어보자. `git bundle create` 명령에 Bundle 파일의 이름과 묶어 넣을 커밋의 범위를 지정한다.

```
$ git bundle create commits.bundle master ^9a466c5
Counting objects: 11, done.
Delta compression using up to 2 threads.
Compressing objects: 100% (3/3), done.
Writing objects: 100% (9/9), 775 bytes, done.
Total 9 (delta 0), reused 0 (delta 0)
```

이제 디렉터리에 `commits.bundle` 파일이 생겼다. 이 파일을 동료에게 보내면 원래의 저장소에 일이 얼마나 진행되었든 간에 파일 내용을 적용할 수 있다.

이 Bundle 파일을 동료가 받았으면 원래 저장소에 적용하기 전에 무엇이 들어있는지 살펴볼 수 있다. 우선 `bundle verify` 명령으로 파일이 올바른 Git Bundle인가, 제대로 적용하는 데 필요한 모든 히스토리가 현재 저장소에 있는가 확인한다.

```
$ git bundle verify ../commits.bundle
The bundle contains 1 ref
71b84daaf49abed142a373b6e5c59a22dc6560dc refs/heads/master
The bundle requires these 1 ref
9a466c572fe88b195efd356c3f2bbeccdb504102 second commit
../commits.bundle is okay
```

만약 앞에서 Bundle 파일을 만들 때 커밋 세 개로 만들지 않고 마지막 두 커밋으로만 Bundle 파일을 만들면 커밋이 모자라기 때문에 최초에 Bundle을 만들었던 저장소에 새 Bundle 파일을 합칠 수 없다. 이런 문제를 `verify` 명령으로 확인할 수 있다.

```
$ git bundle verify ../commits-bad.bundle
error: Repository lacks these prerequisite commits:
error: 7011d3d8fc200abe0ad561c011c3852a4b7bbe95 third commit - second repo
```

제대로 만든 Bundle 파일이라면 커밋을 가져와서 최초 저장소에 합칠 수 있다. 데이터를 가져올 Bundle 파일에 어떤 브랜치를 포함하고 있는지 살펴보려면 아래와 같은 명령으로 확인할 수 있다.

```
$ git bundle list-heads ../commits.bundle
71b84daaf49abed142a373b6e5c59a22dc6560dc refs/heads/master
```

앞에서 verify 명령을 실행했을 때도 브랜치 정보를 확인할 수 있다. 여기서 중요하게 짚을 부분은 fetch 명령이나 pull 명령으로 가져올 대상이 되는 브랜치를 Bundle 파일에서 확인하는 것이다. 예를 들어 Bundle 파일의 master 브랜치를 작업하는 저장소의 'other-master' 브랜치로 가져오는 명령은 아래와 같이 실행한다.

```
$ git fetch ../commits.bundle master:other-master
From ../commits.bundle
 * [new branch]      master     -> other-master
```

이런 식으로 작업하던 저장소의 'master' 브랜치에 어떤 작업을 했든 상관없이 Bundle 파일로부터 커밋을 독립적으로 'other-master' 브랜치로 가져올 수 있다.

```
$ git log --oneline --decorate --graph --all
* 8255d41 (HEAD, master) third commit - first repo
| * 71b84da (other-master) last commit - second repo
| * c99cf5b fourth commit - second repo
| * 7011d3d third commit - second repo
|/
* 9a466c5 second commit
* b1ec324 first commit
```

git bundle 명령으로 데이터를 전송할 네트워크 상황이 여의치 않거나 쉽게 공유할 수 있는 저장소를 준비하기 어려울 때도 히스토리를 쉽게 공유할 수 있다.

7.13 Replace

히스토리(혹은 데이터베이스)에 일단 저장한 Git의 개체는 기본적으로 변경할 수 없다. 하지만 변경된 것처럼 보이게 하는 재밌는 기능이 숨어 있다.

Git의 replace 명령은 "어떤 개체를 읽을 때 항상 다른 개체로 보이게" 한다. 히스토리에서 어떤 커밋이 다른 커밋처럼 보이도록 할 때 이 명령이 유용하다.

예를 들어 현재 프로젝트의 히스토리가 아주 방대한 상태다. 히스토리를 둘로 나누어서 새로 시작하는 개발자에게는 히스토리를 아주 간단한 몇 개의 커밋으로 만들어서 제공하고, 프로젝트 히스토리를 분석할 사람에게는 전체 히스토리를 제공하는 상황을 생각해보자. replace 명령으로 간단해진 히스토리를 전체 히스토리의 마지막 부분에 연결해서 사용할 수 있다. 이렇게 히스토리를 변경하는 데도 커밋을 새로 쓰지 않는 매우 훌륭한 기능이다(Rebase를 생각해보면 한 부모를 변경하면 이후의 커밋은 모두 재작성된다).

이와 같은 상황을 한번 해보자. 히스토리가 어느 정도 쌓여 있는 Git 저장소를 두 저장소로 분리해서 하나는 최신 커밋 몇 개만 유지하도록 하고 다른 하나는 전체 히스토리를 유지하기로 한다. 이렇게 분리한 두 히스토리를 커밋을 재작성하지 않고 replace 명령을 사용하여 연결한다.

다음 예제로 사용하는 저장소는 히스토리에 커밋 5개가 있다.

```
$ git log --oneline
ef989d8 fifth commit
c6e1e95 fourth commit
9c68fdc third commit
945704c second commit
c1822cf first commit
```

예제의 히스토리를 둘로 나누어보자. 하나는 첫 번째부터 네 번째 커밋까지 히스토리로 만들어 원래의 히스토리를 그대로 유지한다. 다른 새 히스토리는 네 번째 커밋과 다섯 번째 커밋만을 포함하도록 한다.

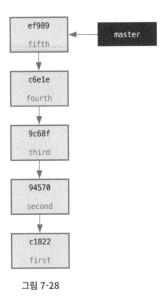

그림 7-28

원래의 히스토리를 유지하는 히스토리를 만들기는 쉽다. 원래 히스토리상에 기준점을 잡아 새 브랜치를 만들고 히스토리를 유지할 리모트 저장소로 Push하면 간단히 해결된다.

```
$ git branch history c6e1e95
$ git log --oneline --decorate
ef989d8 (HEAD, master) fifth commit
```

```
c6e1e95 (history) fourth commit
9c68fdc third commit
945704c second commit
c1822cf first commit
```

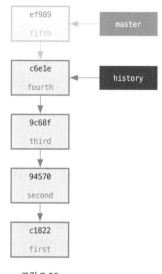

그림 7-29

history 브랜치를 새 저장소에 master 브랜치로 Push한다.

```
$ git remote add project-history https://github.com/schacon/project-history
$ git push project-history history:master
Counting objects: 12, done.
Delta compression using up to 2 threads.
Compressing objects: 100% (4/4), done.
Writing objects: 100% (12/12), 907 bytes, done.
Total 12 (delta 0), reused 0 (delta 0)
Unpacking objects: 100% (12/12), done.
To git@github.com:schacon/project-history.git
 * [new branch]      history -> master
```

원래 히스토리를 유지하는 히스토리를 Push했다. 이제 남은 어려운 부분은 최신 커밋만 유지하도록 히스토리를 중간에 끊고 새로 만드는 작업이다. 새로 만든 히스토리와 원래 히스토리를 나중에 연결해서 사용할 때 네 번째 커밋을 연결하도록 작업한다. 따라서 새로 만든 히스토리는 네 번째 이후의 커밋만 유지한다.

```
$ git log --oneline --decorate
ef989d8 (HEAD, master) fifth commit
c6e1e95 (history) fourth commit
9c68fdc third commit
945704c second commit
c1822cf first commit
```

이런 예제 같은 경우 히스토리를 어떻게 연결하는지 설명하는 커밋을 만들어 나중에 개발자든 누구든 전체 히스토리를 볼 수 있도록 하는 것이 좋다. 이런 내용과 함께 네 번째 커밋 이전의 상태를 담을 새 커밋을 하나 만들고 네 번째 이후 커밋을 이 새 커밋 위에 Rebase하기로 한다.

기준으로 삼을 커밋을 선택하고 새 커밋을 만든다. 예제는 9c68fdc 해시값을 갖는 세 번째 커밋이 된다. 세 번째 커밋의 트리 내용을 기본 상태로 삼고 네 번째 이후 커밋을 히스토리에 쌓는다. commit-tree 명령을 사용해서 새 커밋을 만든다. 명령에 트리 개체를 전달하면 부모 없는 새 커밋을 생성하여 해시값을 반환한다.

```
$ echo 'get history from blah blah blah' | git commit-tree 9c68fdc^{tree}
622e88e9cbfbacfb75b5279245b9fb38dfea10cf
```

 commit-tree 명령은 'Plumbing' 명령 중 하나다. 저수준 명령은 일반적으로 직접 사용할 일이 없다. 주로 사용하는 **고수준 Git 명령**이 하는 작업을 잘게 쪼개어 수행할 때 사용한다. 이 책에서 위의 예제처럼 특별한 작업을 위해 간혹 저수준 명령을 사용하긴 하지만 매일같이 사용하지는 않는다. 다른 여러 저수준 명령을 사용하는 예제는 "10.1 Plumbing 명령과 Porcelain 명령"에서 확인할 수 있다.

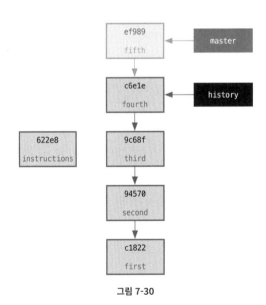

그림 7-30

이제 네 번째 커밋 이후의 히스토리를 쌓을 커밋이 준비됐다. `git rebase --onto` 명령으로 네 번째 이후의 커밋을 새 커밋에 Rebase한다. `--onto` 옵션 뒤에 전달할 커밋은 쌓아올릴 대상이 되는 커밋을 입력한다. 위에서 `commit-tree` 명령으로 반환받은 커밋을 사용하고 Rebase의 기준은 네 번째 커밋의 부모 커밋, 즉 세 번째 커밋인 `9c68fdc` 해시를 전달한다.

```
$ git rebase --onto 622e88 9c68fdc
First, rewinding head to replay your work on top of it...
Applying: fourth commit
Applying: fifth commit
```

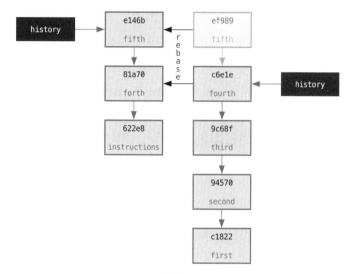

그림 7-31

위와 같이 Rebase하고 나면 최신 커밋만 유지하는 새로운 히스토리가 만들어진다. 새 히스토리의 가장 첫 번째 커밋에는 어떻게 이전 히스토리를 연결해서 확인할 수 있는지 설명하는 내용이 포함되게 된다. 이렇게 생성한 새 히스토리를 새 리모트 저장소로 Push한다. 그러고 나서 Clone해서 히스토리를 살펴보면 가장 최근 커밋 몇 개만 보이고 가장 첫 커밋에는 히스토리를 연결하는 내용이 있게 된다.

이제 역할을 바꾸어 새 히스토리를 Clone하고 전체 히스토리까지 확인하고자하는 작업을 예로 들어보자. 원래 히스토리로부터 분리한 새 히스토리 위에서원래 히스토리를 확인하려면 우선 원래 히스토리를 포함하는 리모트 저장소를추가하고 히스토리를 Fetch한다.

```
$ git clone https://github.com/schacon/project
$ cd project

$ git log --oneline master
e146b5f fifth commit
81a708d fourth commit
622e88e get history from blah blah blah

$ git remote add project-history https://github.com/schacon/project-history
$ git fetch project-history
From https://github.com/schacon/project-history
 * [new branch]     master      -> project-history/master
```

위와 같이 실행하고 나면 master 브랜치에는 간단한 히스토리의 최신 커밋만 있다. 그리고 project-history/master 브랜치에는 원래 히스토리 전체가 있게 된다.

```
$ git log --oneline master
e146b5f fifth commit
81a708d fourth commit
622e88e get history from blah blah blah

$ git log --oneline project-history/master
c6e1e95 fourth commit
9c68fdc third commit
945704c second commit
c1822cf first commit
```

이 두 히스토리를 연결하기 위해 git replace 명령을 사용하여 새 히스토리의 커밋이 원래 히스토리에 속한 커밋을 가리키도록 할 수 있다. 예제에서는 새 히스토리의 'fourth commit'과 project-history/master 브랜치의 'fourth commit'을 파라미터로 전달한다.

```
$ git replace 81a708d c6e1e95
```

이제 master 브랜치에서 히스토리를 조회해보면 아래와 같은 히스토리가 된다.

```
$ git log --oneline master
e146b5f fifth commit
81a708d fourth commit
9c68fdc third commit
945704c second commit
c1822cf first commit
```

히스토리가 그럴듯하다. 연결한 네 번째 커밋 이후의 커밋을 재작성하지 않고도 replace 명령으로 간단하게 히스토리를 변경했다. 변경한 히스토리에서도

bisect나 blame 같은 다른 Git 명령을 사용할 수 있다.

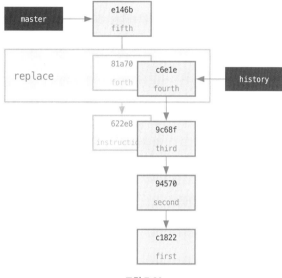

그림 7-32

연결된 히스토리를 보면 replace 명령으로 커밋을 변경했음에도 여전히 c6e1e95 해시가 아니라 81a708d 해시로 나오는 것을 확인할 수 있다. 반면 cat-file 명령으로 보면 c6e1e95 해시의 내용이 출력된다.

```
$ git cat-file -p 81a708d
tree 7bc544cf438903b65ca9104a1e30345eee6c083d
parent 9c68fdceee073230f19ebb8b5e7fc71b479c0252
author Scott Chacon <schacon@gmail.com> 1268712581 -0700
committer Scott Chacon <schacon@gmail.com> 1268712581 -0700
fourth commit
```

Replace 이전 네 번째 커밋 81a708d 해시의 부모는 622e88e 해시이므로 위의 9c68fdce로 나오는 내용은 변경한 대상인 c6e1e95 해시의 내용이다.

이렇게 히스토리를 연결하는 것 같은 Replace 명령의 결과는 Refs로 관리한다.

```
$ git for-each-ref
e146b5f14e79d4935160c0e83fb9ebe526b8da0d commitrefs/heads/master
c6e1e95051d41771a649f3145423f8809d1a74d4 commitrefs/remotes/history/master
e146b5f14e79d4935160c0e83fb9ebe526b8da0d commitrefs/remotes/origin/HEAD
e146b5f14e79d4935160c0e83fb9ebe526b8da0d commitrefs/remotes/origin/master
c6e1e95051d41771a649f3145423f8809d1a74d4 commitrefs/replace/81a708dd0e167a3f6915
41c7a6463343bc457040
```

Replace 내용을 Refs로 관리한다는 말은 손쉽게 이 내용을 서버로 Push하여 다른 팀원과 공유할 수 있다는 것을 뜻한다. 이렇게 Replace하는 것이 유용하지 않을 수도 있다. 어쨌든 모든 팀원이 두 히스토리를 내려받아야 하는데 굳이 나눠야 하나? 하지만 어떨 때는 Replace하는 것이 유용할 수도 있다.

7.14 Credential 저장소

SSH 프로토콜을 사용하여 리모트 저장소에 접근할 때 Passphase 없이 생성한 SSH Key를 사용하면 사용자 이름과 비밀번호를 입력하지 않고도 안전하게 데이터를 주고받을 수 있다. 반면 HTTP 프로토콜을 사용하는 경우는 매번 사용자 이름과 비밀번호를 입력해야 한다.

다행히도 Git은 이렇게 매번 인증정보(Credential)를 입력하는 경우 인증정보를 저장해두고 자동으로 입력해주는 시스템을 제공한다. Git Credential 기능이 제공하는 옵션은 아래와 같다.

- 일단 기본적으로 아무런 설정도 하지 않으면 어떤 비밀번호도 저장하지 않는다. 이 경우 인증이 필요한 때 매번 사용자 이름과 비밀번호를 입력해야 한다.
- "cache" 모드로 설정하면 일정 시간 동안 메모리에 사용자 이름과 비밀번호 같은 인증정보를 기억한다. 이 정보를 Disk에 저장하지는 않으며 메모리에서도 15분까지만 유지한다.
- "store" 모드로 설정하면 인증정보를 Disk의 텍스트 파일로 저장하며 계속 유지한다. 계속 유지한다는 말은 리모트의 인증정보를 변경하지 않는 한 다시 인증정보를 입력하지 않아도 접근할 수 있다는 말이다. "store" 모드를 사용할 때 주의할 점은 인증정보가 사용자 홈 디렉터리 아래에 일반 텍스트 파일로 저장된다는 점이다.
- 맥에서 Git을 사용하는 경우 "osxkeychain" 모드를 사용하면 맥에서 제공하는 Keychain 시스템에 사용자 이름과 비밀번호를 현재 로그인 계정에 속하게 저장한다. "store" 모드하면 인증정보를 Disk에 저장하고 인증정보가 만료되지 않는 점은 같지만, 사파리 브라우저가 인증정보를 저장하는 것과 같은 수준으로 암호화해서 저장한다는 점이 다르다.

- 윈도우 환경에서는 "winstore"라는 Helper가 있다. "osxkeychain" Helper 와 비슷하게 동작하며 Windows Credential Store를 사용하여 안전하게 인 증정보를 저장한다. https://gitcredentialstore.codeplex.com 사이트를 참고 한다.

앞에서 설명한 여러 모드 중 하나를 아래와 같이 설정할 수 있다.

```
$ git config --global credential.helper cache
```

추가 옵션을 지정할 수 있는 Helper도 있다. "store" Helper는 --file <path> 옵 션을 사용하여 인증정보를 저장할 텍스트 파일의 위치를 지정한다. 기본값은 ~/.git-credentials이다. "cache" Helper는 --timeout <seconds> 옵션을 사용 하여 언제까지 인증정보를 메모리에 유지할지 설정한다. 기본값은 900초로 15 분이다. 기본 경로가 아닌 다른 경로를 지정해서 인증정보를 저장하려면 아래와 같이 실행한다.

```
$ git config --global credential.helper store --file ~/.my-credentials
```

Helper를 여러 개 섞어서 쓸 수도 있다. 인증이 필요한 리모트에 접근할 때 Git 은 인증정보를 찾는데 Helper가 여러 개 있으면 순서대로 찾는다. 반대로 인증 정보를 저장할 때는 설정한 모든 모드에 저장한다. 다음 예제는 첫 번째 Path에 대해 인증정보를 읽거나 저장에 실패하면 두 번째 모드에 따라 메모리에서만 인 증정보를 유지한다.

```
[credential]
    helper = store --file /mnt/thumbdrive/.git-credentials
    helper = cache --timeout 30000
```

뚜껑을 열어보면

실제로는 어떻게 동작하는지 살펴보자. Git의 Credential-Helper 시스템의 기본 명령은 git credential이다. 이 명령이 하위 명령이나 옵션, 표준입력으로 필요 한 정보를 입력받아 전달한다.

이 과정은 예제를 통해 이해하는 편이 쉽다. Credential Helper를 사용하도록 설정하고 mygithost라는 호스트의 인증정보가 저장된 상태이다. 아래 예제는 "fill" 명령으로 Git이 특정 호스트에 대한 인증정보를 얻으려는 과정을 보여준다.

```
$ git credential fill ❶
protocol=https ❷
host=mygithost
❸
protocol=https ❹
host=mygithost
username=bob
password=s3cre7
$ git credential fill ❺
protocol=https
host=unknownhost

Username for 'https://unknownhost': bob
Password for 'https://bob@unknownhost':
protocol=https
host=unknownhost
username=bob
password=s3cre7
```

❶ 이 명령으로 인증정보를 얻어오는 과정을 시작한다.

❷ 이제 Git-credential 명령은 표준 입력으로 사용자의 입력을 기다린다. 인증정
보가 필요한 대상의 프로토콜과 호스트 이름을 입력한다.

❸ 빈 라인을 하나 입력하면 입력이 끝났다는 것을 의미한다. 이제 입력한 내용
에 해당하는 인증정보를 응답해야 한다.

❹ Git-credential 명령이 전달받은 내용으로 인증정보를 찾아보고 찾으면 표준
출력으로 찾은 정보를 응답한다.

❺ 물론 요청에 대한 인증정보가 없을 수도 있다. 이렇게 되면 Git이 사용자 이
름과 비밀번호를 사용자가 입력하도록 메시지를 띄우고 값도 입력받는다. 입
력받은 값을 다시 표준출력으로 응답한다.

이 Credential 시스템은 사실 Git과 분리된 독립적인 프로그램을 실행시켜 동작
한다. 어떤 프로그램을 실행시킬지는 `credential.helper` 설정값에 따른다. 이
설정값을 아래와 같이 설정한다.

설정값	결과
foo	git-credential-foo 실행
foo -a --opt=bcd	git-credential-foo -a --opt=bcd 실행
/absolute/path/foo -xyz	/absolute/path/foo -xyz 실행
!f() { echo "password=s3cre7"; }; f	! 뒤의 코드를 셸에서 실행

따라서 위에서 살펴본 여러 Helper는 사실 `git-credential-cache`, `git-credential-store` 같은 명령이다. 설정을 통해 이 명령들이 옵션이나 하위 명령을 받아서 실행하게 한다. 이 명령의 일반적인 형태는 "git-credential-foo [args] 〈action〉"이다. git-credential 명령과 마찬가지로 표준입력/표준출력을 프로토콜로 사용하지만 처리하는 액션(하위 명령)은 아래와 같이 다소 다르다.

- get - 사용자 이름과 비밀번호를 요구하는 액션
- store - Helper에서 인증정보를 저장하는 액션
- erase - Helper에서 인증정보를 삭제하는 액션

store나 erase 액션은 따로 결과를 출력할 필요가 없다(Git은 결과를 무시). get 액션의 결과는 Git이 주의 깊게 관찰해서 가져다 사용하므로 매우 중요하다. Helper는 전달받은 내용으로 인증정보를 찾고 저장된 인증정보가 없다면 아무런 결과도 출력하지 않고 종료하면 된다. 적당한 인증정보를 찾았을 때는 전달받은 내용에 찾은 인증정보를 추가하여 결과로 응답한다. 결과는 몇 라인의 할당 구문으로 구성하며, Git은 이 결과를 받아서 사용한다.

아래 예제는 위에서 살펴본 예제와 같은 내용으로 git-credential 명령 대신 git-credential-store 명령을 직접 사용한다.

```
$ git credential-store --file ~/git.store store ❶
protocol=https
host=mygithost
username=bob
password=s3cre7
$ git credential-store --file ~/git.store get ❷
protocol=https
host=mygithost
username=bob ❸
password=s3cre7
```

❶ git-credential-store Helper에게 인증정보를 저장하도록 한다. 저장할 인증정보는 사용자 이름은 "bob", 비밀번호는 "s3cre7"를 저장하는데 프로토콜과 호스트가 `https://mygithost`일 때 사용한다.

❷ 저장한 인증정보를 가져온다. 이미 아는 `https://mygithost` 리모트 주소를 호스트와 프로토콜로 나누어 표준입력으로 전달하고 한 라인을 비운다.

❸ git-credential-store 명령은 ❶에서 저장한 사용자 이름과 비밀번호를 표준출력으로 응답한다.

~/git.store 파일의 내용은 사실 아래와 같다.

```
https://bob:s3cre7@mygithost
```

단순한 텍스트 파일로 인증정보가 포함된 URL 형태로 저장한다. osxkeychain이나 winstore Helper를 사용하면 OS에서 제공하는 좀 더 안전한 저장소에 인증정보를 저장한다. cache Helper의 경우 나름의 형식으로 메모리에 인증정보를 저장하고 다른 프로세스에서는 (메모리의 내용을) 읽어갈 수 없다.

맞춤 Credential 캐시

git-credential-store나 다른 명령도 독립된 프로그램이다. **아무** 스크립트나 프로그램도 Git Credential Helper가 될 수 있다. 이미 Git이 제공하는 Helper로도 충분하지만 모든 경우를 커버하지 않는다. 예를 들어 어떤 인증정보는 팀 전체가 공유해야 한다. 배포에 사용하는 인증정보가 그렇다. 이 인증정보는 공유하는 디렉터리에 저장해두고 사용한다. 이 인증정보는 자주 변경되기 때문에 로컬 Credential 저장소에 저장하지 않고 사용하고자 한다. 이런 경우라면 Git이 제공하는 Helper로는 부족하며 자신만의 맞춤 Helper가 필요하다. 맞춤 Helper는 아래와 같은 기능을 제공해야 한다.

1. 새 맞춤 Helper가 집중해야 할 액션은 get뿐이다. store나 erase 액션은 저장하는 기능이기 때문에 이 액션을 받으면 깔끔하게 바로 종료한다.
2. 공유하는 Credential 파일은 git-credential-store 명령이 저장하는 형식과 같은 형식을 사용한다.
3. Credential 파일의 위치는 기본값을 사용해도 되지만 파일 경로를 넘길 수 있다.

예제로 보여주는 맞춤 Helper도 Ruby로 작성한다. 하지만 다른 어떤 언어를 사용해도 Git이 실행할 수만 있다면 상관없다. 작성한 저장소 Helper의 소스 코드는 아래와 같다.

```ruby
#!/usr/bin/env ruby

require 'optparse'

path = File.expand_path '~/.git-credentials' ❶
OptionParser.new do |opts|
```

```
        opts.banner = 'USAGE: git-credential-read-only [options] &lt;action&gt;'
        opts.on('-f', '--file PATH', 'Specify path for backing store') do |argpath|
            path = File.expand_path argpath
        end
end.parse!

exit(0) unless ARGV[0].downcase == 'get' ❷
exit(0) unless File.exists? path

known = {} ❸
while line = STDIN.gets
    break if line.strip == ''
    k,v = line.strip.split '=', 2
    known[k] = v
end

File.readlines(path).each do |fileline| ❹
    prot,user,pass,host = fileline.scan(/^(.*?):\/\/(.*?):(.*?)@(.*)$/).first
    if prot == known['protocol'] and host == known['host'] then
        puts "protocol=#{prot}"
        puts "host=#{host}"
        puts "username=#{user}"
        puts "password=#{pass}"
        exit(0)
    end
end
```

❶ 우선 명령 옵션을 처리한다. 옵션으로는 Credential 파일명이 들어온다. 기본 값은 ~/.git-credentials이다.

❷ Helper 프로그램은 get 액션만 처리하며 Credential 파일이 존재하는 경우만 처리한다.

❸ 이후에는 빈 라인이 나타날 때까지 표준입력으로부터 한 줄 한 줄 읽는다. 각 라인을 파싱하여 known 해시에 저장하고 ❹의 응답에서 사용한다.

❹ 이 루프에서 Credential 파일을 읽어서 ❸의 해시에 해당하는 정보를 찾는다. known 해시에서 프로토콜과 호스트 정보가 일치하는 경우 사용자 이름과 비밀번호를 포함하여 결과를 출력한다.

이 파일을 git-credential-read-only로 저장하고 PATH에 등록된 디렉터리 중 하나에 위치시키고 실행 권한을 부여한다. Helper를 실행하면 아래와 같다.

```
$ git credential-read-only --file=/mnt/shared/creds get
protocol=https
host=mygithost

protocol=https
host=mygithost
username=bob
password=s3cre7
```

위에서 저장한 파일 이름이 "git-"으로 시작하기 때문에 아래와 같이 간단한 이름으로 설정해서 사용할 수 있다.

```
$ git config --global credential.helper read-only --file /mnt/shared/creds
```

이렇게 살펴본 대로 Credential 저장소를 필요에 따라 맞춤 프로그램을 작성해서 확장하는 것이 어렵지 않다. 스크립트를 만들어 사용자나 팀의 가려운 부분을 긁어줄 수 있다.

7.15 요약

커밋과 저장소를 꼼꼼하게 관리하는 도구를 살펴보았다. 문제가 생기면 바로 누가, 언제, 무엇을 했는지 찾아내야 한다. 그리고 프로젝트를 쪼개고 싶을 때 사용하는 방법들도 배웠다. 이제 Git 명령은 거의 모두 배운 것이다. 독자들이 하루빨리 익숙해져서 자유롭게 사용했으면 좋겠다.

8장

P r o　　G i t　　2 n d　　E d i t i o n

Git 맞춤

지금까지 Git이 어떻게 동작하고 Git을 어떻게 사용하는지 설명했다. 이제 Git을 좀 더 쉽고 편하게 사용할 수 있도록 도와주는 도구를 살펴본다. 이 장에서는 먼저 많이 쓰이는 설정 그리고 훅 시스템을 설명한다. 그 후에 Git을 내게 맞추어 (Customize) 본다. Git을 자신의 프로젝트에 맞추고 편하게 사용하자.

8.1 Git 설정하기

"1.6 Git 최초 설정"에서 git config 명령을 사용했다. 제일 먼저 해야 하는 것은 git config 명령으로 이름과 이메일 주소를 설정하는 것이다.

```
$ git config --global user.name "John Doe"
$ git config --global user.email johndoe@example.com
```

여기서는 이렇게 설정하는 것 중에서 중요한 것만 몇 가지 배운다.

우선 Git은 내장된 기본 규칙을 따르지만 설정된 것이 있으면 그에 따른다는 점을 생각해두자. Git은 먼저 /etc/gitconfig 파일을 찾는다. 이 파일은 해당 시스템에 있는 모든 사용자와 모든 저장소에 적용되는 설정 파일이다. git config 명령에 --system 옵션을 주면 이 파일을 사용한다.

다음으로 ~/.gitconfig 파일을 찾는다. 이 파일은 해당 사용자에게만 적용되는 설정 파일이다. --global 옵션을 주면 Git은 이 파일을 사용한다.

마지막으로 현재 작업 중인 저장소의 Git 디렉터리에 있는 .git/config 파일을 찾는다. 이 파일은 해당 저장소에만 적용된다.

각 설정 파일에 중복된 설정이 있으면 설명한 "순서대로" 덮어쓴다. 예를 들어 .git/config와 /etc/gitconfig에 같은 설정이 들어 있다면 .git/config에 있는 설정을 사용한다.

 설정 파일 일반적인 텍스트 파일로 쉽게 고쳐 쓸 수 있다. 보통 `git config` 명령을 사용하는 것이 더 편하다.

클라이언트 설정

설정이 영향을 미치는 대상에 따라 클라이언트 설정과 서버 설정으로 나눠볼 수 있다. 대부분은 개인 작업 환경과 관련된 클라이언트 설정이다. Git에는 설정 거리가 매우 많은데, 여기서는 워크플로를 관리하는 데 필요한 것과 주로 많이 사용하는 것만 설명한다. 한번도 겪지 못할 상황에서나 유용한 옵션까지 다 포함하면 설정할 게 너무 많다. Git 버전마다 옵션이 조금씩 다른데, 아래와 같이 실행하면 설치한 버전에서 사용할 수 있는 옵션을 모두 보여준다.

```
$ man git-config
```

어떤 옵션을 사용할 수 있는지 매우 자세히 설명하고 있다. http://git-scm.com/docs/git-config.html 페이지에서도 같은 내용을 볼 수 있다.

core.editor

Git은 편집기를 설정($VISUAL, $EDITOR 변수로 설정)하지 않았거나 설정한 편집기를 찾을 수 없으면 vi를 실행한다. 커밋할 때나 tag 메시지를 편집할 때 설정한 편집기를 실행한다. code.editor 설정으로 편집기를 설정한다.

```
$ git config --global core.editor emacs
```

이렇게 설정하면 메시지를 편집할 때 환경변수에 설정한 편집기가 아니라 Emacs를 실행한다.

commit.template

커밋할 때 Git이 보여주는 커밋 메시지는 이 옵션에 설정한 템플릿 파일이다. 예를 들어 ~/.gitmessage.txt 파일을 아래와 같이 만든다.

```
subject line

what happened

[ticket: X]
```

이 파일을 commit.template에 설정하면 Git은 git commit 명령이 실행하는 편집기에 이 메시지를 기본으로 넣어준다.

```
$ git config --global commit.template ~/.gitmessage.txt
$ git commit
```

그러면 커밋할 때 아래와 같은 메시지를 편집기에 자동으로 채워준다.

```
subject line

what happened

[ticket: X]
# Please enter the commit message for your changes. Lines starting
# with '#' will be ignored, and an empty message aborts the commit.
# On branch master
# Changes to be committed:
#    (use "git reset HEAD <file>..." to unstage)
#
# modified:   lib/test.rb
#
~
~
".git/COMMIT_EDITMSG" 14L, 297C
```

소속 팀에 커밋 메시지 규칙이 있으면 그 규칙에 맞는 템플릿 파일을 만들고 시스템 설정에 설정해둔다. Git이 그 파일을 사용하도록 설정하면 규칙을 따르기가 쉬워진다.

core.pager

Git은 log나 diff 같은 명령의 메시지를 출력할 때 페이지로 나누어 보여준다. 기본으로 사용하는 명령은 less다. more를 더 좋아하면 more라고 설정한다. 페이지를 나누고 싶지 않으면 빈 문자열로 설정한다.

```
$ git config --global core.pager ''
```

이 명령을 실행하면 Git은 길든지 짧든지 결과를 한번에 다 보여 준다.

user.signingkey

이 설정은 "7.4 내 작업에 서명하기"에서 설명했던 Annotated Tag를 만들 때 유용하다. 사용할 GPG 키를 설정해 둘 수 있다. 아래처럼 GPG 키를 설정하면 서명할 때 편리하다.

```
$ git config --global user.signingkey <gpg-key-id>
```

git tag 명령을 실행할 때 키를 생략하고 서명할 수 있다.

```
$ git tag -s <tag-name>
```

core.excludesfile

Git에서 git add 명령으로 추적할 파일에 포함하지 않을 파일은 .gitignore에 해당 패턴을 적으면 된다고 2.2절 "파일 무시하기"에서 설명했다.

한 저장소 안에서뿐 아니라 어디에서라도 Git에 포함하지 않을 파일을 설정할 수 있다. 예를 들어 맥을 쓰는 사람이라면 .DS_Store 파일을 자주 보았을 것이다. Emacs나 Vim를 쓰다 보면 이름 끝에 ~ 붙여둔 임시 파일도 있다.

.gitignore 파일처럼 무시할 파일을 설정할 수 있는데 ~/.gitignore_global 파일 안에 아래 내용으로 입력해두고

```
*~
.DS_Store
```

git config --global core.excludesfile ~/.gitignore_global 명령으로 설정을 추가하면 더는 위와 같은 파일이 포함되지 않을 것이다.

help.autocorrect

명령어를 잘못 입력하면 Git은 메시지를 아래와 같이 보여 준다.

```
$ git chekcout master
git: 'chekcout' is not a git command. See 'git --help'.

Did you mean this?
    checkout
```

Git은 어떤 명령을 입력하려고 했을지 추측해서 보여주긴 하지만 직접 실행하진 않는다. 그러나 help.autocorrect를 1로 설정하면 명령어를 잘못 입력해도 Git

이 자동으로 해당 명령어를 찾아서 실행해준다.

```
$ git chekcout master
WARNING: You called a Git command named 'chekcout', which does not exist.
Continuing under the assumption that you meant 'checkout'
in 0.1 seconds automatically...
```

여기서 재밌는 것은 "0.1 seconds"이다. 사실 help.autocorrect 설정에 사용하는 값은 1/10초 단위의 숫자를 나타낸다. 만약 50이라는 값으로 설정한다면 자동으로 고친 명령을 실행할 때 Git은 5초간 명령을 실행하지 않고 기다려줄 수 있다.

컬러 터미널

사람이 쉽게 인식할 수 있도록 터미널에 결과를 컬러로 출력할 수 있다. 터미널 컬러와 관련된 옵션은 매우 다양하기 때문에 꼼꼼하게 설정할 수 있다.

color.ui

Git은 기본적으로 터미널에 출력하는 결과물을 알아서 색칠하지만, 이 색칠하는 기능을 끄고 싶다면 한 가지 설정만 해 두면 된다. 아래와 같은 명령을 실행하면 더는 색칠된 결과물을 내지 않는다.

```
$ git config --global color.ui false
```

컬러 설정의 기본값은 auto로 터미널에 출력할 때는 색칠하지만, 결과가 리다이렉션되거나 파일로 출력되면 색칠하지 않는다.

always로 설정하면 터미널이든 다른 출력이든 상관없이 색칠하여 내보낸다. 대개 이 값을 설정해서 사용하지 않는다. --color 옵션을 사용하면 강제로 결과를 색칠해서 내도록 할 수 있기 때문이다. 대부분은 기본값이 낫다.

color.*

Git은 좀 더 꼼꼼하게 컬러를 설정하는 방법을 제공한다. 아래와 같은 설정들이 있다. 모두 true, false, always 중 하나를 고를 수 있다.

```
color.branch
color.diff
color.interactive
color.status
```

또한, 각 옵션의 컬러를 직접 지정할 수도 있다. 아래처럼 설정하면 diff 명령에서 meta 정보의 포그라운드는 blue, 백그라운드는 black, 테스트는 bold로 바뀐다.

```
$ git config --global color.diff.meta "blue black bold"
```

컬러는 normal, black, red, green, yellow, blue, magenta, cyan, white 중에서 고를 수 있다. 텍스트 속성은 bold, dim, ul(underline), blink, reverse 중에서 고를 수 있다.

다른 Merge, Diff 도구 사용하기

Git에 들어 있는 diff 도구 말고 다른 도구로 바꿀 수 있다. 화려한 GUI 도구로 바꿔서 좀 더 편리하게 충돌을 해결할 수 있다. 여기서는 Perforce의 Merge 도구인 P4Merge로 설정하는 것을 보여준다. P4Merge는 무료인데다 꽤 괜찮다.

P4Merge는 중요 플랫폼을 모두 지원하기 때문에 웬만한 환경이면 사용할 수 있다. 여기서는 맥과 리눅스 시스템에 설치하는 것을 보여준다. 윈도우에서 사용하려면 /usr/local/bin 경로만 윈도우 경로로 바꿔준다.

먼저 https://www.perforce.com/product/components/perforce-visual-merge-and-diff-tools에서 P4Merge를 내려받는다. 그 후에 P4Merge에 쓸 Wrapper 스크립트를 만든다. 필자는 맥 사용자라서 맥 경로를 사용한다. 어떤 시스템이든 p4merge가 설치된 경로를 사용하면 된다. 예제에서는 extMerge라는 Merge용 Wrapper 스크립트를 만들고 이 스크립트로 넘어오는 모든 아규먼트를 p4merge 프로그램으로 넘긴다.

```
$ cat /usr/local/bin/extMerge
#!/bin/sh
/Applications/p4merge.app/Contents/MacOS/p4merge $*
```

그리고 diff용 Wrapper도 만든다. 이 스크립트로 넘어오는 아규먼트는 총 7개지만 그중 2개만 Merge Wrapper로 넘긴다. Git이 diff 프로그램에 넘겨주는 아규먼트는 아래와 같다.

```
path old-file old-hex old-mode new-file new-hex new-mode
```

이 중에서 old-file과 new-file 만 사용하는 wrapper 스크립트를 만든다.

```
$ cat /usr/local/bin/extDiff
#!/bin/sh
[ $# -eq 7 ] && /usr/local/bin/extMerge "$2" "$5"
```

이 두 스크립트에 실행 권한을 부여한다.

```
$ sudo chmod +x /usr/local/bin/extMerge
$ sudo chmod +x /usr/local/bin/extDiff
```

Git config 파일에 이 스크립트를 모두 추가한다. 설정해야 하는 옵션이 좀 많다. merge.tool로 무슨 Merge 도구를 사용할지, mergetool.*.cmd로 실제로 어떻게 명령어를 실행할지, mergetool.trustExitCode로 Merge 도구가 반환하는 exit 코드가 Merge의 성공 여부를 나타내는지, diff.external은 diff할 때 실행할 명령어가 무엇인지를 설정할 때 사용한다. 모두 git config 명령으로 설정한다.

```
$ git config --global merge.tool extMerge
$ git config --global mergetool.extMerge.cmd \
  'extMerge \"$BASE\" \"$LOCAL\" \"$REMOTE\" \"$MERGED\"'
$ git config --global mergetool.extMerge.trustExitCode false
$ git config --global diff.external extDiff
```

~/.gitconfig/ 파일을 직접 편집해도 된다.

```
[merge]
  tool = extMerge
[mergetool "extMerge"]
  cmd = extMerge "$BASE" "$LOCAL" "$REMOTE" "$MERGED"
  trustExitCode = false
[diff]
  external = extDiff
```

설정을 완료하고 나서 아래와 같이 diff 명령어를 실행한다.

```
$ git diff 32d1776b1^ 32d1776b1
```

diff 결과가 터미널에 출력되는 대신 P4Merge가 실행되어 다음쪽 그림 8-1처럼 Diff 결과를 보여준다.

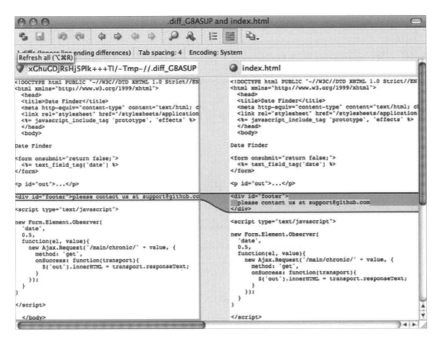

그림 8-1 P4Merge

브랜치를 Merge할 때 충돌이 나면 `git mergetool` 명령을 실행한다. 이 명령을 실행하면 GUI 도구로 충돌을 해결할 수 있도록 P4Merge를 실행해준다.

Wrapper를 만들어 설정해두면 다른 Diff, Merge 도구로 바꾸기도 쉽다. 예를 들어 KDiff3를 사용하도록 extDiff와 extMerge 스크립트를 수정한다.

```
$ cat /usr/local/bin/extMerge
#!/bin/sh
/Applications/kdiff3.app/Contents/MacOS/kdiff3 $*
```

이제부터 Git은 Diff 결과를 보여주거나 충돌을 해결할 때 KDiff3 도구를 사용한다.

어떤 Merge 도구는 Git에 미리 설정이 들어 있다. 그래서 추가로 스크립트를 작성하거나 하는 설정 없이 사용할 수 있는 것도 있다. 아래와 같은 명령으로 확인해볼 수 있다.

```
$ git mergetool --tool-help
'git mergetool --tool=<tool>' may be set to one of the following:
        emerge
        gvimdiff
        gvimdiff2
        opendiff
```

```
        p4merge
        vimdiff
        vimdiff2

The following tools are valid, but not currently available:
        araxis
        bc3
        codecompare
        deltawalker
        diffmerge
        diffuse
        ecmerge
        kdiff3
        meld
        tkdiff
        tortoisemerge
        xxdiff

Some of the tools listed above only work in a windowed
environment. If run in a terminal-only session, they will fail.
```

Diff 도구로는 다른 것을 사용하지만, Merge 도구로는 KDiff3를 사용하고 싶은 경우에는 kdiff3 명령을 실행경로로 넣고 아래와 같이 설정하기만 하면 된다.

```
$ git config --global merge.tool kdiff3
```

extMerge와 extDiff 파일을 만들지 않고 이렇게 Merge 도구만 kdiff3로 설정하고 Diff 도구는 Git에 원래 들어 있는 것을 사용할 수 있다.

Formatting and Whitespace

협업할 때 겪는 소스 포맷(Formatting)과 공백 문제는 미묘하고 난해하다. 동료 사이에 사용하는 플랫폼이 다를 때는 특히 더 심하다. 다른 사람이 보내온 Patch 는 공백 문자 패턴이 미묘하게 다를 확률이 높다. 편집기가 몰래 공백문자를 추가해 버릴 수도 있고 크로스-플랫폼 프로젝트에서 윈도우 개발자가 라인 끝에 CR(Carriage-Return) 문자를 추가해 버렸을 수도 있다. Git에는 이 이슈를 돕는 몇 가지 설정이 있다.

core.autocrlf

윈도우에서 개발하는 동료와 함께 일하면 라인 바꿈(New Line) 문자에 문제가 생긴다. 윈도우는 라인 바꿈 문자로 CR(Carriage-Return)과 LF(Line Feed) 문 자를 둘 다 사용하지만, 맥과 리눅스는 LF 문자만 사용한다. 아무것도 아닌 것

같지만, 크로스 플랫폼 프로젝트에서는 꽤 성가신 문제다. 윈도우에서 사용하는 많은 편집기가 자동으로 LF 스타일의 라인 바꿈 스타일을 CRLF로 바꾸거나 Enter 키를 입력하면 CRLF 스타일을 사용하기 때문이다.

Git은 커밋할 때 자동으로 CRLF를 LF로 변환해주고 반대로 Checkout할 때 LF를 CRLF로 변환해 주는 기능이 있다. core.autocrlf 설정으로 이 기능을 켤 수 있다. 윈도우에서 이 값을 true로 설정하면 Checkout할 때 LF 문자가 CRLF 문자로 변환된다.

```
$ git config --global core.autocrlf true
```

라인 바꿈 문자로 LF를 사용하는 리누스와 맥에서는 Checkout할 때 Git이 LF를 CRLF로 변환할 필요가 없다. 게다가 우연히 CRLF가 들어간 파일이 저장소에 들어 있어도 Git이 알아서 고쳐주면 좋을 것이다. core.autocrlf 값을 input으로 설정하면 커밋할 때만 CRLF를 LF로 변환한다.

```
$ git config --global core.autocrlf input
```

이 설정을 이용하면 윈도우에서는 CRLF를 사용하고 맥, 리눅스, 저장소에서는 LF를 사용할 수 있다.

윈도우 플랫폼에서만 개발하면 이 기능이 필요 없다. 이 옵션을 false라고 설정하면 이 기능이 꺼지고 CR 문자도 저장소에도 저장된다.

```
$ git config --global core.autocrlf false
```

core.whitespace

Git에는 공백 문자를 다루는 방법으로 네 가지가 미리 정의돼 있다. 두 가지는 기본적으로 켜져 있지만 끌 수 있고 나머지 두 가지는 꺼져 있지만 켤 수 있다.

먼저 기본적으로 켜져 있는 것을 살펴보자. blank-at-eol는 각 라인 끝에 공백이 있는지 찾고, blank-at-eof는 파일 끝에 추가한 빈 라인이 있는지 찾고, space-before-tab은 모든 라인에서 처음에 tab보다 공백이 먼저 나오는지 찾는다.

기본적으로 꺼져 있는 나머지 세 개는 indent-with-non-tab과 tab-in-indent과 cr-at-eol이다. intent-with-non-tab은 tab이 아니라 공백으로(tabwidth 설정에 영향받음) 시작하는 라인이 있는지 찾고 cr-at-eol은 라인 끝에 CR 문자가 있어도 괜찮다고 Git에 알리는 것이다.

core.whitespace 옵션으로 이 네 가지 방법을 켜고 끌 수 있다. 설정에서 해당 옵션을 빼버리거나 이름이 -로 시작하면 기능이 꺼진다. 예를 들어 다른 건 다 켜고 cr-at-eol 옵션만 끄려면 아래와 같이 설정한다.

```
$ git config --global core.whitespace \
    trailing-space,space-before-tab,indent-with-non-tab
```

git diff 명령을 실행하면 Git은 이 설정에 따라 검사해서 컬러로 표시해준다. 그래서 좀 더 쉽게 검토해서 커밋할 수 있다. git apply 명령으로 Patch를 적용할 때도 이 설정을 이용할 수 있다. 아래처럼 명령어를 실행하면 해당 Patch가 공백문자 정책에 들어맞는지 확인할 수 있다.

```
$ git apply --whitespace=warn <patch>
```

아니면 Git이 자동으로 고치도록 할 수 있다.

```
$ git apply --whitespace=fix <patch>
```

이 옵션은 git rebase 명령에서도 사용할 수 있다. 공백 문제가 있는 커밋을 Upstream에 Push하기 전에 --whitespace=fix 옵션을 주고 Rebase하면 Git은 다시 Patch를 적용하면서 공백을 설정한 대로 고친다.

서버 설정

서버 설정은 많지 않지만, 꼭 짚고 넘어가야 하는 것이 몇 개 있다.

receive.fsckObjects

Git은 Push할 때마다 각 개체가 SHA-1 체크섬에 맞는지 잘못된 개체가 가리키고 있는지 검사하게 할 수 있다. 기본적으로 이 기능이 동작하지 않게 설정이 되어 있는데 개체를 점검하는데 상당히 시간이 걸리기 때문에 Push하는 시간이 늘어난다. 얼마나 늘어나는지는 저장소 크기와 Push하는 양에 달렸다. receive.fsckObjects 값을 true로 설정하면 Git이 Push할 때마다 검증한다.

```
$ git config --system receive.fsckObjects true
```

이렇게 설정하면 Push할 때마다 검증하기 때문에 클라이언트는 잘못된 데이터를 Push하지 못한다.

receive.denyNonFastForwards

이미 Push한 커밋을 Rebase해서 다시 Push하지 못하게 할 수 있다. 브랜치를 Push할 때 해당 리모트 브랜치가 가리키는 커밋이 Push하려는 브랜치에 없을 때 Push하지 못하게 할 수 있다. 보통은 이런 정책이 좋고 `git push` 명령에 `-f` 옵션을 주면 강제로 Push할 수 있다.

`receive.denyNonFastForwards` 옵션을 켜면 Fast-forward로 Push할 수 없는 브랜치는 아예 Push하지 못한다.

```
$ git config --system receive.denyNonFastForwards true
```

사용자마다 다른 정책을 적용하고 싶으면 서버 훅을 사용해야 한다. 서버의 receive 훅으로 할 수 있고 이 훅도 이 장에서 설명한다.

receive.denyDeletes

receive.denyNonFastForwards와 비슷한 정책으로 `receive.denyDeletes`라는 것이 있다.

이 설정을 켜면 브랜치를 삭제하는 Push가 거절된다.

```
$ git config --system receive.denyDeletes true
```

이제 브랜치나 Tag를 삭제하는 Push는 거절된다. 아무도 삭제할 수 없다. 리모트 브랜치를 삭제하려면 직접 손으로 server의 ref 파일을 삭제해야 한다. 그리고 사용자마다 다른 정책을 적용하는 ACL을 만드는 방법도 있다. 이 방법은 "8.4 정책 구현하기"에서 다룬다.

8.2 Git Attributes

디렉터리와 파일 단위로 다른 설정을 적용할 수도 있다. 이렇게 경로별로 설정하는 것을 Git Attribute라고 부른다. 이 설정은 `.gitattributes`라는 파일에 저장하고 아무 디렉터리에나 둘 수 있지만, 보통은 프로젝트 최상위 디렉터리에 둔다. 그리고 이 파일을 커밋하고 싶지 않으면 `.gitattributes`가 아니라 `.git/info/attributes`로 파일을 만든다.

이 Attribute로 Merge는 어떻게 할지, 텍스트가 아닌 파일은 어떻게 Diff할지, checkin/checkout할 때 어떻게 필터링할지 정해줄 수 있다. 이 절에서는 설정할 수 있는 Attribute가 어떤 것이 있는지, 그리고 어떻게 설정하는지 배우고 예제를 살펴본다.

바이너리 파일

이 Attribute로 어떤 파일이 바이너리 파일인지 Git에 알려줄 수 있다. 기본적으로 Git은 어떤 파일이 바이너리 파일인지 알지 못한다. 하지만 Git에는 파일을 어떻게 다뤄야 하는지 알려주는 방법이 있다. 텍스트 파일 중에서 프로그램이 생성하는 파일에는 바이너리 파일과 진배없는 파일이 있다. 이런 파일은 diff 할 수 없으니 바이너리 파일이라고 알려줘야 한다. 반대로 바이너리 파일 중에서 취급 방법을 Git에 알려주면 diff할 수 있는 파일도 있다.

이어지는 내용으로 어떻게 설정할 수 있는지 살펴보자.

바이너리 파일로 설정

사실 텍스트 파일이지만 만든 목적과 의도를 보면 바이너리 파일인 것이 있다. 예를 들어 맥의 Xcode는 `.pbxproj` 파일을 만든다. 이 파일은 IDE 설정 등을 디스크에 저장하는 파일로 JSON 포맷이다. 모든 것이 ASCII인 텍스트 파일이지만 실제로는 간단한 데이터베이스이기 때문에 텍스트 파일처럼 취급할 수 없다. 그래서 여러 명이 이 파일을 동시에 수정하고 Merge할 때 diff가 도움이 안 된다. 이 파일은 프로그램이 읽고 쓰는 파일이기 때문에 바이너리 파일처럼 취급하는 것이 옳다.

모든 `pbxproj` 파일을 바이너리로 파일로 취급하는 설정은 아래와 같다. `.gitattributes` 파일에 넣으면 된다.

```
*.pbxproj binary
```

이제 `pbxproj` 파일은 CRLF 변환이 적용되지 않는다. `git show`나 `git diff` 같은 명령을 실행할 때에도 통계를 계산하거나 diff를 출력하지 않는다.

바이너리 파일 Diff하기

Git은 바이너리 파일도 Diff할 수 있다. Git Attribute를 통해 Git이 바이너리 파일을 텍스트 포맷으로 변환하고 그 결과를 `diff` 명령으로 비교하도록 하는 것이다.

먼저 이 기술을 인류에게 알려진 가장 귀찮은 문제 중 하나인 Word 문서를 버전 관리하는 상황을 살펴보자. 모든 사람이 Word가 가장 끔찍한 편집기라고 말하지만 애석하게도 모두 Word를 사용한다. Git 저장소에 넣고 이따금 커밋하는 것만으로도 Word 문서의 버전을 관리할 수 있다. 그렇지만 `git diff`를 실행하면 아래와 같은 메시지를 볼 수 있을 뿐이다.

```
$ git diff
diff --git a/chapter1.docx b/chapter1.docx
index 88839c4..4afcb7c 100644
Binary files a/chapter1.docx and b/chapter1.docx differ
```

직접 파일을 하나하나 까보지 않으면 두 버전이 뭐가 다른지 알 수 없다. Git Attribute를 사용하면 이를 더 좋게 개선할 수 있다. `.gitattributes` 파일에 아래와 같은 내용을 추가한다.

```
*.docx diff=word
```

이것은 `*.docx` 파일의 두 버전이 무엇이 다른지 Diff할 때 "word" 필터를 사용하라고 설정하는 것이다. 그럼 "word" 필터는 뭘까? 이 "word" 필터도 정의해야 한다. Word 문서에서 사람이 읽을 수 있는 텍스트를 추출해주는 docx2txt 프로그램을 사용하여 Diff에 이용한다.

우선 docx2txt 프로그램을 설치해야 하는데 http://docx2txt.sourceforge.net 사이트에서 내려받을 수 있다. INSTALL 부분의 설치과정을 참고하여 설치하고 셸에서 실행할 수 있도록 설정한다. 그리고 Git에서 잘 쓸 수 있도록 Wrapper 스크립트를 docx2txt라는 이름으로 아래와 같이 작성한다.

```
#!/bin/bash
docx2txt.pl $1 -
```

chmod a+x로 실행권한을 설정해두고 아래와 같이 Git 설정을 추가한다.

```
$ git config diff.word.textconv docx2txt
```

이제 Git은 확장자가 `.docx`인 파일의 스냅샷을 Diff할 때 "word" 필터로 정의한 docx2txt 프로그램을 사용한다. 이 프로그램은 Word 파일을 텍스트 파일로 변환해 주기 때문에 Diff할 수 있다.

이 책의 1장을 Word 파일로 만들어서 Git에 넣고 나서 단락 하나를 수정하고 저장하는 예를 살펴본다. 새로 단락을 하나 추가하고 나서 `git diff`를 실행하면 어디가 달라졌는지 확인할 수 있다.

```
$ git diff
diff --git a/chapter1.docx b/chapter1.docx
index 0b013ca..ba25db5 100644
--- a/chapter1.docx
+++ b/chapter1.docx
@@ -2,6 +2,7 @@
 This chapter will be about getting started with Git. We will begin at the
beginning by explaining some background on version control tools, then move on
to how to get Git running on your system and finally how to get it setup to
start working with. At the end of this chapter you should understand why Git is
around, why you should use it and you should be all setup to do so.
 1.1. About Version Control
 What is "version control", and why should you care? Version control is a system
that records changes to a file or set of files over time so that you can recall
specific versions later. For the examples in this book you will use software
source code as the files being version controlled, though in reality you can do
this with nearly any type of file on a computer.
+Testing: 1, 2, 3.
 If you are a graphic or web designer and want to keep every version of an
image or layout (which you would most certainly want to), a Version Control
System (VCS) is a very wise thing to use. It allows you to revert files back to
a previous state, revert the entire project back to a previous state, compare
changes over time, see who last modified something that might be causing a
problem, who introduced an issue and when, and more. Using a VCS also generally
means that if you screw things up or lose files, you can easily recover. In
addition, you get all this for very little overhead.
 1.1.1. Local Version Control Systems
 Many people's version-control method of choice is to copy files into another
directory (perhaps a time-stamped directory, if they're clever). This approach
is very common because it is so simple, but it is also incredibly error prone.
It is easy to forget which directory you're in and accidentally write to the
wrong file or copy over files you don't mean to.
```

`git diff` 명령의 결과를 보면 "Testing: 1, 2, 3." 부분이 추가된 것을 확인할 수 있다. 물론 텍스트 형식 같은 완전한 정보는 아니지만 어쨌든 유용하다.

이 방법으로 이미지 파일도 Diff할 수 있다. 필터로 EXIF 정보를 추출해서 이미지 파일을 비교한다. EXIF 정보는 대부분의 이미지 파일에 들어 있는 메타데이터다. `exiftool`이라는 프로그램을 설치하고 이미지 파일에서 메타데이터 텍스트를 추출한다. 그리고 그 결과를 Diff해서 무엇이 달라졌는지 본다.

```
$ echo '*.png diff=exif' >> .gitattributes
$ git config diff.exif.textconv exiftool
```

프로젝트에 들어 있는 이미지 파일을 변경하고 `git diff`를 실행하면 다음과 같이 보여준다.

```
diff --git a/image.png b/image.png
index 88839c4..4afcb7c 100644
--- a/image.png
+++ b/image.png
@@ -1,12 +1,12 @@
 ExifTool Version Number         : 7.74
-File Size                       : 70 kB
-File Modification Date/Time      : 2009:04:21 07:02:45-07:00
+File Size                       : 94 kB
+File Modification Date/Time      : 2009:04:21 07:02:43-07:00
 File Type                       : PNG
 MIME Type                       : image/png
-Image Width                     : 1058
-Image Height                    : 889
+Image Width                     : 1056
+Image Height                    : 827
 Bit Depth                       : 8
 Color Type                      : RGB with Alpha
```

이미지 파일의 크기와 해상도가 달라진 것을 쉽게 알 수 있다.

키워드 치환

SVN이나 CVS에 익숙한 사람들은 해당 시스템에서 사용하던 키워드 치환(Key-word Expansion) 기능을 찾는다. Git에서는 이것이 쉽지 않다. Git은 먼저 체크섬을 계산하고 커밋하기 때문에 그 커밋에 대한 정보를 가지고 파일을 수정할수 없다. 하지만 Checkout할 때 그 정보가 자동으로 파일에 삽입되도록 했다가 다시 커밋할 때 삭제되도록 할 수 있다.

파일 안에 Id 필드를 넣으면 Blob의 SHA-1 체크섬을 자동으로 삽입한다. 이 필드를 파일에 넣으면 Git은 앞으로 Checkout할 때 해당 Blob의 SHA-1 값으로 교체한다. 여기서 꼭 기억해야 할 것이 있다. 교체되는 체크섬은 커밋의 것이 아니라 Blob 그 자체의 SHA-1 체크섬이다.

```
$ echo '*.txt ident' >> .gitattributes
$ echo '$Id$' > test.txt
```

Git은 이 파일을 Checkout할 때마다 SHA-1 값을 삽입해준다.

```
$ rm test.txt
$ git checkout -- test.txt
$ cat test.txt
$Id: 42812b7653c7b88933f8a9d6cad0ca16714b9bb3 $
```

하지만 이것은 별로 유용하지 않다. CVS나 SVN의 키워드 치환(Keyword Substitution)을 써봤으면 날짜(Datestamp)도 가능했다는 것을 알고 있을 것이다. SHA는 그냥 해시이고 식별할 수 있을 뿐이지 다른 것을 알려주진 않는다. SHA 만으로는 예전 것보다 새것인지 오래된 것인지는 알 수 없다.

Commit/Checkout할 때 사용하는 필터를 직접 만들어 쓸 수 있다. 방향에 따라 "clean" 필터와 "smudge" 필터라고 부른다. ".gitattributes" 파일에 설정하고 파일 경로마다 다른 필터를 설정할 수 있다. Checkout할 때 파일을 처리하는 것이 "smudge" 필터이고(그림 8-2) 커밋할 때 처리하는 필터가 "clean"(그림 8-3) 필터이다. 이 필터로 할 수 있는 일은 무궁무진하다.

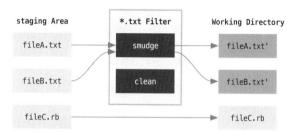

그림 8-2 smudge 필터는 Checkout할 때 실행됨

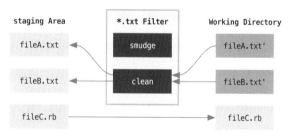

그림 8-3 clean 필터는 파일을 Stage할 때 실행됨

이 기능은 사실 커밋 메시지를 위한 기능이었지만 응용한다면 커밋하기 전에 indent 프로그램으로 C 코드 전부를 필터링하는 기능을 만들 수 있다.

*.c 파일에 대해 indent 필터를 거치도록 .gitattributes 파일에 설정한다.

```
*.c filter=indent
```

다음처럼 "indent" 필터의 smudge와 clean이 무엇인지 설정한다.

```
$ git config --global filter.indent.clean indent
$ git config --global filter.indent.smudge cat
```

*.c 파일을 커밋하면 indent 프로그램을 통해서 커밋되고 Checkout하면 cat 프로그램을 통해 Checkout된다. cat은 입력된 데이터를 그대로 다시 내보내는 사실 아무것도 안 하는 프로그램이다. 이렇게 설정하면 모든 C 소스 파일은 indent 프로그램을 통해 커밋된다.

이제 RCS처럼 $Date$를 치환하는 예제를 살펴보자. 이 기능을 구현하려면 간단한 스크립트가 하나 필요하다. 이 스크립트는 $Date$ 필드를 프로젝트의 마지막 커밋 일자로 치환한다. 표준 입력을 읽어서 $Date$ 필드를 치환한다. 아래는 Ruby로 구현한 스크립트다.

```
#! /usr/bin/env ruby
data = STDIN.read
last_date = `git log --pretty=format:"%ad" -1`
puts data.gsub('$Date$', '$Date: ' + last_date.to_s + '$')
```

git log 명령으로 마지막 커밋 정보를 얻고 표준 입력(STDIN)에서 $Date$ 스트링을 찾아서 치환한다. 스크립트는 자신이 편한 언어로 만든다. 이 스크립트의 이름을 expand_date라고 짓고 실행 경로에 넣는다. 그리고 dater라는 Git 필터를 정의한다. Checkout 시 실행하는 smudge 필터로 expand_date를 사용하고 커밋할 때 실행하는 clean 필터는 Perl을 사용한다.

```
$ git config filter.dater.smudge expand_date
$ git config filter.dater.clean 'perl -pe "s/\\\$Date[^\\\$]*\\\$/\\\$Date\\\$/"'
```

이 Perl 코드는 $Date$ 스트링에 있는 문자를 제거해서 원래대로 복원한다. 이제 필터가 준비됐으니 $Date$ 키워드가 들어 있는 파일을 만들고 Git Attribute를 설정하고 새 필터를 시험해보자.

```
$ echo '# $Date$' > date_test.txt
$ echo 'date*.txt filter=dater' >> .gitattributes
```

커밋하고 파일을 다시 Checkout하면 해당 키워드가 적절히 치환된 것을 볼 수 있다.

```
$ git add date_test.txt .gitattributes
$ git commit -m "Testing date expansion in Git"
$ rm date_test.txt
$ git checkout date_test.txt
$ cat date_test.txt
# $Date: Tue Apr 21 07:26:52 2009 -0700$
```

이 기능은 매우 강력해서 입맛대로 프로젝트를 맞춤 설정할 수 있다. .git attributes 파일은 커밋하는 파일이기 때문에 필터 드라이버(여기서는 dater) 설정이 되지 않은 사람에게도 배포된다. 물론 dater 설정이 안 돼있는 사람에게는 에러가 난다. 필터를 만들 때 이런 예외 상황도 고려해서 항상 잘 동작하게 해야 한다.

저장소 익스포트하기

프로젝트를 익스포트해서 아카이브를 만들 때도 Git Attribute가 유용하다.

export-ignore

아카이브를 만들 때 제외할 파일이나 디렉터리가 무엇인지 설정할 수 있다. 특정 디렉터리나 파일을 프로젝트에는 포함하고 아카이브에는 포함하고 싶지 않을 때 export-ignore Attribute를 사용한다.

예를 들어 test/ 디렉터리에 테스트 파일이 있다고 하자. 보통 tar 파일로 묶어서 익스포트할 때 테스트 파일은 포함하지 않는다. Git Attribute 파일에 아래 라인을 추가하면 테스트 파일은 무시된다.

```
test/ export-ignore
```

git archive 명령으로 tar 파일을 만들면 test 디렉터리는 아카이브에 포함되지 않는다.

export-subst

아카이브를 만들어서 배포할 때에도 git log 같은 포맷 규칙을 적용할 수 있다. export-subst Attribute로 설정한 파일들의 키워드가 치환된다.

git archive 명령을 실행할 때 자동으로 마지막 커밋의 메타데이터가 자동으로 삽입되게 할 수 있다. 예를 들어 LAST_COMMIT이라는 파일을 아래와 같이 만든다.

```
$ echo 'Last commit date: $Format:%cd by %aN$' > LAST_COMMIT
$ echo "LAST_COMMIT export-subst" >> .gitattributes
$ git add LAST_COMMIT .gitattributes
$ git commit -am 'adding LAST_COMMIT file for archives'
```

git archive 명령으로 아카이브를 만들고 나서 이 파일을 열어보면 아래와 같이 보인다.

```
$ git archive HEAD | tar xCf ../deployment-testing -
$ cat ../deployment-testing/LAST_COMMIT
Last commit date: Tue Apr 21 08:38:48 2009 -0700 by Scott Chacon
```

이 키워드 치환 기능으로 커밋 메시지와 Git 노트, Git Log도 넣을 수 있다. 어렵지 않다.

```
$ echo '$Format:Last commit: %h by %aN at %cd%n%+w(76,6,9)%B$' > LAST_COMMIT
$ git commit -am 'export-subst uses git log's custom formatter

git archive uses git log's `pretty=format:` processor
directly, and strips the surrounding `$Format:` and `$`
markup from the output.
'
$ git archive @ | tar xfO - LAST_COMMIT
Last commit: 312ccc8 by Jim Hill at Fri May 8 09:14:04 2015 -0700
        export-subst uses git log's custom formatter
            git archive uses git log's `pretty=format:` processor directly, and
            strips the surrounding `$Format:` and `$` markup from the output.
```

이 아카이브 기능은 개발할 때가 아니라 배포할 때 좋다.

Merge 전략

파일마다 다른 Merge 전략을 사용하도록 설정할 수 있다. Merge할 때 충돌이 날 것 같은 파일이 있다고 하자. Git Attrbute로 이 파일만 항상 타인의 코드 말고 내 코드를 사용하도록 설정할 수 있다.

이 설정은 다양한 환경에서 운영하려고 만든 환경 브랜치를 Merge할 때 좋다. 이때는 환경 설정과 관련된 파일은 Merge하지 않고 무시하는 게 편리하다. 브랜치에 database.xml이라는 데이터베이스 설정 파일이 있는데 이 파일은 브랜치마다 다르다. Database 설정 파일은 Merge하면 안된다. Attribute를 아래와 같이 설정하면 이 파일은 그냥 두고 Merge한다.

```
database.xml merge=ours
```

위 코드에서 사용할 ours라는 Merge 전략은 다음과 같이 정의한다.

```
$ git config --global merge.ours.driver true
```

다른 브랜치로 이동해서 Merge를 실행했을 때 database.xml 파일에 대해 충돌이 발생하는 대신 아래와 같은 메시지를 보게 된다.

```
$ git merge topic
Auto-merging database.xml
Merge made by recursive.
```

Merge 했지만 database.xml은 원래 가지고 있던 파일 그대로다.

8.3 Git Hooks

Git도 다른 버전 관리 시스템처럼 어떤 이벤트가 생겼을 때 자동으로 특정 스크립트를 실행하도록 할 수 있다. 이 훅은 클라이언트 훅과 서버 훅으로 나눌 수 있다. 클라이언트 훅은 커밋이나 Merge할 때 실행되고 서버 훅은 Push할 때 서버에서 실행된다. 이 절에서는 어떤 훅이 있고 어떻게 사용하는지 배운다.

훅 설치하기

훅은 Git 디렉터리 밑에 hooks라는 디렉터리에 저장한다. 기본 훅 디렉터리는 .git/hooks이다. 이 디렉터리에 가보면 Git이 자동으로 넣어준 매우 유용한 스크립트 예제가 몇 개 있다. 그리고 스크립트가 입력받는 값이 어떤 값인지 파일 안에 자세히 설명돼 있다. 모든 예제는 셸과 Perl 스크립트로 작성돼 있지만 실행할 수만 있으면 되고 Ruby나 Python 같은 다른 스크립트 언어로 만들어도 된다. 예제 스크립트의 파일 이름에는 .sample이라는 확장자가 붙어 있다. 그래서 이름만 바꿔주면 그 훅을 바로 사용할 수 있다.

실행할 수 있는 스크립트 파일을 확장자 없이 저장소의 hooks 디렉터리에 넣으면 훅 스크립트가 켜진다. 이 스크립트는 앞으로 계속 호출된다. 여기서는 주요 훅 몇 가지에 관해서 설명한다.

클라이언트 훅

클라이언트 훅은 매우 다양하다. 이 절에서는 클라이언트 훅을 committing-워크플로 훅, email-워크플로 스크립트, 그리고 나머지로 분류해서 설명한다.

 여기서 한 가지 알아둘 점은 저장소를 Clone해도 클라이언트 훅은 복사되지 않는다는 점이다. 만든 정책이 반드시 적용되도록 하려면 서버 훅을 이용해야만 하며 작성은 "8.4 정책 구현하기"를 참고한다.

커밋 워크플로 훅

먼저 커밋과 관련된 훅을 살펴보자. 커밋과 관련된 훅은 모두 네 가지다.

pre-commit 훅은 커밋할 때 가장 먼저 호출되는 훅으로 커밋 메시지를 작성하기 전에 호출된다. 이 훅에서 커밋하는 Snapshot을 점검한다. 빠트린 것은 없는지, 테스트는 확실히 했는지 등을 검사한다. 커밋할 때 꼭 확인해야 할 게 있으면 이 훅으로 확인한다. 그리고 이 훅의 Exit 코드가 0이 아니면 커밋은 취소된다. 물론 git commit --no-verify라고 실행하면 이 훅을 일시적으로 생략할 수 있다. lint 같은 프로그램으로 코드 스타일을 검사하거나, 라인 끝의 공백 문자를 검사하거나(예제로 들어 있는 pre-commit 훅이 하는 게 이 일이다), 새로 추가한 코드에 주석을 달았는지 검사하는 일은 이 훅으로 하는 것이 좋다.

prepare-commit-msg 훅은 Git이 커밋 메시지를 생성하고 나서 편집기를 실행하기 전에 실행된다. 이 훅은 사람이 커밋 메시지를 수정하기 전에 먼저 프로그램으로 손보고 싶을 때 사용한다. 이 훅은 커밋 메시지가 들어 있는 파일의 경로, 커밋의 종류를 아규먼트로 받는다. 그리고 최근 커밋을 수정할 때에는 (Amending 커밋) SHA-1 값을 추가 아규먼트로 더 받는다. 사실 이 훅은 일반 커밋에는 별로 필요 없고 커밋 메시지를 자동으로 생성하는 커밋에 좋다. 커밋 메시지에 템플릿을 적용하거나, Merge 커밋, Squash 커밋, Amend 커밋일 때 유용하다. 이 스크립트로 커밋 메시지 템플릿에 정보를 삽입할 수 있다.

commit-msg 훅은 커밋 메시지가 들어 있는 임시 파일의 경로를 아규먼트로 받는다. 그리고 이 스크립트가 0이 아닌 값을 반환하면 커밋되지 않는다. 이 훅에서 최종적으로 커밋이 완료되기 전에 프로젝트 상태나 커밋 메시지를 검증한다. 이 장의 마지막 절에서 이 훅을 사용하는 예제를 보여준다. 커밋 메시지가 정책에 맞는지 검사하는 스크립트를 만들어 보자.

커밋이 완료되면 post-commit 훅이 실행된다. 이 훅은 넘겨받는 아규먼트가 하나도 없지만 커밋 해시 정보는 git log -1 HEAD 명령으로 쉽게 가져올 수 있다. 일반적으로 이 스크립트는 커밋된 것을 누군가 혹은 다른 프로그램에게 알릴 때 사용한다.

이메일 워크플로 훅

이메일 워크플로에 해당하는 클라이언트 훅은 세 가지이다. 이 훅은 모두 git am 명령으로 실행된다. 이 명령어를 사용할 일이 없으면 이 절은 읽지 않아도 된다. 하지만 언젠가는 `git format-patch` 명령으로 만든 Patch를 이메일로 받는 날이 올지도 모른다.

제일 먼저 실행하는 훅은 `applypatch-msg`이다. 이 훅의 아규먼트는 Author가 보내온 커밋 메시지 파일의 이름이다. 이 스크립트가 종료할 때 0이 아닌 값을 반환하면 Git은 Patch하지 않는다. 커밋 메시지가 규칙에 맞는지 확인하거나 자동으로 메시지를 수정할 때 이 훅을 사용한다.

`git am`으로 Patch할 때 두 번째로 실행되는 훅이 `pre-applypatch`이다. 이 훅은 아규먼트가 없고 단순히 Patch를 적용하고 나서 실행된다. 그래서 커밋할 스냅샷을 검사하는 데 사용한다. 이 스크립트로 테스트를 수행하고 파일을 검사할 수 있다. 테스트에 실패하거나 뭔가 부족하면 0이 아닌 값을 반환시켜서 `git am` 명령을 취소시킬 수 있다.

`git am` 명령에서 마지막으로 실행되는 훅은 `post-applypatch`다. 이 스크립트를 이용하면 자동으로 Patch를 보낸 사람이나 그룹에게 알림 메시지를 보낼 수 있다. 이 스크립트로는 Patch를 중단시킬 수 없다.

기타 훅

`pre-rebase` 훅은 Rebase하기 전에 실행된다. 이 훅이 0이 아닌 값을 반환하면 Rebase가 취소된다. 이 훅으로 이미 Push한 커밋을 Rebase하지 못하게 할 수 있다. Git이 자동으로 넣어주는 `pre-rebase` 예제가 바로 그 예제다. 이 예제에는 기준 브랜치가 next라고 돼 있다. 참고하여 실제로 적용할 브랜치 이름으로 사용하면 된다.

`post-rewrite` 훅은 커밋을 변경하는 명령을 실행했을 때 실행된다. 예를 들어 `git commit --amend`이나 `git rebase` 같은 명령이 해당한다. `git filter-branch` 명령은 해당하지 않는다. 아규먼트로 커밋을 변경하게 한 명령이 전달되고 `stdin`으로 변경된 커밋 목록이 전달된다. 훅의 용도는 `post-checkout`이나 `post-merge` 훅과 비슷하다고 볼 수 있다.

디렉터리에서 뭔가 할 일이 있을 때 사용한다. 그러니까 용량이 크거나 Git이 관리하지 않는 파일을 옮기거나, 문서를 자동으로 생성하는 데 쓴다.

`post-merge` 훅은 Merge가 끝나고 나서 실행된다. 이 훅은 파일 권한 같이 Git이 추적하지 않는 정보를 관리하는 데 사용한다. Merge로 Working Tree가 변경될 때 Git이 관리하지 않는 파일이 원하는 대로 잘 배치됐는지 검사할 때도 좋다.

pre-push 훅은 git push 명령을 실행하면 동작하는데 리모트 정보를 업데이트하고 난 후 리모트로 데이터를 전송하기 전에 동작한다. 리모트의 이름과 주소를 파라미터로 전달받으며 stdin을 통해 업데이트할 해시 리스트를 전달받는다. Push하기 전에 커밋이 유효한지 확인하는 용도로 사용할 수 있다. 훅에서 0이 아닌 값을 반환하면 Push를 중지시킨다.

Git은 정상적으로 동작하는 중에도 이따금 git gc --auto 명령으로 가비지 컬렉션을 동작시킨다. pre-auto-gc 훅은 가비지 컬렉션이 실행되기 직전에 호출되는 훅으로 가비지 컬렉션이 동작한다고 사용자에게 알려주거나 지금 시점에 가비지 컬렉션이 동작하기엔 좋지 않다고 Git에 알려주는 용도로 사용할 수 있다.

서버 훅

클라이언트 훅으로도 어떤 정책을 강제할 수 있지만, 시스템 관리자에게는 서버 훅이 더 중요하다. 서버 훅은 모두 Push 전후에 실행된다. Push 전에 실행되는 훅이 0이 아닌 값을 반환하면 해당 Push는 거절되고 클라이언트는 에러 메시지를 출력한다. 이 훅으로 아주 복잡한 Push 정책도 가능하다.

pre-receive

Push하면 가장 처음 실행되는 훅은 pre-receive 훅이다. 이 스크립트는 표준입력(STDIN)으로 Push하는 Refs의 목록을 입력받는다. 0이 아닌 값을 반환하면 해당 Refs가 전부 거절된다. Fast-forward Push가 아니면 거절하거나, 브랜치 Push 권한을 제어하려면 이 훅에서 하는 것이 좋다. 관리자만 브랜치를 새로 Push하고 삭제할 수 있고 일반 개발자는 수정사항만 Push할 수 있게 할 수 있다.

update

update 스크립트는 각 브랜치마다 한 번씩 실행된다는 것을 제외하면 pre-receive 스크립트와 거의 같다. 한 번에 브랜치를 여러 개 Push하면 pre-receive는 딱 한 번만 실행되지만, update는 브랜치마다 실행된다. 이 스크립트는 표준입력으로 데이터를 입력받는 것이 아니라 아규먼트로 브랜치 이름, 원래 가리키던 SHA-1 값, 사용자 Push하는 SHA-1 값을 입력받는다. update 스크립트가 0이 아닌 값을 반환하면 해당 Refs만 거절되고 나머지 다른 Refs는 상관없다.

post-receive

post-receive 훅은 Push한 후에 실행된다. 이 훅으로 사용자나 서비스에 알림 메시지를 보낼 수 있다. 그리고 pre-receive 훅처럼 표준 입력(STDIN)으로 Refs 목록이 넘어간다. 이 훅으로 메일링리스트에 메일을 보내거나, CI(Continuous Integration) 서버나 Ticket-tracking 시스템의 정보를 수정할 수 있다. 심지어 커밋 메시지도 파싱할 수 있기 때문에 이 훅으로 Ticket을 만들고, 수정하고, 닫을 수 있다. 이 스크립트가 완전히 종료할 때까지 클라이언트와의 연결은 유지되고 Push를 중단시킬 수 없다. 그래서 이 스크립트로 시간이 오래 걸릴 만한 일을 할 때는 조심해야 한다.

8.4 정책 구현하기

지금까지 배운 것을 한번 적용해보자. 나름의 커밋 메시지 규칙으로 검사하고 Fast-forward Push만 허용하고 디렉터리마다 사용자의 수정 권한을 제어하는 워크플로를 만든다. 실질적으로 정책을 강제하려면 서버 훅으로 만들어야 한다. 하지만 개발자들이 Push할 수 없는 커밋은 아예 만들지 않도록 클라이언트 훅도 만든다.

혹 스크립트는 Ruby 언어를 사용한다. 필자가 주로 사용하는 언어기도 하지만 코드가 쉬워서 직접 작성하는 것은 어렵더라도 코드를 읽고 개념을 이해할 수 있을 것이다. 물론 Git은 언어를 가리지 않는다. Git이 자동으로 생성해주는 예제는 모두 Perl과 Bash로 작성돼 있다. 예제를 열어 보면 Perl과 Bash로 작성된 예제를 참고할 수 있다.

서버 훅

서버 정책은 전부 update 훅으로 만든다. 이 스크립트는 브랜치가 Push될 때마다 한 번 실행되고 아래 내용을 아규먼트로 받는다.

- 해당 브랜치의 이름
- 원래 브랜치가 가리키던 Refs
- 새로 Push된 Refs

그리고 SSH를 통해서 Push하는 것이라면 누가 Push하는지도 알 수 있다. SSH로 접근하긴 하지만 공개키를 이용하여 개발자 모두 계정 하나로("git" 같은)

Push하고 있다면 실제로 Push하는 사람이 누구인지 공개키를 비교하여 판별하고 환경변수를 설정해주는 스크립트가 필요하다. 아래 스크립트에서는 $USER 환경 변수에 현재 접속한 사용자 정보가 있다고 가정하며 update 스크립트는 필요한 정보를 수집하는 것으로 시작한다.

```ruby
#!/usr/bin/env ruby

$refname = ARGV[0]
$oldrev  = ARGV[1]
$newrev  = ARGV[2]
$user    = ENV['USER']

puts "Enforcing Policies..."
puts "(#{$refname}) (#{$oldrev[0,6]}) (#{$newrev[0,6]})"
```

스크립트에서 전역변수를 쓰고 있지만 데모의 이해를 돕기 위해서니 너무 나무라지는 마시길 바란다.

커밋 메시지 규칙 만들기

커밋 메시지 규칙부터 해보자. 일단 목표가 있어야 하니까 커밋 메시지에 "ref: 1234" 같은 스트링이 포함돼 있어야 한다고 가정하자. 보통 커밋은 이슈 트래커에 있는 이슈와 관련돼 있으니 그 이슈가 뭔지 커밋 메시지에 적어 놓으면 좋다. Push할 때마다 커밋 메시지에 해당 스트링이 포함돼 있는지 확인한다. 만약 커밋 메시지에 해당 스트링이 없는 커밋이면 0이 아닌 값을 반환해서 Push를 거절한다.

$newrev, $oldrev 변수와 git rev-list라는 Plumbing 명령어를 이용해서 Push하는 모든 커밋의 SHA-1 값을 알 수 있다. git log와 근본적으로 같은 명령이고 옵션을 하나도 주지 않으면 다른 정보 없이 SHA-1 값만 보여준다. 이 명령으로 두 커밋 사이에 있는 커밋들의 SHA-1 값을 살펴보고자 아래와 같은 명령을 사용할 수 있다.

```
$ git rev-list 538c33..d14fc7
d14fc7c847ab946ec39590d87783c69b031bdfb7
9f585da4401b0a3999e84113824d15245c13f0be
234071a1be950e2a8d078e6141f5cd20c1e61ad3
dfa04c9ef3d5197182f13fb5b9b1fb7717d2222a
17716ec0f1ff5c77eff40b7fe912f9f6cfd0e475
```

이 SHA-1 값으로 각 커밋의 메시지도 가져온다. 커밋 메시지를 가져와서 정규

표현식으로 해당 패턴이 있는지 검사한다.

커밋 메시지를 얻는 방법을 알아보자. 커밋의 raw 데이터는 git cat-file이라는 Plumbing 명령어로 얻을 수 있다. 10장에서 Plumbing 명령어에 대해 자세히 다루니까 지금은 커밋 메시지 얻는 것에 집중하자.

```
$ git cat-file commit ca82a6
tree cfda3bf379e4f8dba8717dee55aab78aef7f4daf
parent 085bb3bcb608e1e8451d4b2432f8ecbe6306e7e7
author Scott Chacon <schacon@gmail.com> 1205815931 -0700
committer Scott Chacon <schacon@gmail.com> 1240030591 -0700

changed the version number
```

이 명령이 출력하는 메시지에서 커밋 메시지만 잘라내야 한다. 첫 번째 빈 라인 다음부터가 커밋 메시지니까 유닉스 명령어 sed로 첫 빈 라인 이후를 잘라낸다.

```
$ git cat-file commit ca82a6 | sed '1,/^$/d'
changed the version number
```

이제 커밋 메시지에서 찾는 패턴과 일치하는 문자열이 있는지 검사해서 있으면 통과시키고 없으면 거절한다. 스크립트가 종료할 때 0이 아닌 값을 반환하면 Push가 거절된다. 이 일을 하는 코드는 아래와 같다.

```
$regex = /\[ref: (\d+)\]/

# enforced custom commit message format
def check_message_format
  missed_revs = `git rev-list #{$oldrev}..#{$newrev}`.split("\n")
  missed_revs.each do |rev|
    message = `git cat-file commit #{rev} | sed '1,/^$/d'`
    if !$regex.match(message)
      puts "[POLICY] Your message is not formatted correctly"
      exit 1
    end
  end
end
check_message_format
```

이 코드를 update 스크립트로 넣으면 규칙을 어긴 커밋은 Push할 수 없다.

ACL로 사용자마다 다른 규칙 적용하기

진행하는 프로젝트에 모듈이 여러 개라서 모듈마다 특정 사용자들만 Push할 수 있게 ACL(Access Control List)을 설정해야 한다고 가정하자. 모든 권한을 다 가진 사람들도 있고 특정 디렉터리나 파일만 Push할 수 있는 사람도 있다. 이런 일을 강제하려면 먼저 서버의 Bare 저장소에 acl이라는 파일을 만들고 거기에 규칙을 기술한다. 그리고 update 훅에서 Push하는 파일이 무엇인지 확인하고 ACL과 비교해서 Push할 수 있는지 없는지 결정한다.

우선 ACL부터 작성한다. CVS에서 사용하는 것과 비슷한 ACL을 만든다. 규칙은 한 라인에 하나씩 기술한다. 각 라인의 첫 번째 필드는 avail이나 unavail이고 두 번째 필드는 규칙을 적용할 사용자들의 목록을 CSV(Comma-Separated Values) 형식으로 적는다. 마지막 필드엔 규칙을 적용할 경로를 적는다. 만약 마지막 필드가 비워져 있으면 모든 경로를 의미한다. 이 필드는 파이프(|) 문자로 구분한다.

예를 하나 들어보자. 어떤 모듈의 모든 권한을 가지는 관리자도 여러 명이고 doc 디렉터리만 접근해서 문서를 만드는 사람도 여러 명이다. 하지만 lib과 tests 디렉터리에 접근하는 사람은 한 명이다. 이런 상황을 ACL로 만들면 아래와 같다.

```
avail|nickh,pjhyett,defunkt,tpw
avail|usinclair,cdickens,ebronte|doc
avail|schacon|lib
avail|schacon|tests
```

이 ACL 정보는 스크립트에서 읽어 사용한다. 설명을 쉽게 하고자 여기서는 avail만 처리한다. 아래의 메서드는 Associative Array를 반환하는데, 키는 사용자 이름이고 값은 사용자가 Push할 수 있는 경로의 목록이다.

```
def get_acl_access_data(acl_file)
  # read in ACL data
  acl_file = File.read(acl_file).split("\n").reject { |line| line == '' }
  access = {}
  acl_file.each do |line|
    avail, users, path = line.split('|')
    next unless avail == 'avail'
    users.split(',').each do |user|
      access[user] ||= []
      access[user] << path
    end
  end
  access
end
```

이 get_acl_access_data 함수가 앞의 ACL 파일을 읽고 반환하는 결과는 다음과 같다.

```
{"defunkt"=>[nil],
 "tpw"=>[nil],
 "nickh"=>[nil],
 "pjhyett"=>[nil],
 "schacon"=>["lib", "tests"],
 "cdickens"=>["doc"],
 "usinclair"=>["doc"],
 "ebronte"=>["doc"]}
```

이렇게 사용할 권한 정보를 만들었다. 이제 Push하는 파일을 그 사용자가 Push 할 수 있는지 없는지 알아내야 한다.

git log 명령에 --name-only 옵션을 주면 해당 커밋에서 수정된 파일이 뭔지 알려준다(git log 명령은 2장에서 다루었다).

```
$ git log -1 --name-only --pretty=format:'' 9f585d

README
lib/test.rb
```

get_acl_access_data 메서드를 호출해서 ACL 정보를 구하고, 각 커밋에 들어 있 는 파일 목록도 얻은 다음에, 사용자가 모든 커밋을 Push할 수 있는지 판단한다.

```
# only allows certain users to modify certain subdirectories in a project
def check_directory_perms
  access = get_acl_access_data('acl')

  # see if anyone is trying to push something they can't
  new_commits = `git rev-list #{$oldrev}..#{$newrev}`.split("\n")
  new_commits.each do |rev|
    files_modified = `git log -1 --name-only --pretty=format:'' #{rev}`.split("\n")
    files_modified.each do |path|
      next if path.size == 0
      has_file_access = false
      access[$user].each do |access_path|
        if !access_path  # user has access to everything
          || (path.start_with? access_path) # access to this path
          has_file_access = true
        end
      end
      if !has_file_access
        puts "[POLICY] You do not have access to push to #{path}"
        exit 1
      end
    end
  end
end
check_directory_perms
```

먼저 git rev-list 명령으로 서버에 Push하려는 커밋이 무엇인지 알아낸다. 그리고 각 커밋에서 수정한 파일이 어떤 것들이 있는지 찾고, 해당 사용자가 모든 파일에 대한 권한이 있는지 확인한다.

이제 사용자는 메시지 규칙을 어겼거나 권한이 없는 파일이 포함된 커밋은 어떤 것도 Push하지 못한다.

새로 작성한 정책 테스트

이 정책을 다 구현해서 update 스크립트에 넣고 chmod u+x .git/hooks/update 명령으로 실행 권한을 준다. 그리고 틀린 형식으로 커밋 메시지를 작성하고 Push하면 아래와 같이 실패한다.

```
$ git push -f origin master
Counting objects: 5, done.
Compressing objects: 100% (3/3), done.
Writing objects: 100% (3/3), 323 bytes, done.
Total 3 (delta 1), reused 0 (delta 0)
Unpacking objects: 100% (3/3), done.
Enforcing Policies...
(refs/heads/master) (8338c5) (c5b616)
[POLICY] Your message is not formatted correctly
error: hooks/update exited with error code 1
error: hook declined to update refs/heads/master
To git@gitserver:project.git
 ! [remote rejected] master -> master (hook declined)
error: failed to push some refs to 'git@gitserver:project.git'
```

정책과 관련해 하나씩 살펴보자. 먼저 훅이 실행될 때마다 아래 메시지가 출력된다.

```
Enforcing Policies...
(refs/heads/master) (fb8c72) (c56860)
```

이 내용은 스크립트 윗부분에서 표준출력(stdout)에 출력한 내용이다. 스크립트에서 표준출력으로 출력하면 클라이언트로 전송된다.

그리고 다음의 에러 메시지를 살펴보자.

```
[POLICY] Your message is not formatted correctly
error: hooks/update exited with error code 1
error: hook declined to update refs/heads/master
```

첫 번째 라인은 스크립트에서 직접 출력한 것이고 나머지 두 라인은 Git이 출력해 주는 것이다. 이 메시지는 update 스크립트에서 0이 아닌 값을 반환해서

Push할 수 없다는 메시지다. 그리고 마지막 메시지를 보자.

```
To git@gitserver:project.git
 ! [remote rejected] master -> master (hook declined)
error: failed to push some refs to 'git@gitserver:project.git'
```

이 메시지는 훅에서 거절된 것이라고 말해주는 것이고 브랜치가 거부될 때마다 하나씩 출력된다.

그리고 누군가 권한이 없는 파일을 수정해서 Push해도 에러 메시지를 출력한다. 예를 들어 문서 담당자가 lib 디렉터리에 있는 파일을 수정해서 커밋하면 아래와 같은 메시지가 출력된다.

```
[POLICY] You do not have access to push to lib/test.rb
```

이제부터는 update 스크립트가 항상 실행되기 때문에 커밋 메시지도 규칙대로 작성해야 하고, 권한이 있는 파일만 Push할 수 있다.

클라이언트 훅

서버 훅의 단점은 Push할 때까지 Push할 수 있는지 없는지 알 수 없다는 데 있다. 기껏 공들여 정성껏 구현했는데 막상 Push할 수 없으면 곤혹스럽다. 히스토리를 제대로 고치는 일은 정신건강에 매우 해롭다.

이 문제는 클라이언트 훅으로 해결한다. 클라이언트 훅으로 서버가 거부할지 말지 검사한다.

사람들은 커밋하기 전에, 그러니까 시간이 지나 고치기 어려워지기 전에 문제를 해결할 수 있다. Clone할 때 이 훅은 전송되지 않기 때문에 다른 방법으로 동료에게 배포해야 한다. 그 훅을 가져다 .git/hooks 디렉터리에 복사하고 실행할 수 있게 만든다. 이 훅 파일을 프로젝트에 넣어서 배포해도 되고 Git 훅 프로젝트를 만들어서 배포해도 된다. 하지만 자동으로 설치하는 방법은 없다.

커밋 메시지부터 검사해보자. 이 훅이 있으면 커밋 메시지가 구리다고 서버가 뒤늦게 거절하지 않는다. 이것은 commit-msg 훅으로 구현한다. 이 훅은 커밋 메시지가 저장된 파일을 첫 번째 아규먼트로 입력받는다. 그 파일을 읽어 패턴을 검사한다. 필요한 패턴이 없으면 커밋을 중단시킨다.

```
#!/usr/bin/env ruby
message_file = ARGV[0]
message = File.read(message_file)

$regex = /\[ref: (\d+)\]/

if !$regex.match(message)
  puts "[POLICY] Your message is not formatted correctly"
  exit 1
end
```

이 스크립트를 .git/hooks/commit-msg라는 파일로 만들고 실행권한을 준다. 커밋이 메시지 규칙을 어기면 아래와 같은 메시지를 보여 준다.

```
$ git commit -am 'test'
[POLICY] Your message is not formatted correctly
```

커밋하지 못했다. 하지만 커밋 메시지를 바르게 작성하면 커밋할 수 있다.

```
$ git commit -am 'test [ref: 132]'
[master e05c914] test [ref: 132]
 1 file changed, 1 insertions(+), 0 deletions(-)
```

그리고 아예 권한이 없는 파일을 수정 못하게 할 때는 pre-commit 훅을 이용한다. 사전에 .git 디렉터리 안에 ACL 파일을 가져다 놓고 아래와 같이 작성한다.

```
#!/usr/bin/env ruby

$user     = ENV['USER']

# [ insert acl_access_data method from above ]
# only allows certain users to modify certain subdirectories in a project
def check_directory_perms
  access = get_acl_access_data('.git/acl')

  files_modified = `git diff-index --cached --name-only HEAD`.split("\n")
  files_modified.each do |path|
    next if path.size == 0
    has_file_access = false
    access[$user].each do |access_path|
    if !access_path || (path.index(access_path) == 0)
      has_file_access = true
    end
    if !has_file_access
      puts "[POLICY] You do not have access to push to #{path}"
      exit 1
    end
  end
end

check_directory_perms
```

내용은 서버 훅과 똑같지만 두 가지가 다르다. 첫째, 클라이언트 훅은 Git 디렉터리가 아니라 워킹 디렉터리에서 실행하기 때문에 ACL 파일 위치가 다르다. 그래서 ACL 파일 경로를 수정해야 한다.

```
access = get_acl_access_data('acl')
```

이 부분을 아래와 같이 바꾼다.

```
access = get_acl_access_data('.git/acl')
```

두 번째 차이점은 파일 목록을 얻는 방법이다. 서버 훅에서는 커밋에 있는 파일을 모두 찾았지만 여기서는 아직 커밋하지도 않았다. 그래서 Staging Area의 파일 목록을 이용한다.

```
files_modified = `git log -1 --name-only --pretty=format:'' #{ref}`
```

이 부분을 아래와 같이 바꾼다.

```
files_modified = `git diff-index --cached --name-only HEAD`
```

이 두 가지 점만 다르고 나머지는 똑같다. 보통은 리모트 저장소의 계정과 로컬의 계정도 같다. 다른 계정을 사용하려면 $user 환경변수에 누군지 알려야 한다.

이렇게 훅을 이용해 Fast-forward가 아닌 Push는 못하게 만들 수 있다. Fast-forward가 아닌 Push는 Rebase로 이미 Push한 커밋을 바꿔 버렸거나 전혀 다른 로컬 브랜치를 Push하지 못 하도록 하는 것이다.

서버에 이미 `receive.denyDeletes`나 `receive.denyNonFastForwards` 설정을 했다면 더 좁혀진다. 이미 Push한 커밋을 Rebase해서 Push하지 못하게 만들 때 유용하다.

아래는 이미 Push한 커밋을 Rebase하지 못하게 하는 pre-Rebase 스크립트다. 이 스크립트는 먼저 Rebase할 커밋 목록을 구하고 커밋이 리모트 Refs나 브랜치에 들어 있는지 확인한다. 커밋이 한 개라도 리모트 Refs나 브랜치에 들어 있으면 Rebase할 수 없다.

```
#!/usr/bin/env ruby

base_branch = ARGV[0]
if ARGV[1]
  topic_branch = ARGV[1]
```

```
else
  topic_branch = "HEAD"
end

target_shas = `git rev-list #{base_branch}..#{topic_branch}`.split("\n")
remote_refs = `git branch -r`.split("\n").map { |r| r.strip }

target_shas.each do |sha|
  remote_refs.each do |remote_ref|
    shas_pushed = `git rev-list ^#{sha}^@ refs/remotes/#{remote_ref}`
    if shas_pushed.split("\n").include?(sha)
      puts "[POLICY] Commit #{sha} has already been pushed to #{remote_ref}"
      exit 1
    end
  end
end
```

이 스크립트는 "7.1 리비전 조회하기"에서 설명하지 않은 표현을 사용했다. 아래의 표현은 이미 Push한 커밋 목록을 얻어오는 부분이다.

`git rev-list ^#{sha}^@ refs/remotes/#{remote_ref}`

SHA^@은 해당 커밋의 모든 부모를 가리킨다. 그러니까 이 명령은 지금 Push하려는 커밋에서 리모트 저장소의 커밋에 도달할 수 있는지 확인하는 명령이다. 즉, Fast-forward인지 확인하는 것이다.

　이 방법은 매우 느리고 보통은 필요 없다. 어차피 Fast-forward가 아닌 Push는 -f 옵션을 주어야 Push할 수 있다. 문제가 될만한 Rebase를 방지할 수 있다는 것을 보여주려고 이 예제를 설명했다.

8.5 요약

Git을 프로젝트에 맞추는 방법을 배웠다. 주요한 서버/클라이언트 설정 방법, 파일 단위로 설정하는 Git Attributes, 이벤트 훅, 정책을 강제하는 방법을 배웠다. 이제 필요한 워크플로를 만들고 Git을 거기에 맞게 설정할 수 있을 것이다.

P r o G i t 2 n d E d i t i o n

Git과 여타 버전 관리 시스템

세상일은 뜻대로 되지 않는다. 진행하던 프로젝트를 모두 한 번에 Git 저장소로 옮기기는 어렵다. Git으로 바꾸고 싶은 프로젝트가 특정 VCS에 매우 의존적으로 개발 됐을 수도 있다. 이 장의 앞부분에서는 기존 VCS의 클라이언트로 Git을 사용하는 방법을 살펴본다.

언젠가 기존 프로젝트 환경을 Git으로 변경하고 싶게 될 것이다. 이 장의 뒷부분에서 프로젝트를 Git으로 변경하는 방법에 대해 다룬다. 미리 만들어진 도구가 없더라도 스크립트를 직접 만들어서 옮기는 방법도 설명한다. 이를 통해 잘 쓰지 않는 VCS를 사용하고 있더라도 Git으로 옮길 수 있을 것이다.

9.1 Git: 범용 Client

Git을 배운 많은 사람은 만족스러워한다. 다른 모든 팀원이 Git 아닌 다른 VCS를 사용하고 홀로 Git을 사용하더라도 만족스럽다. Git이 다른 VCS와 연결해 주는 여러 'bridge'를 제공하기 때문이다. 이어지는 내용을 통해 하나씩 둘러보자.

Git과 Subversion

많은 오픈 소스와 수많은 기업이 Subversion으로 소스 코드를 관리한다. 10여 년 이상 Subversion은 가장 인기 있는 오픈 소스 VCS 도구였고 오픈 소스 프로젝트에서 선택하는 거의 표준에 가까운 시스템이었다. Subversion은 그 이전 시대에서 가장 많이 사용하던 CVS와 많이 닮았다.

Git이 자랑하는 또 하나의 기능은 `git svn`이라는 양방향 Subversion 지원 도구이다. Git을 Subversion 클라이언트로 사용할 수 있으므로 로컬에서는 Git의 기능을 활용하고 Push할 때는 Subversion 서버에 Push할 수 있다. 로컬 브랜치와 Merge, Staging Area, Rebase, Cherry-pick 등의 Git 기능을 충분히 사용할 수 있다. 같이 일하는 동료는 빛 한줄기 없는 선사시대 동굴에서 일하겠지만 말이다. `git svn`은 기업에서 git을 사용할 수 있도록 돕는 출발점이다. 회사가 아직 공식적으로 Git을 사용하지 않더라도 동료들과 먼저 Git을 이용해 더 효율적으로 일할 수 있다. 이 Subversion 지원 도구는 우리를 DVCS(Distributed Version Control Systems, 분산 버전 관리 시스템) 세상으로 인도하는 붉은 알약과 같다.

git svn

Git과 Subversion을 이어주는 명령은 `git svn`으로 시작한다. 이 명령 뒤에 추가하는 명령이 몇 가지 더 있으며 간단한 예제로 설명하겠다.

`git svn` 명령을 사용할 때는 절름발이인 Subversion을 사용하고 있다는 점을 염두에 두자. 우리가 로컬 브랜치와 Merge를 맘대로 쓸 수 있다고 하더라도 최대한 일직선으로 히스토리를 유지하는 게 좋다. Git 저장소처럼 사용하지 않는다.

히스토리를 재작성해서 Push하지 말아야 한다. Git을 사용하는 동료들끼리 따로 Git 저장소에 Push하지도 말아야 한다. Subversion은 단순하게 일직선 히스토리만 가능하다. 팀원 중 일부는 SVN을 사용하고 일부는 Git을 사용하는 팀이라면 SVN Server를 사용해서 협업하는 것이 좋다. 그래야 삶이 편해진다.

설정하기

`git svn`을 사용하려면 SVN 저장소가 하나 필요하다. 저장소에 쓰기 권한이 있어야 한다.

필자의 test 저장소를 복사해서 해보자. Subversion에 포함된 `svnsync`라는 도구를 사용하여 SVN 저장소를 복사한다. 테스트용 저장소가 필요해서 Google Code에 새로 Subversion 저장소를 하나 만들었다. `protobuf`라는 프로젝트의 일부 코드를 복사했다. `protobuf`는 네트워크 전송에 필요한 구조화된 데이터(프로토콜 같은 것들)의 인코딩을 도와주는 도구이다.

설정을 따라해보기 위해 먼저 로컬 Subversion 저장소를 하나 만든다.

```
$ mkdir /tmp/test-svn
$ svnadmin create /tmp/test-svn
```

그리고 모든 사용자가 revprops 속성을 변경할 수 있도록 항상 0을 반환하는 pre-revprop-change 스크립트를 준비한다.[1]

```
$ cat /tmp/test-svn/hooks/pre-revprop-change
#!/bin/sh
exit 0;
$ chmod +x /tmp/test-svn/hooks/pre-revprop-change
```

이제 svnsync init 명령으로 다른 Subversion 저장소를 로컬로 복사할 수 있도록 지정한다.

```
$ svnsync init file:///tmp/test-svn \
  http://progit-example.googlecode.com/svn/
```

이렇게 다른 저장소의 주소를 설정하면 복사할 준비가 된다. 아래 명령으로 저장소를 실제로 복사한다.

```
$ svnsync sync file:///tmp/test-svn
Committed revision 1.
Copied properties for revision 1.
Transmitting file data ...........................[...]
Committed revision 2.
Copied properties for revision 2.
[...]
```

이 명령은 몇 분 걸리지 않는다. 저장하는 위치가 로컬이 아니라 리모트 서버라면 오래 걸린다. 커밋이 100개 이하라고 해도 오래 걸린다. Subversion은 한 번에 커밋을 하나씩 받아서 Push하므로 엄청나게 비효율적이다. 하지만 저장소를 복사하는 다른 방법은 없다.

시작하기

이제 갖고 놀 Subversion 저장소를 하나 준비했다. git svn clone 명령으로 Subversion 저장소 전체를 Git 저장소로 가져온다. 만약 Subversion 저장소가 로컬에 있는 것이 아니라 리모트 서버에 있으면 file:///tmp/test-svn 부분에 서버 저장소의 URL을 적어 준다.

---

1 (옮긴이) 파일이 없거나, 다른 이름으로 되어 있을 수 있다.

```
$ git svn clone file:///tmp/test-svn -T trunk -b branches -t tags
Initialized empty Git repository in /private/tmp/progit/test-svn/.git/
r1 = dcbfb5891860124cc2e8cc616cded42624897125 (refs/remotes/origin/trunk)
    Am4/acx_pthread.m4
    Am4/stl_hash.m4
    Ajava/src/test/java/com/google/protobuf/UnknownFieldSetTest.java
    Ajava/src/test/java/com/google/protobuf/WireFormatTest.java
…
r75 = 556a3e1e7ad1fde0a32823fc7e4d046bcfd86dae (refs/remotes/origin/trunk)
Found possible branch point: file:///tmp/test-svn/trunk => file:///tmp/test-svn/
branches/my-calc-branch, 75
Found branch parent: (refs/remotes/origin/my-calc-branch) 556a3e1e7ad1fde0a32823fc7
e4d046bcfd86dae
Following parent with do_switch
Successfully followed parent
r76 = 0fb585761df569eaecd8146c71e58d70147460a2 (refs/remotes/origin/my-calc-branch)
Checked out HEAD:
  file:///tmp/test-svn/trunk r75
```

이 명령은 사실 SVN 저장소 주소를 주고 `git svn init`과 `git svn fetch` 명령을 순서대로 실행한 것과 같다. 이 명령은 시간이 좀 걸린다. 테스트용 프로젝트는 커밋이 75개 정도밖에 안 돼서 시간이 오래 걸리지 않는다. Git은 커밋을 한 번에 하나씩 일일이 기록해야 한다. 커밋이 수천 개인 프로젝트라면 몇 시간 혹은 며칠이 걸릴 수도 있다.

`-T trunk -b branches -t tags` 부분은 Subversion이 어떤 브랜치 구조를 가졌는지 Git에 알려주는 부분이다. Subversion 표준 형식과 다르면 이 옵션 부분에서 알맞은 이름을 지정해준다. 표준 형식을 사용한다면 간단하게 `-s` 옵션을 사용한다. 즉, 아래의 명령도 같은 의미이다.

```
$ git svn clone file:///tmp/test-svn -s
```

Git에서 브랜치와 태그 정보가 제대로 보이는지 확인한다.

```
$ git branch -a
* master
  remotes/origin/my-calc-branch
  remotes/origin/tags/2.0.2
  remotes/origin/tags/release-2.0.1
  remotes/origin/tags/release-2.0.2
  remotes/origin/tags/release-2.0.2rc1
  remotes/origin/trunk
```

Git은 Subversion 태그를 리모트 브랜치처럼 관리하는 것을 알아두어야 한다. Plumbing 명령어인 `show-ref` 명령으로 리모트 브랜치의 정확한 이름을 확인할 수 있다.

```
$ git show-ref
556a3e1e7ad1fde0a32823fc7e4d046bcfd86dae refs/heads/master
0fb585761df569eaecd8146c71e58d70147460a2 refs/remotes/origin/my-calc-branch
bfd2d79303166789fc73af4046651a4b35c12f0b refs/remotes/origin/tags/2.0.2
285c2b2e36e467dd4d91c8e3c0c0e1750b3fe8ca refs/remotes/origin/tags/release-2.0.1
cbda99cb45d9abcb9793db1d4f70ae562a969f1e refs/remotes/origin/tags/release-2.0.2
a9f074aa89e826d6f9d30808ce5ae3ffe711feda refs/remotes/origin/tags/release-2.0.2rc1
556a3e1e7ad1fde0a32823fc7e4d046bcfd86dae refs/remotes/origin/trunk
```

Git 서버에서 Clone하면 리모트 브랜치가 아니라 태그로 관리한다. 일반적인 Git 저장소라면 아래와 같다.

```
$ git show-ref
c3dcbe8488c6240392e8a5d7553bbffcb0f94ef0 refs/remotes/origin/master
32ef1d1c7cc8c603ab78416262cc421b80a8c2df refs/remotes/origin/branch-1
75f703a3580a9b81ead89fe1138e6da858c5ba18 refs/remotes/origin/branch-2
23f8588dde934e8f33c263c6d8359b2ae095f863 refs/tags/v0.1.0
7064938bd5e7ef47bfd79a685a62c1e2649e2ce7 refs/tags/v0.2.0
6dcb09b5b57875f334f61aebed695e2e4193db5e refs/tags/v1.0.0
```

Git 서버로부터 받은 태그라면 refs/tags에 넣어서 관리한다.

Subversion 서버에 커밋하기

이제 작업할 Git 저장소는 준비했다. 무엇인가 수정하고 Upstream으로 고친 내용을 Push해야 할 때가 왔다. Git을 Subversion의 클라이언트로 사용해서 수정한 내용을 전송한다. 어떤 파일을 수정하고 커밋을 하면 그 수정한 내용은 Git의 로컬 저장소에 저장된다. Subversion 서버에는 아직 반영되지 않는다.

```
$ git commit -am 'Adding git-svn instructions to the README'
[master 4af61fd] Adding git-svn instructions to the README
 1 file changed, 5 insertions(+)
```

이제 수정한 내용을 Upstream에 Push한다. Git 저장소에 여러 개의 커밋을 쌓아놓고 한번에 Subversion 서버로 보낸다는 점을 잘 살펴보자. `git svn dcommit` 명령으로 서버에 Push한다.

```
$ git svn dcommit
Committing to file:///tmp/test-svn/trunk ...
    MREADME.txt
Committed r77
    MREADME.txt
r77 = 95e0222ba6399739834380eb10afcd73e0670bc5 (refs/remotes/origin/trunk)
No changes between 4af61fd05045e07598c553167e0f31c84fd6ffe1 and refs/remotes/
origin/trunk
Resetting to the latest refs/remotes/origin/trunk
```

이 명령은 새로 추가한 커밋을 모두 Subversion에 커밋하고 로컬 Git 커밋을 다시 만든다. 커밋을 다시 만들기 때문에 이미 저장된 커밋의 SHA-1 체크섬이 바뀐다. 그래서 리모트 Git 저장소와 Subversion 저장소를 함께 사용하면 안 된다. 새로 만들어진 커밋을 살펴보면 아래와 같이 `git-svn-id`가 추가된다.

```
$ git log -1
commit 95e0222ba6399739834380eb10afcd73e0670bc5
Author: ben <ben@0b684db3-b064-4277-89d1-21af03df0a68>
Date:   Thu Jul 24 03:08:36 2014 +0000

    Adding git-svn instructions to the README

    git-svn-id: file:///tmp/test-svn/trunk@77 0b684db3-b064-4277-89d1-21af03df0a68
```

원래 `4af61fd`로 시작하는 SHA-1 체크섬이 지금은 `95e0222`로 시작한다. 만약 Git 서버와 Subversion 서버에 함께 Push하고 싶으면 우선 Subversion 서버에 `dcommit`으로 Push를 하고 그 다음에 Git 서버에 Push해야 한다.

새로운 변경사항 받아오기

다른 개발자와 함께 일하는 과정에서 다른 개발자가 Push한 상태에서 Push를 하면 충돌이 날 수 있다. 충돌을 해결하지 않으면 서버로 Push할 수 없다. 충돌이 나면 `git svn` 명령은 아래와 같이 보여준다.

```
$ git svn dcommit
Committing to file:///tmp/test-svn/trunk ...

ERROR from SVN:
Transaction is out of date: File '/trunk/README.txt' is out of date
W: d5837c4b461b7c0e018b49d12398769d2bfc240a and refs/remotes/origin/trunk
differ, using rebase:
:100644 100644 f414c433af0fd6734428cf9d2a9fd8ba00ada145 c80b6127dd04f5fcda218730
ddf3a2da4eb39138 MREADME.txt
Current branch master is up to date.
ERROR: Not all changes have been committed into SVN, however the committed
ones (if any) seem to be successfully integrated into the working tree.
Please see the above messages for details.
```

이런 상황에서는 `git svn rebase` 명령으로 이 문제를 해결한다. 이 명령은 변경사항을 서버에서 내려받고 그 다음에 로컬의 변경사항을 그 위에 적용한다.

```
$ git svn rebase
Committing to file:///tmp/test-svn/trunk ...

ERROR from SVN:
```

```
Transaction is out of date: File '/trunk/README.txt' is out of date
W: eaa029d99f87c5c822c5c29039d19111ff32ef46 and refs/remotes/origin/trunk
differ, using rebase:
:100644 100644 65536c6e30d263495c17d781962cfff12422693a b34372b25ccf4945fe5658fa
381b075045e7702a MREADME.txt
First, rewinding head to replay your work on top of it...
Applying: update foo
Using index info to reconstruct a base tree...
M       README.txt
Falling back to patching base and 3-way merge...
Auto-merging README.txt
ERROR: Not all changes have been committed into SVN, however the committed
ones (if any) seem to be successfully integrated into the working tree.
Please see the above messages for details.
```

그러면 서버 코드 위에 변경사항을 적용하기 때문에 성공적으로 dcommit 명령을
마칠 수 있다.

```
$ git svn dcommit
Committing to file:///tmp/test-svn/trunk ...
    M   README.txt
Committed r85
    M   README.txt
r85 = 9c29704cc0bbbed7bd58160cfb66cb9191835cd8 (refs/remotes/origin/trunk)
No changes between 5762f56732a958d6cfda681b661d2a239cc53ef5 and refs/remotes/
origin/trunk
Resetting to the latest refs/remotes/origin/trunk
```

Push하기 전에 Upstream과 Merge해야 하는 Git과 달리 git svn은 충돌이 날
때만 서버에 업데이트할 것이 있다고 알려준다(Subversion처럼). 이 점을 꼭 기
억해야 한다. 만약 다른 사람이 한 파일을 수정하고 내가 그 사람과 다른 파일을
수정한다면 dcommit은 성공적으로 수행된다.

```
$ git svn dcommit
Committing to file:///tmp/test-svn/trunk ...
    M   configure.ac
Committed r87
    M   autogen.sh
r86 = d8450bab8a77228a644b7dc0e95977ffc61adff7 (refs/remotes/origin/trunk)
    M   configure.ac
r87 = f3653ea40cb4e26b6281cec102e35dcba1fe17c4 (refs/remotes/origin/trunk)
W: a0253d06732169107aa020390d9fefd2b1d92806 and refs/remotes/origin/trunk
differ, using rebase:
:100755 100755 efa5a59965fbbb5b2b0a12890f1b351bb5493c18 e757b59a9439312d80d5d43b
b65d4a7d0389ed6d Mautogen.sh
First, rewinding head to replay your work on top of it...
```

Push하고 나면 프로젝트 상태가 달라진다는 점을 기억해야 한다. 충돌이 없으
면 변경사항이 바람대로 적용되지 않아도 알려주지 않는다. 이 부분이 Git과 다

른 점이다. Git에서는 서버로 보내기 전에 프로젝트 상태를 전부 테스트할 수 있다. SVN은 서버로 커밋하기 전과 후의 상태가 같다는 것이 보장되지 않는다.

git svn rebase 명령으로도 Subversion 서버의 변경사항을 가져올 수 있다. 커밋을 보낼 준비가 안 됐어도 괜찮다. git svn fetch 명령을 사용해도 되지만 git svn rebase 명령은 변경사항을 가져오고 적용까지 한번에 해준다.

```
$ git svn rebase
    M   autogen.sh
r88 = c9c5f83c64bd755368784b444bc7a0216cc1e17b (refs/remotes/origin/trunk)
First, rewinding head to replay your work on top of it...
Fast-forwarded master to refs/remotes/origin/trunk.
```

수시로 git svn rebase 명령을 사용하면 로컬 코드를 항상 최신 버전으로 유지할 수 있다. 이 명령을 사용하기 전에 워킹 디렉터리를 깨끗하게 만드는 게 좋다. 깨끗하지 못하면 Stash를 하거나 임시로 커밋하고 나서 git svn rebase 명령을 실행하는 것이 좋다. 깨끗하지 않으면 충돌이 나서 Rebase가 중지될 수 있다.

Git 브랜치 문제

Git에 익숙한 사람이면 일을 할 때 먼저 토픽 브랜치를 만들고, 일을 끝낸 다음에, Merge하는 방식을 쓰려고 할 것이다. 하지만 git svn으로 Subversion 서버에 Push할 때에는 브랜치를 Merge하지 않고 Rebase해야 한다. Subversion은 일직선 히스토리밖에 모르고 Git의 Merge도 알지 못한다. 그래서 git svn은 첫 번째 부모 정보만 사용해서 Git 커밋을 Subversion 커밋으로 변경한다.

예제를 하나 살펴보자. experiment 브랜치를 하나 만들고 2개의 변경사항을 커밋한다. 그리고 master 브랜치로 Merge하고 나서 dcommit 명령을 수행하면 아래와 같은 모양이 된다.

```
$ git svn dcommit
Committing to file:///tmp/test-svn/trunk ...
    M   CHANGES.txt
Committed r89
    M   CHANGES.txt
r89 = 89d492c884ea7c834353563d5d913c6adf933981 (refs/remotes/origin/trunk)
    M   COPYING.txt
    M   INSTALL.txt
Committed r90
    M   INSTALL.txt
```

```
    M    COPYING.txt
r90 = cb522197870e61467473391799148f6721bcf9a0 (refs/remotes/origin/trunk)
No changes between 71af502c214ba13123992338569f4669877f55fd and refs/remotes/
origin/trunk
Resetting to the latest refs/remotes/origin/trunk
```

Merge 커밋이 들어 있는 히스토리에서 dcommit 명령을 실행한다. 그러고 나서 Git 히스토리를 살펴보면 experiment 브랜치의 커밋은 재작성되지 않았다. 대신 Merge 커밋만 SVN 서버로 전송됐을 뿐이다.

누군가 이것을 내려받으면 git merge --squash 한 것 마냥 결과가 합쳐진 Merge 커밋 하나만 볼 수 있다. 다른 사람은 언제 어디서 커밋한 것인지 알 수 없다.

Subversion의 브랜치

Subversion의 브랜치는 Git의 브랜치와 달라서 가능한 한 사용하지 않는 것이 좋다. 하지만 git svn으로도 Subversion 브랜치를 관리할 수 있다.

SVN 브랜치 만들기

Subversion 브랜치를 만들려면 git svn branch [branchname] 명령을 사용한다.

```
$ git svn branch opera
Copying file:///tmp/test-svn/trunk at r90 to file:///tmp/test-svn/branches/
opera...
Found possible branch point: file:///tmp/test-svn/trunk => file:///tmp/test-svn/
branches/opera, 90
Found branch parent: (refs/remotes/origin/opera) cb522197870e61467473391799148f6
721bcf9a0
Following parent with do_switch
Successfully followed parent
r91 = f1b64a3855d3c8dd84ee0ef10fa89d27f1584302 (refs/remotes/origin/opera)
```

이 명령은 Subversion의 svn copy trunk branches/opera 명령과 같다. 이 명령은 브랜치를 Checkout해주지 않는다는 것을 주의해야 한다. 여기서 커밋하면 opera 브랜치가 아니라 trunk 브랜치에 커밋된다.

Subversion 브랜치 넘나들기

dcommit 명령은 어떻게 커밋할 브랜치를 결정할까? Git은 히스토리에 있는 커밋 중에서 가장 마지막으로 기록된 Subversion 브랜치를 찾는다. 즉, 현 브랜치 히스토리의 커밋 메시지에 있는 git-svn-id 항목을 읽는 것이기 때문에 오직 한 브랜치에만 전송할 수 있다.

동시에 여러 브랜치에서 작업하려면 Subversion 브랜치에 dcommit할 수 있는 로컬 브랜치가 필요하다. 이 브랜치는 Subversion 커밋에서 시작하는 브랜치다. 아래와 같이 opera 브랜치를 만들면 독립적으로 일 할 수 있다.

```
$ git branch opera remotes/origin/opera
```

git merge 명령으로 opera 브랜치를 trunk 브랜치(master 브랜치 역할)에 Merge 한다. 하지만 -m 옵션을 주고 적절한 커밋 메시지를 작성하지 않으면 아무짝에 쓸모없는 "Merge branch opera" 같은 메시지가 커밋된다.

git merge 명령으로 Merge한다는 것에 주목하자. Git은 자동으로 공통 커밋을 찾아서 Merge에 참고하기 때문에 Subversion에서 하는 것보다 Merge가 더 잘된다. 여기서 생성되는 Merge 커밋은 일반적인 Merge 커밋과 다르다. 이 커밋을 Subversion 서버에 Push해야 하지만 Subversion에서는 부모가 2개인 커밋이 있을 수 없다. 그래서 Push하면 브랜치에서 만들었던 커밋 여러 개가 하나로 합쳐진(squash된) 것처럼 Push된다. 그래서 일단 Merge하면 취소하거나 해당 브랜치에서 계속 작업하기 어렵다. dcommit 명령을 수행하면 Merge한 브랜치의 정보를 어쩔 수 없이 잃어버리게 된다. Merge Base도 찾을 수 없게 된다. dcommit 명령은 Merge한 것을 git merge --squash로 Merge한 것과 똑같이 만들어 버린다. Branch를 Merge한 정보는 저장되지 않기 때문에 이 문제를 해결할 방법이 없다. 문제를 최소화하려면 trunk에 Merge하자마자 해당 브랜치를(여기서는 opera) 삭제하는 것이 좋다.

Subversion 명령

git svn 명령은 Git으로 전향하기 쉽도록 Subversion에 있는 것과 비슷한 명령어를 지원한다. 아마 여기서 설명하는 명령은 익숙할 것이다.

SVN 형식의 히스토리

Subversion에 익숙한 사람은 Git 히스토리를 SVN 형식으로 보고 싶을 수도 있다. git svn log 명령은 SVN 형식으로 히스토리를 보여준다.

```
$ git svn log
```

```
--------------------------------------------------------------------
r87 | schacon | 2014-05-02 16:07:37 -0700 (Sat, 02 May 2014) | 2 lines

autogen change

--------------------------------------------------------------------
r86 | schacon | 2014-05-02 16:00:21 -0700 (Sat, 02 May 2014) | 2 lines

Merge branch 'experiment'

--------------------------------------------------------------------
r85 | schacon | 2014-05-02 16:00:09 -0700 (Sat, 02 May 2014) | 2 lines

updated the changelog
```

git svn log 명령에서 기억해야 할 것은 두 가지다. 우선 오프라인에서 동작한다는 점이다. SVN의 svn log 명령어는 히스토리 데이터를 조회할 때 서버가 필요하다. 둘째로 이미 서버로 전송한 커밋만 출력해준다. 아직 dcommit 명령으로 서버에 전송하지 않은 로컬 Git 커밋은 보여주지 않는다. Subversion 서버에는 있지만 아직 내려받지 않은 변경사항도 보여주지 않는다. 즉, 현재 알고 있는 Subversion 서버의 상태만 보여준다.

SVN 어노테이션

git svn log 명령이 svn log 명령을 흉내 내는 것처럼 git svn blame [FILE] 명령으로 svn annotate 명령을 흉내 낼 수 있다. 실행한 결과는 아래와 같다.

```
$ git svn blame README.txt
 2    temporal Protocol Buffers - Google's data interchange format
 2    temporal Copyright 2008 Google Inc.
 2    temporal http://code.google.com/apis/protocolbuffers/
 2    temporal
22    temporal C++ Installation - Unix
22    temporal =======================
 2    temporal
79     schacon Committing in git-svn.
78     schacon
 2    temporal To build and install the C++ Protocol Buffer runtime and the
Protocol
 2    temporal Buffer compiler (protoc) execute the following:
 2    temporal
```

다시 한번 말하지만 이 명령도 아직 서버로 전송하지 않은 커밋은 보여주지 않는다.

SVN 서버 정보

svn info 명령은 git svn info 명령으로 대신할 수 있다.

```
$ git svn info
Path: .
URL: https://schacon-test.googlecode.com/svn/trunk
Repository Root: https://schacon-test.googlecode.com/svn
Repository UUID: 4c93b258-373f-11de-be05-5f7a86268029
Revision: 87
Node Kind: directory
Schedule: normal
Last Changed Author: schacon
Last Changed Rev: 87
Last Changed Date: 2009-05-02 16:07:37 -0700 (Sat, 02 May 2009)
```

blame이나 log 명령이 오프라인으로 동작하듯이 이 명령도 오프라인으로 동작한다. 서버에서 가장 최근에 내려받은 정보를 출력한다.

Subversion에서 무시하는 것 무시하기

Subversion 저장소를 클론하면 쓸데없는 파일을 커밋하지 않도록 svn:ignore 속성을 .gitignore 파일로 만들고 싶을 것이다. git svn에는 이 문제와 관련된 명령이 두 가지 있다. 하나는 git svn create-ignore 명령이다. 해당 위치에 커밋할 수 있는 .gitignore 파일을 생성해준다.

두 번째 방법은 git svn show-ignore 명령이다. .gitignore에 추가할 목록을 출력해 준다. 프로젝트의 exclude 파일로 결과를 리다이렉트할 수 있다.

```
$ git svn show-ignore > .git/info/exclude
```

이렇게 하면 .gitignore 파일로 프로젝트를 더럽히지 않아도 된다. 혼자서만 Git을 사용하는 거라면 다른 팀원들은 프로젝트에 .gitignore 파일이 있는 것을 싫어 할 수 있다.

Git-Svn 요약

git svn 도구는 여러 가지 이유로 Subversion 서버를 사용해야만 하는 상황에서 빛을 발한다. 하지만 Git의 모든 장점을 이용할 수는 없다. Git과 Subversion은 다르기 때문에 혼란이 빚어질 수도 있다. 이런 문제에 빠지지 않기 위해서 다음 가이드라인을 지켜야 한다.

- Git 히스토리를 일직선으로 유지하라. `git merge`로 Merge 커밋이 생기지 않도록 하라. Merge 말고 Rebase로 변경사항을 Master 브랜치에 적용하라.
- 따로 Git 저장소 서버를 두지 말라. 클론을 빨리하기 위해서 잠깐 하나 만들어 쓰는 것은 무방하나 절대로 Git 서버에 Push하지는 말아야 한다. `pre-receive` 훅에서 `git-svn-id`가 들어 있는 커밋 메시지는 거절하는 방법도 괜찮다.

이러한 가이드라인을 잘 지키면 Subversion 서버도 쓸만하다. 그래도 Git 서버로 옮기는 게 가능하다면 Git 서버를 사용하는 것이 팁에 훨씬 좋다.

Git과 Mercurial

DVCS 세상에 Git만 존재하는 것은 아니다. 사실 Git 이외에도 다양한 시스템이 존재하는데, 각자 나름의 철학으로 분산 버전 관리 시스템을 구현했다. Git 이외에는 Mercurial이 가장 많이 사용되는 분산 버전 관리 시스템이며 Git과 닮은 점도 많다.

Mercurial로 코드를 관리하는 프로젝트에서 클라이언트로 Git을 쓰고자 하는 사람에게도 좋은 소식이 있다. Git은 Mercurial 클라이언트로 동작할 수 있다. Mercurial을 위한 Bridge는 리모트 Helper로 구현돼 있는데 Git은 리모트를 통해서 서버 저장소의 코드를 가져와서 그렇다. 이 프로젝트의 이름은 git-remote-hg이라고 하며 https://github.com/felipec/git-remote-hg에 있다.

git-remote-hg

우선 git-remote-hg를 설치한다. 아래처럼 PATH 실행경로에 포함된 경로 중 아무 데나 git-remote-hg 파일을 저장하고 실행 권한을 준다.

```
$ curl -o ~/bin/git-remote-hg \
  https://raw.githubusercontent.com/felipec/git-remote-hg/master/git-remote-hg
$ chmod +x ~/bin/git-remote-hg
```

예제에서는 `~/bin` 디렉터리가 `$PATH` 실행경로에 포함되어 있다고 가정한다. `git-remote-hg`를 실행하려면 Python 라이브러리 `mercurial`이 필요하다. Python이 설치되어있다면 다음처럼 Mercurial 라이브러리를 설치한다.

```
$ pip install mercurial
```

(Python이 설치되지 않았다면 https://www.python.org/ 사이트에서 내려받아
설치한다.)

마지막으로 Mercurial 클라이언트도 설치해야 한다. http://mercurial.selenic.
com/ 사이트에서 내려받아 설치하면 된다.

이렇게 필요한 라이브러리와 프로그램을 설치하고 나면 준비가 끝난다. 이제
필요한 것은 소스 코드를 Push할 Mercurial 저장소다. 여기 예제에서는 Mercurial
을 익힐 때 많이 쓰는 "hello world" 저장소를 로컬에 복제하고 마치 리모트 저장
소인 것처럼 사용한다.

```
$ hg clone http://selenic.com/repo/hello /tmp/hello
```

시작하기

이제 Push할 수 있는 "서버" 저장소가 준비됐고 여러 가지 작업을 해 볼 수 있다.
잘 알려진 대로 Git과 Mercurial의 철학이나 사용방법은 크게 다르지 않다.

Git에서 늘 하던 것처럼 처음에는 Clone을 먼저 한다.

```
$ git clone hg::/tmp/hello /tmp/hello-git
$ cd /tmp/hello-git
$ git log --oneline --graph --decorate
* ac7955c (HEAD, origin/master, origin/branches/default, origin/HEAD, refs/
hg/origin/branches/default, refs/hg/origin/bookmarks/master, master) Create a
makefile
* 65bb417 Create a standard "hello, world" program
```

리모트 저장소가 hg로 시작하는 Mercurial 저장소지만 `git clone` 명령으로 쉽
게 Clone할 수 있다. 사실 내부에서는 git-remote-hg Bridge가 Git에 포함된
HTTP/S 프로토콜(리모트 Helper)과 비슷하게 동작한다. Git과 마찬가지로
Mercurial 또한 모든 클라이언트가 전체 저장소 히스토리를 복제(Clone)해서 사
용하도록 만들어졌기 때문에 Clone 명령으로 히스토리를 포함한 저장소 전체를
가져온다. 예제 프로젝트는 크기가 작아서 저장소를 금방 clone한다.

log 명령으로 커밋 두 개를 볼 수 있으며, 가장 최근 커밋으로는 여러 Ref 포인
터로 가리키고 있다. Ref 중 일부는 실제 존재하지 않을 수도 있다. .git 디렉터
리가 실제로 어떻게 구성돼 있는지 보자.

```
$ tree .git/refs
.git/refs
├── heads
│   └── master
├── hg
│   └── origin
│       ├── bookmarks
│       │   └── master
│       └── branches
│           └── default
├── notes
│   └── hg
├── remotes
│   └── origin
│       └── HEAD
└── tags
```

9 directories, 5 files

git-remote-hg는 Git 스타일로 동작하도록 만들어 주는데, 속으로 하는 일은 Git
과 Mercurial을 매핑해 준다. 리모트 Ref를 refs/hg 디렉터리에 저장한다. 예를
들어 refs/hg/origin/branches/default는 Git Ref 파일로, 내용은 master 브랜
치가 가리키는 커밋인 "ac7955c"로 시작하는 SHA 해시값이다. refs/hg 디렉터
리는 일종의 refs/remotes/origin 같은 것이지만 북마크와 브랜치가 구분된다
는 점이 다르다.

　　notes/hg 파일은 git-remote-hg가 Git 커밋을 Mercurial Changeset ID와 매핑
을 하기 위한 시작 지점이다. 살짝 더 안을 들여다보자.

```
$ cat notes/hg
d4c10386...

$ git cat-file -p d4c10386...
tree 1781c96...
author remote-hg <> 1408066400 -0800
committer remote-hg <> 1408066400 -0800

Notes for master

$ git ls-tree 1781c96...
100644 blob ac9117f...65bb417...
100644 blob 485e178...ac7955c...

$ git cat-file -p ac9117f
0a04b987be5ae354b710cefeba0e2d9de7ad41a9
```

refs/notes/hg 파일은 트리 하나를 가리킨다. 이 트리는 다른 객체와 그 이름의
목록인 Git 객체 데이터베이스다. git ls-tree 명령은 이 트리 객체 안에 포함된

모드, 타입, 객체 해시, 파일 이름으로 된 여러 항목을 보여준다. 트리 객체에 포함된 한 항목을 더 자세히 살펴보면 "ac9117f" 으로 시작하는 이름(master가 가리키는 커밋의 SHA-1 해시)의 Blob 객체를 확인할 수 있다. "ac9117f"이 가리키는 내용은 "0a04b98"로 시작하는 해시로 default 브랜치가 가리키는 Mercurial Changeset ID이다.

이런 내용은 몰라도 되고 모른다고 걱정할 필요 없다. 일반적인 워크플로에서 Git 리모트를 사용하는 것과 크게 다르지 않다.

다만 한 가지, 다음 내용으로 넘어가기 전에 Ignore 파일을 살펴보자. Mercurial 과 Git의 Ignore 파일은 방식이 거의 비슷하지만 아무래도 .gitignore 파일을 Mercurial 저장소에 넣기는 좀 껄끄럽다. 다행히도 Mercurial의 Ignore 파일 패턴의 형식은 Git과 같아서 아래와 같이 복사하기만 하면 된다.

```
$ cp .hgignore .git/info/exclude
```

.git/info/exclude 파일은 .gitignore 파일처럼 동작하지만 커밋할 수 없다.

워크플로

이런저런 작업을 하고 master 브랜치에 커밋하면 원격 저장소에 Push할 준비가 된다. 현재 저장소 히스토리를 살펴보면 아래와 같다.

```
$ git log --oneline --graph --decorate
* ba04a2a (HEAD, master) Update makefile
* d25d16f Goodbye
* ac7955c (origin/master, origin/branches/default, origin/HEAD, refs/hg/origin/
branches/default, refs/hg/origin/bookmarks/master) Create a makefile
* 65bb417 Create a standard "hello, world" program
```

master 브랜치는 origin/master 브랜치보다 커밋이 두 개를 많으며, 이 두 커밋은 로컬에만 존재한다. 그와 동시에 누군가가 커밋해서 리모트 저장소에 Push 했다고 가정해보자.

```
$ git fetch
From hg::/tmp/hello
   ac7955c..df85e87  master      -> origin/master
   ac7955c..df85e87  branches/default -> origin/branches/default
$ git log --oneline --graph --decorate --all
* 7b07969 (refs/notes/hg) Notes for default
* d4c1038 Notes for master
* df85e87 (origin/master, origin/branches/default, origin/HEAD, refs/hg/origin/
branches/default, refs/hg/origin/bookmarks/master) Add some documentation
```

```
| * ba04a2a (HEAD, master) Update makefile
| * d25d16f Goodbye
|/
* ac7955c Create a makefile
* 65bb417 Create a standard "hello, world" program
```

--all 옵션으로 히스토리를 보면 "notes" Ref도 볼 수 있는데 git-remote-hg에서 내부적으로 사용하는 것이므로 사용자는 신경 쓰지 않아도 된다. 나머지 내용은 예상한 대로다. origin/master 브랜치에 커밋 하나가 추가되어 있어 히스토리가 갈라졌다. 이 장에서 살펴보는 다른 버전 관리 시스템과는 달리 Mercurial은 Merge를 충분히 잘 다루기 때문에 특별히 더 할 일이 없다.

```
$ git merge origin/master
Auto-merging hello.c
Merge made by the 'recursive' strategy.
 hello.c | 2 +-
 1 file changed, 1 insertion(+), 1 deletion(-)
$ git log --oneline --graph --decorate
*   0c64627 (HEAD, master) Merge remote-tracking branch 'origin/master'
|\
| * df85e87 (origin/master, origin/branches/default, origin/HEAD, refs/hg/
origin/branches/default, refs/hg/origin/bookmarks/master) Add some documentation
* | ba04a2a Update makefile
* | d25d16f Goodbye
|/
* ac7955c Create a makefile
* 65bb417 Create a standard "hello, world" program
```

Merge쯤이야 가볍게 성공한다. 이렇게 Merge하고 나서 테스트가 통과한다면 정말로 Push하고 공유할 준비가 끝난 것이다.

```
$ git push
To hg::/tmp/hello
   df85e87..0c64627  master -> master
```

Push 또한 가볍게 성공한다. Mercurial 저장소 히스토리를 살펴보면 기대한 대로 모든 것이 멋지게 끝난 것을 확인할 수 있다.

```
$ hg log -G --style compact
o    5[tip]:4,2   dc8fa4f932b8   2014-08-14 19:33 -0700   ben
|\     Merge remote-tracking branch 'origin/master'
| |
| o  4   64f27bcefc35   2014-08-14 19:27 -0700   ben
| |    Update makefile
| |
| o  3:1   4256fc29598f   2014-08-14 19:27 -0700   ben
| |    Goodbye
```

```
| |
@ |  2   7db0b4848b3c   2014-08-14 19:30 -0700   ben
|/     Add some documentation
|o  1  82e55d328c8c   2005-08-26 01:21 -0700   mpm
|    Create a makefile
|o  0  0a04b987be5a   2005-08-26 01:20 -0700   mpm
    Create a standard "hello, world" program
```

Changeset 2번은 Mercurial로 만든 Changeset이다. 3번과 4번 Changeset은 git-remote-hg로 만든 Changeset이고 Git으로 Push한 커밋이다.

브랜치와 북마크

Git 브랜치는 한 종류뿐이다. Git 브랜치는 새 커밋이 추가되면 자동으로 마지막 커밋으로 이동하는 포인터다. Mercurial에서는 이런 Refs를 "북마크"라고 부르는데, 하는 행동은 Git의 브랜치와 같다.

Mercurial에서 사용하는 "브랜치"의 개념은 Git보다 좀 더 무겁다. Mercurial은 Changeset에 브랜치도 함께 저장한다. 즉, 브랜치는 히스토리에 영원히 기록된다. develop 브랜치에 커밋을 하나 만드는 예제를 살펴보자.

```
$ hg log -l 1
changeset:   6:8f65e5e02793
branch:      develop
tag:         tip
user:        Ben Straub <ben@straub.cc>
date:        Thu Aug 14 20:06:38 2014 -0700
summary:     More documentation
```

"branch"로 시작하는 라인이 있는 것을 볼 수 있다. Git은 이런 방식을 흉내 낼 수(흉내 낼 필요도) 없다(Git의 ref로 표현할 수는 있겠다). 하지만 Mercurial이 필요로 하는 정보이기에 git-remote-hg는 이런 비슷한 정보가 필요하다.

Mercurial 북마크를 만드는 것은 Git에서 브랜치를 만드는 것과 같이 매우 쉽다. Git으로 Clone한 Mercurial 저장소에 아래와 같이 브랜치를 Push한다.

```
$ git checkout -b featureA
Switched to a new branch 'featureA'
$ git push origin featureA
To hg::/tmp/hello
 * [new branch]      featureA -> featureA
```

이렇게만 해도 북마크가 생성된다. Mercurial로 저장소 내용을 확인하면 다음과 같다.

```
$ hg bookmarks
   featureA                    5:bd5ac26f11f9
$ hg log --style compact -G
@  6[tip]   8f65e5e02793   2014-08-14 20:06 -0700   ben
|    More documentation
|o   5[featureA]:4,2  bd5ac26f11f9  2014-08-14 20:02 -0700   ben
|\     Merge remote-tracking branch 'origin/master'
| |
| o  4   0434aaa6b91f   2014-08-14 20:01 -0700   ben
| |    update makefile
| |
| o  3:1   318914536c86   2014-08-14 20:00 -0700   ben
| |    goodbye
| |
o |  2   f098c7f45c4f   2014-08-14 20:01 -0700   ben
|/     Add some documentation
|o  1   82e55d328c8c   2005-08-26 01:21 -0700   mpm
|    Create a makefile
|o  0   0a04b987be5a   2005-08-26 01:20 -0700   mpm
     Create a standard "hello, world" program
```

[featureA] 태그가 리비전 5에 생긴 것을 볼 수 있다. Git을 클라이언트로 사용하는 저장소에서는 Git 브랜치처럼 사용한다. 딱 하나 예외가 있는데, Git 클라이언트 저장소에서 하나는, 서버의 북마크를 삭제하지 못한다는 점이다(이는 리모트 Helper의 제약사항이다).

Git보다 무거운 Mercurial 브랜치도 물론 사용할 수 있다. 브랜치 이름에 branches 네임스페이스를 사용하면 된다.

```
$ git checkout -b branches/permanent
Switched to a new branch 'branches/permanent'
$ vi Makefile
$ git commit -am 'A permanent change'
$ git push origin branches/permanent
To hg::/tmp/hello
 * [new branch]      branches/permanent -> branches/permanent
```

위의 내용을 Mercurial에서 확인하면 아래와 같다.

```
$ hg branches
permanent                       7:a4529d07aad4
develop                         6:8f65e5e02793
default                         5:bd5ac26f11f9 (inactive)
$ hg log -G
o  changeset:   7:a4529d07aad4
|  branch:      permanent
|  tag:         tip
|  parent:      5:bd5ac26f11f9
|  user:        Ben Straub <ben@straub.cc>
|  date:        Thu Aug 14 20:21:09 2014 -0700
```

```
|  summary:     A permanent change
|| @  changeset:   6:8f65e5e02793
|/   branch:      develop
|    user:        Ben Straub <ben@straub.cc>
|    date:        Thu Aug 14 20:06:38 2014 -0700
|    summary:     More documentation
|o   changeset:   5:bd5ac26f11f9
|\   bookmark:    featureA
| |  parent:      4:0434aaa6b91f
| |  parent:      2:f098c7f45c4f
| |  user:        Ben Straub <ben@straub.cc>
| |  date:        Thu Aug 14 20:02:21 2014 -0700
| |  summary:     Merge remote-tracking branch 'origin/master'
[...]
```

"permanent"라는 브랜치가 Changeset 7번에 기록됐다.

Mercurial 저장소를 Clone한 Git 저장소에서는 Git 브랜치를 쓰듯 Checkout, Checkout, Fetch, Merge, Pull 명령을 그대로 쓰면 된다. 반드시 기억해야 할 게 하나 있는데, Mercurial은 히스토리 재작성을 지원하지 않고 단순히 추가한다는 것이다. Git으로 Rebase를 하고 강제로 Push하면 Mercurial 저장소의 모습은 아래와 같게 된다.

```
$ hg log --style compact -G
o  10[tip]   99611176cbc9   2014-08-14 20:21 -0700   ben
|    A permanent change
|o  9   f23e12f939c3   2014-08-14 20:01 -0700   ben
|    Add some documentation
|o  8:1   c16971d33922   2014-08-14 20:00 -0700   ben
|    goodbye
|| o  7:5   a4529d07aad4   2014-08-14 20:21 -0700   ben
| |    A permanent change
| |
| | @  6   8f65e5e02793   2014-08-14 20:06 -0700   ben
| |/    More documentation
| |
| o   5[featureA]:4,2   bd5ac26f11f9   2014-08-14 20:02 -0700   ben
| |\    Merge remote-tracking branch 'origin/master'
| | |
| | o  4   0434aaa6b91f   2014-08-14 20:01 -0700   ben
| | |    update makefile
| | |
+---o  3:1   318914536c86   2014-08-14 20:00 -0700   ben
| |    goodbye
| |
| o  2   f098c7f45c4f   2014-08-14 20:01 -0700   ben
|/    Add some documentation
|o  1   82e55d328c8c   2005-08-26 01:21 -0700   mpm
|    Create a makefile
|o  0   0a04b987be5a   2005-08-26 01:20 -0700   mpm
     Create a standard "hello, world" program
```

Changeset 8, 9, 10이 생성됐고 permanent 브랜치에 속한다. 하지만 예전에 Push했던 Changeset들이 그대로 남아있다. 이런 경우 Mercurial 저장소를 공유하는 동료들에게 혼란을 가져다주기 때문에 Rebase 후 강제로 Push하지 않아야 한다.

Mercurial 요약

Git과 Mercurial은 시스템이 크게 다르지 않아서 쉽게 경계를 넘나들 수 있다. 이미 리모트로 떠나보낸 커밋을 재작성하지 않는다면(물론 Git도 마찬가지) 지금 작업하고 있는 저장소가 Git인지 Mercurial인지 몰라도 된다.

Git과 Perforce

Perforce는 기업에서 많이 사용하는 버전 관리 시스템이다. 1995년 무렵부터 사용됐으며, 이 장에서 다루는 시스템 중에서 가장 오래된 버전 관리 시스템이다. Perforce는 만든 당시 제약 상황에 맞춰 설계했기에 몇 가지 특징이 있다. 언제나 중앙 서버에 연결할 수 있고 로컬에는 한 버전만 저장한다. Perforce가 잘 맞는 워크플로도 있겠지만, Git을 도입하면 훨씬 나은 워크플로를 적용할 수 있을 거라 생각한다.

 Perforce와 Git을 함께 사용하는 방법은 두 가지다. 첫 번째는 Perforce가 제공하는 "Git Fusion"을 사용하는 방법이다. 이는 Perforce Depot의 서브트리를, 읽고 쓸 수 있는 Git 저장소로 노출시켜 준다. 두 번째 방법은 git-p4라는 클라이언트 bridge를 사용하여 Git을 Perforce의 클라이언트로 사용하는 것이다. 이 방법은 Perforce 서버를 건드리지 않아도 된다.

Git Fusion

Perforce는 Git Fusion(http://www.perforce.com/git-fusion에서 내려받을 수 있다)이라는 제품을 제공한다. 이 제품은 Perforce 서버와 서버에 있는 Git 저장소를 동기화한다.

Git Fusion 설치

Perforce 데몬과 Git Fusion이 포함된 가상 머신 이미지를 내려받는 것이 Git Fusion을 가장 쉽게 설치하는 방법이다. 가상 머신 이미지는 http://www.perforce.

com/downloads/Perforce/20-User의 `Git Fusion` 탭에서 받을 수 있다. Virtual Box 같은 가상화 소프트웨어로 이 이미지를 동작시킬 수 있다.

가상 머신을 처음 부팅시키면 `root`, `perforce`, `git`의 리눅스 계정 비밀번호를 입력하라는 화면과 가상 머신 인스턴스 이름을 입력하라는 화면이 나타난다. 인 스턴스 이름은 같은 네트워크 안에서 인스턴스를 구분하고 접근하기 위해 사용 하는 이름이다. 이러한 과정을 마치고 나면 아래와 같은 화면을 볼 수 있다.

그림 9-1 Git Fusion 가상 머신 부팅 화면

화면의 IP 주소는 계속 사용할 거라서 기억해 두어야 한다. 다음은 Perforce 사 용자를 생성해보자. "Login" 항목으로 이동해서 엔터키를 누르면(또는 SSH로 접 속하면) root로 로그인한다. 그리고 아래 명령으로 Perforce 사용자를 생성한다.

```
$ p4 -p localhost:1666 -u super user -f john
$ p4 -p localhost:1666 -u john passwd
$ exit
```

첫 번째 명령을 실행하면 vi 편집기가 뜨고 생성한 사용자의 정보를 수정할 수 있다. 기본으로 입력되어 있는 정보를 그대로 사용하려면 간단히 `:wq`를 키보드 로 입력하고 엔터키를 누른다. 두 번째 명령을 실행하면 생성한 Perforce 사용자 의 비밀번호를 묻는데 안전하게 두 번 묻는다. 셸에서 하는 작업은 여기까지이 므로 셸에서 나온다.

다음으로 해야 할 작업은 클라이언트 환경에서 Git이 SSL 인증서를 검증하지 않도록 설정하는 것이다. Git Fusion 이미지에 포함된 SSL 인증서는 도메인 이름으로 접속을 검증한다. 여기서는 IP 주소로 접근할 거라서 Git이 HTTPS 인증서를 검증하지 못한다. 그래서 접속할 수도 없다. 이 Git Fusion 가상 머신 이미지를 실제로 사용할 거라면 Perforce Git Fusion 매뉴얼을 참고해서 SSL 인증서를 새로 설치해서 사용하기 바란다. 그냥 해보는 거라면 인증서 검증을 안 하면 된다.

```
$ export GIT_SSL_NO_VERIFY=true
```

제대로 작동하는지 아래 명령으로 확인해보자.

```
$ git clone https://10.0.1.254/Talkhouse
Cloning into 'Talkhouse'...
Username for 'https://10.0.1.254': john
Password for 'https://john@10.0.1.254':
remote: Counting objects: 630, done.
remote: Compressing objects: 100% (581/581), done.
remote: Total 630 (delta 172), reused 0 (delta 0)
Receiving objects: 100% (630/630), 1.22 MiB | 0 bytes/s, done.
Resolving deltas: 100% (172/172), done.
Checking connectivity... done.
```

Perforce가 제공한 가상 머신 이미지는 안에 샘플 프로젝트가 하나 들어 있다. HTTPS 프로토콜로 프로젝트를 Clone할 때 Git은 이름과 암호를 묻는다. 앞서 만든 john이라는 사용자 이름과 암호를 입력한다. Credential 캐시로 사용자 이름과 암호를 저장해 두면 이 단계를 건너뛴다.

Git Fusion 설정

Git Fusion을 설치하고 나서 설정을 변경할 수 있다. 이미 잘 쓰고 있는 Perforce 클라이언트가 있으면 그걸로 변경할 수 있다. Perforce 서버의 //.git-fusion 디렉터리에 있는 파일을 수정하면 된다. 디렉터리 구조는 아래와 같다.

```
$ tree
.
├── objects
│   ├── repos
│   │   └── [...]
│   └── trees
│       └── [...]
├── p4gf_config
```

```
├── repos
│   └── Talkhouse
│       └── p4gf_config
└── users
    └── p4gf_usermap

498 directories, 287 files
```

objects 디렉터리는 Git Fusion이 Perforce 객체와 Git을 양방향으로 대응시키는 내용을 담고 있으므로, 이 디렉터리 안의 내용을 임의로 수정하지 말아야 한다. p4gf_config 파일은 루트 디렉터리에, 그리고 저장소마다 하나씩 있으며 Git Fusion이 어떻게 동작하는지를 설정하는 파일이다. 루트 디렉터리의 이 파일 내용을 보면 아래와 같다.

```
[repo-creation]
charset = utf8

[git-to-perforce]
change-owner = author
enable-git-branch-creation = yes
enable-swarm-reviews = yes
enable-git-merge-commits = yes
enable-git-submodules = yes
preflight-commit = none
ignore-author-permissions = no
read-permission-check = none
git-merge-avoidance-after-change-num = 12107

[perforce-to-git]
http-url = none
ssh-url = none

[@features]
imports = False
chunked-push = False
matrix2 = False
parallel-push = False

[authentication]
email-case-sensitivity = no
```

이 책에서는 이 파일 내용 한 줄 한 줄 그 의미를 설명하지는 않는다. Git에서 사용하는 환경설정 파일과 마찬가지로 INI 형식으로 관리된다는 점을 알아두면 된다. 루트 디렉터리에 위치한 이 파일은 전역 설정이다. repos/Talkhouse/p4gf_config처럼 저장소마다 설정할 수도 있는데 전역설정 위에(Override) 적용된다. 저장소별 설정 파일의 내용을 보면 아래와 같이 전역 설정과 다른 섹션이 있다.

```
[Talkhouse-master]
git-branch-name = master
view = //depot/Talkhouse/main-dev/... ...
```

파일 내용을 보면 Perforce와 Git의 브랜치 간 매핑 정보를 볼 수 있다. 섹션 이름은 겹치지만 않으면 아무거나 사용할 수 있다. `git-branch-name` 항목은 길고 입력하기 어려운 Depot 경로를 Git에서 사용하기에 편한 이름으로 연결해준다. `view` 항목은 어떻게 Perforce 파일이 Git 저장소에 매핑되는지를 View 매핑 문법을 사용하여 설정한다. 여러 항목을 설정할 수 있다.

```
[multi-project-mapping]
git-branch-name = master
view = //depot/project1/main/... project1/...
       //depot/project2/mainline/... project2/...
```

이와 같은 식으로 구성하면 디렉터리 안의 변경사항이 Git 저장소로 반영된다.

마지막으로 살펴볼 설정파일은 `users/p4gf_usermap` 파일로 Perforce 사용자를 Git 사용자로 매핑하는 역할을 하는데, 때에 따라서는 필요하지 않을 수도 있다. Perforce Changeset을 Git의 커밋으로 변환할 때, Git Fusion은 Perforce 사용자의 이름과 이메일 주소를 가지고 Git 커밋의 저자와 커미터 정보를 입력한다. 반대로 Git 커밋을 Perforce Changeset으로 변환할 때는 Git 커밋에 저장된 이름과 이메일 정보를 가져와 Changeset에 기록하고 이 정보로 권한을 확인한다. 보통은 리모트 저장소에 동일한 정보가 등록 돼 있어서 문제없겠지만, 정보가 다르다면 아래와 같이 매핑 정보를 설정해야 한다.

```
john john@example.com "John Doe"
john johnny@appleseed.net "John Doe"
bob employeeX@example.com "Anon X. Mouse"
joe employeeY@example.com "Anon Y. Mouse"
```

매핑 설정은 한 라인에 한 사용자씩 설정하며 ID 이메일 "<긴 이름>" 형식으로 구성한다. 첫 번째 라인과 두 번째 라인은 이메일 주소 두 개를 Perforce 사용자 하나로 매핑한다. 이렇게 설정하면 Git 커밋에 이메일 주소를 여러 개 사용했어도 한 Perforce 사용자의 Changeset으로 변환할 수 있다. 반대로 Perforce Chageset을 Git 커밋으로 변경할 때는 첫 번째 정보를 이용하여 커밋의 저자 정보를 기록한다.

마지막 두 라인은 Perforce 사용자인 bob이나 joe가 Git 커밋으로 변환할 때는 같은 이름을 쓰도록 설정한 것이다. 이는 내부 프로젝트를 오픈 소스로 공개할 때, 내부 개발자 이름을 드러내지 않고 외부로 오픈할 때 유용하다. Git 커밋을 한 사람이 작성한 것으로 하려는 게 아니라면 사람 이름과 이메일 주소는 중복되지 않아야 한다.

워크플로

Perforce의 Git Fusion은 Git과 Perforce 사이에서 양방향의 데이터 변환을 지원하는 bridge이다. Git을 Perforce의 클라이언트로 사용할 때 어떤 식으로 사용하면 되는지 예제를 통해 살펴보자. 위에서 살펴본 설정파일로 "Jam"이라는 Perforce 프로젝트를 아래와 같이 Clone할 수 있다.

```
$ git clone https://10.0.1.254/Jam
Cloning into 'Jam'...
Username for 'https://10.0.1.254': john
Password for 'https://ben@10.0.1.254':
remote: Counting objects: 2070, done.
remote: Compressing objects: 100% (1704/1704), done.
Receiving objects: 100% (2070/2070), 1.21 MiB | 0 bytes/s, done.
remote: Total 2070 (delta 1242), reused 0 (delta 0)
Resolving deltas: 100% (1242/1242), done.
Checking connectivity... done.
$ git branch -a
* master
  remotes/origin/HEAD -> origin/master
  remotes/origin/master
  remotes/origin/rel2.1
$ git log --oneline --decorate --graph --all
* 0a38c33 (origin/rel2.1) Create Jam 2.1 release branch.
| * d254865 (HEAD, origin/master, origin/HEAD, master) Upgrade to latest
metrowerks on Beos -- the Intel one.
| * bd2f54a Put in fix for jam's NT handle leak.
| * c0f29e7 Fix URL in a jam doc
| * cc644ac Radstone's lynx port.
[...]
```

먼저 처음 저장소를 Clone할 때는 시간이 매우 많이 걸릴 수 있다. Git Fusion이 Perforce 저장소에서 가져온 모든 Changeset을 Git 커밋으로 변환하기 때문이다. 변환하는 과정이야 빠르더라도 히스토리 자체 크기가 크다면 전체 Clone하는 시간은 오래 걸리기 마련이다. 이렇게 한 번 전체를 Clone한 후에 추가된 내용만을 받아오는 시간은 Git과 마찬가지로 오래 걸리지 않는다.

Clone한 저장소는 지금까지 살펴본 일반적인 Git 저장소와 똑같다. 확인해보면 브랜치가 3개 있다. 먼저 Git은 로컬 master 브랜치가 서버의 origin/master

브랜치를 추적하도록 미리 만들어 둔다. 내키는 대로 파일을 좀 수정하고 커밋을 두어 번 하면 아래와 같이 히스토리가 쌓인 모습을 볼 수 있다.

```
# ...
$ git log --oneline --decorate --graph --all
* cfd46ab (HEAD, master) Add documentation for new feature
* a730d77 Whitespace
* d254865 (origin/master, origin/HEAD) Upgrade to latest metrowerks on Beos --
the Intel one.
* bd2f54a Put in fix for jam's NT handle leak.
[...]
```

새 커밋 두 개가 로컬 히스토리에 쌓였다. 다른 사람이 Push한 일이 있는지 확인해보자.

```
$ git fetch
remote: Counting objects: 5, done.
remote: Compressing objects: 100% (3/3), done.
remote: Total 3 (delta 2), reused 0 (delta 0)
Unpacking objects: 100% (3/3), done.
From https://10.0.1.254/Jam
   d254865..6afeb15  master     -> origin/master
$ git log --oneline --decorate --graph --all
* 6afeb15 (origin/master, origin/HEAD) Update copyright
| * cfd46ab (HEAD, master) Add documentation for new feature
| * a730d77 Whitespace
|/
* d254865 Upgrade to latest metrowerks on Beos -- the Intel one.
* bd2f54a Put in fix for jam's NT handle leak.
[...]
```

그새 누군가 부지런히 일을 했나 보다. 정확히 누가 어떤 일을 했는지는 커밋을 들여다봐야 알겠지만 어쨌든 Git Fusion은 서버로부터 새로 가져온 Changeset을 변환해서 6afeb15 커밋을 만들어냈다. 여태 Git에서 본 여타 커밋이랑 다르지 않다. 이제 Perforce 서버가 Merge 커밋을 어떻게 다루는지 살펴보자.

```
$ git merge origin/master
Auto-merging README
Merge made by the 'recursive' strategy.
 README | 2 +-
 1 file changed, 1 insertion(+), 1 deletion(-)
$ git push
Counting objects: 9, done.
Delta compression using up to 8 threads.
Compressing objects: 100% (9/9), done.
Writing objects: 100% (9/9), 917 bytes | 0 bytes/s, done.
Total 9 (delta 6), reused 0 (delta 0)
remote: Perforce: 100% (3/3) Loading commit tree into memory...
```

```
remote: Perforce: 100% (5/5) Finding child commits...
remote: Perforce: Running git fast-export...
remote: Perforce: 100% (3/3) Checking commits...
remote: Processing will continue even if connection is closed.
remote: Perforce: 100% (3/3) Copying changelists...
remote: Perforce: Submitting new Git commit objects to Perforce: 4
To https://10.0.1.254/Jam
   6afeb15..89cba2b  master -> master
```

Git은 이렇게 Merge하고 Push하면 잘 되었겠거니 한다. Perforce의 관점에서 README 파일의 히스토리를 생각해보자. Perforce 히스토리는 p4v 그래프 기능으로 볼 수 있다.

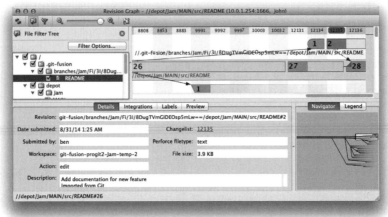

그림 9-2 Git이 Push한 Perforce 리비전 결과 그래프

Perforce의 이런 히스토리 뷰어를 본 적이 없다면 다소 혼란스럽겠지만 Git 히스토리를 보는 것과 크게 다르지 않다. 그림은 README 파일의 히스토리를 보는 상황이다. 왼쪽 위 창에서 README 파일과 관련된 브랜치와 디렉터리가 나타난다. 오른쪽 위 창에서는 파일의 리비전 히스토리 그래프를 볼 수 있다. 오른쪽 아래 창에서는 이 그래프의 큰 그림을 확인할 수 있다. 왼쪽 아래 창에는 선택한 리비전을 자세히 보여준다(이 그림에서는 리비전 2다).

Perforce의 히스토리 그래프상으로는 Git의 히스토리와 똑같아 보인다. 하지만 Perforce는 1과 2 커밋을 저장할 만한 브랜치가 없다. 그래서 .git-fusion 디렉터리 안에 **익명** 브랜치를 만든다. Git 브랜치가 Perforce의 브랜치와 매치되지 않은 경우에도 이와 같은 모양이 된다(브랜치 간 매핑은 나중에 설정할 수도 있다).

이런 작업들은 Git Fusion 내부에서 보이지 않게 처리된다. 물론 이 결과로 Git 클라이언트로 Perforce 서버에 접근하는 사람이 있다는 것을 누군가는 알게 된다.

Git-Fusion 요약

Perforce 서버에 권한이 있다면 Git Fusion은 Git과 Perforce 서버 간에 데이터를 주고받는 도구로 매우 유용하다. 물론 좀 설정해야 하는 부분도 있지만 익히는 게 그리 어렵지는 않다.

이 절에서는 Git을 조심해서 사용하라고 말하지 않는다. 이 절은 그런 절이다. 그렇다고 Perforce 서버가 아무거나 다 받아 주진 않는다. 이미 Push한 히스토리를 재작성하고 Push하면 Git Fusion이 거절한다. 이럴 때에도 최대한 Git Fusion은 열심히 노력해서 Perforce를 마치 Git처럼 다룰 수 있게 도와준다. (Perforce 사용자에게는 생소하겠지만) Git 서브모듈도 사용할 수 있고 브랜치(Perforce 쪽에는 Integration으로 기록된다)를 Merge할 수도 있다.

서버 관리 권한이 없으면 Git Fusion을 쓸 수 없지만, 아직 다른 방법이 남아 있다.

Git-p4

Git-p4도 Git과 Perforce 간의 양방향 Bridge이다. Git-p4는 모든 작업이 클라이언트인 Git 저장소 쪽에서 이루어지기 때문에 Perforce 서버에 대한 권한이 없어도 된다. 물론 인증정보 정도는 Perforce 서버가 필요하다. Git-p4는 Git Fusion만큼 완성도 높고 유연하지 않지만 Perforce 서버를 건드리지 않고서도 대부분은 다 할 수 있게 해준다.

 git-p4가 잘 동작하려면 p4 명령을 어디에서나 사용할 수 있게 PATH에 등록해두어야 한다. p4는 무료로 http://www.perforce.com/downloads/Perforce/20-User에서 내려받을 수 있다.

설정

예제로 사용할 Perforce 프로젝트를 가져오기 위해 앞에서 살펴본 Git Fusion OVA 이미지의 Perforce 서버를 사용한다. Git Fusion 서버 설정은 건너뛰고

Perforce 서버와 저장소 설정 부분만 설정하면 된다.

git-p4이 의존하는 p4 클라이언트를 커맨드라인에서 사용하기 위해 몇 가지 환경변수를 먼저 설정해야 한다.

```
$ export P4PORT=10.0.1.254:1666
$ export P4USER=john
```

시작하기

Git에서 모든 시작은 Clone이다. Clone을 먼저 한다.

```
$ git p4 clone //depot/www/live www-shallow
Importing from //depot/www/live into www-shallow
Initialized empty Git repository in /private/tmp/www-shallow/.git/
Doing initial import of //depot/www/live/ from revision #head into refs/remotes/
p4/master
```

Git의 언어로 표현하자면 위의 명령은 "shallow" Clone을 한다. 모든 저장소의 히스토리를 가져오지 않고 마지막 리비전의 히스토리만 가져온다. 이 점을 기억해야 한다. Perforce는 저장소의 모든 히스토리를 모든 사용자에게 허용하지 않도록 설계됐다. 마지막 리비전만을 가져와도 Git은 충분히 Perforce 클라이언트로 사용할 수 있다. 물론 전체 히스토리를 봐야 하는 의도라면 충분하지 않다.

이렇게 Clone하고 나면 Git 기능을 활용할 수 있는 Git 저장소 하나가 만들어진다.

```
$ cd myproject
$ git log --oneline --all --graph --decorate
* 70eaf78 (HEAD, p4/master, p4/HEAD, master) Initial import of //depot/www/live/
from the state at revision #head
```

Perforce 서버를 가리키는 "p4" 리모트가 어떻게 동작하는지 모르지만 Clone은 잘 된다. 사실 리모트도 실재하지 않는다.

```
$ git remote -v
```

확인해보면 리모트가 전혀 없다. git-p4는 리모트 서버의 상태를 보여주기 위해 몇 가지 Ref를 만든다. 이 Ref는 `git log`에서는 리모트인 것처럼 보이지만 사실 Git이 관리하는 리모트가 아니라서 Push할 수 없다.

워크플로

준비를 마쳤으니 또 수정하고 커밋하고 Push해보자. 어떤 중요한 작업을 마치고 팀 동료들에게 공유하려는 상황을 살펴보자.

```
$ git log --oneline --all --graph --decorate
* 018467c (HEAD, master) Change page title
* c0fb617 Update link
* 70eaf78 (p4/master, p4/HEAD) Initial import of //depot/www/live/ from the
state at revision #head
```

커밋을 두 개 생성했고 Perforce 서버로 전송할 준비가 됐다. Push하기 전에 다른 동료가 수정한 사항이 있는지 확인한다.

```
$ git p4 sync
git p4 sync
Performing incremental import into refs/remotes/p4/master git branch
Depot paths: //depot/www/live/
Import destination: refs/remotes/p4/master
Importing revision 12142 (100%)
$ git log --oneline --all --graph --decorate
* 75cd059 (p4/master, p4/HEAD) Update copyright
| * 018467c (HEAD, master) Change page title
| * c0fb617 Update link
|/
* 70eaf78 Initial import of //depot/www/live/ from the state at revision #head
```

팀 동료가 수정한 내용이 추가되어 master 브랜치와 p4/master 브랜치가 갈라지게 되었다. Perforce의 브랜치 관리 방식은 Git과 달라서 Merge 커밋을 서버로 전송하면 안 된다. 대신 git-p4는 아래와 같은 명령으로 커밋을 Rebase하기를 권장한다.

```
$ git p4 rebase
Performing incremental import into refs/remotes/p4/master git branch
Depot paths: //depot/www/live/
No changes to import!
Rebasing the current branch onto remotes/p4/master
First, rewinding head to replay your work on top of it...
Applying: Update link
Applying: Change page title
 index.html | 2 +-
 1 file changed, 1 insertion(+), 1 deletion(-)
```

실행 결과를 보면 단순히 git p4 rebase는 git rebase p4/master하고 git p4 sync 명령을 실행한 것처럼 보일 수 있다. 브랜치가 여러 개인 상황에서 훨씬 효과를 보이지만 이렇게 생각해도 괜찮다.

이제 커밋 히스토리가 일직선이 됐고 Perforce 서버로 공유할 준비를 마쳤다. git p4 submit 명령은 p4/master와 master 사이에 있는 모든 커밋에 대해 새 Perforce 리비전을 생성한다. 명령을 실행하면 주로 쓰는 편집기가 뜨고 아래와 같은 내용으로 채워진다.

```
# A Perforce Change Specification.
#
# Change:      The change number. 'new' on a new changelist.
# Date:        The date this specification was last modified.
# Client:      The client on which the changelist was created.  Read-only.
# User:        The user who created the changelist.
# Status:      Either 'pending' or 'submitted'. Read-only.
# Type:        Either 'public' or 'restricted'. Default is 'public'.
# Description: Comments about the changelist.  Required.
# Jobs:        What opened jobs are to be closed by this changelist.
#              You may delete jobs from this list.  (New changelists only.)
# Files:       What opened files from the default changelist are to be added
#              to this changelist.  You may delete files from this list.
#              (New changelists only.)

Change:  new

Client:  john_bens-mbp_8487

User: john

Status:  new

Description:
   Update link

Files:
   //depot/www/live/index.html    # edit

####### git author ben@straub.cc does not match your p4 account.
####### Use option --preserve-user to modify authorship.
####### Variable git-p4.skipUserNameCheck hides this message.
####### everything below this line is just the diff #######
--- //depot/www/live/index.html  2014-08-31 18:26:05.000000000 0000
+++ /Users/ben/john_bens-mbp_8487/john_bens-mbp_8487/depot/www/live/index.html
2014-08-31 18:26:05.000000000 0000
@@ -60,7 +60,7 @@
 </td>
 <td valign=top>
 Source and documentation for
-<a href="http://www.perforce.com/jam/jam.html">
+<a href="jam.html">
 Jam/MR</a>,
 a software build tool.
 </td>
```

이 내용은 p4 submit을 실행했을 때 보이는 내용과 같다. 다만 git-p4는 아래쪽에 도움이 될 만한 내용을 덧붙여 준다. git-p4는 커밋이나 Changeset을 생성할 때 최대한 Git과 Perforce에 있는 정보를 이용한다. 하지만 경우에 따라 변환할 때 직접 입력해줘야 할 수도 있다. 보내려고 하는 커밋의 저자가 Perforce에 계정이 없을 때도 그 저자가 작성한 Changeset으로 기록되길 바랄 것이다.

git-p4가 Git 커밋의 내용을 바탕으로 Perforce Changeset의 메시지를 생성하기 때문에 보통 그냥 내용을 저장하고 편집기를 종료하면 된다. 커밋이 두 개 있으므로 저장하고 종료하기를 두 번 한다. 어쨌든간에 `git p4 submit`를 실행한 결과는 아래와 같다.

```
$ git p4 submit
Perforce checkout for depot path //depot/www/live/ located at /Users/ben/john_
bens-mbp_8487/john_bens-mbp_8487/depot/www/live/
Synchronizing p4 checkout...
... - file(s) up-to-date.
Applying dbac45b Update link
//depot/www/live/index.html#4 - opened for edit
Change 12143 created with 1 open file(s).
Submitting change 12143.
Locking 1 files ...
edit //depot/www/live/index.html#5
Change 12143 submitted.
Applying 905ec6a Change page title
//depot/www/live/index.html#5 - opened for edit
Change 12144 created with 1 open file(s).
Submitting change 12144.
Locking 1 files ...
edit //depot/www/live/index.html#6
Change 12144 submitted.
All commits applied!
Performing incremental import into refs/remotes/p4/master git branch
Depot paths: //depot/www/live/
Import destination: refs/remotes/p4/master
Importing revision 12144 (100%)
Rebasing the current branch onto remotes/p4/master
First, rewinding head to replay your work on top of it...
$ git log --oneline --all --graph --decorate
* 775a46f (HEAD, p4/master, p4/HEAD, master) Change page title
* 05f1ade Update link
* 75cd059 Update copyright
* 70eaf78 Initial import of //depot/www/live/ from the state at revision #head
```

`git p4 submit`에 가까운 Git의 명령은 push이며 위의 결과를 보면 `git push` 명령을 실행한 것과 비슷하다.

Git 커밋이 Perforce의 Changeset으로 변환되는 과정을 자세히 살펴보자. Git 커밋 여러 개를 하나의 Perforce Changeset으로 만들려면 `git p4 submit` 명령을 실행하기 전에 Rebase로 커밋을 하나로 합치면 된다. 서버로 보낸 커밋의 SHA-1 해시를 보면 그 값이 바뀐다. git-p4이 Changeset으로 변환할 때 각 커밋 메시지의 마지막에 아래와 같이 한 라인을 추가해서 달라진다.

```
$ git log -1
commit 775a46f630d8b46535fc9983cf3ebe6b9aa53145
Author: John Doe <john@example.com>
Date:   Sun Aug 31 10:31:44 2014 -0800

    Change page title

    [git-p4: depot-paths = "//depot/www/live/": change = 12144]
```

Merge 커밋을 서버로 전송하면 어떤 일이 일어나는지 살펴보자. 아래와 같은 커밋 히스토리가 현재 처한 상황이라고 생각해보자.

```
$ git log --oneline --all --graph --decorate
* 3be6fd8 (HEAD, master) Correct email address
*   1dcbf21 Merge remote-tracking branch 'p4/master'
|\
| * c4689fc (p4/master, p4/HEAD) Grammar fix
* | cbacd0a Table borders: yes please
* | b4959b6 Trademark
|/
* 775a46f Change page title
* 05f1ade Update link
* 75cd059 Update copyright
* 70eaf78 Initial import of //depot/www/live/ from the state at revision #head
```

775a46f 커밋 이후에 Git과 Perforce 히스토리가 갈라졌다. Git으로 작업한 쪽에는 커밋이 두 개, Perforce 쪽에는 커밋 하나가 추가됐고 Merge하고서도 커밋이 추가됐다. 여기서 서버로 보내면 Perforce 쪽 Changeset 위에 쌓인다. 바로 Perforce 서버로 히스토리를 보내 보자.

```
$ git p4 submit -n
Perforce checkout for depot path //depot/www/live/ located at /Users/ben/john_
bens-mbp_8487/john_bens-mbp_8487/depot/www/live/
Would synchronize p4 checkout in /Users/ben/john_bens-mbp_8487/john_bens-
mbp_8487/depot/www/live/
Would apply
  b4959b6 Trademark
  cbacd0a Table borders: yes please
  3be6fd8 Correct email address
```

-n 옵션은 --dry-run의 단축 옵션으로 명령일 실제로 실행하기 전에 어떻게 동작하는지 미리 확인해 볼 수 있다. 결과를 보면 로컬에만 있는 커밋 3개가

Perforce Changeset으로 잘 만들어지는 것으로 보인다. 확실히 이 결과는 우리가 원하던 바이다. 실제로 실행하자.

```
$ git p4 submit
[…]
$ git log --oneline --all --graph --decorate
* dadbd89 (HEAD, p4/master, p4/HEAD, master) Correct email address
* 1b79a80 Table borders: yes please
* 0097235 Trademark
* c4689fc Grammar fix
* 775a46f Change page title
* 05f1ade Update link
* 75cd059 Update copyright
* 70eaf78 Initial import of //depot/www/live/ from the state at revision #head
```

Rebase하고 나서 전송한 것처럼 히스토리가 일직선이 됐다. 이 결과는 Git으로 자유롭게 브랜치를 만들고 버리고 Merge해도 된다는 것을 말해준다. 히스토리가 Perforce에 맞지 않더라도 걱정할 필요 없다. 물론 직접 Rebase해서 Perforce 서버로 전송해도 된다.

브랜치

Perforce 프로젝트에 브랜치가 많아도 괜찮다. git-p4은 Perforce 브랜치를 Git 브랜치로 생각하게끔 해 준다. Perforce Depot이 아래와 같다고 하자.

```
//depot
   └── project
       ├── main
       └── dev
```

dev 브랜치가 아래와 같은 View Spec을 갖고 있다면,

```
//depot/project/main/... //depot/project/dev/...
```

아래와 같이 git-p4는 자동으로 브랜치 정보를 찾아서 잘 처리한다.

```
$ git p4 clone --detect-branches //depot/project@all
Importing from //depot/project@all into project
Initialized empty Git repository in /private/tmp/project/.git/
Importing revision 20 (50%)
    Importing new branch project/dev

    Resuming with change 20
Importing revision 22 (100%)
Updated branches: main dev
$ cd project; git log --oneline --all --graph --decorate
```

```
* eae77ae (HEAD, p4/master, p4/HEAD, master) main
| * 10d55fb (p4/project/dev) dev
| * a43cfae Populate //depot/project/main/... //depot/project/dev/...
|/
* 2b83451 Project init
```

Depot 경로에 "@all"이라고 지정해주면 git-p4는 마지막 Changeset만을 가져오는 것이 아니라 지정한 경로의 모든 Changeset을 가져온다. Git의 Clone과 비슷하다. 프로젝트 히스토리가 길면 Clone하는 데 오래 걸린다.

--detect-branches 옵션을 주면 git-p4는 Perforce의 브랜치를 Git의 브랜치로 매핑해 준다. 매핑 정보를 Perforce 서버에 두는 것이 Perforce다운 방식이지만 git-p4에 직접 알려줄 수도 있다. 브랜치 매핑 정보를 git-p4에 전달해서 위의 결과와 똑같이 매핑시킬 수 있다.

```
$ git init project
Initialized empty Git repository in /tmp/project/.git/
$ cd project
$ git config git-p4.branchList main:dev
$ git clone --detect-branches //depot/project@all .
```

git-p4.branchList 설정에 main:dev 값을 저장해두면 git-p4는 "main"과 "dev"가 브랜치 이름이고 후자는 전자에서 갈라져나온 것으로 파악한다.

이제 git checkout -b dev p4/project/dev하고 커밋을 쌓으면, git p4 submit 명령을 실행할 때 git-p4가 똑똑하게 알아서 브랜치를 잘 찾아 준다. 안타깝게도 마지막 리비전만 받아 오는 Shallow Clone을 해야 하는 상황에서는 동시에 브랜치를 여러 개 쓸 수 없다. 엄청나게 큰 Perforce이고 여러 브랜치를 오가며 작업해야 한다면 브랜치별로 git p4 clone을 따로 하는 수밖에 없다.

Perforce의 브랜치를 생성하거나 브랜치끼리 합치려면 Perforce 클라이언트가 반드시 필요하다. git-p4는 이미 존재하는 브랜치로부터 Changeset을 가져오거나 커밋을 보내는 일만 할 수 있다. 일직선 형태의 Changeset 히스토리만을 유지할 수 있다. 브랜치를 Git에서 Merge하고 Perforce 서버로 보내면 단순히 파일 변화만 기록된다. 어떤 브랜치를 Merge했는지와 같은 메터데이터는 기록되지 않는다.

Git-Perforce 함께 쓰기 요약

git-p4 Perforce 서버를 쓰는 환경에서도 Git으로 일할 수 있게 해준다. 하지만 프로젝트를 관리하는 주체는 Perforce이고 Git은 로컬에서만 사용한다는 점을 기억해야 한다. 따라서 Git 커밋을 Perforce 서버로 보내서 공유할 때는 항상 주의 깊게 작업해야 한다. 한번 Perforce 서버로 보낸 커밋은 다시 보내서는 안 된다.

Perforce와 Git 클라이언트를 제약 없이 사용하고 싶다면 서버 관리 권한이 필요하다. Git Fusion은 Git을 매우 우아한 Perforce 클라이언트로 만들어 준다.

Git과 TFS

Git은 점점 윈도우 개발자들도 많이 사용한다. 윈도우에서 개발한다면 마이크로소프트의 Team Foundation Server(TFS)를 쓸 가능성이 크다. TFS는 결함과 작업 항목을 추적하고, 스크럼 등의 개발 방법을 지원하고, 코드 리뷰와 버전 컨트롤 등의 기능을 모아놓은 협업 도구다. 처음에는 **TFS**와 **TFVS(Team Foundation Version Control)**를 혼동하기 쉽다. **TFVC**는 Git 같은 마이크로 소프트의 VCS이고 **TFS**는 Git이나 TFVS 같은 VCS을 사용하는 다기능 서버다. "TFS"의 VCS로 대부분은 TFVC를 사용한다. 하지만 2013년 이후에 나온 제품부터는 Git도 지원한다.

이 절은 Git을 쓰고 싶지만 TFVC를 사용하는 팀에 합류한 사람을 위해 준비했다.

git-tf와 git-tfs

TFS용 도구는 git-tf와 git-tfs으로 두 개가 존재한다.

git-tfs는 .NET 프로젝트이고 https://github.com/git-tfs/git-tfs에 있다. (이 글을 쓰는 현재) 윈도우에서만 동작한다. libgit2의 .NET 바인딩을 사용해서 Git 저장소를 읽고 쓴다. libgit2는 빠르고 확장하기 쉬운 Git을 라이브러리다. libgit2는 Git을 완전히 구현하지는 않았다. 하지만 이로 인한 제약은 없다. libgit2가 부족한 부분은 Git 명령어를 이용한다. 서버와 통신하는 데 비주얼스튜디오(Visual Studio) 어셈블리를 이용하기에 TFVC를 매우 잘 지원한다.

이 말인 즉슨 TFVC에 접근하려면 비주얼스튜디오가 설치돼 있어야 한다. 2010 이상의 버전이나 Express 2012 이상의 버전, Visual Studio SDK를 사용해야 한다.

git-tf는 자바(Java) 프로젝트다(홈페이지는 https://gittf.codeplex.com). JRE가 있는 컴퓨터면 어디서든 동작한다. Git 저장소와는 JGit(Git의 JVM 구현체)으로 통신한다. 즉, Git의 기능을 사용하는 데 아무런 제약이 없다. 하지만 TFVC 지원은 git-tfs에 비해 부족하다. git-tf로는 브랜치를 사용할 수 없다.

이렇게 각각 장단점이 있고 상황에 따라 유불리가 다르다. 이 책에서는 두 도구의 기본적인 사용법을 설명한다.

 아래 지시사항을 따라 하려면 접근 가능한 TFVC 저장소가 하나 필요하다. TFVC는 Git이나 Subversion처럼 공개된 저장소가 많지 않다. 사용할 저장소를 직접 하나 만들어야 한다. Codeplex(https://www.codeplex.com)나 비주얼스튜디오 온라인(http://www.visualstudio.com)을 추천한다.

시작하기: git-tf

먼저 해야 할 것은 여느 Git 프로젝트에서 했던 것처럼 Clone이다. git-tf에서는 아래와 같이 한다.

```
$ git tf clone https://tfs.codeplex.com:443/tfs/TFS13 $/myproject/Main project_git
```

첫 번째 인자는 TFVC 콜렉션의 URL이다. 두 번째 인자는 $/project/branch 형식의 문자열이고 세 번째는 Clone해서 생성하는 로컬 Git 저장소의 경로이다. 마지막 인자는 선택사항이다. git-tf는 한 번에 브랜치 하나만 다룰 수 있다. 만약 TFVC의 다른 브랜치에 체크인하려면 그 브랜치를 새로 Clone해야 한다.

이렇게 Clone한 저장소는 완전한 Git 저장소다.

```
$ cd project_git
$ git log --all --oneline --decorate
512e75a (HEAD, tag: TFS_C35190, origin_tfs/tfs, master) Checkin message
```

마지막 Changeset만 내려받았다. 이것을 Shallow Clone이라고 한다. TFVC는 클라이언트가 히스토리 전체를 가지지 않는다. git-tf는 기본적으로 마지막 버전만 가져온다. 대신 속도는 빠르다.

여유가 있으면 --deep 옵션으로 프로젝트의 히스토리를 전부 Clone하자. 이렇게 하는 편이 낫다.

```
$ git tf clone https://tfs.codeplex.com:443/tfs/TFS13 $/myproject/Main \
  project_git --deep
Username: domain\user
Password:
Connecting to TFS...
```

```
Cloning $/myproject into /tmp/project_git: 100%, done.
Cloned 4 changesets. Cloned last changeset 35190 as d44b17a
$ cd project_git
$ git log --all --oneline --decorate
d44b17a (HEAD, tag: TFS_C35190, origin_tfs/tfs, master) Goodbye
126aa7b (tag: TFS_C35189)
8f77431 (tag: TFS_C35178) FIRST
0745a25 (tag: TFS_C35177) Created team project folder $/tfvctest via the \
        Team Project Creation Wizard
```

TFS_C35189 태그를 보자. 어떤 Git 커밋이 어떤 TFVC의 Changeset과 연결되는지 보여준다. 로그 명령어로 간단하게 어떤 TFVC의 스냅샷과 연결되는지 알 수 있다. 이 기능은 필수가 아니고 `git config git-tf.tag false` 명령어로 끌 수 있다. git-tf는 커밋-Changeset 매핑 정보를 `.git/git-tf`에 보관한다.

git-tfs 시작하기

git-tfs의 Clone은 좀 다르게 동작한다. 아래를 보자.

```
PS> git tfs clone --with-branches \
    https://username.visualstudio.com/DefaultCollection \
    $/project/Trunk project_git
Initialized empty Git repository in C:/Users/ben/project_git/.git/
C15 = b75da1aba1ffb359d00e85c52acb261e4586b0c9
C16 = c403405f4989d73a2c3c119e79021cb2104ce44a
Tfs branches found:
- $/tfvc-test/featureA
The name of the local branch will be : featureA
C17 = d202b53f67bde32171d5078968c644e562f1c439
C18 = 44cd729d8df868a8be20438fdeeefb961958b674
```

git-tfs에는 --with-branches 옵션이 있다. TFVC 브랜치와 Git 브랜치를 매핑하는 플래그다. 그래서 모든 TFVC 브랜치를 로컬 저장소의 Git 브랜치로 만들 수 있다. TFS에서 브랜치를 사용하거나 Merge한 적이 있다면 git-tfs를 추천한다. TFS 2010 이전 버전에서는 이 기능이 동작하지 않는다. 이전 버전에서는 "브랜치"는 그냥 폴더일 뿐이었다. git-tfs는 일반 폴더를 브랜치로 만들지 못한다.

그렇게 만들어진 Git 저장소를 살펴보자.

```
PS> git log --oneline --graph --decorate --all
* 44cd729 (tfs/featureA, featureA) Goodbye
* d202b53 Branched from $/tfvc-test/Trunk
* c403405 (HEAD, tfs/default, master) Hello
* b75da1a New project
PS> git log -1
commit c403405f4989d73a2c3c119e79021cb2104ce44a
```

```
Author: Ben Straub <ben@straub.cc>
Date:   Fri Aug 1 03:41:59 2014 +0000

    Hello

    git-tfs-id: [https://username.visualstudio.com/DefaultCollection]$/
myproject/Trunk;C16
```

로컬 브랜치가 두 개 보인다. master와 featureA가 있는데 TFVC의 Trunk와 그 자식 브랜치 featureA에 해당된다. 그리고 TFS 서버를 나타내는 tfs "리모트"에는 TFS의 브랜치인 default와 featureA가 있다. git-tfs는 Clone한 브랜치를 tfs/default라는 이름으로 매핑하고 다른 브랜치는 원래 이름을 그대로 부여한다.

위 커밋 메시지에서 git-tfs-id:가 쓰인 라인도 볼 필요가 있다. git-tfs에서는 태그 대신에 TFVC Changeset과 Git 커밋의 관계를 이렇게 표시한다. TFVC에 Push하면 이 표시가 변경되고 Git 커밋의 SHA-1 해시값도 바뀐다.

Git-tf[s] 워크플로

 어떤 도구를 사용하든지 아래와 같이 Git 설정 두 개를 바꿔야 문제가 생기지 않는다.
```
$ git config set --local core.ignorecase=true
$ git config set --local core.autocrlf=false
```

다음으로 할 일은 실제로 프로젝트를 진행하는 것이다. TFVC와 TFS의 기능 중에서 워크플로를 복잡하게 만드는 게 있다.

1. TFVC에 표시되지 않는 Feature 브랜치는 복잡성을 높인다. 이 점이 TFVC와 Git이 매우 다른 방식으로 브랜치를 표현하게 한다.

2. TFVC는 사용자가 서버에서 파일을 "Checkout" 받아서 아무도 수정하지 못하도록 잠글 수 있다는 것을 명심해야 한다. 서버에서 파일을 잠갔더라도 파일을 수정할 수 있다. 하지만 TFVC 서버로 Push할 때에 방해될 수 있다.

3. TFS는 "Gated" 체크인이라는 기능이 있다. TFS의 빌드-테스트 사이클을 성공해야만 체크인이 허용된다. 이 기능은 TFVC의 "Shelve"라는 기능으로 구현됐다. 이 기능은 여기서 다루지 않는다. git-tf으로는 수동으로 맞춰 줘야 하고, git-tfs는 Gated 체크인을 인식하는 checkintool 명령어를 제공한다.

여기서는 잘되는 시나리오만 보여준다. 돌다리를 두드리는 방법은 다루지 않는다. 간결함을 위해서다.

워크플로: `git-tf`

어떤 일을 마치고 Git으로 master에 커밋을 두 개 생성했다. 그리고 이 커밋을 TFVC 서버로 올려 팀원들과 공유하고자 한다. 이때 Git 저장소는 상태는 아래와 같다.

```
$ git log --oneline --graph --decorate --all
* 4178a82 (HEAD, master) update code
* 9df2ae3 update readme
* d44b17a (tag: TFS_C35190, origin_tfs/tfs) Goodbye
* 126aa7b (tag: TFS_C35189)
* 8f77431 (tag: TFS_C35178) FIRST
* 0745a25 (tag: TFS_C35177) Created team project folder $/tfvctest via the \
        Team Project Creation Wizard
```

4178a82 커밋을 TFVC 서버에 Push하기 전에 할 일이 있다. 내가 작업하는 동안 다른 팀원이 한 일이 있는지 확인해야 한다.

```
$ git tf fetch
Username: domain\user
Password:
Connecting to TFS...
Fetching $/myproject at latest changeset: 100%, done.
Downloaded changeset 35320 as commit 8ef06a8. Updated FETCH_HEAD.
$ git log --oneline --graph --decorate --all
* 8ef06a8 (tag: TFS_C35320, origin_tfs/tfs) just some text
| * 4178a82 (HEAD, master) update code
| * 9df2ae3 update readme
|/
* d44b17a (tag: TFS_C35190) Goodbye
* 126aa7b (tag: TFS_C35189)
* 8f77431 (tag: TFS_C35178) FIRST
* 0745a25 (tag: TFS_C35177) Created team project folder $/tfvctest via the \
        Team Project Creation Wizard
```

작업한 사람이 있다. 그래서 히스토리가 갈라진다. 이제 Git 타임이다. 어떻게 일을 진행할지 두 가지 선택지가 있다.

1. 평범하게 Merge 커밋을 만든다. 여기까지가 git pull이 하는 일이다. git-tf에서는 git tf pull 명령로 한다. 하지만 주의사항이 있다. TFVC는 이런 방법을 이해하지 못한다. Merge 커밋을 Push하면 서버와 클라이언트의 히스토리가 달라진다. 좀 혼란스럽다. 모든 변경사항을 Changeset 하나로 합쳐서 올리려고 한다면 이 방법이 제일 쉽다.

2. Rebase로 히스토리를 일직선으로(liner) 편다. 이렇게 하면 Git 커밋 하나를 TFVC Changeset 하나로 변환할 수 있다. 가능성을 열어 둔다는 점에서 이 방법을

추천한다. git-tf에는 심지어 `git tf pull —rebase` 명령이 있어서 쉽게 할 수 있다.

선택은 자신의 몫이다. 이 예제에서는 Rebase한다.

```
$ git rebase FETCH_HEAD
First, rewinding head to replay your work on top of it...
Applying: update readme
Applying: update code
$ git log --oneline --graph --decorate --all
* 5a0e25e (HEAD, master) update code
* 6eb3eb5 update readme
* 8ef06a8 (tag: TFS_C35320, origin_tfs/tfs) just some text
* d44b17a (tag: TFS_C35190) Goodbye
* 126aa7b (tag: TFS_C35189)
* 8f77431 (tag: TFS_C35178) FIRST
* 0745a25 (tag: TFS_C35177) Created team project folder $/tfvctest via the \
          Team Project Creation Wizard
```

이제 TFVC에 체크인할 준비가 끝났다. 모든 커밋을 하나의 Changeset으로 만들지(--shallow 옵션. 기본값이다), 커밋을 각각 Changeset으로 만들지(--deep 옵션) 선택할 수 있다. 이 예제는 Changeset 하나로 만드는 방법을 사용한다.

```
$ git tf checkin -m 'Updating readme and code'
Username: domain\user
Password:
Connecting to TFS...
Checking in to $/myproject: 100%, done.
Checked commit 5a0e25e in as changeset 35348
$ git log --oneline --graph --decorate --all
* 5a0e25e (HEAD, tag: TFS_C35348, origin_tfs/tfs, master) update code
* 6eb3eb5 update readme
* 8ef06a8 (tag: TFS_C35320) just some text
* d44b17a (tag: TFS_C35190) Goodbye
* 126aa7b (tag: TFS_C35189)
* 8f77431 (tag: TFS_C35178) FIRST
* 0745a25 (tag: TFS_C35177) Created team project folder $/tfvctest via the \
          Team Project Creation Wizard
```

TFS_C35348 태그가 새로 생겼다. 이 태그는 5a0e25e 커밋과 완전히 똑같은 TFVC 스냅샷을 가리킨다. 모든 Git 커밋이 TFVC 스냅샷에 대응할 필요는 없다. 예를 들어서 6eb3eb5 커밋은 TFVC 서버에는 존재하지 않는다.

이것이 주 워크플로다. 아래의 고려사항은 가슴속에 새겨야 한다.

* 브랜치가 없다. Git-tf는 TFVC 브랜치 하나로만 Git 저장소를 만들어 준다.
* TFVC나 Git으로 협업이 가능하지만 그 둘을 동시에 사용할 수는 없다. git-tf

로 TFVC 저장소의 Clone할 때마다 SHA-1 해시를 새로 생성한다. SHA-1가 다르므로 두고두고 골치가 아프게 된다.

- 협업은 Git으로 하고 TFVC와는 주기적으로 동기화만 하고 싶다면 TFVC와 통신하는 Git 저장소를 딱 하나만 둬라.

워크플로: `git-tfs`

같은 시나리오를 git-tfs로도 살펴보자. Git 저장소에 'master' 브랜치에 커밋을 새로 했다.

```
PS> git log --oneline --graph --all --decorate
* c3bd3ae (HEAD, master) update code
* d85e5a2 update readme
| * 44cd729 (tfs/featureA, featureA) Goodbye
| * d202b53 Branched from $/tfvc-test/Trunk
|/
* c403405 (tfs/default) Hello
* b75da1a New project
```

내가 일하는 동안에 누군가 한 일이 있는지 살펴보자.

```
PS> git tfs fetch
C19 = aea74a0313de0a391940c999e51c5c15c381d91d
PS> git log --all --oneline --graph --decorate
* aea74a0 (tfs/default) update documentation
| * c3bd3ae (HEAD, master) update code
| * d85e5a2 update readme
|/
| * 44cd729 (tfs/featureA, featureA) Goodbye
| * d202b53 Branched from $/tfvc-test/Trunk
|/
* c403405 Hello
* b75da1a New project
```

다른 동료가 새로운 Changeset을 만들었다. Git에서 aea74a0으로 보인다. 그리고 리모트 브랜치 tfs/default가 전진했다.

　git-tf로 한 것처럼 두 가지 방식이 있다.

1. Rebase를 해서 히스토리를 직선으로 만든다.
2. Merge를 해서 Merge한 사실까지 남긴다.

이번에는 Git 커밋을 하나씩 TFVC의 Changeset으로 만드는 "Deep" 체크인을 해보자. 먼저 Rebase한다.

```
PS> git rebase tfs/default
First, rewinding head to replay your work on top of it...
Applying: update readme
Applying: update code
PS> git log --all --oneline --graph --decorate
* 10a75ac (HEAD, master) update code
* 5cec4ab update readme
* aea74a0 (tfs/default) update documentation
| * 44cd729 (tfs/featureA, featureA) Goodbye
| * d202b53 Branched from $/tfvc-test/Trunk
|/
* c403405 Hello
* b75da1a New project
```

이제 TFVC 서버에 체크인만 하면 된다. rcheckin 명령으로 Git 커밋을 하나씩
TFVC Changeset으로 만든다. HEAD부터 tfs 리모트 브랜치 사이의 모든 Git
commit을 TFVC Changeset으로 만든다. (checkin 명령은 git squash 명령처럼
Git 커밋을 합쳐서 Changeset 하나로 만든다.)

```
PS> git tfs rcheckin
Working with tfs remote: default
Fetching changes from TFS to minimize possibility of late conflict...
Starting checkin of 5cec4ab4 'update readme'
 add README.md
C20 = 71a5ddce274c19f8fdc322b4f165d93d89121017
Done with 5cec4ab4b213c354341f66c80cd650ab98dcf1ed, rebasing tail onto new TFS-
commit...
Rebase done successfully.
Starting checkin of b1bf0f99 'update code'
 edit .git\tfs\default\workspace\ConsoleApplication1/ConsoleApplication1/
Program.cs
C21 = ff04e7c35dfbe6a8f94e782bf5e0031cee8d103b
Done with b1bf0f9977b2d48bad611ed4a03d3738df05ea5d, rebasing tail onto new TFS-
commit...
Rebase done successfully.
No more to rcheckin.
PS> git log --all --oneline --graph --decorate
* ff04e7c (HEAD, tfs/default, master) update code
* 71a5ddc update readme
* aea74a0 update documentation
| * 44cd729 (tfs/featureA, featureA) Goodbye
| * d202b53 Branched from $/tfvc-test/Trunk
|/
* c403405 Hello
* b75da1a New project
```

체크인을 완료하고 나서 git-tfs가 Rebase하는 것에 주목하자. 커밋 메시지의 제
일 하단에 **git-tfs-id** 필드를 추가해야 하기 때문이고 커밋의 SHA-1 해시값이
바뀐다. 이는 의도된 동작이니 걱정할 필요 없다. 그냥 알고 있으면 된다. 특히

Git 커밋을 다른 사람과 공유할 때 이런 특징을 고려해야 한다.

   TFS는 버전 관리 시스템과 많은 기능을 통합했다. 작업 항목이나, 리뷰어 지정, 게이트 체크인 등의 기능을 지원한다. 이 많은 기능을 커맨드라인 도구로만 다루는 건 좀 성가시다. 다행히 git-tfs는 쉬운 GUI 체크인 도구를 실행해준다.

```
PS> git tfs checkintool
PS> git tfs ct
```

실행하면 다음 그림과 같다.

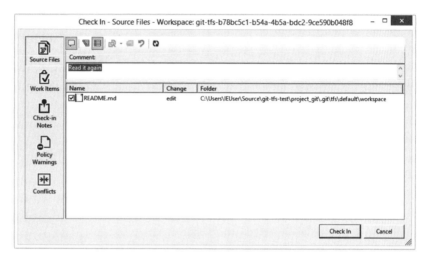

그림 9-3 git-tfs 체크인 도구

비주얼스튜디오에서 실행하는 다이얼로그와 똑같아서 TFS 사용자에게는 친숙하다.

   git-tfs는 Git 저장소에서 TFVC 브랜치를 관리할 수 있다. 아래 예처럼 직접 하나 만들어보자.

```
PS> git tfs branch $/tfvc-test/featureBee
The name of the local branch will be : featureBee
C26 = 1d54865c397608c004a2cadce7296f5edc22a7e5
PS> git log --oneline --graph --decorate --all
* 1d54865 (tfs/featureBee) Creation branch $/myproject/featureBee
* ff04e7c (HEAD, tfs/default, master) update code
* 71a5ddc update readme
* aea74a0 update documentation
| * 44cd729 (tfs/featureA, featureA) Goodbye
| * d202b53 Branched from $/tfvc-test/Trunk
|/
* c403405 Hello
* b75da1a New project
```

TFVC에 브랜치를 만들면 현재 있는 브랜치에 Changeset이 하나 추가된다. 이 Changeset은 Git의 커밋으로 표현된다. **git-tfs**는 `tfs/featureBee`라는 리모트 브랜치를 만들었지만, `HEAD`는 여전히 `master`를 가리킨다. 방금 만든 브랜치에서 작업을 하려면 새로 만든 커밋 `1d54865`에서 시작하면 된다. 이 커밋에서부터 새로운 토픽 브랜치가 만들어진다.

Git과 TFS 요약

Git-tf와 Git-tfs는 둘 다 TFVC 서버랑 잘 맞는 멋진 도구다. 중앙 TFVC 서버에 자주 접근하지 않으면서 Git의 장점을 그대로 활용할 수 있다. 또 다른 팀원들이 Git을 사용하지 않더라도 개발자로 사는 삶이 풍요로워진다. 윈도우에서 작업을 한다면(팀이 TFS를 쓴다면) TFS의 기능을 더 많이 지원하는 Git-tfs를 추천한다. Git-ft는 다른 플랫폼을 사용할 때 추천한다. 이 장에서 소개한 다른 도구들처럼 대표 버전 관리 시스템은 단 하나만 선택해야 한다. Git이든 TFVC이든 중심 도구는 하나다. 둘 다 중심이 될 수 없다.

9.2 Git으로 옮기기

다른 VCS를 사용하는 프로젝트에서 Git을 사용하고 싶다면 우선 프로젝트를 Git으로 이전(Migrate)해야 한다. 이번 절에서는 Git에 들어 있는 Importer를 살펴보고 직접 Importer를 만드는 방법도 알아본다. 우선 많이 사용하는 SCM 시스템으로부터 프로젝트를 이전하는 방법을 살펴본다. 저장소를 옮기려고 하는 대부분의 사람은 이 방법을 참고하면 될 것이다. 아주 괜찮은 Importer가 이미 Git에 들어 있다.

Subversion

`git svn`을 설명하는 절을 읽었으면 쉽게 `git svn clone` 명령으로 저장소를 가져올 수 있다. 가져오고 나서 Subversion 서버는 중지하고 Git 서버를 만들고 사용하면 된다. 만약 히스토리 정보가 필요하면 (느린) Subversion 서버 없이 로컬에서 조회할 수 있다.

하지만 이 가져오기 기능에 문제가 좀 있다. 가져오는 데 시간이 많이 드니까 일단 시작하는 것이 좋다. 첫 번째 문제는 Author 정보이다. Subversion에서는 커밋하려면 해당 시스템 계정이 있어야 한다. blame이나 git svn log 같은 명령에서 schacon이라는 이름을 봤을 것이다. 이 정보를 Git 형식의 정보로 변경하려면 Subversion 사용자와 Git Author를 연결해줘야 한다. Subversion 사용자 이름과 Git Author 간에 매핑할 수 있게 해줘야 한다. users.txt라는 파일을 아래와 같이 만든다.

```
schacon = Scott Chacon <schacon@geemail.com>
selse = Someo Nelse <selse@geemail.com>
```

SVN에 기록된 Author 이름을 아래 명령으로 조회한다.

```
$ svn log --xml | grep author | sort -u | \
  perl -pe 's/.*>(.*?)<.*/$1 = /'
```

우선 XML 형식으로 SVN 로그를 출력하고, 거기서 Author 정보만 찾고, 중복된 것을 제거하고, XML 태그는 버린다. 물론 grep, sort, perl 명령이 동작하는 시스템에서만 이 명령을 사용할 수 있다. 이 결과에 Git Author 정보를 더해서 users.txt를 만든다.

이 파일을 git svn 명령에 전달하면 더 정확한 Author 정보를 Git 저장소에 남길 수 있다. 그리고 git svn의 clone이나 init 명령에 --no-metadata 옵션을 주면 Subversion의 메타데이터를 저장하지 않는다. 해당 명령은 다음과 같다.

```
$ git svn clone http://my-project.googlecode.com/svn/ \
      --authors-file=users.txt --no-metadata -s my_project
```

my_project 디렉터리에 진짜 Git 저장소가 생성된다. 결과는 다음이 아니라,

```
commit 37efa680e8473b615de980fa935944215428a35a
Author: schacon <schacon@4c93b258-373f-11de-be05-5f7a86268029>
Date:   Sun May 3 00:12:22 2009 +0000

    fixed install - go to trunk

    git-svn-id: https://my-project.googlecode.com/svn/trunk@94 4c93b258-373f-11de-be05-5f7a86268029
```

다음과 같다.

```
commit 03a8785f44c8ea5cdb0e8834b7c8e6c469be2ff2
Author: Scott Chacon <schacon@geemail.com>
Date:   Sun May 3 00:12:22 2009 +0000

    fixed install - go to trunk
```

Author 정보가 훨씬 Git답고 `git-svn-id` 항목도 기록되지 않았다.

이제 뒷정리를 할 차례다. `git svn`이 만들어 준 이상한 브랜치나 태그를 제거한다. 우선 이상한 리모트 태그를 모두 진짜 Git 태그로 옮긴다. 그리고 리모트 브랜치도 로컬 브랜치로 옮긴다.

아래와 같이 태그를 진정한 Git 태그로 만든다.

```
$ cp -Rf .git/refs/remotes/origin/tags/* .git/refs/tags/
$ rm -Rf .git/refs/remotes/origin/tags
```

`remotes/origin/tags/`로 시작하는 리모트 브랜치를 가져다 Lightweight 태그로 만들었다.

`refs/remotes` 밑에 있는 Refs는 전부 로컬 브랜치로 만든다.

```
$ cp -Rf .git/refs/remotes/* .git/refs/heads/
$ rm -Rf .git/refs/remotes
```

이제 모든 태그와 브랜치는 진짜 Git 태그와 브랜치가 됐다. Git 서버를 새로 추가를 하고 지금까지 작업한 것을 Push하는 일이 남았다. 아래처럼 리모트 서버를 추가한다.

```
$ git remote add origin git@my-git-server:myrepository.git
```

분명 모든 브랜치와 태그를 Push하고 싶을 것이다.

```
$ git push origin --all
```

모든 브랜치와 태그를 Git 서버로 깔끔하게 잘 옮겼다.

Mercurial

Mercurial과 Git의 버전은 개념이 아주 비슷하다. 그리고 사실은 Git이 좀 더 유연해서 Mercurial 프로젝트를 Git 프로젝트로 변환하는 작업은 아주 쉽다. "hg-fast-export"라는 툴을 사용하며 다음과 같이 내려받는다.

```
$ git clone http://repo.or.cz/r/fast-export.git /tmp/fast-export
```

우선 처음 할 일은 변환할 Mercurial 저장소 전체를 Clone하는 일이다.

```
$ hg clone <remote repo URL> /tmp/hg-repo
```

변환에 사용할 저자 매핑 파일을 하나 작성한다. Mercurial의 Changeset에 적는 저자 정보의 형식은 Git에 비해 자유롭기 때문에 한번 정리하는 것이 좋다. 저자 매핑 파일은 아래와 같은 한 라인으로 된 bash 명령을 사용한다.

```
$ cd /tmp/hg-repo
$ hg log | grep user: | sort | uniq | sed 's/user: *//' > ../authors
```

프로젝트 크기에 따라 다르겠지만 위 명령을 실행하면 아래와 같은 매핑 파일이 생성된다.

```
bob
bob@localhost
bob <bob@company.com>
bob jones <bob <AT> company <DOT> com>
Bob Jones <bob@company.com>
Joe Smith <joe@company.com>
```

예제를 보면 Bob이라는 한 사람은 적어도 네 가지의 다른 저자 정보를 Change-set에 기록했다. 어떤 정보는 Git에서 쓸 수 있지만 어떤 정보는 Git에서 쓰기에 적절치 않다. 각 라인의 마지막에 ={new name and email address}라고 추가하면 원하는 이름으로 변환할 수 있다. 추가하지 않으려면 그대로 둔다. 물론 저자 정보가 모든 Changeset에 제대로 입력돼 있다면 이런 변환 과정을 거치지 않아도 된다. 예제에서는 아래와 같이 저자 정보를 수정한다.

```
bob=Bob Jones <bob@company.com>
bob@localhost=Bob Jones <bob@company.com>
bob <bob@company.com>=Bob Jones <bob@company.com>
bob jones <bob <AT> company <DOT> com>=Bob Jones <bob@company.com>
```

다음은 Git 저장소를 새로 만들고 변환 스크립트를 실행한다.

```
$ git init /tmp/converted
$ cd /tmp/converted
$ /tmp/fast-export/hg-fast-export.sh -r /tmp/hg-repo -A /tmp/authors
```

-r 옵션으로 변환할 Mercurial 저장소의 위치를 지정하고 -A 옵션으로 저자 매핑 파일의 위치를 지정한다. hg-fast-export.sh 스크립트는 Mercurial Changeset을 분석하여 Git의 "fast-import"에(곧 자세히 설명한다) 쓰는 스크립트를 생성한다. 명령을 실행하면 아래와 같이 보여준다.

```
$ /tmp/fast-export/hg-fast-export.sh -r /tmp/hg-repo -A /tmp/authors
Loaded 4 authors
master: Exporting full revision 1/22208 with 13/0/0 added/changed/removed files
master: Exporting simple delta revision 2/22208 with 1/1/0 added/changed/removed files
master: Exporting simple delta revision 3/22208 with 0/1/0 added/changed/removed files
[...]
master: Exporting simple delta revision 22206/22208 with 0/4/0 added/changed/removed files
master: Exporting simple delta revision 22207/22208 with 0/2/0 added/changed/removed files
master: Exporting thorough delta revision 22208/22208 with 3/213/0 added/changed/removed files
Exporting tag [0.4c] at [hg r9] [git :10]
Exporting tag [0.4d] at [hg r16] [git :17]
[...]
Exporting tag [3.1-rc] at [hg r21926] [git :21927]
Exporting tag [3.1] at [hg r21973] [git :21974]
Issued 22315 commands
git-fast-import statistics:
---------------------------------------------------------------------
Alloc'd objects:      120000
Total objects:        115032 (   208171 duplicates                  )
      blobs  :         40504 (   205320 duplicates  26117 deltas of   39602 attempts)
      trees  :         52320 (     2851 duplicates  47467 deltas of   47599 attempts)
      commits:         22208 (        0 duplicates      0 deltas of       0 attempts)
      tags   :             0 (        0 duplicates      0 deltas of       0 attempts)
Total branches:          109 (        2 loads        )
      marks:        1048576 (    22208 unique        )
      atoms:            1952
Memory total:        7860 KiB
       pools:        2235 KiB
     objects:        5625 KiB
---------------------------------------------------------------------
pack_report: getpagesize()            =       4096
pack_report: core.packedGitWindowSize = 1073741824
pack_report: core.packedGitLimit      = 8589934592
pack_report: pack_used_ctr            =      90430
pack_report: pack_mmap_calls          =      46771
pack_report: pack_open_windows        =          1 /          1
pack_report: pack_mapped              =  340852700 /  340852700
---------------------------------------------------------------------

$ git shortlog -sn
   369  Bob Jones
   365  Joe Smith
```

상당히 많은 Changeset을 Git 커밋으로 변환했다. Mercurial 저장소의 모든 태
그는 Git Tag로 변환되고 브랜치, 북마크는 Git 브랜치로 변환된다. 이제 서버
저장소를 만들고 Push하면 된다.

```
$ git remote add origin git@my-git-server:myrepository.git
$ git push origin --all
```

Perforce

이번엔 Perforce 프로젝트를 Git으로 변환해 보자. Perforce와 Git으로 변환하는 방법도 git-p4와 Perforce Git Fusion을 이용하는 방법 두 가지다.

Perforce Git Fusion

Git Fusion을 사용한다면 크게 어려울 게 없다. 그저 프로젝트 정보, 사용자 매핑, 브랜치를 설정파일에 설정하고(9.1절 "Git Fusion" 참고) Perforce 저장소를 Clone하기만 하면 된다. Git Fusion은 마치 Git 저장소를 Clone한 것처럼 느끼게 해준다. Clone했으면 Git 서버에 Push한다. 심지어 다시 Perforce 서버로 Push해도 된다.

Git-p4

Git-p4를 Import 도구로 사용할 수 있다. Perforce Public Depot에 있는 Jam 프로젝트를 Git으로 옮겨보자. 우선 Perforce Depot의 주소를 P4PORT 환경변수에 설정한다.

```
$ export P4PORT=public.perforce.com:1666
```

 지금 하는 예제를 실제로 해보려면 접근 가능한 Perforce Depot이 필요하다. 여기서는 public.perforce.com 사이트의 공개된 Depot을 이용하지만 접근 가능한 다른 Depot으로 해도 괜찮다.

git p4 clone 명령으로 Perforce 서버에서 Jam 프로젝트를 가져온다. 이 명령에 Depot, 프로젝트 경로, 프로젝트를 가져올 경로를 주면 된다.

```
$ git-p4 clone //guest/perforce_software/jam@all p4import
Importing from //guest/perforce_software/jam@all into p4import
Initialized empty Git repository in /private/tmp/p4import/.git/
Import destination: refs/remotes/p4/master
Importing revision 9957 (100%)
```

예제로 사용하는 이 프로젝트는 브랜치가 하나뿐이다. 만약 Clone할 프로젝트에 브랜치가 여러 개 있거나 브랜치가 디렉터리로 구성돼 있다면 --detect-branches 옵션을 사용하여 브랜치 정보를 Git 저장소로 그대로 들고올 수 있다. 9.1절 "브랜치"에서 자세한 내용을 살펴볼 수 있다.

여기까지만 해도 반 이상 한 것이다. p4import 디렉터리로 이동해서 git log 명령을 실행하면 프로젝트 정보를 볼 수 있다.

```
$ git log -2
commit e5da1c909e5db3036475419f6379f2c73710c4e6
Author: giles <giles@giles@perforce.com>
Date:   Wed Feb 8 03:13:27 2012 -0800

    Correction to line 355; change </UL> to </OL>.

    [git-p4: depot-paths = "//public/jam/src/": change = 8068]
commit aa21359a0a135dda85c50a7f7cf249e4f7b8fd98
Author: kwirth <kwirth@perforce.com>
Date:   Tue Jul 7 01:35:51 2009 -0800

    Fix spelling error on Jam doc page (cummulative -> cumulative).

    [git-p4: depot-paths = "//public/jam/src/": change = 7304]
```

로그를 살펴보면 커밋마다 git-p4 라는 ID 항목이 들어가 있다. 나중에 Perforce Change Number가 필요하게 될 수도 있으니 커밋에 그대로 유지하는 편이 좋다. 하지만 ID를 지우고자 한다면 공유하기 전인 이 단계에서 지운다.

git filter-branch 명령으로 한방에 삭제한다.

```
$ git filter-branch --msg-filter 'sed -e "/^\[git-p4:/d"'
Rewrite e5da1c909e5db3036475419f6379f2c73710c4e6 (125/125)
Ref 'refs/heads/master' was rewritten
```

git log 명령을 실행하면 모든 SHA-1 체크섬이 변경됐고 커밋 메시지에서 git-p4 항목이 삭제된 것을 확인할 수 있다.

```
$ git log -2
commit b17341801ed838d97f7800a54a6f9b95750839b7
Author: giles <giles@giles@perforce.com>
Date:   Wed Feb 8 03:13:27 2012 -0800

    Correction to line 355; change </UL> to </OL>.

commit 3e68c2e26cd89cb983eb52c024ecdfba1d6b3fff
Author: kwirth <kwirth@perforce.com>
Date:   Tue Jul 7 01:35:51 2009 -0800

    Fix spelling error on Jam doc page (cummulative -> cumulative).
```

이제 새 Git 서버에 Push하면 된다.

TFS

팀이 TFVC를 Git으로 옮기기로 했다면 가능한 한 많은 데이터를 옮기고자 할 것이다. 앞에서 git-tfs와 git-tf를 둘 다 설명했지만 여기서는 git-tfs만 사용한다. git-tfs는 브랜치를 지원하지만, git-tf로는 어렵다.

 여기서는 단방향 변환만 다룬다. 변환한 Git 저장소는 원 TFVC 저장소와 아무런 연결고리가 없다.

먼저 사용자 이름을 대응시킨다. TFVC Changeset의 Author 필드는 형식이 자유롭지만, Git에는 사람이 읽을 수 있는 이름과 e-mail 주소로 정해져 있다. 이 정보는 커맨드라인 클라이언트인 **tf**로 가져온다.

```
PS> tf history $/myproject -recursive > AUTHORS_TMP
```

이 명령어는 프로젝트의 모든 Chagneset을 가져와서 AUTHORS_TMP 파일에 저장한다. AUTHORS_TMP 파일에서 두 번째 열의 'User' 정보를 추출해서 사용한다. 추출할 때 아래 이어지는 **cut** 명령에서 사용할 **11-20**과 같은 파라미터를 구하기 위해 몇 번 실험해서 해당 필드를 자를 수 있는 적당한 숫자를 알아내야 한다.

```
PS> cat AUTHORS_TMP | cut -b 11-20 | tail -n+3 | uniq | sort > AUTHORS
```

cut 명령어는 각 라인에서 11-20의 문자열만 취한다. **tail** 명령어로는 필드 헤더와 밑줄인 윗 두 라인을 건너뛴다. 그 결과를 **uniq**에 파이프로 보내서 중복을 지운다. 그리고는 **AUTHORS** 파일에 저장한다. 그 다음은 수동으로 한다. git-tfs가 필요로 하는 파일의 포맷은 다음과 같다.

```
DOMAIN\username = User Name <email@address.com>
```

=의 왼쪽은 TFVC의 "User" 필드고 오른쪽은 Git 커밋에 사용할 개발자 정보다.
　이 파일을 만들었으면 해당 TFVC 프로젝트를 Clone한다.

```
PS> git tfs clone --with-branches --authors=AUTHORS https://username.
visualstudio.com/DefaultCollection $/project/Trunk project_git
```

그리고 커밋 메시지 밑에 붙은 **git-tfs-id** 부분을 지운다. 다음 명령어를 사용하면 된다.

```
PS> git filter-branch -f --msg-filter 'sed "s/^git-tfs-id:.*$//g"' '--' --all
```

Git-bash 환경에서 sed 명령어로 "git-tfs-id:"로 시작하는 줄을 빈 줄로 바꾼다. 그럼 Git은 그 라인을 무시한다.

다 됐다. 리모트를 새로 추가하고 모든 브랜치를 Push한다. 그러고 나서 팀원들과 Git으로 작업을 시작하면 된다.

직접 Importer 만들기

사용하는 VCS가 앞서 살펴본 시스템이 아니면 인터넷에서 적당한 Importer를 찾아봐야 한다. CVS, Clear Case, Visual Source Safe 같은 시스템에도 좋은 Importer가 많다. 심지어 단순히 디렉터리 아카이브용 Importer에도 좋은 게 있다. 사람들이 잘 쓰지 않는 시스템을 사용하고 있는데 적당한 Importer를 찾지 못했거나 부족해서 좀 더 고쳐야 한다면 git fast-import를 사용한다. 이 명령은 표준입력으로 데이터를 입력받는다. 10장에서 배우는 저수준 명령어와 내부 객체를 직접 다루는 방식보다 훨씬 쉽다. 먼저 사용하는 VCS에서 필요한 정보를 수집해서 표준출력으로 출력하는 스크립트를 만든다. 그리고 그 결과를 git fast-import의 표준입력으로 보낸다.

간단한 Importer를 작성해보자. current 디렉터리에서 작업하고 back_YYYY_MM_DD이라는 디렉터리에 백업하면서 진행했던 프로젝트를 살펴보자. Importer를 만들 때 디렉터리 상태는 아래와 같다.

```
$ ls /opt/import_from
back_2014_01_02
back_2014_01_04
back_2014_01_14
back_2014_02_03
current
```

Importer를 만들기 전에 우선 Git이 어떻게 데이터를 저장하는지 알아야 한다. 이미 알고 있듯이 Git은 기본적으로 스냅샷을 가리키는 커밋 개체가 연결된 리스트이다. 스냅샷이 뭐고, 그걸 가리키는 커밋은 또 뭐고, 그 커밋의 순서가 어떻게 되는지 fast-import에 알려 줘야 한다. 이것이 해야 할 일의 전부다. 그러면 디렉터리마다 스냅샷을 만들고, 그 스냅샷을 가리키는 커밋 개체를 만들고, 이전 커밋과 연결한다.

"8.4 정책 구현하기"에서 했던 것처럼 Ruby로 스크립트를 작성한다. 책에서 계속 스크립트를 작성할 때 Ruby로 해왔고, 읽기도 쉽기에 Ruby를 쓴다. 하지만 자신에게 익숙한 언어를 사용해서 표준출력으로 적절한 정보만 출력할 수 있으면 된다. 그리고 윈도우에서는 라인 바꿈 문자에 CR(Carriage Return) 문자가 들어가지 않도록 주의해야 한다. git fast-import 명령은 윈도우에서도 라인 바꿈 문자로 CRLF 문자가 아니라 LF(Line Feed) 문자만 허용한다.

우선 해당 디렉터리로 이동해서 어떤 디렉터리가 있는지 살펴본다. 하위 디렉터리마다 스냅샷 하나가 되고 커밋 하나가 된다. 하위 디렉터리를 이동하면서 필요한 정보를 출력한다. 기본적인 로직은 아래와 같다.

```ruby
last_mark = nil

# loop through the directories
Dir.chdir(ARGV[0]) do
  Dir.glob("*").each do |dir|
    next if File.file?(dir)

    # move into the target directory
    Dir.chdir(dir) do
      last_mark = print_export(dir, last_mark)
    end
  end
end
```

각 디렉터리에서 print_export를 호출하는데 이 함수는 아규먼트로 디렉터리와 이전 스냅샷 Mark를 전달받고 현 스냅샷 Mark를 반환한다. 그래서 적절히 연결할 수 있다. fast-import에서 "Mark"는 커밋의 식별자를 말한다. 커밋을 하나 만들면 "Mark"도 같이 만들어 이 "Mark"로 다른 커밋과 연결한다. 그래서 print_export에서 먼저 해야 하는 일은 각 디렉터리 이름으로 "Mark"를 생성하는 것이다.

```ruby
mark = convert_dir_to_mark(dir)
```

Mark는 정숫값을 사용해야 하기 때문에 디렉터리를 배열에 담고 그 Index를 Mark로 사용한다. 다음과 같이 작성한다.

```ruby
$marks = []
def convert_dir_to_mark(dir)
  if !$marks.include?(dir)
    $marks << dir
  end
  ($marks.index(dir) + 1).to_s
end
```

각 커밋을 가리키는 정수 Mark를 만들었고 다음에는 커밋 메타데이터에 넣을 날짜 정보가 필요하다. 이 날짜는 디렉터리 이름에 있는 것을 가져다 사용한다. print_export의 두 번째 라인은 아래와 같다.

```
date = convert_dir_to_date(dir)
```

convert_dir_to_date는 아래와 같이 정의한다.

```
def convert_dir_to_date(dir)
  if dir == 'current'
    return Time.now().to_i
  else
    dir = dir.gsub('back_', '')
    (year, month, day) = dir.split('_')
    return Time.local(year, month, day).to_i
  end
end
```

시간은 정수 형태로 반환한다. 마지막으로 메타정보에 필요한 것은 Author인데 이것은 전역 변수 하나로 설정해서 사용한다.

```
$author = 'John Doe <john@example.com>'
```

이제 Importer에서 출력할 커밋 데이터는 다 준비했다. 출력해보자. 사용할 브랜치, 해당 커밋과 관련된 Mark, 커미터 정보, 커밋 메시지, 이전 커밋을 출력한다. 코드로 만들면 아래와 같다.

```
# print the import information
puts 'commit refs/heads/master'
puts 'mark :' + mark
puts "committer #{$author} #{date} -0700"
export_data('imported from ' + dir)
puts 'from :' + last_mark if last_mark
```

우선 시간대(-0700) 정보는 편의상 하드 코딩으로 처리했다. 각자의 시간대에 맞는 오프셋을 설정해야 한다. 커밋 메시지는 다음과 같은 형식을 따라야 한다.

```
data (size)\n(contents)
```

이 형식은 "data"라는 단어, 읽을 데이터의 크기, 라인 바꿈 문자, 실데이터로 구성된다. 이 형식을 여러 곳에서 사용해야 하므로 export_data라는 Helper 메서드로 만들어 놓는 게 좋다.

```
def export_data(string)
  print "data #{string.size}\n#{string}"
end
```

이제 남은 것은 스냅샷에 파일 내용를 포함시키는 것뿐이다. 디렉터리로 구분돼 있기 때문에 어렵지 않다. 우선 deleteall이라는 명령을 출력하고 그 뒤에 모든 파일의 내용을 출력한다.

그러면 Git은 스냅샷을 잘 저장한다.

```
puts 'deleteall'
Dir.glob("**/*").each do |file|
  next if !File.file?(file)
  inline_data(file)
end
```

 대부분의 VCS는 리비전을 커밋 간의 변화로 생각하기 때문에 fast-import에 추가/삭제/변경된 부분만 입력할 수도 있다. 스냅샷 사이의 차이를 구해서 fast-import에 넘길 수도 있지만 훨씬 복잡하다. 줄 수 있는 데이터는 전부 Git에 줘서 Git이 계산하게 해야 한다. 꼭 이렇게 해야 한다면 어떻게 데이터를 전달해야 하는지 fast-import의 ManPage를 참고하라.

파일 정보와 내용은 아래와 같은 형식으로 출력한다.

```
M 644 inline path/to/file
data (size)
(file contents)
```

644는 파일의 모드를 나타낸다(실행파일이라면 755로 지정해줘야 한다). inline 다음 라인부터는 파일 내용이라 말하는 것이다. inline_data 메서드는 아래와 같다.

```
def inline_data(file, code = 'M', mode = '644')
  content = File.read(file)
  puts "#{code} #{mode} inline #{file}"
  export_data(content)
end
```

파일 내용은 커밋 메시지와 같은 방법을 사용하기 때문에 앞서 만들어 놓은 export_data 메서드를 다시 이용한다.

마지막으로 다음에 커밋할 현 Mark 값을 반환한다.

윈도우에서 실행할 때는 추가 작업이 하나 더 필요하다. 앞에서 얘기했지만 윈도우는 CRLF 를 사용하지만 `git fast-import`는 LF를 사용한다. 이 문제를 해결하려면 Ruby가 CRLF 대신 LF를 사용하도록 알려 줘야 한다.

```
$stdout.binmode
```

모든 게 끝났다. 스크립트 코드는 아래와 같다.

```ruby
#!/usr/bin/env ruby

$stdout.binmode
$author = "John Doe <john@example.com>"

$marks = []
def convert_dir_to_mark(dir)
    if !$marks.include?(dir)
        $marks << dir
    end
    ($marks.index(dir)+1).to_s
end

def convert_dir_to_date(dir)
    if dir == 'current'
        return Time.now().to_i
    else
        dir = dir.gsub('back_', '')
        (year, month, day) = dir.split('_')
        return Time.local(year, month, day).to_i
    end
end

def export_data(string)
    print "data #{string.size}\n#{string}"
end

def inline_data(file, code='M', mode='644')
    content = File.read(file)
    puts "#{code} #{mode} inline #{file}"
    export_data(content)
end

def print_export(dir, last_mark)
    date = convert_dir_to_date(dir)
    mark = convert_dir_to_mark(dir)

    puts 'commit refs/heads/master'
    puts "mark :#{mark}"
    puts "committer #{$author} #{date} -0700"
    export_data("imported from #{dir}")
    puts "from :#{last_mark}" if last_mark

    puts 'deleteall'
```

```
    Dir.glob("**/*").each do |file|
        next if !File.file?(file)
        inline_data(file)
    end
    mark
end

# Loop through the directories
last_mark = nil
Dir.chdir(ARGV[0]) do
    Dir.glob("*").each do |dir|
        next if File.file?(dir)

        # move into the target directory
        Dir.chdir(dir) do
            last_mark = print_export(dir, last_mark)
        end
    end
end
```

스크립트를 실행하면 다음과 같이 출력된다.

```
$ ruby import.rb /opt/import_from
commit refs/heads/master
mark :1
committer John Doe <john@example.com> 1388649600 -0700
data 29
imported from back_2014_01_02deleteall
M 644 inline README.md
data 28
# Hello

This is my readme.
commit refs/heads/master
mark :2
committer John Doe <john@example.com> 1388822400 -0700
data 29
imported from back_2014_01_04from :1
deleteall
M 644 inline main.rb
data 34
#!/bin/env ruby

puts "Hey there"
M 644 inline README.md
(...)
```

디렉터리를 하나 만들고 git init 명령을 실행해서 옮길 Git 프로젝트를 만든
다. 그리고 그 프로젝트 디렉터리로 이동해서 이 명령의 표준출력을 git fast-
import 명령의 표준입력으로 연결한다(pipe).

```
$ git init
Initialized empty Git repository in /opt/import_to/.git/
$ ruby import.rb /opt/import_from | git fast-import
git-fast-import statistics:
---------------------------------------------------------------------
Alloc'd objects:       5000
Total objects:           13 (         6 duplicates                  )
      blobs  :            5 (         4 duplicates   3 deltas of      5 attempts)
      trees  :            4 (         1 duplicates   0 deltas of      4 attempts)
      commits:            4 (         1 duplicates   0 deltas of      0 attempts)
      tags   :            0 (         0 duplicates   0 deltas of      0 attempts)
Total branches:           1 (         1 loads      )
      marks:           1024 (         5 unique      )
      atoms:              2
Memory total:         2344 KiB
       pools:         2110 KiB
     objects:          234 KiB
---------------------------------------------------------------------
pack_report: getpagesize()          =       4096
pack_report: core.packedGitWindowSize = 1073741824
pack_report: core.packedGitLimit    = 8589934592
pack_report: pack_used_ctr          =         10
pack_report: pack_mmap_calls        =          5
pack_report: pack_open_windows      =        2 /        2
pack_report: pack_mapped            =     1457 /     1457
---------------------------------------------------------------------
```

성공적으로 끝나면 여기서 보여주는 것처럼 어떻게 됐는지 통계를 보여준다. 이 경우엔 브랜치 1개와 커밋 4개 그리고 개체 13개가 임포트됐다. 이제 `git log` 명령으로 히스토리 조회가 가능하다.

```
$ git log -2
commit 3caa046d4aac682a55867132ccdfbe0d3fdee498
Author: John Doe <john@example.com>
Date:   Tue Jul 29 19:39:04 2014 -0700

    imported from current

commit 4afc2b945d0d3c8cd00556fbe2e8224569dc9def
Author: John Doe <john@example.com>
Date:   Mon Feb 3 01:00:00 2014 -0700

    imported from back_2014_02_03
```

깔끔하게 Git 저장소가 완성됐다. 이 시점에서는 아무것도 Checkout하지 않았기 때문에 워킹 디렉터리에 아직 아무 파일도 없다. master 브랜치로 Reset해서 파일을 Checkout한다.

```
$ ls
$ git reset --hard master
```

```
HEAD is now at 3caa046 imported from current
$ ls
README.md main.rb
```

fast-import 명령으로 많은 일을 할 수 있다. 모드를 설정하고, 바이너리 데이터를 다루고, 브랜치를 여러 개 다루고, Merge하고, 태그를 달고, 진행 상황을 보여 주는 등등 무수히 많은 일을 할 수 있다. Git 소스의 contrib/fast-import 디렉터리에 복잡한 상황을 다루는 예제가 많다.

9.3 요약

다른 VCS 서버의 클라이언트로 Git을 사용하거나, 다른 VCS 저장소를 Git 저장소로 손실 없이 옮기는 방법에 대해 알아봤다. 다음 장에서는 Git 내부를 열어본다. 필요하다면 바이트 하나하나 다루는 것도 가능하다.

10장

Git의 내부

이 책을 처음부터 다 읽고 왔든지 바로 여기부터 보기 시작했든지 간에 이제 마지막 장이다. 이번 장은 Git이 어떻게 구현돼 있고 내부적으로 어떻게 동작하는지 설명한다. Git이 얼마나 유용하고 강력한지 이해하려면 이 장의 내용을 꼭 알아야 한다. 이 장은 초보자에게 너무 혼란스럽고 불필요한 내용이라고 이야기하는 사람들도 있다. 그래서 필자는 본 내용을 책의 가장 마지막에 두었고 독자가 스스로 먼저 볼지 나중에 볼지 선택할 수 있도록 했다.

자 이제 본격적으로 살펴보자. 우선 Git은 기본적으로 Content-addressable 파일 시스템이고 그 위에 VCS 사용자 인터페이스가 있는 구조다. 뭔가 깔끔한 정의는 아니지만, 이 말이 무슨 의미인지는 차차 알게 된다.

Git 초기에는(1.5 버전 이전) 사용자 인터페이스가 훨씬 복잡했었다. VCS가 아니라 파일 시스템을 강조했기 때문이었다. 최근 몇 년간 Git은 다른 VCS처럼 쉽고 간결하게 사용자 인터페이스를 다듬어 왔다. 하지만 여전히 복잡하고 배우기 어렵다는 선입견이 있다.

우선 Content-addressable 파일 시스템은 정말 대단한 것이므로 먼저 다룬다. 그러고 나서 데이터 전송 원리를 배우고 마지막에는 저장소를 관리하는 법까지 배운다.

10.1 Plumbing 명령과 Porcelain 명령

이 책은 checkout, branch, remote 같은 30여 가지의 명령어로 Git를 어떻게 사용하는지 설명한다. Git은 원래 사용하기 쉽게 만든 VCS라기보다는 VCS를 위한 툴킷이다. 기본적으로 매우 많은 저수준 명령어로 구성돼 있고 이 명령어들을 유닉스 스타일로 엮어서 실행하거나 스크립트로 만들어 사용하도록 설계되었다. 이러한 저수준의 명령어는 "Plumbing" 명령어라고 부르고 좀 더 사용자에게 친숙한 사용자용 명령어는 "Porcelain" 명령어라고 부른다.

이 책의 앞 아홉 개 장은 Porcelain 명령어만 사용했다. 하지만 이 장에서는 저수준 명령인 Plumbing 명령어를 주로 사용한다. 이 명령으로 Git의 내부구조에 접근할 수 있고, 실제로 왜 그렇게 작동하는지도 살펴볼 수 있다. Plumbing 명령어는 직접 커맨드라인에서 실행하기보다 새로운 도구를 만들거나 각자 필요한 스크립트를 작성할 때 사용한다.

새로 만든 디렉터리나 이미 파일이 있는 디렉터리에서 `git init` 명령을 실행하면 Git은 데이터를 저장하고 관리하는 `.git` 디렉터리를 만든다. 이 디렉터리를 복사하기만 해도 저장소가 백업된다. 이 장은 기본적으로 이 디렉터리에 대한 내용을 설명한다. 디렉터리 구조는 아래와 같다.

```
$ ls -F1
HEAD
config*
description
hooks/
info/
objects/
refs/
```

이 외에 다른 파일들이 더 있지만, 이 상태가 `git init`을 한 직후에 보이는 새 저장소의 모습이다. `description` 파일은 기본적으로 GitWeb 프로그램에서만 사용하기 때문에 이 파일은 신경 쓰지 않아도 된다. `config` 파일에는 해당 프로젝트에만 적용되는 설정 옵션이 들어 있다. `info` 디렉터리는 `.gitignore` 파일처럼 무시할 파일의 패턴을 적어 두는 곳이다. 하지만 `.gitignore` 파일과는 달리 Git으로 관리되지 않는다. `hooks` 디렉터리에는 클라이언트 훅이나 서버 훅이 위치한다. 관련 내용은 "8.3 Git Hooks"에서 설명한다.

이제 남은 네 가지 항목은 모두 중요한 항목이다. `HEAD` 파일, `index` 파일, `objects` 디렉터리, `refs` 디렉터리가 남았다. 이 네 항목이 Git의 핵심이다. `objects` 디렉터리는 모든 콘텐츠를 저장하는 데이터베이스이고 `refs` 디렉터리에는 커밋 개체의 포인터를 저장한다. `HEAD` 파일은 현재 Checkout한 브랜치를 가리키고 `index` 파일은 Staging Area의 정보를 저장한다. 각 절마다 주제를 나눠서 Git이 어떻게 동작하는지 자세히 설명한다.

10.2 Git 개체

Git은 Content-addressable 파일 시스템이다. 이게 무슨 말이냐 하면 Git의 핵심은 단순한 Key-Value[1] 데이터 저장소라는 것이다. 어떤 형식의 데이터라도 집어넣을 수 있고 해당 Key로 언제든지 데이터를 다시 가져올 수 있다. Plumbing 명령어를 예로 들면 hash-object 명령에 데이터를 주면 .git 디렉터리에 저장하고 그 key를 알려준다. 우선 Git 저장소를 새로 만들고 objects 디렉터리에 뭐가 들어 있는지 확인한다.

```
$ git init test
Initialized empty Git repository in /tmp/test/.git/
$ cd test
$ find .git/objects
.git/objects
.git/objects/info
.git/objects/pack
$ find .git/objects -type f
```

아직 빈 디렉터리일 뿐 파일은 아무것도 없다. Git은 init 명령으로 저장소를 초기화할 때 objects 디렉터리를 만들고 그 밑에 pack과 info 디렉터리도 만든다. Git 데이터베이스에 텍스트 파일을 저장해보자.

```
$ echo 'test content' | git hash-object -w --stdin
d670460b4b4aece5915caf5c68d12f560a9fe3e4
```

이 명령은 표준입력으로 들어오는 데이터를 저장할 수 있다. -w 옵션을 줘야 실제로 저장한다. -w가 없으면 저장하지 않고 key만 보여준다. 그리고 --stdin 옵션을 주면 표준입력으로 입력되는 데이터를 읽는다. 이 옵션이 없으면 파일 경로를 알려줘야 한다. hash-object 명령이 출력하는 것은 40자 길이의 체크섬 해시다. 이 해시는 헤더 정보와 데이터 모두에 대한 SHA-1 해시이다. 헤더 정보는 차차 자세히 살펴볼 것이다. Git이 저장한 데이터를 알아보자.

```
$ find .git/objects -type f
.git/objects/d6/70460b4b4aece5915caf5c68d12f560a9fe3e4
```

objects 디렉터리에 파일이 하나 새로 생겼다. 데이터는 새로 만든 파일에 저장하며 Git은 데이터를 저장할 때 데이터와 헤더로 생성한 SHA-1 체크섬으로 파

---

1 (옮긴이) 예를 들면 파일 이름과 파일 데이터

일 이름을 짓는다. 해시의 처음 두 글자를 따서 디렉터리 이름에 사용하고 나머지 38글자를 파일 이름에 사용한다.

cat-file 명령으로 저장한 데이터를 불러올 수 있다. 이 명령은 Git 개체를 살펴보고 싶을 때 맥가이버칼처럼 사용할 수 있다. cat-file 명령에 -p 옵션을 주면 파일 내용이 출력된다.

```
$ git cat-file -p d670460b4b4aece5915caf5c68d12f560a9fe3e4
test content
```

다시 한번 데이터를 Git 저장소에 추가하고 불러와 보자. Git이 파일 버전을 관리하는 방식을 이해할 수 있도록 가상의 상황을 만들어 살펴본다. 우선 새 파일을 하나 만들고 Git 저장소에 저장한다.

```
$ echo 'version 1' > test.txt
$ git hash-object -w test.txt
83baae61804e65cc73a7201a7252750c76066a30
```

그리고 그 파일을 수정하고 다시 저장한다.

```
$ echo 'version 2' > test.txt
$ git hash-object -w test.txt
1f7a7a472abf3dd9643fd615f6da379c4acb3e3a
```

이제 데이터베이스에는 데이터가 두 가지 버전으로 저장돼 있다.

```
$ find .git/objects -type f
.git/objects/1f/7a7a472abf3dd9643fd615f6da379c4acb3e3a
.git/objects/83/baae61804e65cc73a7201a7252750c76066a30
.git/objects/d6/70460b4b4aece5915caf5c68d12f560a9fe3e4
```

파일의 내용을 첫 번째 버전으로 되돌린다.

```
$ git cat-file -p 83baae61804e65cc73a7201a7252750c76066a30 > test.txt
$ cat test.txt
version 1
```

두 번째 버전을 다시 적용한다.

```
$ git cat-file -p 1f7a7a472abf3dd9643fd615f6da379c4acb3e3a > test.txt
$ cat test.txt
version 2
```

파일의 SHA-1 키를 외워서 사용하는 것은 너무 어렵다. 게다가 원래 파일의 이름은 저장하지도 않았다. 단지 파일 내용만 저장했을 뿐이다. 이런 종류의 개체를 Blob 개체라고 부른다. cat-file -t 명령으로 해당 개체가 무슨 개체인지 확인할 수 있다.

```
$ git cat-file -t 1f7a7a472abf3dd9643fd615f6da379c4acb3e3a
blob
```

Tree 개체

다음은 Tree 개체를 살펴보자. 이 Tree 개체에 파일 이름을 저장한다. 파일 여러 개를 한꺼번에 저장할 수도 있다. Git은 유닉스 파일 시스템과 비슷한 방법으로 저장하지만 좀 더 단순하다. 모든 것을 Tree와 Blob 개체로 저장한다. Tree는 유닉스의 디렉터리에 대응되고 Blob은 Inode나 일반 파일에 대응된다. Tree 개체 하나는 항목을 여러 개 가질 수 있다. 그리고 그 항목에는 Blob 개체나 하위 Tree 개체를 가리키는 SHA-1 포인터, 파일 모드, 개체 타입, 파일 이름이 들어 있다. simplegit 프로젝트의 마지막 Tree 개체를 살펴보자.

```
$ git cat-file -p master^{tree}
100644 blob a906cb2a4a904a152e80877d4088654daad0c859      README
100644 blob 8f94139338f9404f26296befa88755fc2598c289      Rakefile
040000 tree 99f1a6d12cb4b6f19c8655fca46c3ecf317074e0      lib
```

master^{tree} 구문은 master 브랜치가 가리키는 Tree 개체를 말한다. lib 항목은 디렉터리인데 Blob 개체가 아니고 다른 Tree 개체다.

```
$ git cat-file -p 99f1a6d12cb4b6f19c8655fca46c3ecf317074e0
100644 blob 47c6340d6459e05787f644c2447d2595f5d3a54b      simplegit.rb
```

Git이 저장하는 데이터는 대강 다음 그림과 같다.

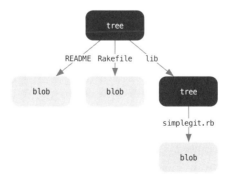

그림 10-1 단순화한 Git 데이터 모델

직접 Tree 개체를 만들어 보자. Git은 일반적으로 Staging Area(Index)의 상태대로 Tree 개체를 만들고 기록한다. 그래서 Tree 개체를 만들려면 우선 Staging Area에 파일을 추가해서 Index를 만들어야 한다. 우선 Plumbing 명령어 `update-index`로 `test.txt` 파일만 들어 있는 Index를 만든다. 이 명령어는 파일을 인위적으로 Staging Area에 추가하는 명령이다. 아직 Staging Area에 없는 파일이기 때문에 `--add` 옵션을 꼭 줘야 한다(사실 아직 Staging Area도 설정하지 않았다). 그리고 디렉터리에 있는 파일이 아니라 데이터베이스에 있는 파일을 추가하는 것이기 때문에 `--cacheinfo` 옵션이 필요하다. 파일 모드, SHA-1 해시, 파일 이름 정보도 입력한다.

```
$ git update-index --add --cacheinfo 100644 \
  83baae61804e65cc73a7201a7252750c76066a30 test.txt
```

여기서 파일 모드는 보통의 파일을 나타내는 100644로 지정했다. 실행파일이라면 100755로 지정하고 심볼릭 링크라면 120000으로 지정한다. 이런 파일 모드는 유닉스에서 가져오긴 했지만, 유닉스 모드를 전부 사용하지는 않는다. Blob 파일에는 이 세 가지 모드만 사용한다. 디렉터리나 서브모듈에는 다른 모드를 사용한다.

Staging Area를 Tree 개체로 저장할 때는 `write-tree` 명령을 사용한다. `write-tree` 명령은 Tree 개체가 없으면 자동으로 생성하므로 `-w` 옵션이 필요 없다.

```
$ git write-tree
d8329fc1cc938780ffdd9f94e0d364e0ea74f579
$ git cat-file -p d8329fc1cc938780ffdd9f94e0d364e0ea74f579
100644 blob 83baae61804e65cc73a7201a7252750c76066a30      test.txt
```

아래 명령으로 이 개체가 Tree 개체라는 것을 확인한다.

```
$ git cat-file -t d8329fc1cc938780ffdd9f94e0d364e0ea74f579
tree
```

파일을 새로 하나 추가하고 test.txt 파일도 두 번째 버전을 만든다. 그러고 나서 Tree 개체를 만든다.

```
$ echo 'new file' > new.txt
$ git update-index test.txt
$ git update-index --add new.txt
```

새 파일인 new.txt와 새로운 버전의 test.txt 파일까지 Staging Area에 추가했다.
현재 상태의 Staging Area를 새로운 Tree 개체로 기록하면 어떻게 보이는지 살
펴보자.

```
$ git write-tree
0155eb4229851634a0f03eb265b69f5a2d56f341
$ git cat-file -p 0155eb4229851634a0f03eb265b69f5a2d56f341
100644 blob fa49b077972391ad58037050f2a75f74e3671e92    new.txt
100644 blob 1f7a7a472abf3dd9643fd615f6da379c4acb3e3a    test.txt
```

이 Tree 개체에는 파일이 두 개 있고 test.txt 파일의 SHA 값도 두 번째 버전인
1f7a7a1이다. 재미난 걸 해보자. 처음에 만든 Tree 개체를 하위 디렉터리로 만
들 수 있다. read-tree 명령으로 Tree 개체를 읽어 Staging Area에 추가한다.
--prefix 옵션을 주면 Tree 개체를 하위 디렉터리로 추가할 수 있다.

```
$ git read-tree --prefix=bak d8329fc1cc938780ffdd9f94e0d364e0ea74f579
$ git write-tree
3c4e9cd789d88d8d89c1073707c3585e41b0e614
$ git cat-file -p 3c4e9cd789d88d8d89c1073707c3585e41b0e614
040000 tree d8329fc1cc938780ffdd9f94e0d364e0ea74f579    bak
100644 blob fa49b077972391ad58037050f2a75f74e3671e92    new.txt
100644 blob 1f7a7a472abf3dd9643fd615f6da379c4acb3e3a    test.txt
```

이 Tree 개체로 워킹 디렉터리를 만들면 파일 두 개와 bak이라는 하위 디렉터리
가 생긴다. 그리고 bak 디렉터리 안에는 test.txt 파일의 처음 버전이 들어 있다.
다음 그림과 같은 구조로 데이터가 저장된다.

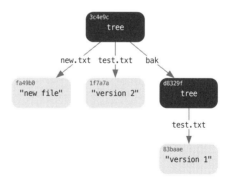

그림 10-2 현재 Git 데이터 구조

커밋 개체

각기 다른 스냅샷을 나타내는 Tree 개체를 세 개 만들었다. 하지만 여전히 이 스냅샷을 불러오려면 SHA-1 값을 기억하고 있어야 한다. 스냅샷을 누가, 언제, 왜 저장했는지에 대한 정보는 아예 없다. 이런 정보는 커밋 개체에 저장된다.

커밋 개체는 commit-tree 명령으로 만든다. 이 명령에 커밋 개체에 대한 설명과 Tree 개체의 SHA-1 값 한 개를 넘긴다. 앞서 저장한 첫 번째 Tree로 아래와 같이 만들어 본다.

```
$ echo 'first commit' | git commit-tree d8329f
fdf4fc3344e67ab068f836878b6c4951e3b15f3d
```

새로 생긴 커밋 개체를 cat-file 명령으로 확인해보자.

```
$ git cat-file -p fdf4fc3
tree d8329fc1cc938780ffdd9f94e0d364e0ea74f579
author Scott Chacon <schacon@gmail.com> 1243040974 -0700
committer Scott Chacon <schacon@gmail.com> 1243040974 -0700
first commit
```

커밋 개체의 형식은 간단하다. 해당 스냅샷에서 최상단 Tree를[2] 하나 가리킨다. 그리고 user.name과 user.email 설정에서 가져온 Author/Committer 정보, 시간 정보, 그리고 한 라인 띄운 다음 커밋 메시지가 들어간다.

이제 커밋 개체를 두 개 더 만들어 보자. 각 커밋 개체는 이전 개체를 가리키도록 한다.

```
$ echo 'second commit' | git commit-tree 0155eb -p fdf4fc3
cac0cab538b970a37ea1e769cbbde608743bc96d
$ echo 'third commit'  | git commit-tree 3c4e9c -p cac0cab
1a410efbd13591db07496601ebc7a059dd55cfe9
```

세 커밋 개체는 각각 해당 스냅샷을 나타내는 Tree 개체를 하나씩 가리키고 있다. 이상해 보이겠지만 우리는 진짜 Git 히스토리를 만들었다. 마지막 커밋 개체의 SHA-1 값을 주고 git log 명령을 실행하면 다음과 같이 출력한다.

```
$ git log --stat 1a410e
commit 1a410efbd13591db07496601ebc7a059dd55cfe9
Author: Scott Chacon <schacon@gmail.com>
Date:   Fri May 22 18:15:24 2009 -0700
```

---

2 (옮긴이) 루트 디렉터리 같은 것을 말한다.

```
    third commit

 bak/test.txt | 1 +
 1 file changed, 1 insertion(+)

commit cac0cab538b970a37ea1e769cbbde608743bc96d
Author: Scott Chacon <schacon@gmail.com>
Date:   Fri May 22 18:14:29 2009 -0700

    second commit

 new.txt  | 1 +
 test.txt | 2 +-
 2 files changed, 2 insertions(+), 1 deletion(-)

commit fdf4fc3344e67ab068f836878b6c4951e3b15f3d
Author: Scott Chacon <schacon@gmail.com>
Date:   Fri May 22 18:09:34 2009 -0700

    first commit

 test.txt | 1 +
 1 file changed, 1 insertion(+)
```

놀랍지 않은가! 방금 우리는 고수준 명령어 없이 저수준의 명령으로만 Git 히스토리를 만들었다. 지금 한 일이 `git add`와 `git commit` 명령을 실행했을 때 Git 내부에서 일어나는 일이다. Git은 변경된 파일을 Blob 개체로 저장하고 현 Index에 따라서 Tree 개체를 만든다. 그리고 이전 커밋 개체와 최상위 Tree 개체를 참고해서 커밋 개체를 만든다. 즉, Blob, Tree, 커밋 개체가 Git의 주요 개체이고 이 개체는 전부 `.git/objects` 디렉터리에 저장된다. 이 예제에서 생성한 개체는 다음과 같다.

```
$ find .git/objects -type f
.git/objects/01/55eb4229851634a0f03eb265b69f5a2d56f341 # tree 2
.git/objects/1a/410efbd13591db07496601ebc7a059dd55cfe9 # commit 3
.git/objects/1f/7a7a472abf3dd9643fd615f6da379c4acb3e3a # test.txt v2
.git/objects/3c/4e9cd789d88d8d89c1073707c3585e41b0e614 # tree 3
.git/objects/83/baae61804e65cc73a7201a7252750c76066a30 # test.txt v1
.git/objects/ca/c0cab538b970a37ea1e769cbbde608743bc96d # commit 2
.git/objects/d6/70460b4b4aece5915caf5c68d12f560a9fe3e4 # 'test content'
.git/objects/d8/329fc1cc938780ffdd9f94e0d364e0ea74f579 # tree 1
.git/objects/fa/49b077972391ad58037050f2a75f74e3671e92 # new.txt
.git/objects/fd/f4fc3344e67ab068f836878b6c4951e3b15f3d # commit 1
```

내부의 포인터를 따라가면 다음 그림이 그려진다.

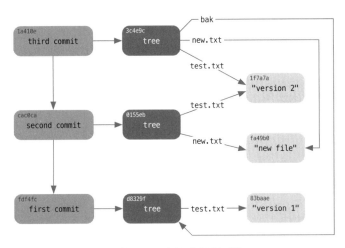

그림 10-3 Git 저장소 내의 모든 개체

개체 저장소

내용과 함께 헤더도 저장한다고 얘기했다. 잠시 Git이 개체를 어떻게 저장하는
지부터 살펴보자. 대화형 Ruby 셸을 이용하여 "what is up, doc?"이라는 문자열
을 저장하는 방법을 흉내 내 본다.

irb 명령을 실행하여 시작해보자.

```
$ irb
>> content = "what is up, doc?"
=> "what is up, doc?"
```

Git은 개체의 타입을 시작으로 헤더를 만든다. 그다음에 공백 문자 하나, 내용의
크기, 마지막에 널 문자를 추가한다.

```
>> header = "blob #{content.length}\0"
=> "blob 16\u0000"
```

Git은 헤더와 원래 내용을 합쳐서 SHA-1 체크섬을 계산한다. Ruby에서도
require로 SHA1 라이브러리를 가져다가 흉내 낼 수 있다. require로 라이브러
리를 포함하고 나서 Digest::SHA1.hexdigest()를 호출한다.

```
>> store = header + content
=> "blob 16\u0000what is up, doc?"
>> require 'digest/sha1'
=> true
```

```
>> sha1 = Digest::SHA1.hexdigest(store)
=> "bd9dbf5aae1a3862dd1526723246b20206e5fc37"
```

Git은 또 zlib으로 내용을 압축한다. Ruby에도 zlib 라이브러리가 있으니 Ruby에서도 할 수 있다. 라이브러리를 포함하고 Zlib::Deflate.deflate()를 호출한다.

```
>> require 'zlib'
=> true
>> zlib_content = Zlib::Deflate.deflate(store)
=> "x\x9CK\xCA\xC9OR04c(\xCFH,Q\xC8,V(-\xD0QH\xC9O\xB6\a\x00_\x1C\a\x9D"
```

마지막으로 zlib으로 압축한 내용을 개체로 저장한다. SHA-1 값 중에서 맨 앞에 있는 두 자를 가져다 하위 디렉터리 이름으로 사용하고 나머지 38자를 그 디렉터리 안에 있는 파일 이름으로 사용한다. Ruby에서는 FileUtils.mkdir_p()로 디렉터리를 (없으면) 만들고 File.open()으로 파일을 연다. 그리고 그 파일에 zlib으로 압축한 내용을 write() 함수로 저장한다.

```
>> path = '.git/objects/' + sha1[0,2] + '/' + sha1[2,38]
=> ".git/objects/bd/9dbf5aae1a3862dd1526723246b20206e5fc37"
>> require 'fileutils'
=> true
>> FileUtils.mkdir_p(File.dirname(path))
=> ".git/objects/bd"
>> File.open(path, 'w') { |f| f.write zlib_content }
=> 32
```

다 됐다. 이제 Git Blob 개체를 손으로 만들었다. Git 개체는 모두 이 방식으로 저장하며 단지 종류만 다르다. 헤더가 blob이 아니라 그냥 commit이나 tree로 시작하게 되는 것뿐이다. Blob 개체는 여기서 보여준 것과 거의 같지만 커밋이 개체나 Tree 개체는 각기 다른 형식을 사용한다.

10.3 Git Refs

git log 1a410e라고 실행하면 전체 히스토리를 볼 수 있지만, 여전히 1a410e를 기억해야 한다. 이 커밋은 마지막 커밋이기 때문에 히스토리를 따라 모든 개체를 조회할 수 있다. SHA-1 값을 날로 사용하기보다 쉬운 이름으로 된 포인터가 있으면 그걸 사용하는 게 더 좋다. 외우기 쉬운 이름으로 된 파일에 SHA-1 값을 저장한다.

Git에서는 이런 것을 "References" 또는 "Refs"라고 부른다. SHA-1 값이 든 파일은 .git/refs 디렉터리에 있다. 아직 .git/refs 디렉터리 안에 파일은 없고 디렉터리만 몇 개 있다.

```
$ find .git/refs
.git/refs
.git/refs/heads
.git/refs/tags
$ find .git/refs -type f
```

Refs가 있으면 커밋을 찾기 쉬워진다. 사실 내부는 아래처럼 단순하다.

```
$ echo "1a410efbd13591db07496601ebc7a059dd55cfe9" > .git/refs/heads/master
```

SHA-1 값 대신에 지금 만든 Refs를 사용할 수 있다.

```
$ git log --pretty=oneline master
1a410efbd13591db07496601ebc7a059dd55cfe9 third commit
cac0cab538b970a37ea1e769cbbde608743bc96d second commit
fdf4fc3344e67ab068f836878b6c4951e3b15f3d first commit
```

Refs 파일을 직접 고치는 것이 좀 못마땅하다. Git에는 좀 더 안전하게 바꿀 수 있는 update-ref 명령이 있다.

```
$ git update-ref refs/heads/master 1a410efbd13591db07496601ebc7a059dd55cfe9
```

Git 브랜치의 역할이 바로 이거다. 브랜치는 어떤 작업 중 마지막 작업을 가리키는 포인터 또는 Refs이다. 간단히 두 번째 커밋을 가리키는 브랜치를 만들어 보자.

```
$ git update-ref refs/heads/test cac0ca
```

브랜치는 직접 가리키는 커밋과 그 커밋으로 따라갈 수 있는 모든 커밋을 포함한다.

```
$ git log --pretty=oneline test
cac0cab538b970a37ea1e769cbbde608743bc96d second commit
fdf4fc3344e67ab068f836878b6c4951e3b15f3d first commit
```

이제 Git 데이터베이스는 다음 그림처럼 보인다.

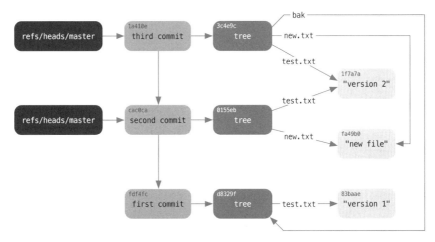

그림 10-4 브랜치 Refs가 추가된 Git 데이터베이스

git branch (branchname) 명령을 실행하면 Git은 내부적으로 update-ref 명령을 실행한다. 입력받은 브랜치 이름과 현 브랜치의 마지막 커밋의 SHA-1 값을 가져다 update-ref 명령을 실행한다.

HEAD

git branch (branchname) 명령을 실행할 때 Git은 어떻게 마지막 커밋의 SHA-1 값을 아는 걸까? HEAD 파일은 현 브랜치를 가리키는 간접(symbolic) Refs다.

간접 Refs라서 다른 것과 다르다. 이 Refs는 다른 Refs를 가리키는 것이라서 SHA-1 값이 없다. 파일을 열어 보면 아래와 같이 생겼다.

```
$ cat .git/HEAD
ref: refs/heads/master
```

git checkout test를 실행하면 Git은 HEAD 파일을 아래와 같이 바꾼다.

```
$ cat .git/HEAD
ref: refs/heads/test
```

git commit을 실행하면 커밋 개체가 만들어지는데, 지금 HEAD가 가리키고 있던 커밋의 SHA-1 값이 그 커밋 개체의 부모로 사용된다.

이 파일도 손으로 직접 편집할 수 있지만 symbolic-ref라는 명령어가 있어서 좀 더 안전하게 사용할 수 있다. 이 명령으로 HEAD의 값을 읽을 수 있다.

```
$ git symbolic-ref HEAD
refs/heads/master
```

HEAD의 값을 변경할 수도 있다.

```
$ git symbolic-ref HEAD refs/heads/test
$ cat .git/HEAD
ref: refs/heads/test
```

refs 형식에 맞지 않으면 수정할 수 없다.

```
$ git symbolic-ref HEAD test
fatal: Refusing to point HEAD outside of refs/
```

태그

중요한 개체는 모두 살펴봤고 살펴볼 개체가 하나가 남았다. 태그 개체는 커밋 개체랑 매우 비슷하다. 커밋 개체처럼 누가, 언제 태그를 달았는지 태그 메시지는 무엇이고 어떤 커밋을 가리키는지에 대한 정보가 포함된다. 태그 개체는 Tree 개체가 아니라 커밋 개체를 가리키는 것이 그 둘의 차이다. 브랜치처럼 커밋 개체를 가리키지만 옮길 수는 없다. 태그 개체는 늘 그 이름이 뜻하는 커밋만 가리킨다.

2장에서 배웠듯 태그는 Annotated 태그와 Lightweight 태그 두 종류로 나뉜다. 먼저 다음과 같이 Lightweight 태그를 만들어 보자.

```
$ git update-ref refs/tags/v1.0 cac0cab538b970a37ea1e769cbbde608743bc96d
```

Lightwieght 태그는 만들기 쉽다. 브랜치랑 비슷하지만 브랜치처럼 옮길 수는 없다. 이에 비해 Annotated 태그는 좀 더 복잡하다. Annotated 태그를 만들면 Git은 태그 개체를 만들고 거기에 커밋을 가리키는 Refs를 저장한다. Annotated 태그는 커밋을 직접 가리키지 않고 태그 개체를 가리킨다. -a 옵션을 주고 Annotated 태그를 만들어 확인해보자.

```
$ git tag -a v1.1 1a410efbd13591db07496601ebc7a059dd55cfe9 -m 'test tag'
```

태그 개체의 SHA-1 값을 확인한다.

```
$ cat .git/refs/tags/v1.1
9585191f37f7b0fb9444f35a9bf50de191beadc2
```

cat-file 명령으로 해당 SHA-1 값의 내용을 조회한다.

```
$ git cat-file -p 9585191f37f7b0fb9444f35a9bf50de191beadc2
object 1a410efbd13591db07496601ebc7a059dd55cfe9
type commit
tag v1.1
tagger Scott Chacon <schacon@gmail.com> Sat May 23 16:48:58 2009 -0700
test tag
```

object 부분에 있는 SHA-1 값이 실제로 태그가 가리키는 커밋이다. 커밋 개체뿐만 아니라 모든 Git 개체에 태그를 달 수 있다. 커밋 개체에 태그를 다는 것이 아니라 Git 개체에 태그를 다는 것이다. Git을 개발하는 프로젝트에서는 관리자가 자신의 GPG 공개키를 Blob 개체로 추가하고 그 파일에 태그를 달았다. 아래 명령으로 그 공개키를 확인할 수 있다.

```
$ git cat-file blob junio-gpg-pub
```

리눅스 커널 저장소에도 커밋이 아닌 다른 개체를 가리키는 태그 개체가 있다. 그 태그는 저장소에 처음으로 소스 코드를 임포트했을 때 그 첫 Tree 개체를 가리킨다.

리모트

리모트 Refs라는 것도 있다. 리모트를 추가하고 Push하면 Git은 각 브랜치마다 Push한 마지막 커밋이 무엇인지 refs/remotes 디렉터리에 저장한다. 예를 들어 origin이라는 리모트를 추가하고 master 브랜치를 Push한다.

```
$ git remote add origin git@github.com:schacon/simplegit-progit.git
$ git push origin master
Counting objects: 11, done.
Compressing objects: 100% (5/5), done.
Writing objects: 100% (7/7), 716 bytes, done.
Total 7 (delta 2), reused 4 (delta 1)
To git@github.com:schacon/simplegit-progit.git
  a11bef0..ca82a6d  master -> master
```

origin의 master 브랜치에서 서버와 마지막으로 교환한 커밋이 어떤 것인지 refs/remotes/origin/master 파일에서 확인할 수 있다.

```
$ cat .git/refs/remotes/origin/master
ca82a6dff817ec66f44342007202690a93763949
```

refs/heads에 있는 Refs인 브랜치와 달리 리모트 Refs는 Checkout할 수 없고 읽기 용도로만 쓸 수 있는 브랜치인 것이다. 이 리모트 Refs는 서버의 브랜치가 가리키는 커밋이 무엇인지 적어둔 일종의 북마크이다.

10.4 Packfile

테스트용 Git 저장소의 개체 데이터베이스를 다시 살펴보자. 지금 개체는 모두 11개로 Blob 4개, Tree 3개, 커밋 3개, 태그 1개가 있다.

```
$ find .git/objects -type f
.git/objects/01/55eb4229851634a0f03eb265b69f5a2d56f341 # tree 2
.git/objects/1a/410efbd13591db07496601ebc7a059dd55cfe9 # commit 3
.git/objects/1f/7a7a472abf3dd9643fd615f6da379c4acb3e3a # test.txt v2
.git/objects/3c/4e9cd789d88d8d89c1073707c3585e41b0e614 # tree 3
.git/objects/83/baae61804e65cc73a7201a7252750c76066a30 # test.txt v1
.git/objects/95/85191f37f7b0fb9444f35a9bf50de191beadc2 # tag
.git/objects/ca/c0cab538b970a37ea1e769cbbde608743bc96d # commit 2
.git/objects/d6/70460b4b4aece5915caf5c68d12f560a9fe3e4 # 'test content'
.git/objects/d8/329fc1cc938780ffdd9f94e0d364e0ea74f579 # tree 1
.git/objects/fa/49b077972391ad58037050f2a75f74e3671e92 # new.txt
.git/objects/fd/f4fc3344e67ab068f836878b6c4951e3b15f3d # commit 1
```

Git은 zlib으로 파일 내용을 압축하기 때문에 저장 공간이 많이 필요하지 않다. 그래서 이 데이터베이스에 저장된 파일은 겨우 925바이트밖에 되지 않는다. 크기가 큰 파일을 추가해서 이 기능의 효과를 좀 더 살펴보자. 앞 장에서 사용했던 Grit 라이브러리에 들어 있는 repo.rb 파일을 추가한다. 이 파일의 크기는 약 22K이다.

```
$ curl https://raw.githubusercontent.com/mojombo/grit/master/lib/grit/repo.rb > repo.rb
$ git add repo.rb
$ git commit -m 'added repo.rb'
[master 484a592] added repo.rb
 3 files changed, 709 insertions(+), 2 deletions(-)
 delete mode 100644 bak/test.txt
 create mode 100644 repo.rb
 rewrite test.txt (100%)
```

추가한 Tree 개체를 보면 repo.rb 파일의 SHA-1 값이 무엇인지 확인할 수 있다.

```
$ git cat-file -p master^{tree}
100644 blob fa49b077972391ad58037050f2a75f74e3671e92    new.txt
100644 blob 033b4468fa6b2a9547a70d88d1bbe8bf3f9ed0d5    repo.rb
100644 blob e3f094f522629ae358806b17daf78246c27c007b    test.txt
```

`git cat-file` 명령으로 개체의 크기를 아래와 같이 확인한다.

```
$ git cat-file -s 033b4468fa6b2a9547a70d88d1bbe8bf3f9ed0d5
22044
```

파일을 수정하면 어떻게 되는지 살펴보자.

```
$ echo '# testing' >> repo.rb
$ git commit -am 'modified repo a bit'
[master 2431da6] modified repo.rb a bit
 1 file changed, 1 insertion(+)
```

수정한 커밋의 Tree 개체를 확인하면 흥미로운 점을 발견할 수 있다.

```
$ git cat-file -p master^{tree}
100644 blob fa49b077972391ad58037050f2a75f74e3671e92    new.txt
100644 blob b042a60ef7dff760008df33cee372b945b6e884e    repo.rb
100644 blob e3f094f522629ae358806b17daf78246c27c007b    test.txt
```

이 Blob 개체는 다른 개체다. 새 Blob 개체는 400라인 이후에 한 라인을 더 추가한 새 개체이다. Git은 완전히 새로운 Blob 개체를 만들어 저장한다.

```
$ git cat-file -s b042a60ef7dff760008df33cee372b945b6e884e
22054
```

그럼 약 22K짜리 파일을 두 개 가지게 된다. 거의 같은 파일을 두 개나 가지게 되는 것이 못마땅할 수도 있다. 처음 것과 두 번째 것 사이의 차이점만 저장할 수 없을까?

가능하다. Git이 처음 개체를 저장하는 형식은 "Loose" 개체 포맷이라고 부른다. 나중에 이 개체를 파일 하나로 압축(Pack)할 수 있다. 이렇게 하여 공간을 절약하고 효율을 높일 수 있다. Git은 Loose 개체가 너무 많을 때, `git gc` 명령을 실행했을 때, 리모트 서버로 Push할 때 이렇게 압축한다. `git gc` 명령을 실행해서 어떻게 압축하는지 살펴보자.

```
$ git gc
Counting objects: 18, done.
Delta compression using up to 8 threads.
Compressing objects: 100% (14/14), done.
Writing objects: 100% (18/18), done.
Total 18 (delta 3), reused 0 (delta 0)
```

objects 디렉터리를 열어보면 개체 대부분이 사라졌고 한 쌍의 파일이 새로 생겼다.

```
$ find .git/objects -type f
.git/objects/bd/9dbf5aae1a3862dd1526723246b20206e5fc37
.git/objects/d6/70460b4b4aece5915caf5c68d12f560a9fe3e4
.git/objects/info/packs
.git/objects/pack/pack-978e03944f5c581011e6998cd0e9e30000905586.idx
.git/objects/pack/pack-978e03944f5c581011e6998cd0e9e30000905586.pack
```

압축되지 않은 Blob 개체는 어떤 커밋도 가리키지 않는 개체다. 즉, "what is up, doc?"과 "test content" 예제에서 만들었던 개체이다. 어떤 커밋에도 추가돼 있지 않으면, 이 개체는 dangling 개체로 취급되고 Packfile에 추가되지 않는다.

새로 생긴 파일은 Packfile과 그 Index다. 파일 시스템에서 삭제된 개체가 전부 이 Packfile에 저장된다. Index 파일에 대해서는 빠르게 찾을 수 있도록 Packfile에 오프셋이 들어 있다. gc 명령을 실행하기 전에 있던 파일 크기는 약 22K 정도였는데 새로 만들어진 Packfile은 겨우 7K에 불과하다. 멋지다. 개체를 압축하여 디스크 사용량이 1/3으로 줄었다.

이런 일은 어떤 식으로 처리하는 것인가? 개체를 압축시키면 Git은 먼저 이름 이나 크기가 비슷한 파일을 찾는다. 그리고 두 파일을 비교해서 한 파일은 다른 부분만 저장한다. Git이 얼마나 공간을 절약해 주는지 Packfile을 열어 확인할 수 있다. git verify-pack 명령어는 압축한 내용을 보여준다.

```
$ git verify-pack -v .git/objects/pack/pack-978e03944f5c581011e6998cd0e9e30000905586.idx
2431da676938450a4d72e260db3bf7b0f587bbc1 commit 223 155 12
69bcdaff5328278ab1c0812ce0e07fa7d26a96d7 commit 214 152 167
80d02664cb23ed55b226516648c7ad5d0a3deb90 commit 214 145 319
43168a18b7613d1281e5560855a83eb8fde3d687 commit 213 146 464
092917823486a802e94d727c820a9024e14a1fc2 commit 214 146 610
702470739ce72005e2edff522fde85d52a65df9b commit 165 118 756
d368d0ac0678cbe6cce505be58126d3526706e54 tag    130 122 874
fe879577cb8cffcdf25441725141e310dd7d239b tree   136 136 996
d8329fc1cc938780ffdd9f94e0d364e0ea74f579 tree   36 46 1132
deef2e1b793907545e50a2ea2ddb5ba6c58c4506 tree   136 136 1178
d982c7cb2c2a972ee391a85da481fc1f9127a01d tree   6 17 1314 1 \
   deef2e1b793907545e50a2ea2ddb5ba6c58c4506
3c4e9cd789d88d8d89c1073707c3585e41b0e614 tree   8 19 1331 1 \
   deef2e1b793907545e50a2ea2ddb5ba6c58c4506
0155eb4229851634a0f03eb265b69f5a2d56f341 tree   71 76 1350
83baae61804e65cc73a7201a7252750c76066a30 blob   10 19 1426
fa49b077972391ad58037050f2a75f74e3671e92 blob   9 18 1445
b042a60ef7dff760008df33cee372b945b6e884e blob   22054 5799 1463
033b4468fa6b2a9547a70d88d1bbe8bf3f9ed0d5 blob   9 20 7262 1 \
   b042a60ef7dff760008df33cee372b945b6e884e
1f7a7a472abf3dd9643fd615f6da379c4acb3e3a blob   10 19 7282
non delta: 15 objects
chain length = 1: 3 objects
.git/objects/pack/pack-978e03944f5c581011e6998cd0e9e30000905586.pack: ok
```

033b4 Blob이 처음 추가한 `repo.rb` 파일인데, 이 Blob은 두 번째 버전인 b042a Blob을 가리킨다. 결과에서 세 번째 칼럼은 압축된 개체의 크기를 나타낸다. b042a의 크기는 22K지만 033b4는 9바이트밖에 안 된다. 특이한 점은 원본을 그대로 저장하는 것이 첫 번째가 아니라 두 번째 버전이라는 것이다. 첫 번째 버전은 차이점만 저장된다. 최신 버전에 접근할 때가 더 많고 최신 버전에 접근하는 속도가 더 빨라야 하기 때문에 이렇게 한다.

언제나 다시 압축할 수 있기에 이 기능은 정말 환상적이다. Git은 가끔 자동으로 데이터베이스를 재압축해서 공간을 절약한다. 그리고 `git gc` 명령으로 직접 압축할 수도 있다.

10.5 Refspec

원격의 브랜치와 로컬 Refs를 간단히 매핑하는 것은 많이 봤다. 이 매핑은 실은 좀 더 복잡하다. 아래처럼 리모트 저장소를 추가해보자.

```
$ git remote add origin https://github.com/schacon/simplegit-progit
```

이 명령은 `origin`이라는 저장소 이름, URL, Fetch할 Refspec를 `.git/config` 파일에 추가한다.

```
[remote "origin"]
    url = https://github.com/schacon/simplegit-progit
    fetch = +refs/heads/*:refs/remotes/origin/*
```

Refspec 형식은 +와 `<src>:<dest>`로 돼 있다. +는 생략 가능하고, `<src>`는 리모트 저장소의 Refs 패턴이고 `<dst>`는 매핑되는 로컬 저장소의 Refs 패턴이다. +는 Fast-forward가 아닌 업데이트를 허용하는 것이다.

기본적으로 Git은 `git remote add` 명령으로 생성한 설정을 참고하여 리모트 서버에서 `refs/heads/`에 있는 Refs를 가져다 로컬의 `refs/remotes/origin/`에 기록한다. 로컬에서 서버에 있는 `master` 브랜치에 접근할 때는 다음처럼 한다.

```
$ git log origin/master
$ git log remotes/origin/master
$ git log refs/remotes/origin/master
```

이 세 명령의 결과가 모두 같다. Git은 모두 `refs/remotes/origin/master`라고 해석한다.

master 브랜치만 가져올 수 있게 하려면 fetch 부분을 다음과 같이 바꿔준다. 그러면 다른 브랜치는 가져올 수 없다.

```
fetch = +refs/heads/master:refs/remotes/origin/master
```

이는 해당 리모트 저장소에서 git fetch 명령을 실행할 때 자동으로 사용되는 Refspec이다. 다른 Refspec을 가져오려면 명령의 아규먼트로 넘긴다. 리모트 브랜치 master를 로컬 브랜치 origin/mymaster로 가져오려면 다음처럼 실행한다.

```
$ git fetch origin master:refs/remotes/origin/mymaster
```

Refspec을 여러 개 넘겨도 된다. 한꺼번에 브랜치를 여러 개 가져온다.

```
$ git fetch origin master:refs/remotes/origin/mymaster \
     topic:refs/remotes/origin/topic
From git@github.com:schacon/simplegit
 ! [rejected]        master      -> origin/mymaster  (non fast forward)
 * [new branch]      topic       -> origin/topic
```

여기서 master 브랜치는 Fast-forward가 아니라서 거절된다. 하지만 Refspec 앞에 +를 추가하면 강제로 덮어쓴다.

설정 파일에도 Refspec을 여러 개 적을 수 있다. master와 experiment 브랜치를 둘 다 적으면 항상 함께 가져온다.

```
[remote "origin"]
    url = https://github.com/schacon/simplegit-progit
    fetch = +refs/heads/master:refs/remotes/origin/master
    fetch = +refs/heads/experiment:refs/remotes/origin/experiment
```

하지만 Glob 패턴은 사용할 수 없다.

```
fetch = +refs/heads/qa*:refs/remotes/origin/qa*
```

그 대신 네임스페이스 형식(디렉터리 형식)으로는 사용할 수 있다. 만약 QA 팀이 Push하는 브랜치가 있고 이 브랜치를 가져오고 싶으면 아래와 같이 설정한다. 다음은 master 브랜치와 QA 팀의 브랜치만 가져오는 설정이다.

```
[remote "origin"]
    url = https://github.com/schacon/simplegit-progit
    fetch = +refs/heads/master:refs/remotes/origin/master
    fetch = +refs/heads/qa/*:refs/remotes/origin/qa/*
```

좀 더 복잡한 것도 가능하다. QA 팀뿐만 아니라, 일반 개발자, 통합 팀 등이 사용하는 브랜치를 네임스페이스별로 구분해 놓으면 좀 더 Git을 편리하게 사용할 수 있다.

Refspec Push하기

위와 같은 방식으로 네임스페이스를 사용하여 리모트 브랜치를 구별하여 사용하는 것은 꽤 괜찮은 방법이다. 만약 QA 팀이 네임스페이스를 사용하지 않는 브랜치를 리모트에 네임스페이스를 써서 Push하려면 어떻게 해야 할까? 이럴 땐 Refspec으로 가능하다.

QA 팀이 `master` 브랜치를 리모트 저장소에 qa/master로 Push하려면 아래와 같이 한다.

```
$ git push origin master:refs/heads/qa/master
```

`git push origin`을 실행할 때마다 Git이 자동으로 Push하게 하려면 다음처럼 설정 파일에 push 항목을 추가한다.

```
[remote "origin"]
    url = https://github.com/schacon/simplegit-progit
    fetch = +refs/heads/*:refs/remotes/origin/*
    push = refs/heads/master:refs/heads/qa/master
```

다시 말하자면 위와 같이 설정은 `git push origin`을 실행할 때 로컬 브랜치 `master`를 리모트 브랜치 qa/master로 Push하도록 하는 설정이다.

Refs 삭제하기

Refspec으로 서버에 있는 Refs를 삭제할 수 있다.

```
$ git push origin :topic
```

Refspec의 형식은 <src>:<dst>이니까 <src>를 비우고 실행하면 <dst>를 비우라는 명령이 된다. 따라서 위 명령은 리모트의 topic 브랜치를 삭제한다.

10.6 데이터 전송 프로토콜

Git에서 데이터를 전송할 때 보통 두 가지 종류의 프로토콜을 사용한다. 하나는 멍청한 프로토콜이고 다른 종류는 "스마트" 프로토콜이다. 두 종류 프로토콜을 통해 Git이 어떻게 데이터를 전송하는지 살펴본다.

멍청한 프로토콜

읽기전용으로만 사용하는 HTTP 저장소를 Clone하거나 Fetch할 때가 멍청한 프로토콜을 사용하는 때이다. 멍청한 프로토콜이라 부르는 이유는 서버가 데이터를 전송할 때 Git에 최적화된 어떤 작업도 전혀 사용하지 않기 때문이다. 단지 Fetch 과정은 HTTP GET 요청을 여러 번 보낼 뿐이다. 이때 클라이언트는 서버의 Git 저장소 레이아웃이 특별하지 않다고 가정한다.

 요즘은 멍청한 프로토콜을 사용하는 경우가 드물다. 멍청한 프로토콜을 사용하면 데이터 전송을 비밀스럽게 하기 어려워서 비공개용 저장소의 데이터를 전송하기에 적합하지 않다. 이후에 설명할 스마트 프로토콜을 사용하도록 조언하는 바이다.

simplegit 라이브러리에 대한 http-fetch 과정을 살펴보자.

```
$ git clone http://server/simplegit-progit.git
```

우선 info/refs 파일을 내려받는다. 이 파일은 update-server-info 명령으로 작성되기 때문에 post-receive 훅에서 update-server-info 명령을 호출해줘야만 HTTP를 사용할 수 있다.

```
=> GET info/refs
ca82a6dff817ec66f44342007202690a93763949     refs/heads/master
```

리모트 Refs와 SHA-1 값이 든 목록을 가져왔고 다음은 HEAD Refs를 찾는다. 이 HEAD Refs 덕택에 데이터를 내려받고 나서 어떤 Refs를 Checkout할 지 알게 된다.

```
=> GET HEAD
ref: refs/heads/master
```

데이터 전송을 마치면 master 브랜치를 Checkout해야 한다. 지금은 아직 전송을 시작하는 시점이다. info/refs에 ca82a6 커밋에서 시작해야 한다고 나와 있다. 그래서 그 커밋을 기점으로 Fetch한다.

```
=> GET objects/ca/82a6dff817ec66f44342007202690a93763949
(179 bytes of binary data)
```

서버에 Loose 포맷으로 돼 있으므로 HTTP 서버에서 정적 파일을 가져오듯이 개체를 가져오면 된다. 이렇게 서버로부터 얻어온 개체를 zlib로 압축을 풀고 Header를 떼어 내면 아래와 같은 모습이 된다.

```
$ git cat-file -p ca82a6dff817ec66f44342007202690a93763949
tree cfda3bf379e4f8dba8717dee55aab78aef7f4daf
parent 085bb3bcb608e1e8451d4b2432f8ecbe6306e7e7
author Scott Chacon <schacon@gmail.com> 1205815931 -0700
committer Scott Chacon <schacon@gmail.com> 1240030591 -0700
changed the version number
```

아직 개체를 두 개 더 내려받아야 한다. cfda3b 개체는 방금 내려받은 커밋의 Tree 개체이고, 085bb3 개체는 부모 커밋 개체이다.

```
=> GET objects/08/5bb3bcb608e1e8451d4b2432f8ecbe6306e7e7
(179 bytes of data)
```

커밋 개체는 내려받았다. 하지만 Tree 개체를 내려받으려고 하니 아래와 같은 오류가 발생한다.

```
=> GET objects/cf/da3bf379e4f8dba8717dee55aab78aef7f4daf
(404 - Not Found)
```

이런! 존재하지 않는다는 404 메시지가 뜬다. 해당 Tree 개체가 서버에 Loose 포맷으로 저장돼 있지 않을 수 있다. 해당 개체가 다른 저장소에 있거나 저장소의 Packfile 속에 들어 있을 때 그렇다. 우선 Git은 다른 저장소 목록에서 찾는다.

```
=> GET objects/info/http-alternates
(empty file)
```

다른 저장소 목록에 없으면 Git은 Packfile에서 해당 개체를 찾는다. 이렇게 하면 프로젝트를 Fork해도 디스크 공간을 효율적으로 사용할 수 있다. 우선 서버에서 받은 다른 저장소 목록에는 없어서 개체는 확실히 Packfile 속에 있다. 어떤 Packfile이 있는지는 objects/info/packs 파일에 들어 있다. 이 파일도 update-server-info 명령이 생성한다.

```
=> GET objects/info/packs
P pack-816a9b2334da9953e530f27bcac22082a9f5b835.pack
```

서버에는 Packfile이 하나 있다. 개체는 이 파일 속에 있다. 이 개체가 있는
지 Packfile의 Index(Packfile이 포함하는 파일의 목록)에서 찾는다. 서버에
Packfile이 여러 개 있으면 이런 식으로 개체가 어떤 Packfile에 있는지 찾는다.

```
=> GET objects/pack/pack-816a9b2334da9953e530f27bcac22082a9f5b835.idx
(4k of binary data)
```

이제 Packfile의 Index를 가져와서 개체가 있는지 확인한다. Packfile Index에
서 해당 개체의 SHA-1 값과 오프셋을 파악한다. 개체를 찾았으면 해당 Packfile
을 내려받는다.

```
=> GET objects/pack/pack-816a9b2334da9953e530f27bcac22082a9f5b835.pack
(13k of binary data)
```

Tree 개체를 얻어 오고 나면 커밋 데이터를 가져온다. 아마도 방금 내려받은
Packfile 속에 모든 커밋 데이터가 들어 있을 것이다. 서버에 더는 전송 요청을
보내지 않는다. 다 끝나면 Git은 HEAD가 가리키는 master 브랜치의 소스 코드
를 복원해놓는다.

스마트 프로토콜

멍청한 프로토콜은 매우 단순하다는 장점이 있으나 데이터를 효율적으로 전송
할 수 없다. 스마트 프로토콜로 데이터를 전송하는 것이 더 일반적이다. 하지만
이 프로토콜은 리모트 서버에서 처리해야 할 작업이 있다. 서버는 클라이언트가
어떤 데이터를 갖고 있고 어떤 데이터가 필요한지 분석하여 실제로 전송할 데
이터를 추려낸다. 서버가 할 일을 두 가지 일로 구분할 수 있는데 데이터를 올릴
때 하는 일과 내려받을 때 하는 일이 다르다.

데이터 올리기

리모트 서버로 데이터를 업로드하는 과정은 send-pack과 receive-pack 과정으
로 나눌 수 있다. 클라이언트에서 실행되는 send-pack과 서버의 receive-pack은
서로 연결된다.

SSH

origin URL이 SSH URL인 상태에서 git push origin master 명령을 실행하면

Git은 send-pack을 시작한다. 이 과정에서는 SSH 연결을 만들고 이 SSH 연결을 통해서 아래와 같은 명령어를 실행한다.

```
$ ssh -x git@server "git-receive-pack 'simplegit-progit.git'"
00a5ca82a6dff817ec66f4437202690a93763949 refs/heads/master□report-status \
    delete-refs side-band-64k quiet ofs-delta \
    agent=git/2:2.1.1+github-607-gfba4028 delete-refs
0000
```

git-receive-pack 명령은 Refs 정보를 한 라인에 하나씩 보여준다. 첫 번째 라인에는 master 브랜치의 이름과 SHA-1 체크섬을 보여주는데, 여기에 서버의 Capability도 함께 보여준다(여기서는 report-status, delete-refs, 기타 등등과 클라이언트 Identifier를 표시한다).

각 라인의 처음은 4바이트는 뒤에 이어지는 나머지 데이터의 길이를 나타낸다. 첫 라인을 보자. 00a5로 시작하는데 10진수로 165를 나타낸다. 첫 줄의 처음 4바이트를 제외한 나머지 길이가 165바이트라는 뜻이다. 다음 라인의 값은 003b이고 이는 62바이트를 나타낸다. 마지막 라인은 값은 0000이다. 이는 서버가 Refs 목록의 출력을 끝냈다는 것을 의미한다.

서버에 뭐가 있는지 알기 때문에 이제 서버에 없는 커밋이 무엇인지 알 수 있다. Push할 Refs에 대한 정보는 send-pack 과정에서 서버의 receive-pack 과정으로 전달된다. 예를 들어 master 브랜치를 업데이트하고 experiment 브랜치를 추가할 때는 아래와 같은 정보를 서버에 보낸다.

```
0076ca82a6dff817ec66f44342007202690a93763949 15027957951b64cf874c3557a0f3547bd83b3ff6 \
    refs/heads/master report-status
006c0000000000000000000000000000000000000000 cdfdb42577e2506715f8cfeacdbabc092bf63e8d \
    refs/heads/experiment
0000
```

Git은 예전 SHA-1, 새 SHA-1, Refs 이름을 한 줄 한 줄 담아 전송한다. 첫 라인에는 클라이언트 Capability도 포함된다. SHA-1 값이 모두 '0'인 것은 없음(無)을 의미한다. experiment Refs는 새로 추가하는 것이라서 왼쪽 SHA-1 값이 모두 0이다. 반대로 오른쪽 SHA-1 값이 모두 '0'이면 Refs를 삭제한다는 의미다.

그 다음에 서버에 없는 객체를 전부 하나의 Packfile에 담아 전송한다. 마지막에 서버는 성공했거나 실패했다고 응답한다.

```
000eunpack ok
```

HTTP(S)

HTTP를 통해 데이터를 올리는 과정도 크게 다르지 않지만 처음 핸드셰이킹 과정만 약간 다르다. 우선 다음과 같은 요청으로 시작한다.

```
=> GET http://server/simplegit-progit.git/info/refs?service=git-receive-pack
001f# service=git-receive-pack
00ab6c5f0e45abd7832bf23074a333f739977c9e8188 refs/heads/master□report-status \
    delete-refs side-band-64k quiet ofs-delta \
    agent=git/2:2.1.1~vmg-bitmaps-bugaloo-608-g116744e
0000
```

첫 번째 클라이언트 요청과 서버의 응답이다. 이어지는 클라이언트 요청은 POST 메서드를 써서 `git-upload-pack`이 제공하는 데이터를 서버로 전송하는 요청이다.

```
=> POST http://server/simplegit-progit.git/git-receive/pack
```

POST 요청은 `send-pack`의 결과와 Packfile을 데이터로 전송한다. 전송한 데이터가 서버에서 처리된 결과가 HTTP 응답으로 전달된다.

데이터 내려받기

데이터를 내려받는 것은 `fetch-pack`과 `upload-pack` 과정으로 나뉜다. 클라이언트가 `fetch-pack`을 시작하면 서버의 `upload-pack`에 연결되고 서로 어떤 데이터를 내려받을지 결정한다.

SSH

SSH 프로토콜을 사용하면 `fetch-pack`은 아래와 같이 실행한다.

```
$ ssh -x git@server "git-upload-pack 'simplegit-progit.git'"
```

`fetch-pack`과 연결된 `upload-pack`은 아래와 같은 데이터를 전송한다.

```
00dfca82a6dff817ec66f44342007202690a93763949 HEAD□multi_ack thin-pack \
    side-band side-band-64k ofs-delta shallow no-progress include-tag \
    multi_ack_detailed symref=HEAD:refs/heads/master \
    agent=git/2:2.1.1+github-607-gfba4028
003fe2409a098dc3e53539a9028a94b6224db9d6a6b6 refs/heads/master
0000
```

위 `receive-pack`의 응답과 매우 비슷하지만, Capability 부분은 다르다. HEAD

Refs(symref=HEAD:refs/heads/master)도 알려주기 때문에 저장소를 Clone하면 무엇을 Checkout해야 할지 안다.

fetch-pack은 이 정보를 살펴보고 이미 가지는 개체에는 "have"를 붙이고 내려받아야 하는 개체는 "want"를 붙인 정보를 만든다. 마지막 라인에 "done"이라고 적어서 보내면 서버의 upload-pack은 해당 데이터를 Packfile로 만들어 전송한다.

```
003cwant ca82a6dff817ec66f44342007202690a93763949 ofs-delta
0032have 085bb3bcb608e1e8451d4b2432f8ecbe6306e7e7
0009done
0000
```

HTTP(S)

HTTP로 Fetch하는 과정은 두 개의 HTTP 요청으로 이루어진다. 첫 번째 요청은 GET 요청으로 응답 결과는 SSH에서 본 내용과 같다.

```
=> GET $GIT_URL/info/refs?service=git-upload-pack
001e# service=git-upload-pack
00e7ca82a6dff817ec66f44342007202690a93763949 HEAD□multi_ack thin-pack \
    side-band side-band-64k ofs-delta shallow no-progress include-tag \
    multi_ack_detailed no-done symref=HEAD:refs/heads/master \
    agent=git/2:2.1.1+github-607-gfba4028
003fca82a6dff817ec66f44342007202690a93763949 refs/heads/master
0000
```

이 결과는 SSH 연결을 사용할 때 git-upload-pack 명령을 실행한 것과 비슷하지만 이어지는 두 번째 요청이 다르다.

```
=> POST $GIT_URL/git-upload-pack HTTP/1.0
0032want 0a53e9ddeaddad63ad106860237bbf53411d11a7
0032have 441b40d833fdfa93eb2908e52742248faf0ee993
0000
```

전송할 내용은 앞에서 살펴본 것과 같다. 전송한 데이터를 서버에서 처리한 결과가 HTTP 응답으로 전달되고 결과에 따라 Packfile이 포함되어 있을 수 있다.

프로토콜 요약

이번 절을 통해 Git이 사용하는 데이터 전송 프로토콜을 간단하게 살펴보았다. Git이 사용하는 데이터 전송 프로토콜에는 multi_ack나 side-band 같은 추가적인 많은 기능도 포함하고 있지만, 이 책에서 다룰 수 없어 설명하지는 않는다.

이 책의 내용은 Git이 어떻게 클라이언트와 서버 간에 데이터를 주고받는지 기본적인 느낌을 전달하기 위해 노력하고 있다. 데이터 전송 프로토콜의 많은 기능을 활용해보고 싶다면 Git 소스 코드를 살펴보는 것이 좋다.

10.7 운영 및 데이터 복구

언젠가는 저장소를 손수 정리해야 할 날이 올지도 모른다. 저장소를 좀 더 알차게(compact) 만들고, 다른 VCS에서 임포트하고 나서 그 잔재를 치운다든가, 아니면 문제가 생겨서 복구해야 할 수도 있다. 이 절은 이럴 때 필요한 내용을 설명한다.

운영

Git은 때가 되면 자동으로 "auto gc" 명령을 실행한다. 이 명령이 실행되는 경우 대부분은 아무런 일도 일어나지 않는다. Loose 개체가 너무 많거나, Packfile 자체가 너무 많으면 Git은 그제야 진짜로 `git gc` 명령이 일하게 한다. gc 명령은 Garbage를 Collect하는 명령이다. 이 명령은 Loose 개체를 모아서 Packfile에 저장하거나 작은 Packfile을 모아서 하나의 큰 Packfile에 저장한다. 아무런 커밋도 가리키지 않는 개체가 있고 오랫동안(대략 몇 달쯤) 아무도 쓰지 않는다면 개체를 삭제한다.

Git이 Garbage를 Collect할지 말지 자동으로 판단해서 처리하도록 아래와 같이 gc 명령을 실행할 수 있다.

```
$ git gc --auto
```

이 명령을 실행해도 보통은 아무 일도 일어나지 않는다. Loose 개체가 7천 개가 넘거나 Packfile이 50개가 넘지 않으면 Git은 실제로 gc 작업을 실행하지 않는다. 원한다면 `gc.auto`나 `gc.autopacklimit` 설정으로 그 숫자를 조절할 수 있다.

gc 명령이 하는 일 중 하나는 Refs를 파일 하나로 압축하는 일이다. 예를 들어 저장소에 아래와 같은 브랜치와 태그가 있다고 하자.

```
$ find .git/refs -type f
.git/refs/heads/experiment
.git/refs/heads/master
.git/refs/tags/v1.0
.git/refs/tags/v1.1
```

git gc를 실행하면 refs에 있는 파일은 사라진다. 대신 Git은 그 파일을 .git/ packed-refs 파일로 압축해서 효율을 높인다.

```
$ cat .git/packed-refs
# pack-refs with: peeled fully-peeled
cac0cab538b970a37ea1e769cbbde608743bc96d refs/heads/experiment
ab1afef80fac8e34258ff41fc1b867c702daa24b refs/heads/master
cac0cab538b970a37ea1e769cbbde608743bc96d refs/tags/v1.0
9585191f37f7b0fb9444f35a9bf50de191beadc2 refs/tags/v1.1
^1a410efbd13591db07496601ebc7a059dd55cfe9
```

이 상태에서 Refs를 수정하면 파일을 수정하는 게 아니라 refs/heads 폴더에 파일을 새로 만든다. Git은 Refs가 가리키는 SHA-1 값을 찾을 때 먼저 refs 디렉터리에서 찾고 없으면 packed-refs 파일에서 찾는다. 그러니까 어떤 Refs가 있는데 refs 디렉터리에서 못 찾으면 packed-refs에 있을 것이다.

마지막에 있는 ^로 시작하는 라인을 살펴보자. 이것은 바로 윗줄의 태그가 Annotated 태그라는 것을 말해준다. 해당 커밋은 윗 태그가 가리키는 커밋이라는 뜻이다.

데이터 복구

Git을 사용하다 보면 커밋을 잃어버리는 실수를 할 때도 있다. 보통 작업 중인 브랜치를 강제로 삭제하거나, 어떤 커밋을 브랜치 밖으로 끄집어내 버렸거나, 강제로(Hard) Reset하면 그렇게 될 수 있다. 어쨌든 원치 않게 커밋을 잃어버리면 어떻게 다시 찾아야 할까?

master 브랜치에서 강제로(Hard) Reset한 경우를 예로 들어 잃어버린 커밋을 복구해보자.

먼저 연습용 저장소를 만든다.

```
$ git log --pretty=oneline
ab1afef80fac8e34258ff41fc1b867c702daa24b modified repo a bit
484a59275031909e19aadb7c92262719cfcdf19a added repo.rb
1a410efbd13591db07496601ebc7a059dd55cfe9 third commit
cac0cab538b970a37ea1e769cbbde608743bc96d second commit
fdf4fc3344e67ab068f836878b6c4951e3b15f3d first commit
```

master 브랜치를 예전 커밋으로 Reset한다.

```
$ git reset --hard 1a410efbd13591db07496601ebc7a059dd55cfe9
HEAD is now at 1a410ef third commit
$ git log --pretty=oneline
```

```
1a410efbd13591db07496601ebc7a059dd55cfe9 third commit
cac0cab538b970a37ea1e769cbbde608743bc96d second commit
fdf4fc3344e67ab068f836878b6c4951e3b15f3d first commit
```

최근 커밋 두 개는 어떤 브랜치도 가리키지 않는다. 잃어버렸다고 볼 수 있다. 그 두 커밋을 브랜치에 다시 포함하려면 마지막 커밋을 다시 찾아야 한다. SHA-1 값을 외웠을 리도 없고 뭔가 찾아낼 방법이 필요하다.

보통 git reflog 명령을 사용하는 게 가장 쉽다. HEAD가 가리키는 커밋이 바뀔 때마다 Git은 남몰래 자동으로 그 커밋이 무엇인지 기록한다. 새로 커밋하거나 브랜치를 바꾸면 Reflog도 늘어난다. "10.3 Git Refs"에서 배운 git update-ref 명령으로도 Reflog를 남길 수 있다. 이런 상황을 대비할 수 있다는 점이 git update-ref를 꼭 사용해야 하는 이유 중 하나다. git reflog 명령만 실행하면 언제나 발자취를 돌아볼 수 있다.

```
$ git reflog
1a410ef HEAD@{0}: reset: moving to 1a410ef
ab1afef HEAD@{1}: commit: modified repo.rb a bit
484a592 HEAD@{2}: commit: added repo.rb
```

reflog 명령으로 확인해보니 Checkout했었던 커밋 두 개만 보여 준다. 구체적인 정보까지 보여주진 않는다. 좀 더 자세히 보려면 git log -g 명령을 사용해야 한다. 이 명령은 Reflog를 log 명령 형식으로 보여준다.

```
$ git log -g
commit 1a410efbd13591db07496601ebc7a059dd55cfe9
Reflog: HEAD@{0} (Scott Chacon <schacon@gmail.com>)
Reflog message: updating HEAD
Author: Scott Chacon <schacon@gmail.com>
Date:   Fri May 22 18:22:37 2009 -0700

        third commit

commit ab1afef80fac8e34258ff41fc1b867c702daa24b
Reflog: HEAD@{1} (Scott Chacon <schacon@gmail.com>)
Reflog message: updating HEAD
Author: Scott Chacon <schacon@gmail.com>
Date:   Fri May 22 18:15:24 2009 -0700

        modified repo.rb a bit
```

두 번째 커밋을 잃어버린 것이니까 그 커밋을 가리키는 브랜치를 만들어 복구한다. 그 커밋(ab1afef)을 가리키는 브랜치 recover-branch를 만든다.

```
$ git branch recover-branch ab1afef
$ git log --pretty=oneline recover-branch
ab1afef80fac8e34258ff41fc1b867c702daa24b modified repo a bit
484a59275031909e19aadb7c92262719cfcdf19a added repo.rb
1a410efbd13591db07496601ebc7a059dd55cfe9 third commit
cac0cab538b970a37ea1e769cbbde608743bc96d second commit
fdf4fc3344e67ab068f836878b6c4951e3b15f3d first commit
```

master 브랜치가 가리키던 커밋을 recover-branch 브랜치가 가리키게 했다. 이 커밋 두 개는 다시 도달할 수 있다. 이보다 안 좋은 상황을 가정해보자. 잃어버린 두 커밋을 Reflog에서 찾지 못했다. recover-branch를 다시 삭제하고 Reflog를 삭제하여 이 상황을 재연하자. 그러면 그 두 커밋은 다시 도달할 수 없게 된다.

```
$ git branch -D recover-branch
$ rm -Rf .git/logs/
```

Reflog 데이터는 .git/logs/ 디렉터리에 있기 때문에 그 디렉터리를 지우면 Reflog도 다 지워진다. 그러면 커밋을 어떻게 복구할 수 있을까? 한 가지 방법이 있는데 git fsck 명령으로 데이터베이스의 Integrity를 검사할 수 있다. 이 명령에 --full 옵션을 주고 실행하면 길 잃은 개체를 모두 보여준다.

```
$ git fsck --full
Checking object directories: 100% (256/256), done.
Checking objects: 100% (18/18), done.
dangling blob d670460b4b4aece5915caf5c68d12f560a9fe3e4
dangling commit ab1afef80fac8e34258ff41fc1b867c702daa24b
dangling tree aea790b9a58f6cf6f2804eeac9f0abbe9631e4c9
dangling blob 7108f7ecb345ee9d0084193f147cdad4d2998293
```

이 Dangling 커밋이 잃어버린 커밋이니까 그 SHA-1을 가리키는 브랜치를 만들어 복구할 수 있다.

개체 삭제

Git은 장점이 매우 많다. 물론 단점도 있는데 Clone할 때 히스토리를 전부 내려받는 것이 문제가 될 때가 있을 수 있다. Git은 모든 파일의 모든 버전을 내려받는다. 사실 파일이 모두 소스 코드라면 아무 문제 없다. Git은 최적화를 잘하기에 데이터를 잘 압축한다. 하지만 누군가 매우 큰 바이너리 파일을 넣어버리면 Clone할 때마다 그 파일을 내려받는다. 다음 커밋에서 그 파일을 삭제해도 히스토리에는 그대로 남기 때문에 Clone할 때마다 포함된다.

이 문제는 Subversion이나 Perforce 저장소를 Git으로 변환할 때에 큰 문제가 된다. Subversion이나 Perforce 시스템은 전체 히스토리를 내려받는 것이 아니므로 해당 파일이 여러 번 추가될 수 있다. 혹은 다른 VCS에서 Git 저장소로 임포트하려고 하는데 Git 저장소의 공간이 충분하지 않으면 너무 큰 개체는 찾아서 삭제해야 한다.

 이 작업을 하다가 커밋 히스토리를 망쳐버릴 수 있다. 삭제하거나 수정할 파일이 들어 있는 커밋 이후에 추가된 커밋은 모두 재작성된다. 프로젝트를 임포트 하자마자 하는 것은 괜찮다. 아직 아무도 새 저장소를 가지고 일하지 않기 때문이다. 그게 아니면 히스토리를 Rebase한다고 관련된 사람 모두에게 알려야 한다.

시나리오 하나를 살펴보자. 먼저 저장소에 크기가 큰 파일을 넣고 다음 커밋에서는 삭제할 것이다. 그리고 나서 그 파일을 다시 찾아 저장소에서 삭제한다. 먼저 히스토리에 크기가 큰 개체를 추가한다.

```
$ curl https://www.kernel.org/pub/software/scm/git/git-2.1.0.tar.gz > git.tgz
$ git add git.tgz
$ git commit -m 'add git tarball'
[master 7b30847] add git tarball
 1 file changed, 0 insertions(+), 0 deletions(-)
 create mode 100644 git.tgz
```

이런 tar 파일을 버전 관리하자고 넣을 수는 없다. 다음 커밋에서 다시 삭제한다.

```
$ git rm git.tgz
rm 'git.tgz'
$ git commit -m 'oops - removed large tarball'
[master dadf725] oops - removed large tarball
 1 file changed, 0 insertions(+), 0 deletions(-)
 delete mode 100644 git.tgz
```

gc 명령으로 최적화하고 나서 저장소 크기가 얼마나 되는지 확인한다.

```
$ git gc
Counting objects: 17, done.
Delta compression using up to 8 threads.
Compressing objects: 100% (13/13), done.
Writing objects: 100% (17/17), done.
Total 17 (delta 1), reused 10 (delta 0)
```

count-objects 명령은 사용하는 용량이 얼마나 되는지 알려준다.

```
$ git count-objects -v
count: 7
size: 32
in-pack: 17
packs: 1
size-pack: 4868
prune-packable: 0
garbage: 0
size-garbage: 0
```

size-pack 항목의 숫자가 Packfile의 크기다. 단위가 킬로바이트라서 이 Packfile의 크기는 약 5MB이다. 큰 파일을 커밋하기 전에는 약 2K였다. 필요 없는 파일을 지우고 커밋했지만 히스토리에서 삭제되지 않았다. 어쨌든 큰 파일이 하나 들어 있기 때문에 너무 작은 프로젝트인데도 Clone하는 사람마다 5MB씩 필요하다. 이제 그 파일을 삭제해 보자.

먼저 파일을 찾는다. 뭐, 지금은 무슨 파일인지 이미 알고 있지만 모른다고 가정한다. 어떤 파일이 용량이 큰지 어떻게 찾아낼까? 게다가 git gc를 실행됐으면 전부 Packfile 안에 있어서 더 찾기 어렵다. Plumbing 명령어 git verify-pack로 파일과 그 크기 정보를 수집하고 세 번째 필드를 기준으로 그 결과를 정렬한다. 세 번째 필드가 파일 크기다. 가장 큰 파일 몇 개만 삭제할 것이기 때문에 tail 명령으로 가장 큰 파일 3개만 골라낸다.

```
$ git verify-pack -v .git/objects/pack/pack-29…69.idx \
  | sort -k 3 -n \
  | tail -3
dadf7258d699da2c8d89b09ef6670edb7d5f91b4 commit 229 159 12
033b4468fa6b2a9547a70d88d1bbe8bf3f9ed0d5 blob   22044 5792 4977696
82c99a3e86bb1267b236a4b6eff7868d97489af1 blob   4975916 4976258 1438
```

마지막에 있는 개체가 5MB로 가장 크다. 이제 그 파일이 정확히 무슨 파일인지 알아내야 한다. 8.4절 "커밋 메시지 규칙 만들기"에서 소개했던 rev-list 명령에 --objects 옵션을 추가하면 커밋의 SHA-1 값과 Blob 개체의 파일 이름, SHA-1 값을 보여준다. 그 결과에서 해당 Blob의 이름을 찾는다.

```
$ git rev-list --objects --all | grep 82c99a3
82c99a3e86bb1267b236a4b6eff7868d97489af1 git.tgz
```

히스토리에 있는 모든 Tree 개체에서 이 파일을 삭제한다. 먼저 이 파일을 추가한 커밋을 찾는다.

```
$ git log --oneline --branches -- git.tgz
dadf725 oops - removed large tarball
7b30847 add git tarball
```

이 파일을 히스토리에서 완전히 삭제하면 6df76 이후 커밋은 모두 재작성된다.
"7.6 히스토리 단장하기"에서 배운 filter-branch 명령으로 삭제한다.

```
$ git filter-branch --index-filter \
  'git rm --cached --ignore-unmatch git.tgz' -- 7b30847^..
Rewrite 7b30847d080183a1ab7d18fb202473b3096e9f34 (1/2)rm 'git.tgz'
Rewrite dadf7258d699da2c8d89b09ef6670edb7d5f91b4 (2/2)
Ref 'refs/heads/master' was rewritten
```

  --index-filter 옵션은 "7.6 히스토리 단장하기"에서 배운 --tree-filter와 비
슷하다. --tree-filter는 디스크에 Checkout해서 파일을 수정하지만 --index-
filter는 Staging Area에서 수정한다.

  삭제도 rm file 명령이 아니라 git rm --cached 명령으로 삭제한다. 디스크에
서 삭제하는 것이 아니라 Index에서 삭제하는 것이다. 이렇게 하는 이유는 속도
가 빠르기 때문이다. Filter를 실행할 때마다 각 리비전을 디스크에 Checkout하
지 않기 때문에 이게 훨씬 더 빠르다. --tree-filter로도 같은 작업을 할 수 있다.
단지 느릴 뿐이다. 그리고 git rm 명령에 --ignore-unmatch 옵션을 주면 파일이
없는 경우에 에러를 출력하지 않는다. 마지막으로 문제가 생긴 것은 6df7640 커
밋부터라서 filter-branch 명령에 6df7640 커밋부터 재작성하라고 알려줘야 한
다. 그렇지 않으면 첫 커밋부터 시작해서 불필요한 것까지 재작성해 버린다.

  히스토리에서는 더는 그 파일을 가리키지 않는다. 하지만 Reflog나 filter-branch
를 실행할 때 생기는 Refs가 남아있다. filter-branch는 .git/refs/original 디렉
터리에 실행될 때의 상태를 저장한다. 그래서 이 파일도 삭제하고 데이터베이스
를 다시 압축해야 한다. 압축하기 전에 해당 개체를 가리키는 Refs는 모두 없애야
한다.

```
$ rm -Rf .git/refs/original
$ rm -Rf .git/logs/
$ git gc
Counting objects: 15, done.
Delta compression using up to 8 threads.
Compressing objects: 100% (11/11), done.
Writing objects: 100% (15/15), done.
Total 15 (delta 1), reused 12 (delta 0)
```

공간이 얼마나 절약됐는지 확인한다.

```
$ git count-objects -v
count: 11
size: 4904
in-pack: 15
packs: 1
size-pack: 8
prune-packable: 0
garbage: 0
size-garbage: 0
```

압축된 저장소의 크기는 8K로 내려갔다. 5MB보다 한참 작다. 하지만 size 항목은 아직 압축되지 않는 Loose 개체의 크기를 나타내는데 그 항목이 아직 크다. 즉, 아직 완전히 제거된 것은 아니다. 하지만 이 개체는 Push할 수도 Clone할 수도 없다. 이 점이 중요하다. 정말로 완전히 삭제하려면 `git prune --expire` 명령으로 삭제해야 한다.

```
$ git prune --expire now
$ git count-objects -v
count: 0
size: 0
in-pack: 15
packs: 1
size-pack: 8
prune-packable: 0
garbage: 0
size-garbage: 0
```

10.8 환경변수

Git은 늘 bash 셸 환경 안에서 동작한다. 셸 환경변수에 따라 Git의 동작이 달라진다. Git에 영향을 주는 환경변수가 어떤 것들이 있고 또 그 값에 따라 Git이 어떻게 동작하는지 알아두면 꽤 쓸모 있다. Git과 관련된 환경변수 전체를 다루지는 못하지만 알아두면 유용한 변수들은 거의 다 다룬다.

Git에 영향을 주는 변수

Git의 여러 기능 중 일반적인 기능이 동작할 때 영향을 미치는 주요 환경변수는 아래와 같다.

   GIT_EXEC_PATH 변수는 Git의 여러 Subprogram(예를 들어 `git-commit`, `git-diff` 같은 것들)이 어디에 있는지를 설정한다. 현재 설정을 확인하려면 `git --exec-path` 명령을 실행한다.

`HOME` 변수는 일반적으로 변경하지 않는 변수이다. 아주 많은 프로그램이 이 변수를 참조하기 때문이다. Git이 이 변수에 영향을 받는 부분은 사용자(user) 전체에 영향을 주는 Git 환경설정 파일을 찾을 때이다. Git을 포터블로 설치하거나 해서 사용자 환경 설정 파일의 위치를 강제로 지정해야 하면 Git을 실행하는 셸의 HOME 변수에 원하는 값을 설정한다.

`PREFIX` 변수도 비슷한 성격으로 사용자 수준이 아닌 시스템 수준의 환경설정 파일을 찾을 위치를 설정한다. Git이 찾을 위치는 $PREFIX/etc/gitconfig이다.

`GIT_CONFIG_NOSYSTEM` 변수를 설정하면 시스템 수준의 환경설정 파일을 적용하지 않는다. 이 변수는 시스템 수준의 환경설정 파일이 자꾸 방해되는데 고칠 권한이 없는 경우 설정하면 유용하다.

`GIT_PAGER` 변수는 Git이 화면에 출력할 내용이 한 화면이 넘어갈 때 사용할 프로그램을 설정한다. 이 변수에 값을 설정하지 않으면 PAGER 변수의 내용도 참고한다.

`GIT_EDITOR` 변수는 커밋 내용을 입력하는 상황과 같이 Git이 사용자로부터 어떤 내용을 입력받는 경우 실행시킬 편집기를 설정하는 변수이다. 이 변수에 값을 설정하지 않으면 EDITOR 변수의 내용도 참고한다.

저장소 위치 관련 변수

Git은 현재 작업 중인 저장소를 참조할 때 아래와 같은 환경변수에 영향을 받는다.

`GIT_DIR` 변수는 .git 디렉터리의 위치를 설정하는 변수다. 이 변수의 값을 설정하지 않으면 현재 디렉터리에서부터 ~나 /까지 한 단계씩 위로 올라가면서 .git 디렉터리가 있는지 찾는다.

`GIT_CEILING_DIRECTORIES` 변수는 .git 디렉터리를 찾으려고 한 단계씩 위로 올라가는 작업을 제어한다. 사용하는 시스템의 저장장치를 읽고 쓰는 속도가 무지하게 느리면 이 변수를 적절하게 설정한다. 불필요하게 .git 디렉터리를 찾아서 계속 저장장치의 디렉터리를 돌아다니지 않아도 된다.

`GIT_WORK_TREE` 변수는 Git 저장소가 관리하는 실제 소스 코드와 같은 파일이 위치한 디렉터리를 설정한다. 물론 실제 파일을 사용하므로 Bare 저장소가 아닌 경우에만 해당한다. 이 변수를 설정하지 않으면 $GIT_DIR에 설정된 디렉터리의 상위 디렉터리를 사용한다.

GIT_INDEX_FILE 변수는 Index 파일의 위치를 설정한다. Bare 저장소가 아닌 경우에만 해당한다.

GIT_OBJECT_DIRECTORY 변수는 .git/objects 디렉터리 위치를 설정한다. Bare 저장소가 아닌 경우에만 해당한다.

GIT_ALTERNATE_OBJECT_DIRECTORIES 변수는 콜론으로 구분된 디렉터리 리스트(예, /dir/one:/dir/two:…)로 GIT_OBJECT_DIRECTORY에서 찾을 수 없는 개체를 찾을 때 사용할 디렉터리를 설정한다. 크기가 아주 큰 파일을 여러 프로젝트에서 공유하고 있다면 이 변수를 적절히 사용한다. 중복되는 내용을 지우고 특정 위치에서 개체를 공유해서 사용하므로 저장공간 낭비를 줄일 수 있다.

Pathspec 관련 변수

"pathspec"은 Git을 쓸 때 파일이나 디렉터리의 경로(* 같은 와일드카드 문자를 사용하는 경우를 포함)를 전달할 때 어떤 방식을 사용하는가에 대해 담고 있다. .gitignore 파일에서도 사용하고 git 명령(예, git add *.c)에서도 사용한다.

GIT_GLOB_PATHSPECS, GIT_NOGLOB_PATHSPECS 변수로는 Pathspec을 사용할 때 와일드카드 문자로 어떤 동작을 하게 할지 설정한다. GIT_GLOB_PATHSPECS 변수의 값을 1로 설정하면 와일드카드 문자는 보통 사용하듯 와일드카드 문자의 역할을 한다(기본값). GIT_NOGLOB_PATHSPECS 변수의 값을 1로 설정하면 와일드카드 문자를 진짜 파일 이름의 와일드카드 문자로만 인식한다. *.c 라고 하면 진짜 파일 이름이 "*.c"인 파일만 해당하고 확장자가 .c 파일은 해당하지 않는다. 환경 변수에 독립적으로 각 명령에서 이를 선택하여 사용할 때는 :(glob) 또는 :(literal)를 명시해서 사용할 수 있다. 예를 들어 :(glob)*.c 같이 말이다.

GIT_LITERAL_PATHSPECS 변수를 설정하면 위 설정 둘 다 적용하지 않는다. 와일드카드 문자는 아무런 쓸모도 없게 되고, 변수에 독립적으로 사용하는 접두어도 마찬가지로 쓸 수 없게 된다.

GIT_ICASE_PATHSPECS 변수를 설정하면 대문자와 소문자를 가리지 않게 된다.

커밋 관련 변수

Git이 커밋을 만드는 작업에서 대부분 git-commit-tree 명령을 실행하고 나면 커밋 개체가 만들어진다. 이 명령이 커밋을 만들 때 커밋에 채워 넣을 정보를 가져오거나 참고하는 환경변수는 아래와 같다. 환경변수를 설정하지 않는 경우는 환경설정 파일의 내용을 가져와 적용한다.

GIT_AUTHOR_NAME 변수는 "author" 정보로 사용할 이름.

GIT_AUTHOR_EMAIL 변수는 "author" 정보로 사용할 이메일 주소.

GIT_AUTHOR_DATE 변수는 "author" 정보로 사용할 타임스탬프 값.

GIT_COMMITTER_NAME 변수는 "committer" 정보로 사용할 이름.

GIT_COMMITTER_EMAIL 변수는 "committer" 정보로 사용할 이메일 주소.

GIT_COMMITTER_DATE 변수는 "committer" 정보로 사용할 타임스탬프 값.

EMAIL 변수는 어떤 환경설정 파일에도 user.email 설정을 찾을 수 없는 경우 참조하는 변수다. 이 변수마저 설정하지 않으면 Git은 시스템의 현재 사용자 정보와 시스템 호스트 정보를 조합하여 사용한다.

네트워크 관련 변수

Git은 HTTP 프로토콜로 데이터를 전송할 때 curl 라이브러리를 사용한다. GIT_CURL_VERBOSE 변수를 설정하면 curl 라이브러리가 출력하는 상세한 정보를 볼 수 있다. curl -v 명령을 사용한 경우와 비슷하다.

GIT_SSL_NO_VERIFY 변수를 설정하면 SSL 인증서를 확인하지 않는다. HTTPS 프로토콜로 저장소를 사용하는데 Self-signed 인증서를 사용할 때 이 변수를 사용한다. 혹은 아직 인증서를 정상적으로 발급하진 않았지만, 테스트를 위해 테스트용 인증서를 사용하는 경우를 예로 들 수도 있다.

GIT_HTTP_LOW_SPEED_TIME 변수에 설정한 시간 동안 GIT_HTTP_LOW_SPEED_LIMIT 변수에 설정한 초당 전송 바이트 수에 미치지 못하는 HTTP 전송속도가 나오면 Git은 데이터 전송을 중지한다.

이 설정은 설정파일의 http.lowSpeedLimit, http.lowSpeedTime 항목보다 우선한다.

GIT_HTTP_USER_AGENT 변수는 Git이 HTTP 데이터 전송을 할 때 헤더에 사용자 에이전트값으로 사용할 문자열을 설정한다.

기본적으로 사용하는 값은 git/2.0.0 같은 모양의 값이다.

Diff/Merge 관련 변수

GIT_DIFF_OPTS 변수는 이름이 잘못 지어진 변수다. git diff 명령을 실행했을 때 변경된 부분 아래위로 보여주는 라인의 개수를 조절한다. 명령의 옵션으로 사용할 때는 -u<n> 이나 --unified=<n>로 사용한다.

GIT_EXTERNAL_DIFF 변수는 diff.external 설정보다 우선한다. git diff 명령을 실행하면 이 변수에 설정한 명령을 실행한다.

GIT_DIFF_PATH_COUNTER 변수나 GIT_DIFF_PATH_TOTAL 변수의 설정은 GIT_EXTERNAL_DIFF 또는 diff.external에 설정된 프로그램 안에서 유용하게 사용한다. GIT_DIFF_PATH_TOTAL 변수는 diff 명령이 실행할 때 보여주는 모든 파일의 개수를 나타낸다. GIT_DIFF_PATH_COUNTER 변수는 그 파일 중 지금 몇 번째 파일을 보여주고 있는지를 1로 시작하는 Index를 담고 있다.

GIT_MERGE_VERBOSITY 변수는 Recursive Merge 전략에 따른 메시지 출력을 제어한다. 이 변수가 사용할 수 있는 값은 아래와 같이 5개의 수준이다.

- 0 충돌이 발생한 경우에만 마지막 에러 메시지를 출력
- 1 충돌이 발생한 경우에만 충돌 내용을 출력함
- 2 충돌 내용과 변경된 내용을 출력함
- 3 변경된 내용이 없는 파일이라도 출력함
- 4 Merge할 때 열어본 모든 파일을 출력함
- 5 또는 그 이상의 값을 설정하면 디버그 메시지까지 출력함

이 중 기본값은 2이다.

디버그 관련 변수

Git이 어디까지 실행했는지 알고 싶은가? Git은 거의 모든 내부 동작에 대한 Trace 로그를 남길 수 있으며 환경변수를 조절해서 Trace 로그를 확인할 수 있다. 변수에 설정할 수 있는 값은 아래와 같다.

- "true", "1", "2" - stderr 표준에러출력으로 Trace 로그를 출력함(1 이상 10 이하의 숫자는 해당 FD로 출력함).
- /로 시작하는 절대 경로 - Trace 로그를 해당 경로의 파일에 기록함.

GIT_TRACE 변수에 위와 같은 값을 설정하면 특정 카테고리로 지정하지 않은 모든 Trace 메시지를 대상에 기록하거나 출력한다. Alias를 적용하거나 명령에 따라 Subprogram을 실행시킨다거나 하는 Trace를 확인할 수 있다.

```
$ GIT_TRACE=true git lga
20:12:49.877982 git.c:554          trace: exec: 'git-lga'
20:12:49.878369 run-command.c:341  trace: run_command: 'git-lga'
```

```
20:12:49.879529 git.c:282                  trace: alias expansion: lga => 'log'
'--graph' '--pretty=oneline' '--abbrev-commit' '--decorate' '--all'
20:12:49.879885 git.c:349                  trace: built-in: git 'log' '--graph'
'--pretty=oneline' '--abbrev-commit' '--decorate' '--all'
20:12:49.899217 run-command.c:341          trace: run_command: 'less'
20:12:49.899675 run-command.c:192          trace: exec: 'less'
```

GIT_TRACE_PACK_ACCESS 변수에 따라 Packfile 사용 내용을 출력한다. 출력 내용을 보면 첫 번째 열은 접근하는 Packfile의 이름을, 두 번째 열은 Packfile 안에서 오프셋 정보를 보여준다.

```
$ GIT_TRACE_PACK_ACCESS=true git status
20:10:12.081397 sha1_file.c:2088          .git/objects/pack/pack-c3fa...291e.pack 12
20:10:12.081886 sha1_file.c:2088          .git/objects/pack/pack-c3fa...291e.pack 34662
20:10:12.082115 sha1_file.c:2088          .git/objects/pack/pack-c3fa...291e.pack 35175
# […]
20:10:12.087398 sha1_file.c:2088          .git/objects/pack/pack-e80e...e3d2.pack 56914983
20:10:12.087419 sha1_file.c:2088          .git/objects/pack/pack-e80e...e3d2.pack 14303666
On branch master
Your branch is up-to-date with 'origin/master'.
nothing to commit, working directory clean
```

GIT_TRACE_PACKET 변수는 네트워크 데이터 전송을 하는 경우 패킷 수준의 Trace 정보를 보여준다.

```
$ GIT_TRACE_PACKET=true git ls-remote origin
20:15:14.867043 pkt-line.c:46        packet:          git< # service=git-
upload-pack
20:15:14.867071 pkt-line.c:46        packet:          git< 0000
20:15:14.867079 pkt-line.c:46        packet:          git< 97b8860c07189
8d9e162678ea1035a8ced2f8b1f HEAD\0multi_ack thin-pack side-band side-band-
64k ofs-delta shallow no-progress include-tag multi_ack_detailed no-done
symref=HEAD:refs/heads/master agent=git/2.0.4
20:15:14.867088 pkt-line.c:46        packet:          git< 0f20ae29889d61f2e9
3ae00fd34f1cdb53285702 refs/heads/ab/add-interactive-show-diff-func-name
20:15:14.867094 pkt-line.c:46        packet:          git< 36dc827bc9d17f80ed
4f326de21247a5d1341fbc refs/heads/ah/doc-gitk-config
# […]
```

GIT_TRACE_PERFORMANCE 변수를 설정하면 Git의 성능에 관련된 Trace를 출력한다.

출력한 내용을 살펴보면 어떤 작업이 얼마나 시간이 걸려 실행되었는지 확인할 수 있다.

```
$ GIT_TRACE_PERFORMANCE=true git gc
20:18:19.499676 trace.c:414          performance: 0.374835000 s: git command:
'git' 'pack-refs' '--all' '--prune'
```

```
20:18:19.845585 trace.c:414           performance: 0.343020000 s: git command:
'git' 'reflog' 'expire' '--all'
Counting objects: 170994, done.
Delta compression using up to 8 threads.
Compressing objects: 100% (43413/43413), done.
Writing objects: 100% (170994/170994), done.
Total 170994 (delta 126176), reused 170524 (delta 125706)
20:18:23.567927 trace.c:414           performance: 3.715349000 s: git command:
'git' 'pack-objects' '--keep-true-parents' '--honor-pack-keep' '--non-empty'
'--all' '--reflog' '--unpack-unreachable=2.weeks.ago' '--local' '--delta-base-
offset' '.git/objects/pack/.tmp-49190-pack'
20:18:23.584728 trace.c:414           performance: 0.000910000 s: git command:
'git' 'prune-packed'
20:18:23.605218 trace.c:414           performance: 0.017972000 s: git command:
'git' 'update-server-info'
20:18:23.606342 trace.c:414           performance: 3.756312000 s: git command:
'git' 'repack' '-d' '-l' '-A' '--unpack-unreachable=2.weeks.ago'
Checking connectivity: 170994, done.
20:18:25.225424 trace.c:414           performance: 1.616423000 s: git command:
'git' 'prune' '--expire' '2.weeks.ago'
20:18:25.232403 trace.c:414           performance: 0.001051000 s: git command:
'git' 'rerere' 'gc'
20:18:25.233159 trace.c:414           performance: 6.112217000 s: git command:
'git' 'gc'
```

GIT_TRACE_SETUP 변수를 설정하면 Git이 현재 어떤 저장소와 어떤 환경 위에서
동작하고 있는지 파악한 정보를 보여준다.

```
$ GIT_TRACE_SETUP=true git status
20:19:47.086765 trace.c:315           setup: git_dir: .git
20:19:47.087184 trace.c:316           setup: worktree: /Users/ben/src/git
20:19:47.087191 trace.c:317           setup: cwd: /Users/ben/src/git
20:19:47.087194 trace.c:318           setup: prefix: (null)
On branch master
Your branch is up-to-date with 'origin/master'.
nothing to commit, working directory clean
```

잡동사니 변수

GIT_SSH 변수를 설정하면 Git이 SSH 리모트로 연결할 때 ssh 명령 대신 설정된
명령을 사용한다. 즉 $GIT_SSH [username@]host [-p <port>] <command> 명령을
실행한 것과 같다. GIT_SSH 변수를 설정하는 방식이 ssh 명령을 사용자 입맛에
맞게끔 고치는 가장 좋은 방법은 아니다. ssh 명령의 다양한 옵션을 사용할 수
없는 방식이기 때문이다. 따로 원하는 옵션들을 적용한 스크립트를 하나 만들
고, 이 스크립트를 변수에 설정하면 원하는 ssh 옵션을 사용할 수 있다. ~/.ssh/
config 환경설정 파일을 편집하여 사용하는 것이 더 나을 수도 있다.

　GIT_ASKPASS 변수는 core.askpass 설정보다 우선한다. 이 변수에 설정하

는 스크립트나 프로그램은 Git이 사용자에게 암호를 입력받는 상황에서 실행되어 stdout 표준출력으로 출력하는 메시지를 암호로 받아서 처리한다("7.14 Credential 저장소"에서 더 자세한 내용을 확인할 수 있다).

GIT_NAMESPACE 변수를 설정하면 Ref에 접근할 때 네임스페이스로 사용한다. --namespace 옵션과 같다. 이 변수는 서버 측에서 유용하게 사용할 수 있다. 하나의 저장소 안에 여러 Fork를 운영하는 경우 이 변수를 사용하여 Ref를 분리하여 사용할 수 있다.

GIT_FLUSH 변수를 설정하면 Git이 메시지를 화면에 출력할 때 버퍼를 사용하지 않고 바로바로 출력한다. 값을 1로 설정하면 평소보다 훨씬 빈번하게 메시지 출력하고 0으로 설정하면 항상 버퍼를 사용한다. 이 변수에 값을 설정하지 않으면 기본적으로 Git은 상황에 맞게 조절하여 출력한다.

GIT_REFLOG_ACTION 변수는 reflog의 설명에 사용된다. 이 변수에 작업 내용에 대한 설명을 담아두고 Git 명령을 실행하면 된다. 예를 들어 아래와 같다.

```
$ GIT_REFLOG_ACTION="my action" git commit --allow-empty -m 'my message'
[master 9e3d55a] my message
$ git reflog -1
9e3d55a HEAD@{0}: my action: my message
```

10.9 요약

Git이 내부적으로 어떻게 동작하는지 뿐만 아니라 어떻게 구현됐는지까지 잘 알게 됐을 것이다. 이 장에서는 저수준 명령어인 Plumbing 명령어를 설명했다. 다른 장에서 우리가 배웠던 Porcelain 명령어보다는 단순하다. Git이 내부적으로 어떻게 동작하는지 알면 Git이 왜 그렇게 하는가를 더 쉽게 이해할 수 있을 뿐만 아니라 개인적으로 필요한 도구나 스크립트를 만들어 자신의 워크플로를 개선할 수 있다.

Git은 Content-addressable 파일 시스템이기 때문에 VCS 이상의 일을 할 수 있는 매우 강력한 도구다. 필자는 독자가 습득한 Git 내부 지식을 활용해서 필요한 애플리케이션을 직접 만들면 좋겠다. 그리고 진정 Git을 꼼꼼하고 디테일하게 다룰 수 있게 되길 바란다.

부록 A

P r o G i t 2nd E d i t i o n

다양한 환경에서 Git 사용하기

이 책을 다 읽으면 Git 명령어를 사용하는 방법을 많이 배우게 된다. 그러면 로컬 파일을 관리하거나 네트워크 너머에 있는 저장소에 연결하는 것 이상의 일들도 매우 잘할 수 있다. Git은 CLI 말고 다른 도구로도 사용할 수 있다. CLI는 Git 생태계의 한 부분일 뿐이고 터미널이 진리인 것도 아니다. 이 장에서는 다른 환경에서 Git을 어떻게 사용할 수 있는지 살펴보고 어떤 Git 애플리케이션이 있는지도 소개한다.

A.1 GUI

Git의 본진은 터미널이다. 새로운 기능은 먼저 터미널에 추가될 뿐더러 애초에 Git의 모든 기능은 CLI로만 사용할 수 있다. 하지만 텍스트 세상이 늘 좋은 것도 아니고 시각적 표현이 필요할 때도 있다. 가리키고 클릭하는 것을 편하게 느끼는 사용자도 있다.

무슨 인터페이스를 사용하느냐는 중요하지 않지만, 인터페이스에 따라 워크플로도 달라져야 한다. Git의 기능을 엄선해서 제공하는 클라이언트 프로그램이 있는데 이런 도구에서는 지원하는 방법으로만 Git을 사용해야 한다. 이런 맥락으로 각 도구를 서로 비교하고 줄 세울 수 없다. 도구마다 고유의 목적이 있다. 하지만 CLI로는 뭐든 다 할 수 있다. GUI 클라이언트로 할 수 있는 일 중 CLI로 못하는 일은 없다.

gitk와 git-gui

Git을 설치하면 gitk와 git-gui도 같이 설치된다.

gitk는 히스토리를 그래프로 보여준다. `git log`와 `git grep`을 합쳐놓은 GUI 도구라고 생각하면 된다. 프로젝트 히스토리를 시각화해서 무슨 일이 있었는지 살펴볼 때 이 도구를 사용한다.

Gitk를 실행하는 방법은 쉽다. `cd` 명령으로 Git 저장소 디렉터리로 이동해서 실행한다.

```
$ gitk [git log options]
```

Gitk를 실행할 때 옵션을 주고 실행할 수 있는데 대부분 `git log`의 것과 같다. 유용한 옵션으로 `--all`이 있는데 HEAD의 히스토리가 아니라 저장소의 모든 커밋을 보여달라고 하는 옵션이다. Gitk는 아래와 같이 생겼다.

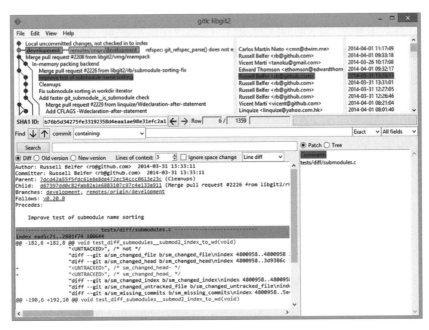

그림 A-1 gitk 히스토리 뷰어

위에 있는 히스토리는 `git log --graph`의 출력과 비슷하게 생겼다. 점은 커밋을, 선은 부자관계를 나타내고 색칠된 박스가 Ref다. 노란색 점은 HEAD를, 빨간 점은 아직 커밋하지 않은 변경 내역이다. 커밋을 하나 선택하면 왼쪽에 코멘트와 패치를 보여주고 오른쪽에 요약정보를 보여준다. 그리고 중간에는 히스토리를 검색하는 입력 폼이 있다.

git-gui는 꼼꼼하게 커밋하는 데 사용하는 커밋 도구다. 정말 쉽게 실행할 수 있다.

```
$ git gui
```

이 프로그램은 아래처럼 실행된다.

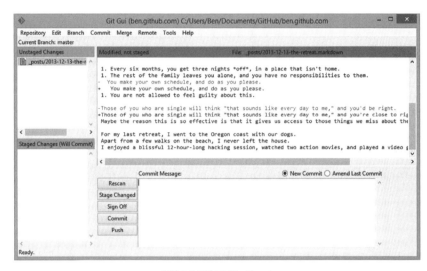

그림 A-2 커밋 도구인 git-gui

왼쪽에는 Index가 있다. 그 위에는 Unstaged 상태의 파일들이 있고 아래에는 Staged 상태의 파일이 있다. 아이콘을 클릭하면 모든 파일을 반대 상태로 옮길 수 있다. 반면 파일 이름을 선택하면 해당 파일 내용을 보여준다.

오른쪽 위에는 선택한 파일의 변경 내용을 Diff로 보여준다. Diff에서 오른쪽 버튼을 클릭하면 해당 라인이나 해당 Hunk를 하나씩 Stage할 수 있다.

오른쪽 아래에는 커밋 메시지와 버튼들이 있다. 텍스트 박스에 메시지를 입력하고 "Commit" 버튼을 클릭하면 git commit을 실행한 것과 같다. "Amend" 라디오 버튼을 선택하면 최근 커밋도 수정할 수 있다. "Staged Changes" 영역에는 마지막 커밋 내용이 표시된다. 빠트린 것을 Stage하거나 잘못 커밋한 것을 Unstage하고 커밋 메시지를 수정하고 나서 다시 "Commit" 버튼을 클릭하면 새 커밋으로 변경된다.

gitk와 git-gui는 특정 일에 맞춰진 도구다. gitk는 히스토리 조회용이고 git-gui는 커밋용 도구다. 이 도구로 다른 일은 할 수 없다.

GitHub 클라이언트

GitHub은 'GitHub for Mac'과 'GitHub for Windows'라는 Git 클라이언트를 만들었다. 이 클라이언트는 Git의 모든 기능을 지원하지 않는다. 사람들이 많이 사용하는 워크플로를 따르도록 만들었다. 어떻게 생겼는지 한번 보자.

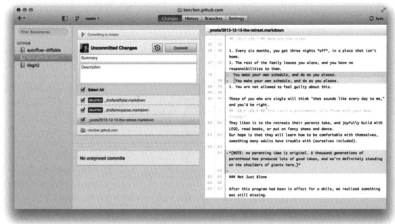

그림 A-3 GitHub for Mac

그림 A-4 GitHub for Windows

이 두 프로그램은 거의 똑같이 생겼다. 그래서 이 둘을 한 프로그램이라고 생각하고 설명한다. 우리는 이 도구에 자세하게 설명하지 않는다. 자세한 것은 설명서를 참고하길 바란다. 아마도 "changes" 뷰를 중심으로 사용하게 될 것이라서 "changes" 뷰를 잘 소개하려고 한다.

- 왼쪽에 있는 것은 이 클라이언트가 추적하고 있는 저장소의 목록이다. 아래에 있는 "+" 아이콘을 클릭하면 이미 로컬에 있는 저장소를 추가하거나 새로 Clone할 수 있다.

- 중앙에는 커밋을 위한 컨트롤이 있다. 메시지를 입력하고 파일을 골라서 커밋할 수 있다. 윈도우 버전에서는 바로 아래 커밋 히스토리를 보여주지만 맥 버전에서는 별도 탭에 보여준다.

- 오른쪽은 워킹 디렉터리 변경된 부분을 보여주는 Diff 뷰다. 커밋을 하나 선택하면 해당 커밋의 내용만 보여준다.

- 오른쪽 위에 있는 "Sync" 버튼을 누르면 외부 저장소와 동기화한다.

 Github 계정이 없어도 이 도구를 사용할 수 있다. GitHub 서비스와 GitHub이 제안하는 워크플로에 초점을 맞춘 도구지만 다른 호스트나 저장소에도 사용할 수 있다.

설치

'GitHub for Windows'와 'GitHub for Mac'은 각각 https://windows.github.com과 https://mac.github.com에서 내려받을 수 있다. 프로그램을 처음 실행하면 이름과 이메일 주소 같은 설정을 하도록 안내하고 'Credential Cache'나 CRLF 같은 설정도 사람들이 많이 사용하는 값으로 똘똘하게 처리한다.

업데이트는 백그라운드로 내려받고 설치해서 늘 최신 버전으로 유지한다. 번들로 포함된 Git도 업데이트하기 때문에 업데이트는 고민할 필요가 없다. 'GitHub for Windows'는 Posh-git이 적용된 Powershell을 실행하는 단축 아이콘도 만들어 준다. 이 부분은 좀 있다 설명하겠다.

저장소를 추가해보자. 이 클라이언트는 GitHub에서 접근 가능한 저장소들의 목록을 보여주고 한 번에 Clone할 수 있도록 안내한다. 이미 로컬 저장소가 있으면 간단히 'Mac Finder'나 'Windows Explorer'에서 끌어다(drag) 놓으면 왼쪽 저장소 목록에 추가된다.

권장 워크플로

설치하고 설정을 마쳤으면 평소 Git을 사용하듯이 GitHub 클라이언트를 사용할 수 있다. 이 도구는 6.2절 "GitHub 플로"에서 설명한 "GitHub Flow"를 지원하도록 설계했다. 하지만 하는 일을 매우 단순하게 나눠보면 브랜치에 커밋하거나 리모트 저장소와 동기화시키는 일로 나눠 볼 수 있다.

브랜치 관리는 두 버전이 조금 다르다. 'GitHub for Mac'에서는 윈도우의 위쪽에 있는 버튼으로 브랜치를 만들 수 있다.

그림 A-5 Mac의 Create Branch 버튼

'GitHub for Windows'에서는 브랜치를 바꾸는 위젯에서 브랜치 이름을 새로 입력하면 된다.

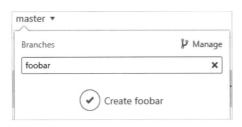

그림 A-6 윈도우에서 브랜치 만들기

브랜치를 만들면 즉시 커밋할 수 있다. 워킹 디렉터리에서 작업을 하고 GitHub 클라이언트로 창을 바꾸면 무엇을 수정했는지 보여준다. 커밋 메시지를 입력하고 파일을 선택하고 나서 "Commit" 버튼을 클릭하면('ctrl-enter'이나 '⌘-enter') 커밋된다.

GitHub 클라이언트에서는 "Sync" 기능이 외부 저장소와 통신하는 방법이다. Git은 Push, Fetch, Merge, Rebase 각각 다른 기능이지만 GitHub 클라이언트는 "Sync"에 전부 녹여 넣었다.

1. git pull --rebase. 충돌이 생기는 경우에는 `git pull --no-rebase`가 실행된다.
2. git push.

저장소를 동기화할 때는 이 순서대로 명령어를 실행하는 것이 일반적이다. GitHub 클라이언트에서는 한 명령으로 전부 실행해서 시간을 절약할 수 있다.

요약

이 도구는 도구가 원하는 특정 워크플로에 적합하도록 설계했다. 개발자든 비개발자든 조금만 배우면 바로 프로젝트에 참여할 수 있다. 이 워크플로와 비슷하게 일하고 있다면 이 도구를 사용하는 것이 최선이다.

다른 GUI 도구들

Git GUI 클라이언트에는 종류가 많다. 범용으로 만들어진 것도 있고 아닌 것도 있다. Git 공식 웹사이트인 http://git-scm.com/downloads/guis에서 많이 사용하는 클라이언트를 소개한다. Git 위키 사이트에는(https://git.wiki.kernel.org/index.php/Interfaces,_frontends,_and_tools#Graphical_Interfaces) 더 많은 클라이언트가 정리돼 있다.

A.2 Visual Studio

Visual Studio 2013 Update 1부터 Git 클라이언트가 Visual Studio에 들어갔다. Visual Studio에도 오랫동안 버전관리 기능이 들어 있었다. 이 버전관리 시스템은 Git과는 방식이 다르다. 중앙 집중식이고 파일을 잠그는 방식이다. Visual Studio 2013은 Git에 어울리는 워크플로를 따를 수 있도록 Git을 지원한다.

Git으로 관리하는 프로젝트나 `git init`을 해서 새로 관리하도록 설정한 프로젝트를 열면 이 기능을 사용할 수 있다. View 〉 Team Explorer 메뉴를 선택한다. 그럼 "Connect" 뷰를 보여주는데 아래와 같이 생겼다.

그림 A-7 Team Explorer에서 Git 저장소에 연결하기

Visual Studio는 한 번 열었던 Git 프로젝트는 모두 저장해두기 때문에 하단에 있는 목록에서 찾을 수 있다. 찾는 프로젝트가 목록에 없으면 "Add" 링크를 클릭해서 워킹 디렉터리의 경로를 입력한다. 로컬 Git 저장소 중 하나를 더블클릭하면 Home 뷰로 이동한다. Home 뷰는 그림 A-8처럼 생겼다. Home 뷰는 일종

의 Git 센터다. 코드를 작성할 때는 "Changes" 뷰에서 많은 시간을 쓸 것이고 다
른 동료가 커밋한 코드를 내려받을 때는 "Unsynced Commits"이나 "Branches"
뷰를 사용하게 된다.

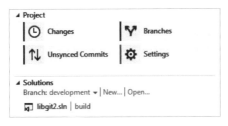

그림 A-8 Visual Studio의 Git 센터, Home 뷰

Visual Studio에는 Git과 연동되는 Task-focused UI도 있다. 여기에는 히스토리
뷰, Diff 뷰어, 리모트 명령어 등등의 기능이 포함된다. 이 기능에 대한 자세한
문서는 http://msdn.microsoft.com/en-us/library/hh850437.aspx에 있다.

A.3 Eclipse

Eclipse에는 꽤 잘 만든 Egit이라는 플러그인이 들어 있다. Perspective를 Git으
로 변경하면 바로 사용할 수 있다(메뉴에서 Window 〉 Open 〉 Other… 〉 Git
으로 선택한다).

그림 A-9 Eclipse의 EGit

Egit은 문서화가 잘 돼 있다. Help 〉 Help Contents 메뉴를 통해 도움말 페이지를 열고 EGit Documentation을 선택하면 EGit 문서를 볼 수 있다.

A.4 Bash

Bash 사용자라면 평소 사용하던 패턴대로 Git을 설정해 사용할 수 있다. Git에는 셸에 유용한 플러그인이 들어있는데 자동으로 적용되진 않는다.

먼저 Git 소스에 들어 있는 contrib/completion/git-completion.bash을 가져다가 홈 디렉터리 어디엔가 넣는다. 그리고 .bashrc 파일에 추가한다.

```
. ~/git-completion.bash
```

이렇게 적용하고 Git 저장소에 들어가서 아래와 같이 입력한다.

```
$ git chec<tab>
```

git checkout이라고 자동완성 된다. Git 하위 명령어와 파라미터, 리모트, Refs까지 관련된 모든 것이 전부 자동완성된다.

게다가 프롬프트에 Git 저장소의 정보를 보여줄 수 있다. 단순하게 보여주는 것도 가능하고 꼼꼼하게 보여주는 것도 가능하다. 여기서는 사람들이 공통으로 사용하는 현 브랜치 이름과 워킹 디렉터리 상태 정보를 보여주는 정도를 살펴본다. Git 소스 저장소에서 contrib/completion/git-prompt.sh 파일을 복사해서 홈 디렉터리에 넣고 아래와 같이 .bashrc 파일에 추가한다.

```
. ~/git-prompt.sh
export GIT_PS1_SHOWDIRTYSTATE=1
export PS1='\w$(__git_ps1 " (%s)")\$ '
```

\w는 현 워킹 디렉터리를, \$는 $를 출력하고, __git_ps1 " (%s)"는 git-prompt.sh에 있는 함수에 포맷을 아규먼트로 주고 호출하는 것이다. 이제부터는 Git 프로젝트 디렉터리에 들어가면 아래와 같이 보인다.

그림 A-10 bash 프롬프트

여기서 소개한 두 스크립트 `git-completion.bash`와 `git-prompt.sh`에 대해 자세히 알고 싶으면 코드를 읽어 보는 게 좋다.

A.5 Zsh

Git에는 Zsh용 탭 자동완성 스크립트도 들어 있다. `contrib/completion/git-completion.zsh`를 홈 디렉터리에 복사하고 `.zshrc`에 설정(Source)한다. Zsh는 Bash보다 더 강력하다.

```
$ git che<tab>
check-attr          -- display gitattributes information
check-ref-format    -- ensure that a reference name is well formed
checkout            -- checkout branch or paths to working tree
checkout-index      -- copy files from index to working directory
cherry              -- find commits not merged upstream
cherry-pick         -- apply changes introduced by some existing commits
```

Zsh는 선택지가 여러 개일 때 단순히 이름만 보여주지 않는다. 간단한 설명도 함께 보여주고 탭 키로 고를 수 있다. Git 명령어만이 아니라 아규먼트도 자동완성해준다. 게다가 저장소의 리모트나 Refs 같은 이름과 파일 이름 같은 것도 자동완성한다. Zsh는 아는 모든 것을 제시한다.

Zsh 프롬프트는 Bash와 많이 비슷하지만 오른쪽 프롬프트가 더 있다. 오른쪽 프롬프트에 브랜치 이름을 나오게 하려면 `~/.zshrc` 파일에 아래 라인을 추가한다.

```
setopt prompt_subst
. ~/git-prompt.sh
export RPROMPT=$'$(__git_ps1 "%s")'
```

셸에서 Git 저장소 디렉터리로 이동하면 터미널 오른쪽에 현 브랜치 이름을 아래와 같이 보여준다.

그림 A-11 zsh 프롬프트 설정

Zsh의 강령함을 이끌어 내는 프레임워크가 있다. "oh-my-zsh"이 대표적인데 https://github.com/robbyrussell/oh-my-zsh에서 찾을 수 있다. Git 탭 자동완성도 "oh-my-zsh" 플러그인을 사용하면 되고 브랜치 이상의 정보를 보여주는 다양한 프롬프트 테마도 제공한다. 그림 A-12는 프롬프트 테마를 적용한 모습이다.

그림 A-12 oh-my-zsh 테마

A.6 Powershell

윈도우의 표준 CLI 터미널인 `cmd.exe`는 Git을 사용하기에 별로 좋지 않다. 그래서 Powershell을 쓸 줄 안다면 Powershell을 사용하는 것이 낫다. 'Posh-Git' (https://github.com/dahlbyk/posh-git)이라는 프로젝트가 있어서 Tab 자동완성과 저장소 상태를 보여주는 프롬프트도 사용할 수 있다.

그림 A-13 Posh-git을 사용 중인 Powershell

'GitHub for Windows'에는 'Posh-Git'이 기본으로 포함돼 있다. 그래서 설치하고 `profile.ps1` 파일에 아래 내용을 추가한다. 이 파일은 `C:\Users\<username>\Documents\WindowsPowerShell`에 있다.

```
. (Resolve-Path "$env:LOCALAPPDATA\GitHub\shell.ps1")
. $env:github_posh_git\profile.example.ps1
```

'GitHub for Windows' 사용자가 아니면 'https://github.com/dahlbyk/posh-git'에서 'Posh-Git'을 내려받아 `WindowsPowershell` 디렉터리에 압축을 풀어 놓는다. 그리고 관리자 권한으로 Powershell 프롬프트를 열고 아래와 같이 실행한다.

```
> Set-ExecutionPolicy RemoteSigned -Scope CurrentUser -Confirm
> cd ~\Documents\WindowsPowerShell\posh-git
> .\install.ps1
```

이렇게 `profile.ps1` 파일에 추가한 `posh-git`은 프롬프트를 새로 열 때부터 적용된다.

A.7 요약

이 장에서는 각 환경에서 Git의 힘을 극대화하는 방법과 다양한 개발도구로 Git 저장소에 연결하는 방법을 배웠다.

부록 B

P r o G i t 2 n d E d i t i o n

애플리케이션에 Git 넣기

개발자가 사용하는 애플리케이션은 버전 관리 도구와 통합될 필요가 있다. 꼭 개발자가 아니더라도 문서 편집기 같은 프로그램에서 버전 관리가 되면 매우 좋다. Git은 매우 다양한 시나리오를 잘 지원한다.

Git을 지원하는 애플리케이션을 만들 때는 다음 세 가지 방법 중 하나를 선택할 수 있다. 셸 명령어를 실행시키거나 Libgit2를 사용하거나 JGit을 사용한다.

B.1 Git 명령어

셸 프로세스를 띄우고(Spawn) Git 명령어를 실행하는 방법이 있다. 이게 가장 표준적인 방법으로 Git의 모든 기능을 사용할 수 있다. 웬만한 환경에서는 명령어를 프로세스로 실행하는 게 간단하므로 이 방법은 사용하기 쉬운 편이다. 그러나 이 방법은 몇 가지 제약사항이 있다.

첫째는 결과가 텍스트로 출력된다. Git이 상황에 따라 다르게 출력하는 결과를 파싱해야 한다. 진행상태와 결과 정보를 잘 구분해 읽어야 해서 어렵고 에러가 생기기 쉽다.

둘째는 에러 처리가 어렵다. 저장소가 깨져 있거나 사용자가 잘못 설정했을 때 Git은 그냥 제대로 실행되지 않을 뿐이다.

마지막 결점은 프로세스를 관리해야 한다는 점이다. 별도의 프로세스로 Git을 실행하기 때문에 애플리케이션에 불필요한 복잡성이 추가된다. 여러 프로세스를 조종하는 일은 지뢰밭이라 할 수 있다. 특히 동시에 여러 프로세스가 한 저장소에 접근하면 !@#$%^&*되기 쉽다.

B.2 Libgit2

다른 방법으로는 Libgit2 라이브러리가 있다. Libgit2는 Git에 의존하지 않는다. 일반 프로그램에서 사용하기 좋게 API를 설계했다. http://libgit2.github.com 에서 내려받을 수 있다.

먼저 API가 어떻게 생겼는지 구경해보자.

```
// 저장소를 읽어들인다
git_repository *repo;
int error = git_repository_open(&repo, "/path/to/repository");

// HEAD가 가리키는 커밋을 찾는다
git_object *head_commit;
error = git_revparse_single(&head_commit, repo, "HEAD^{commit}");
git_commit *commit = (git_commit*)head_commit;

// 커밋 정보를 읽는다
printf("%s", git_commit_message(commit));
const git_signature *author = git_commit_author(commit);
printf("%s <%s>\n", author->name, author->email);
const git_oid *tree_id = git_commit_tree_id(commit);

// 핸들 정리
git_commit_free(commit);
git_repository_free(repo);
```

첫 두 라인은 Git 저장소를 여는 코드다. git_repository 타입은 메모리에 있는 저장소 정보에 대한 핸들을 나타낸다. git_repository_open 메서드는 워킹 디렉터리나 .git 폴더 경로를 알 때 사용한다. 저장소 경로를 정확히 모를 때는 git_repository_open_ext 메서드로 찾는다. git_clone 메서드와 관련된 메서드는 원격에 있는 저장소를 로컬에 Clone할 때 사용한다. 그리고 git_repository_init 은 저장소를 새로 만들 때 사용한다.

rev-parse 문법을 사용하는 두 번째 코드는 HEAD가 가리키는 커밋을 가져온다. git_object 포인터는 Git 개체 데이터베이스에 있는 개체를 가리킨다. git_object는 몇 가지 "자식" 타입의 "부모" 타입이다. 이 "자식" 타입들은 git_object 에 해당하는 부분에 대해서는 메모리 구조가 같다. 그래서 맞는 자식이라면 이렇게 캐스팅해도 안전하다. git_object_type(commit)처럼 호출하면 GIT_OBJ_COMMIT을 리턴한다. 그래서 git_commit 포인터로 캐스팅해도 된다.

그다음 블록은 커밋 정보를 읽는 코드다. 마지막 라인의 git_oid는 Libgit2에서 SHA-1 값을 나타내는 타입이다

이 예제를 보면 몇 가지 코딩 패턴을 알 수 있다.

- 포인터를 정의하고 그 포인터와 Ref 스트링을 주고 Libgit2 메서드를 호출한다. 메서드는 정수 타입의 에러 코드를 리턴한다. 0 값은 성공을 나타내고 나머지 값은 에러다.
- Libgit2가 포인터에 값을 할당해주지만, 사용자가 꼭 해제해야 한다.
- Libgit2가 리턴하는 const 포인터는 해제하지 말아야 한다. 해당 메모리가 속한 객체가 해제될 때 문제가 된다.
- C로 코딩하는 것은 원래 좀 고통스럽다.

마지막 라인을 이유로 Libgit2를 C에서 사용할 가능성은 매우 낮다. 다양한 언어나 환경에서 사용할 수 있는 Libgit2 바인딩이 있어서 Git 저장소를 쉽게 다룰 수 있다. Rugged라는 Ruby 바인딩을 사용해서 위의 예제를 재작성해 보자. Rugged에 대한 자세한 정보는 https://github.com/libgit2/rugged에 있다.

```
repo = Rugged::Repository.new('path/to/repository')
commit = repo.head.target
puts commit.message
puts "#{commit.author[:name]} <#{commit.author[:email]}>"
tree = commit.tree
```

비교해보면 코드가 더 간결해졌다. Rugged는 예외를 사용해서 더 간결하다. 하지만 ConfigError나 ObjectError 같은 에러가 발생할 수 있다. 그리고 Ruby는 가비지 콜렉션을 사용하는 언어라서 리소스를 해제하지 않아도 된다. 좀 더 복잡한 예제를 살펴보자. 새로 커밋하는 예제다.

```
blob_id = repo.write("Blob contents", :blob) # ❶

index = repo.index
index.read_tree(repo.head.target.tree)
index.add(:path => 'newfile.txt', :oid => blob_id) # ❷

sig = {
    :email => "bob@example.com",
    :name => "Bob User",
    :time => Time.now,
}

commit_id = Rugged::Commit.create(repo,
    :tree => index.write_tree(repo), # ❸
    :author => sig,
    :committer => sig, # ❹
    :message => "Add newfile.txt", # ❺
```

```
        :parents => repo.empty? ? [] : [ repo.head.target ].compact, # ❻
        :update_ref => 'HEAD', # ❼
)
commit = repo.lookup(commit_id) # ❽
```

❶ 파일 내용이 담긴 Blob을 만든다.

❷ Index에 Head 커밋의 Tree를 채우고 만든 Blob을 `newfile.txt` 파일로 추가한다.

❸ ODB(Object Database)에 새 트리 개체를 만든다. 커밋할 때는 새 트리 개체가 필요하다.

❹ Author와 Committer 정보는 한 사람(Signature)으로 한다.

❺ 커밋 메시지를 입력한다.

❻ 커밋할 때 부모가 필요하다. 여기서는 HEAD를 부모로 사용한다.

❼ Rugged는 커밋할 때 Ref 갱신 여부를 선택할 수 있다(Libgit2도 된다).

❽ 리턴한 커밋 개체의 SHA-1 해시로 `Commit` 객체를 가져와 사용한다.

Ruby 코드는 간결하고 깔끔하다. Libgit2을 사용하는 것이기 때문에 여전히 빠르다. 루비스트가 아니라면 부록 B "다른 바인딩"에 있는 다른 바인딩을 사용할 수 있다.

고급 기능

Libgit2으로 Git을 확장하는 일도 가능하다. Libgit2에서는 커스텀 "Backend"를 만들어 사용할 수 있다. 그래서 Git이 저장하는 방법 말고 다른 방법으로도 저장할 수 있다. 이것을 'Pluggability'라고 부른다. 설정, Ref 저장소, 개체 데이터베이스를 커스텀 "Backend"에 저장할 수 있다.

이게 무슨 소리인지 예제를 살펴보자. 아래 코드는 Libgit2 팀이 제공하는 Backend 예제에서 가져왔다. Libgit2 팀이 제공하는 전체 예제는 https://github.com/libgit2/libgit2-backends에 있다. 개체 데이터베이스의 Backend를 어떻게 사용하는지 보자.

```
git_odb *odb;
int error = git_odb_new(&odb); // ❶
git_odb_backend *my_backend;
error = git_odb_backend_mine(&my_backend, /*…*/); // ❷
error = git_odb_add_backend(odb, my_backend, 1); // ❸
git_repository *repo;
error = git_repository_open(&repo, "some-path");
error = git_repository_set_odb(odb); // ❹
```

(에러는 처리하지 않았다. 실제로 사용할 때는 완벽하리라 믿는다.)

❶ "Frontend"로 사용할 ODB(Object DataBase)를 하나 초기화한다. 실제로 저
  장하는 "Backend"의 컨테이터로 사용한다.

❷ ODB Backend를 초기화한다.

❸ Frontend에 Backend를 추가한다.

❹ 저장소를 열고 우리가 만든 ODB를 사용하도록 설정한다. 그러면 개체를 우
  리가 만든 ODB에서 찾는다.

그런데 `git_odb_backend_mine`은 뭘까? 이 함수는 우리의 ODB 생성자다. 여기
서 원하는 대로 Backend를 만들어 주고 `git_odb_backend` 구조체만 잘 채우면
된다. 아래처럼 만든다.

```
typedef struct {
    git_odb_backend parent;

    // Some other stuff
    void *custom_context;
} my_backend_struct;

int git_odb_backend_mine(git_odb_backend **backend_out, /*…*/)
{    my_backend_struct *backend;

    backend = calloc(1, sizeof (my_backend_struct));

    backend->custom_context = …;

    backend->parent.read = &my_backend__read;
    backend->parent.read_prefix = &my_backend__read_prefix;
    backend->parent.read_header = &my_backend__read_header;
    // …

    *backend_out = (git_odb_backend *) backend;

    return GIT_SUCCESS;
}
```

`my_backend_struct`의 첫 번째 멤버는 반드시 `git_odb_backend`가 돼야 한다.
Libgit2가 동작하는 메모리 구조에 맞아야 한다. 나머지 멤버는 상관없다. 구조
체 크기는 커도 되고 작아도 된다.

  이 초기화 함수에서 구조체를 메모리를 할당하고 커스텀 멤버에 필요한 정
보를 설정한다. 그리고 Libgit2에서 필요한 `parent` 구조체를 채운다. `include/`
`git2/sys/odb_backend.h` 소스를 보면 `git_odb_backend` 구조체의 멤버가 어떤 것

이 있는지 알 수 있다. 목적에 따라 어떻게 사용해야 하는지 확인해야 한다.

다른 바인딩

Libgit2 바인딩은 많은 언어로 구현돼 있다. 이 글을 쓰는 시점에서 거의 완벽하게 구현됐다고 생각되는 것은 여기서 소개한다. 그 외에도 C++, Go, Node.js, Erlang, JVM 등 많은 언어로 구현돼 있다. https://github.com/libgit2에 가서 살펴보면 어떤 바인딩이 있는지 찾아볼 수 있다. 여기서는 HEAD가 가리키는 커밋의 메시지를 가져오는 코드를 보여준다.

LibGit2Sharp

이 바인딩은 C#으로 감쌌음에도 Libgit2를 바로 쓰는 것처럼 느껴지도록 꼼꼼하게 설계했다. 커밋 메시지를 가져오는 예제를 보자.

```
new Repository(@"C:\path\to\repo").Head.Tip.Message;
```

윈도우 데스크톱 애플리케이션에서 쉽게 사용할 수 있도록 NuGet 패키지도 존재한다.

objective-git

애플 플랫폼용 애플리케이션을 만들고 있다면 언어가 Objective-C일 것이다. 이 환경에서는 Objective-Git(https://github.com/libgit2/objective-git)을 사용할 수 있다. Objective-C 예제를 보자.

```
GTRepository *repo =
    [[GTRepository alloc] initWithURL:[NSURL fileURLWithPath: @"/path/to/repo"]
error:NULL];
NSString *msg = [[[repo headReferenceWithError:NULL] resolvedTarget] message];
```

Objective-git는 Swift에서도 사용할 수 있기 때문에 Objective-C가 아니라고 걱정하지 않아도 된다.

pygit2

Python용 바인딩은 Pygit2라고 부른다. http://www.pygit2.org/에서 찾을 수 있다. 예제를 보자.

```
pygit2.Repository("/path/to/repo") # open repository
```

```
.head                      # get the current branch
.peel(pygit2.Commit)       # walk down to the commit
.message                   # read the message
```

읽을 거리

Libgit2를 자세히 설명하는 것은 이 책의 목적에서 벗어난다. Libgit2 자체에 대해서 공부하고 싶다면 Libgit2 가이드(https://libgit2.github.com/docs)와 API 문서(https://libgit2.github.com/libgit2)를 참고한다. Libgit2 바인딩에 대해서 알고 싶다면 해당 프로젝트의 README 파일과 테스트를 참고해야 한다. 읽어 보면 어디서부터 시작해야 하는지 알려준다.

B.3 JGit

Java에는 JGit이라는 훌륭한 Git 라이브러리가 있다. JGit에는 Git 기능이 한가득 구현돼 있다. 순수하게 Java로 작성됐고 Java 커뮤니티에서 널리 사용한다. The JGit 프로젝트는 Eclipse 재단에 둥지를 틀었고 홈페이지는 http://www.eclipse.org/jgit에 있다.

설치하기

JGit을 프로젝트에 추가해서 코딩을 시작하는 방법은 여러 가지다. 그 중 Maven을 사용하는 방법이 가장 쉽다. pom.xml 파일에 <dependencies> 태그를 아래와 같이 추가한다.

```
<dependency>
    <groupId>org.eclipse.jgit</groupId>
    <artifactId>org.eclipse.jgit</artifactId>
    <version>3.5.0.201409260305-r</version>
</dependency>
```

version은 시간이 가면 바뀌기 때문에 http://mvnrepository.com/artifact/org.eclipse.jgit/org.eclipse.jgit에서 최신 버전을 확인해야 한다. 추가하면 Maven이 우리가 명시한 버전의 JGit을 자동으로 추가해준다.

　반면 수동으로 바이너리를 관리하고 싶을 수도 있다. http://www.eclipse.org/jgit/download에서 빌드된 바이너리를 내려받는다. 이 바이너리를 이용해서 다음과 같이 컴파일할 수 있다.

```
javac -cp .:org.eclipse.jgit-3.5.0.201409260305-r.jar App.java
java -cp .:org.eclipse.jgit-3.5.0.201409260305-r.jar App
```

Plumbing

JGit의 API는 크게 Plumbing과 Porcelain으로 나눌 수 있다. 이 둘은 Git 용어 이고 JGit도 이에 따라 나눈다. 일반 사용자가 사용하는 Git 명령어를 Porcelain 명령어라고 부르는데 이와 관련된 API도 Procelain API라고 부른다. 반대로 Plumbing API는 저장소 개체를 저수준에서 직접 사용하는 API다.

JGit은 Repository 클래스의 인스턴스를 만드는 것으로 시작한다. 파일 시스템에 있는 저장소에 접근할 때는 FileRepostiorybuilder를 사용한다.

```
// Create a new repository
Repository newlyCreatedRepo = FileRepositoryBuilder.create(
    new File("/tmp/new_repo/.git"));
newlyCreatedRepo.create();

// Open an existing repository
Repository existingRepo = new FileRepositoryBuilder()
    .setGitDir(new File("my_repo/.git"))
    .build();
```

Git 저장소를 나타내는 정보를 하나씩 이 빌더 넘긴다. 넘기는 정보에 따라 조금 다른 API를 사용한다. 환경 변수를 읽고(.readEnvironment()) 워킹 디렉터리를 주고 Git 디렉터리를 찾을 수도 있고(.setWorkTree(…).findGitDir()) 예제로 보여준 것처럼 아예 .git 디렉터리를 바로 넘겨 줄 수도 있다.

Repository 인스턴스를 기점으로 온갖 일을 다 할 수 있다. 예제를 하나 보자.

```
// master 브랜치 Ref를 얻는다
Ref master = repo.getRef("master");

// Ref가 가리키는 실제 개체 정보를 얻는다
ObjectId masterTip = master.getObjectId();

// rev-parse 명령을 수행
ObjectId obj = repo.resolve("HEAD^{tree}");

// 개체 내용을 읽어들인다
ObjectLoader loader = repo.open(masterTip);
loader.copyTo(System.out);

// 브랜치를 새로 생성한다
RefUpdate createBranch1 = repo.updateRef("refs/heads/branch1");
createBranch1.setNewObjectId(masterTip);
createBranch1.update();
```

```
// 브랜치를 삭제한다
RefUpdate deleteBranch1 = repo.updateRef("refs/heads/branch1");
deleteBranch1.setForceUpdate(true);
deleteBranch1.delete();

// 환경 설정 예제
Config cfg = repo.getConfig();
String name = cfg.getString("user", null, "name");
```

이 예제가 어떤 뜻인지 하나씩 살펴보자.

첫 라인에서 master Ref를 얻었다. Jgit은 refs/heads/master에 있는 진짜 master Ref를 가져와서 인스턴스를 리턴한다. 이 객체로 Ref에 대한 정보를 얻을 수 있다. 이름(.getName()), Ref가 가리키는 개체(.getObjectId()), Symbolic Ref가 가리키는 Ref(.getTarget())를 이 객체로 얻을 수 있다. Ref 인스턴스는 태그 Ref와 개체를 나타내고 태그가 "Peeled"인지도 확인할 수 있다. "Peeled"은 껍질을 다 벗긴 상태 그러니까 커밋 개체를 가리키는 상태를 말한다.

두 번째 라인은 master가 가리키는 ObjectId 인스턴스를 리턴한다. ObjectId는 객체의 SHA-1 해시 정보다. 실제로 객체가 Git 객체 데이터베이스에 존재하는지는 상관없다. 셋째 라인도 ObjectId 인스턴스를 리턴하는데 JGit에서 rev-parse 문법을 어떻게 다뤄야 하는지 보여준다. 이 문법은 7.1절 "브랜치로 가리키기"에서 설명했다. Git이 이해하는 표현은 전부 사용할 수 있다. 표현식이 맞으면 해당 객체를 리턴하고 아니면 null을 리턴한다.

그다음 두 라인은 객체의 내용을 읽어서 보여준다. ObjectLoader.copyTo() 함수를 사용해 객체의 내용을 표준출력으로 출력(Stream)했다. ObjectLoader에는 객체의 타입과 크기를 알려주거나 객체의 내용을 바이트 배열에 담아서 리턴하는 메서드도 있다. 파일이 큰지도 확인할 수 있다. .isLarge()라는 메서드가 true를 리턴하면 큰 파일이다. 큰 파일이면 .openStream()을 호출해서 ObjectStream 인스턴스를 얻는다. 이 인스턴스는 일종의 InputStream으로 한번에 전부 메모리로 올리지 않고 데이터를 처리할 수 있게 해준다.

그다음 몇 라인은 새 브랜치를 만드는 방법을 보여준다. RefUpdate 인스턴스를 만들고, 파라미터를 설정하고 나서 .update()를 호출하면 브랜치가 생성된다. 그다음 몇 라인은 만든 브랜치를 삭제하는 코드다. .setForceUpdate(true)는 꼭 필요하다. 이것을 빼먹으면 .delete()는 REJECTED를 리턴하고 아무 일도 일어나지 않는다.

마지막 예제는 user.name이라는 설정값을 가져오는 것이다. 이 코드는 마치 해당 저장소의 local 설정만 읽어서 Config 객체를 리턴하는 것 같지만, global 설정과 system 설정까지 잘 찾아서 적용해준다.

여기서는 Plumbing API의 맛보기 정도만 보여줬다. 이용 가능한 메서드와 클래스가 많이 있다. 그리고 JGit의 에러를 처리하는 방법도 생략했다. JGIT API에서는 JGit에서 정의한 NoRemoteRepositoryException, CorruptObjectException, NoMergeBaseException 같은 예외뿐만 아니라 IOExceptioin 같은 Java 표준 예외도 던진다.

Porcelain

Plumbing API로도 모든 일을 다 할 수 있지만, 일반적인 상황에 사용하기에는 좀 귀찮다. Index에 파일을 추가하거나 새로 커밋하는 것 같은 일은 Porcelain API가 낫다. Porcelain API는 고수준에서 사용하기 편하게 했고 Git 클래스의 인스턴스를 만드는 것으로 시작한다.

```
Repository repo;
// construct repo...
Git git = new Git(repo);
```

Git 클래스는 빌더 스타일의 메서드의 집합이라서 복잡해 보이는 일을 쉽게 할 수 있다. git ls-remote 명령어처럼 동작하는 예제를 살펴보자.

```
CredentialsProvider cp = new UsernamePasswordCredentialsProvider("username",
"p4ssw0rd");
Collection<Ref> remoteRefs = git.lsRemote()
    .setCredentialsProvider(cp)
    .setRemote("origin")
    .setTags(true)
    .setHeads(false)
    .call();
for (Ref ref : remoteRefs) {
    System.out.println(ref.getName() + " -> " + ref.getObjectId().name());
}
```

Git 클래스는 이런 식으로 사용한다. 메서드가 해당 Command 인스턴스를 리턴하면 체이닝으로 메서드를 호출해서 파라미터를 설정하고 .call()을 호출하는 시점에 실제로 실행된다. 이 예제는 origin 리모트의 'tag'를 요청하는 예제다. 'head'는 빼고 요청한다. 사용자 인증은 CredentialsProvider 객체를 사용한다는 점을 기억하자.

Git 클래스로 실행하는 명령은 매우 많다. 우리에게 익숙한 add, blame, commit, clean, push, rebase, revert, reset 명령 말고도 많다.

읽을 거리

여기서는 JGit을 아주 조금만 보여줬다. 자세히 알고 싶다면 아래 링크에서 도움 받을 수 있다.

- 공식 JGit API 문서: http://download.eclipse.org/jgit/docs/latest/apidocs
  표준 Javadoc 문서로 즐겨 쓰는 JVM IDE에 추가할 수 있다.
- JGit Cookbook: https://github.com/centic9/jgit-cookbook
  JGit으로 무엇을 할 수 있는지 보여주는 예제가 많다.
- StackOverflow: http://stackoverflow.com/questions/6861881

부록 C

P r o G i t 2 n d E d i t i o n

Git 명령어

이 책에서 Git 명령어를 많이 설명하지만, Git을 설명하기 위해서 중간중간 필요할 때 설명하는 정도다. 설명을 방해할 수 있기 때문에 명령어 중심으로 살펴보지 않았다. 이 장에서는 여기저기 흩어져 있는 명령어 사용법을 한눈에 볼 수 있도록 정리한다.

　책 전체에서 언급했던 Git 명령어를 전부 살펴보는데 명령어를 용도에 따라 그룹으로 묶어 놓았다. 해당 명령어를 어디에 쓰는지 설명하고 어디에서 찾아볼 수 있는지도 표기한다.

C.1 설치와 설정

정말 많이 사용하는 명령어가 두 개 있다. 바로 config와 help 명령이다. 이 명령은 매일 사용한다.

git config

Git에는 설정할 수 있는 값이 수백 가지에 달한다. 사용자의 취향에 따라 다르게 동작하도록 설정할 수 있다. 이 명령으로 사용자 이름이나 터미널 색깔, 편집기 등을 설정한다. 저장소마다 다르게 혹은 글로벌하게 설정할 수 있는데 각각 설정파일이 다르다.

　git config 명령은 이 책의 모든 장에서 사용한다.

Git을 처음 사용할 때 이름, 이메일 주소, 편집기는 어떻게 설정하는지는 "1.6 Git 최초 설정"에서 설명한다.

어떻게 단축 명령어를 만드는지는 "2.7 Git Alias"에 있다. 매번 긴 옵션을 줄줄 입력하지 않아도 된다.

`git pull` 명령을 실행할 때 `--rebase` 옵션으로 동작하게 하는 방법은 "3.6 Rebase하기"에 있다.

HTTP 패스워드를 저장하는 방법은 "7.14 Credential 저장소"를 보면 된다.

Git에 데이터를 넣고 꺼낼 때 사용하는 Smudge와 Clean 필터를 설정하는 방법은 8.2절 "키워드 치환"에 있다.

마지막으로 `git config` 명령 자체에 대한 설명은 "8.1 Git 설정하기"에 있다.

git help

`git help` 명령은 Git에 포함된 문서를 보여준다. 이 장에서는 많이 사용하는 것만 간단히 설명한다. `git help <command>`라고 실행하면 해당 명령어에 어떤 옵션이 있고 어떻게 사용하는지 알려준다.

`git help` 명령은 "1.7 도움말 보기"에 소개한다. `git shell`을 서버에 설정하는 방법은 "4.4 서버 설정하기"에서 보여준다.

C.2 프로젝트 가져오기와 생성하기

Git 저장소는 두 가지 방법으로 만든다. 네트워크 어딘가에 있는 저장소를 복사해오거나 기존 프로젝트 디렉터리에서 저장소를 새로 생성할 수 있다.

git init

프로젝트 디렉터리로 가서 `git init`이라고 실행한다. 디렉터리에 Git 저장소가 새로 만들어지고 프로젝트를 버전 관리할 수 있다.

"2.1 Git 저장소 만들기"에서 로컬에 저장소를 만드는 방법을 설명한다.

"master"에서 다른 브랜치로 변경하는 방법은 "3.5 리모트 브랜치"에 소개한다.

4.2절 "서버에 Bare 저장소 넣기"를 보면 Bare 저장소를 만드는 방법이 나와 있다.

마지막으로 `git init` 명령을 실행하면 내부에서 어떤 일이 일어나는지 "10.1 Plumbing 명령과 Porcelain 명령"에서 설명한다.

git clone

`git clone`은 사실 다른 명령어를 몇 개 실행한다. 디렉터리를 만들고 디렉터리로 들어가고 나서 `git init` 명령으로 빈 Git 저장소를 만든다. 그다음 입력한 URL을 origin이라는(기본값) 이름의 리모트로 추가하고(`git remote add`) `git fetch` 명령으로 리모트 저장소에서 데이터를 가져온다. 마지막으로 최종 커밋을 워킹 디렉터리에 Checkout한다(`git checkout`).

`git clone` 명령은 이 책 어디에서나 볼 수 있는 명령이지만 가장 설명이 잘 된 몇 곳을 소개한다.

이 명령은 2.1절 "기존 저장소를 Clone하기"에서 설명했고 바로 따라 할 수 있는 예제도 보여준다.

`--bare` 옵션을 주고 워킹 디렉터리가 없는 Git 저장소를 복사하는 방법을 "4.2 서버에 Git 설치하기"에서 다룬다.

Bundle 파일로 된 Git 저장소를 다시 풀 수도 있는데 "7.12 Bundle"에서 소개한다.

마지막으로 `--recursive` 옵션으로 Clone할 때 서브모듈까지 Clone하는 방법은 7.11절 "서브모듈 포함한 프로젝트 Clone"에서 설명한다.

이 명령은 여기에 정리한 부분 말고도 많은 곳에서 사용했지만, 차근차근 잘 설명한 곳으로 정리했다.

C.3 스냅샷 다루기

Stage하고 커밋하는 정도의 아주 기본적인 워크플로는 명령어 몇 개만 알면 된다.

git add

`git add` 명령은 워킹 디렉터리에서 Staging Area("index")로 콘텐트를 추가하는 명령어다.

`git commit` 명령은 오로지 Staging Area만 바라보기 때문에 `git add` 명령으로 커밋할 스냅샷을 잘 다듬어야 한다.

이 명령은 매우 중요한 명령어라서 이 책에서 수십 번도 더 언급한다. 여기서 어떻게 사용하는지 잘 설명한 곳을 찾아보자.

git add는 2.2절 "파일을 새로 추적하기"에서 자세히 설명한다.

이 명령는 충돌 시에도 필요하다. 3.2절 "충돌의 기초"에서 어떻게 사용하는지 설명한다.

"7.2 대화형 명령"에서 수정한 파일 일부분을 대화형으로 Stage하는 방법을 보여준다.

마지막으로 이 명령이 내부적으로 어떻게 동작하는지 이해할 수 있도록 10.2절 "Tree 개체"에서 저수준 명령어로 따라 하는 예를 보여준다.

git status

git status 명령은 워킹 디렉터리와 Staging Aread의 상태를 보여준다. Modified 상태이거나 Unstaged 상태인 파일이 무엇인지 Staged 상태이지만 아직 커밋하지 않은 파일은 무엇인지 보여준다. Staging Area에 파일을 넣고 꺼내는 방법에 대한 힌트도 보여준다.

git status 명령은 2.2절 "파일의 상태 확인하기"에서 간결하게 설명한다. 이 명령은 이 책에서 아주 많이 사용했지만 여기 설명을 벗어나지 않는다.

git diff

git diff 명령은 두 트리 개체의 차이를 보고 싶을 때 사용한다. 워킹 디렉터리와 Staging Area를 비교할 수 있고(git diff) Staing Area와 마지막 커밋을 비교할 수 있다(git diff --staged). 그리고 두 커밋을 비교할 수 있다(git diff master branchB).

git diff는 2.2절 "Staged와 Unstaged 상태의 변경 내용을 보기"에서 처음 설명한다. Staged 상태인 내용이 무엇이고 반대 상태인 내용은 무엇인지 비교하는 법을 설명한다.

5.2절 "커밋 가이드라인"에서 --check 옵션으로 공백문자가 잘못 입력되지 않았는지 확인하는 방법을 소개한다.

5.3절 "무슨 내용인지 확인하기"에서 두 브랜치를 효율적으로 비교할 수 있는 git diff A...B 문법을 설명한다.

"7.8 고급 Merge"를 보면 -b 옵션으로 공백문자는 무시하고 비교하는 것과

--theirs, --ours, --base 옵션으로 충돌 난 파일의 상태를 비교하는 방법이 나와 있다.

마지막으로 7.11절 "서브모듈 시작하기"에서 서브모듈의 변경 내용을 비교하는 --submodule 옵션도 설명한다.

git difftool

git difftool 명령은 단순히 외부 diff 도구를 실행해준다. git diff는 Git에 들어 있는 기능을 사용하는 것이고 외부 diff 도구로 두 트리를 비교하고 싶을 때 사용한다.

이 명령은 2.2절 "Staged와 Unstaged 상태의 변경 내용을 보기"에서 설명한다.

git commit

git commit 명령은 git add로 Staging Area에 넣은 모든 파일을 커밋한다. 데이터베이스에는 하나의 스냅샷으로 기록된다. 그리고 현 브랜치가 새 커밋을 가리키게 한다.

커밋에 대한 기본적인 내용은 2.2절 "변경사항 커밋하기"에서 다룬다. -a 플래그를 주고 git add를 건너뛰고 바로 커밋하는 것과 -m으로 커밋 메시지를 파라미터로 넘기는 방법도 보여준다.

가장 최근 커밋을 수정하는 --amend 옵션은 "2.4 되돌리기"에서 설명한다.

"3.1 브랜치란 무엇인가"에서 commit이 무엇을 하는지, 왜 그렇게 하는지 설명한다.

-S 플래그로 커밋에 서명하는 방법은 7.4절 "커밋에 서명하기"에서 설명한다.

마지막으로 10.2절 "커밋 개체"에서 git commit 명령이 내부적으로 하는 일이 무엇이고 실제로 어떻게 구현돼 있는지 설명한다.

git reset

git reset 명령은 되돌리는(Undo) 명령이다. 단어가 의미하는 그대로라고 생각하면 된다. HEAD 포인터를 옮기는 것과 관련돼 있고 Staging Area(index)를 되돌릴 수 있고 --hard 옵션을 주면 워킹 디렉터리도 되돌린다. --hard 옵션을 잘못 사용하면 작업물을 잃어버릴 수도 있으므로 이 명령을 잘 이해하고 있어야 한다.

git reset은 무엇보다도 git add로 추가한 파일을 Unstage하는 데 사용한다. 2.4절 "파일 상태를 Unstage로 변경하기"에서 설명한다.

"7.7 Reset 명확히 알고 가기"에서 이 명령을 전체적으로 자세히 설명한다.

git reset --hard 명령으로 충돌 시 Merge를 취소할 수 있다. git merge --abort로도 같은 일을 할 수 있는데 이 명령은 git reset 명령어의 Wrapper다. 이 내용은 7.8절 "Merge 취소하기"에서 설명한다.

git rm

git rm 명령은 Staging Area나 워킹 디렉터리에 있는 파일을 삭제하는 데 사용한다. git add 명령과 비슷하게 파일의 삭제를 Stage하는 기능이다.

2.2절 "파일 삭제하기"에서 git rm 명령을 자세히 설명한다. Staging Area와 워킹 디렉터리 모두에서 파일을 삭제하는 방법과 --cached 옵션을 주고 Staging Area에 있는 파일만 지우고 워킹 디렉터리의 파일은 남겨두는 방법도 설명한다.

대부분은 10.7절 "개체 삭제"에서 설명한 대로 쓰지만, 이 책에서는 다르게 사용한 예도 있다. git filter-branch 명령을 실행할 때 git rm 명령에 --ignore-unmatch 옵션을 주고 사용한다. 이 옵션은 삭제하려는 파일이 없을 때 에러가 나지 않게 해준다. 스크립트를 작성할 때는 유용하다.

git mv

git mv 명령은 파일을 옮기고(이름을 변경하고) 나서 새 파일에 git add 명령을 실행하고 이전 파일에는 git rm을 실행시켜주는 명령이다.

이 명령은 2.2절 "파일 이름 변경하기"에서 다룬다.

git clean

git clean 명령은 워킹 디렉터리에서 필요 없는 파일을 삭제하는 명령이다. 이 명령으로 충돌로 생긴 파일이나 빌드 아티팩트 파일을 삭제할 때 편리하다.

이 명령을 사용하는 상황과 필요한 옵션은 7.3절 "워킹 디렉터리 청소하기"에서 다룬다.

C.4 Branch와 Merge

여기서 소개하는 명령어만 알면 Branch를 사용하고 Merge하는 일은 능히 할 수 있다.

git branch

git branch 명령은 브랜치를 관리하는 도구다. 이 명령은 브랜치를 모두 보여주고 브랜치를 새로 만들고 브랜치를 삭제하고 브랜치 이름을 변경한다.

3장에서 branch 명령을 설명하는데 이 명령을 한 장에 걸쳐서 설명한다. 브랜치를 만드는 것은 3.1절 "새 브랜치 생성하기"에서 설명하고 브랜치를 보여주거나 삭제하는 기능은 "3.3 브랜치 관리"에서 설명한다.

git branch -u 명령으로 트래킹 브랜치를 만드는 것을 3.5절 "브랜치 추적"에서 보여준다.

내부적으로 어떤 일이 벌어지는지는 "10.3 Git Refs"에서 설명한다.

git checkout

git checkout 명령은 브랜치를 변경하고 해당 파일을 워킹 디렉터리로 복사한다.

git branch 명령을 설명하면서 이 명령도 설명한다(3.1절 "브랜치 이동하기").

3.5절 "브랜치 추적"에서 --track 옵션을 주고 트래킹 브랜치를 만드는 방법을 설명한다.

이 명령에 --conflict=diff3을 주면 충돌 표시된 파일을 재현할 수 있다(7.8절 "충돌 파일 Checkout").

git reset 명령과 관련된 내용은 "7.7 Reset 명확히 알고 가기"에서 설명한다.

마지막으로 git checkout이 어떻게 구현됐는지는 10.3절 "HEAD"를 참고한다.

git merge

git merge는 다른 브랜치를 현재 Checkout된 브랜치에 Merge하는 명령이다. Merge하고 나서 현재 브랜치가 Merge된 결과를 가리키도록 옮긴다.

git merge 명령은 3.2절 "브랜치의 기초"에서 설명한다. 이 책의 여러 곳에서 merge 명령을 사용하지만 "브랜치의 기초"에서 설명한 것에서 크게 벗어나지 않는다. git merge <branch> 명령을 실행하면 해당 브랜치가 Merge된다.

5.2절 "공개 프로젝트 Fork"의 끝 부분에서 Squash해서 Merge하는 방법도 설명한다. Merge하는 브랜치의 히스토리는 무시하고 새 커밋을 하나 만들어 Merge하는 방법이다.

"7.8 고급 Merge"에서는 -Xignore-space-change 옵션을 사용하는 방법이나 --abort 플래그로 Merge를 중단하는 방법 등을 설명한다.

Merge하기 전에 서명을 검사하는 방법도 설명한다. GPG 서명은 7.4절 "커밋에 서명하기"에서 설명한다.

마지막으로 Subtree를 Merge하는 것은 7.8절 "서브트리 Merge"에서 배운다.

git mergetool

git mergetool 명령은 외부 Merge Helper를 실행해 준다. Merge하다가 문제가 생겼을 때 사용한다.

3.2절 "충돌의 기초"에서 살짝 맛을 보여주고 8.1절 "다른 Merge, Diff 도구 사용하기"에서 자신의 외부 Merge 도구를 설정하는 방법을 설명한다.

git log

git log 명령은 프로젝트 히스토리를 시간의 역순으로 보여준다. 넘겨준 Ref를 따라 히스토리를 보여주는데 Ref를 한 개가 아니라 여러 개 넘길 수도 있다. Ref를 넘겨 주지 않으면 HEAD가 가리키는 브랜치의 히스토리를 보여준다. 또 이 명령으로 여러 브랜치들 사이의 차이를 커밋 단위로 볼 수 있다.

이 책에서 프로젝트 히스토리를 보여줄 때마다 이 명령을 사용한다고 봐도 된다.

"2.3 커밋 히스토리 조회하기"에서 이 명령을 깊게 다뤘다. -p와 --stat 옵션을 주면 각 커밋 사이에 생긴 변화를 확인할 수 있다. --pretty와 --oneline 옵션을 주면 히스토리를 좀 더 깔끔하게 볼 수 있다. 이 옵션은 Author나 날짜를 중심으로 히스토리를 보여준다.

3.1절 "새 브랜치 생성하기"를 보면 --decorate 옵션을 주고 히스토리에 브랜치 포인터가 함께 보이도록 하는 방법이 나온다. --graph 옵션을 추가하면 히스토리가 어떻게 진행됐는지도 볼 수 있다.

5.2절 "비공개 소규모 팀"과 7.1절 "범위로 커밋 가리키기"에서 branchA..branchB 문법을 사용하는 방법을 설명한다. branchB에만 있고 branchA에는 없는

커밋만 걸러서 볼 수 있다. "범위로 커밋 가리키기"에서 이 문법을 다양하게 조합하는 방법을 설명한다.

7.1절 "Triple Dot"과 7.8절 "Merge 로그"에서 `branchA...branchB` 포맷을 사용하는 방법을 설명한다. 이 문법은 둘 중 한쪽에 속한 커밋만 보여준다. `--left-right` 옵션을 주면 각각 어느 쪽에 속한 것인지도 보여준다. "Merge 로그"에서는 충돌을 해결할 때 유용한 `--merge` 옵션도 설명한다. `--cc` 옵션을 사용하면 충돌을 히스토리에 보여준다.

`-g` 옵션을 사용하면 브랜치를 오간 기록인 Reflog도 함께 보여준다. 이것은 7.1절 "RefLog로 가리키기"에서 설명한다.

"7.5 검색"에서는 `-S`와 `-L` 옵션을 소개한다. 이 옵션을 사용하면 특정 코드에 대한 히스토리만 찾아볼 수 있다. 특정 함수의 히스토리를 보고 싶을 때 사용하면 유용하다.

7.4절 "커밋에 서명하기"에서 `--show-signature` 옵션을 사용하는 방법을 설명한다. `git log` 명령에 이 옵션을 사용하면 커밋의 서명 정보까지도 보여준다.

git stash

`git stash` 명령은 아직 커밋하지 않은 일을 저장하는 데 사용된다. 작업 중인 워킹 디렉터리를 저장한다.

"7.3 Stashing과 Cleaning"에서 설명한다.

git tag

`git tag` 명령은 히스토리에서 특정 부분을 북마크하는 기능이다. 일반적으로 배포할 때 사용한다.

이 명령은 "2.6 태그"에서 자세히 설명하고 5.3절 "릴리스 버전에 태그 달기"에 보면 구체적인 사례도 보여준다.

태그에 GPG 서명을 하려면 `-s` 플래그를 주면 되고 `-v` 플래그를 주면 서명을 검증할 수 있다. 7.4절 "내 작업에 서명하기"에서 다룬다.

C.5 공유하고 업데이트하기

Git에는 네트워크가 필요한 명령어가 많지 않다. 거의 로컬 데이터베이스만으로 동작한다. 코드를 공유하거나 가져올 때 필요한 명령어가 몇 개 있다. 이런 명령어는 모두 리모트 저장소를 다루는 명령어다.

git fetch

`git fetch` 명령은 로컬 데이터베이스에 있는 것을 뺀 리모트 저장소의 모든 것을 가져온다.

2.5절 "리모트 저장소를 Pull하거나 Fetch하기"에서 이 명령을 설명하고 "3.5 리모트 브랜치"에 보면 참고할 수 있는 예제가 더 있다.

"5.2 프로젝트에 기여하기"에도 좋은 예제가 많다.

Ref를 한 개만 가져오는 방법은 6.3절 "Pull Request의 Ref"에서 설명하고 번들에서 가져오는 방법은 "7.12 Bundle"에서 설명한다.

Fetch하는 기본 Refspec을 수정하는 방법은 "10.5 Refspec"에서 설명한다. 원하는 대로 수정할 수 있다.

git pull

`git pull` 명령은 `git fetch`와 `git merge` 명령을 순서대로 실행하는 것뿐이다. 그래서 해당 리모트에서 Fetch하고 즉시 현 브랜치로 Merge를 시도한다.

2.5절 "리모트 저장소를 Pull하거나 Fetch하기"에서 이 명령을 사용하는 방법을 다뤘고 정확히 무엇을 Merge하는지는 2.5절 "리모트 저장소 살펴보기"에서 설명한다.

3.6절 "Rebase한 것을 다시 Rebase하기"에서 그 어렵다는 Rebase를 다루는 방법을 설명한다.

저장소 URL을 주고 한 번만 Pull해 올 수 있다는 것을 5.3절 "리모트 브랜치로부터 통합하기"에서 설명한다.

`--verify-signatures` 옵션을 주면 Pull할 때 커밋의 PGP 서명을 검증한다. PGP 서명은 7.4절 "커밋에 서명하기"에서 설명한다.

git push

`git push` 명령은 리모트에는 없지만, 로컬에는 있는 커밋을 계산하고 나서 그 차이만큼만 Push한다. Push를 하려면 원격 저장소에 대한 쓰기 권한이 필요하고 인증돼야 한다.

2.5절 "리모트 저장소에 Push하기"에서 `git push` 명령으로 브랜치를 원격 저

장소에 Push하는 방법을 설명한다. 조금 깊게 브랜치를 하나씩 골라서 Push하는 방법은 3.5절 "Push하기"에서 설명한다. 자동으로 Push하도록 트래킹 브랜치를 설정하는 방법은 3.5절 "브랜치 추적"에서 설명한다. `git push --delete` 명령으로 원격 서버의 브랜치를 삭제하는 방법은 3.5절 "리모트 브랜치 삭제"에서 설명한다.

"5.2 프로젝트에 기여하기"에서는 `git push`를 주야장천 사용한다. 리모트를 여러 개 사용해서 브랜치에 작업한 내용을 공유하는 것을 보여준다.

`--tags` 옵션을 주고 태그를 Push하는 방법은 2.6절 "태그 공유하기"에서 설명한다.

서브모듈의 코드를 수정했을 때는 `--recurse-submodules` 옵션이 좋다. 프로젝트를 Push할 때 서브모듈에 Push할 게 있으면 서브모듈부터 Push하므로 매우 편리하다. 이 옵션은 7.11절 "서브모듈 수정 사항 공유하기"에서 설명한다.

8.3절 "기타 훅"에서 `pre-push` 훅에 관해서 설명했다. 이 훅에 Push해도 되는지 검증하는 스크립트를 설정하면 규칙에 따르도록 Push를 검증할 수 있다.

일반적인 이름 규칙에 따라서 Push하는 것이 아니라 Refspec을 사용해서 원하는 이름으로 Push하는 것도 가능하다. 이것은 10.5절 "Refspec Push하기"에서 설명한다.

git remote

`git remote` 명령은 원격 저장소 설정인 리모트의 관리 도구다. 긴 URL 대신 "origin"처럼 이름을 짧게 지을 수 있다. 그리고 URL 대신 짧은 리모트 이름을 사용한다. `git remote` 명령으로 이 리모트를 여러 개 만들어 관리할 수 있다.

이 리모트를 조회하고 추가하고 삭제하고 수정하는 방법은 "2.5 리모트 저장소"에서 잘 설명한다.

이 명령은 `git remote add <name> <url>` 형식으로 사용하고 이 책에서 자주 사용된다.

git archive

`git archive` 명령은 프로젝트 스냅샷을 아카이브 파일로 만들어 준다.

5.3절 "릴리스 준비하기"에서 설명하는데 프로젝트를 Tarball로 만들어 공유할 때 사용한다.

git submodule

git submodule 명령은 저장소 안에서 다른 저장소를 관리하는 데 사용한다. 라이브러리나 특정 형식의 리소스 파일을 서브모듈로 사용할 수 있다. submodule 명령에 있는 add, update, sync 등의 하위 명령어로 서브모듈을 관리할 수 있다.

이 명령은 "7.11 서브모듈"에서 설명한다.

C.6 보기와 비교

git show

git show 명령은 Git 개체를 사람이 읽을 수 있도록 요약해서 보여준다.

태그나 커밋 정보를 보고 싶을 때 이 명령을 사용한다.

2.6절 "Annotated 태그"를 보면 Annotated 태그의 정보를 보여주는 예제가 나온다.

"7.1 리비전 조회하기"에서 이 명령을 사용하는 것을 보여준다.

Merge하다가 충돌이 났을 때 특정 버전의 파일 내용을 git show로 꺼내 볼 수 있다. 7.8절 "수동으로 Merge하기"에서 이 점을 설명한다.

git shortlog

git shortlog 명령은 git log 명령의 결과를 요약해서 보여 준다고 생각하면 된다. 옵션도 git log 명령의 것과 매우 비슷하다. 이 명령은 Author별로 커밋을 묶어서 보여준다.

이 명령은 Changelog 파일을 만들 때 유용한 데 5.3절 "Shortlog 보기"에서 보여준다.

git describe

git describe 명령은 커밋과 관련된 정보를 잘 조합해서 사람이 읽을 수 있는 스트링을 만들어 준다. 커밋 SHA-1처럼 식별할 수 있고 사람이 이해할 수 있는 정보가 필요할 때 사용한다.

5.3절의 "빌드넘버 만들기"와 "릴리스 준비하기"에서 git describe 명령을 설명한다. 이 명령으로 배포 파일의 이름을 짓는다.

C.7 Debugging

Git에는 디버깅용 명령어도 있다. 누가 버그를 만들었는지 언제 어디서 생겼는지 찾아내는 데 도움이 된다.

git bisect

`git bisect`는 굉장히 유용하다. 이진 탐색 알고리즘을 사용해서 버그나 문제가 생긴 커밋을 쉽게 찾을 수 있다.

이 명령은 7.10절 "이진 탐색"에서 잘 설명한다.

git blame

`git blame`은 파일의 각 라인을 누가 마지막으로 수정했는지 보여준다. 그래서 특정 코드에 대해 궁금한 게 있을 때 누구에게 물어야 할지 바로 알 수 있다.

이 명령은 7.10절 "파일 어노테이션(Blame)"에서 다룬다.

git grep

소스 코드에서 스트링이나 정규표현식을 찾을 수 있다. `git grep` 명령을 사용하면 예전 소스 코드까지 찾는다.

7.5절 "Git Grep"에서 이 명령을 설명한다.

C.8 Patch하기

커밋 묶음을 Patch 묶음처럼 다루는 것이 편할 때가 있다. 이럴 때를 위해서 Git에는 커밋 몇 개만 추출하고 적용하고 관리하는 명령어가 있다. 이 명령어는 브랜치를 관리할 때 좋다.

git cherry-pick

`git cherry-pick` 명령은 커밋 하나만 가져올 때 사용한다. 현 브랜치의 새 커밋으로 적용된다. 이 명령은 브랜치를 통째로 Merge하기보다 커밋 한두 개 정도만 Merge하고 싶을 때 좋다.

이 명령으로 커밋을 고르는 것은 5.1절 "Rebase와 Cherry-Pick 워크플로"에서 설명한다.

git rebase

git rebase 명령은 check-pick을 여러 번 실행해 주는 것과 같다. 연결된 커밋을 그 순서대로 한방에 Cherry-pick해온다.

Rebase는 "3.6 Rebase하기"에서 설명한다. 이미 공개한 브랜치를 Rebase할 때 생기는 문제도 다룬다.

"7.13 Replace"에서는 히스토리를 두 저장소로 분리하는 것을 보여주는데 여기서 --onto 옵션을 사용한다.

"7.9 Rerere"에서 Rebase하면서 발생한 충돌을 어떻게 해결하는지 보여준다.

-i 옵션을 주고 이 명령을 실행하면 대화형으로 실행할 수 있다. 7.6절 "커밋 메시지를 여러 개 수정하기"에서 설명한다.

git revert

git revert 명령은 git cherry-pick 명령의 반대로 볼 수 있다. 해당 커밋을 되돌리는 커밋을 새로 생성한다.

7.8절 "커밋 되돌리기"에서 Merge 커밋을 되돌리는 것을 보여준다.

C.9 Email

메일링 리스트로 관리하는 프로젝트가 많이 있다. Git 프로젝트 자체도 그렇다. Git에는 이메일로 작업하기 쉽게 만들어 주는 도구가 들어 있다. Patch를 생성해서 이메일을 보내고 메일 박스에서 Patch를 적용하는 과정을 도와준다.

git apply

git apply 명령은 git diff 명령으로 생성한 Patch를 적용하는 명령이다. GNU diff 명령으로 생성한 Patch도 가능하다. 약간의 차이는 있지만 patch 명령어랑 비슷하다.

이 명령을 사용하는 상황과 어떻게 사용하는지는 5.3절 "이메일로 받은 Patch를 적용하기"에서 설명한다.

git am

git am 명령으로 이메일 인박스에 든 mbox 포맷의 Patch를 적용할 수 있다. 이메일로 패치를 주고받을 때 유용하다.

git am을 언제 어떻게 사용하는지는 5.3절 "am 명령을 사용하는 방법"에서 다룬다. --resolved, -i, -3 옵션 사용법을 설명한다.

git am 명령을 사용할 때 설정할 수 있는 훅은 8.3절 "E-mail 워크플로 훅"에서 다룬다.

이 명령으로 Github Pull Request의 Patch도 적용할 수 있는데 6.3절 "이메일 알림"에서 설명한다.

git format-patch

git format-patch 명령은 Patch를 mbox 포맷으로 생성하는 데 사용한다. 생성한 패치를 쉽게 메일링 리스트로 보낼 수 있다.

git format-patch로 프로젝트에 기여하는 예제를 5.1절 "대규모 공개 프로젝트와 이메일을 통한 관리"에서 보여준다.

git imap-send

git imap-send 명령은 git format-patch로 생성한 메일을 IMAP drafts 폴더에 넣어준다.

git imap-send 명령으로 예제는 5.1절 "대규모 공개 프로젝트와 이메일을 통한 관리"에서 살펴본다. 패치를 보내서 프로젝트에 기여해보는 예제다.

git send-email

git send-email 명령은 git format-patch 명령으로 생성한 Patch를 이메일로 보내는 데 사용한다.

5.1절 "대규모 공개 프로젝트와 이메일을 통한 관리"에서 git send-email 명령으로 패치를 보내서 다른 프로젝트에 기여하는 것을 보여준다.

git request-pull

git request-pull 명령은 메일 보디를 생성해주는 명령이다. 그래서 쉽게 다른 사람에게 메일을 보낼 수 있다. 브랜치에 커밋하고 Push해 놓은 상태를 누군가에게 알릴 때 유용하다. Patch 자체는 이메일로 보내지 않고 정보만 요약해 보낼 수 있다. 이 명령의 결과를 메일로 보내면 된다.

5.1절 "공개 프로젝트 Fork"에서 git request-pull 명령을 사용하는 것을 보여준다.

C.10 다른 버전 관리 시스템

Git에는 다른 버전 관리 시스템을 지원하는 명령어도 있다.

git svn

`git svn` 명령은 Git을 Subversion의 클라이언트로 사용하는 명령이다. 그래서 Git으로 Subversion 서버에 있는 커밋을 Checkout할 수 있다.

9.1절 "Git과 Subversion"에서 자세히 설명한다.

git fast-import

버전 관리 시스템을 가리지 않고 데이터를 Git으로 가져올 수 있는 다목적 명령어도 있다. 버전 관리 시스템뿐만 아니라 다른 형식으로 관리하던 데이터도 가져올 수 있다. `git fast-import` 명령은 다른 포맷의 데이터를 쉽게 매핑할 수 있게 해준다.

9.2절 "직접 Importer 만들기"에서 이 명령을 설명한다.

C.11 관리

관리자는 Git 저장소에 문제가 생기면 해결해야 한다. Git은 이때 필요한 명령어도 제공한다.

git gc

`git gc`는 저장소에 필요 없는 파일을 삭제하고 남은 파일을 압축하는 "Garbage Collection" 명령이다.

직접 실행시켜도 되지만 Git이 자동으로 실행해준다. 자세한 설명은 10.7절 "운영"에서 한다.

git fsck

`git fsck`는 Git 데이터베이스에 문제가 없는지 검사해준다.

10.7절 "데이터 복구"에서 Dangling 개체를 찾는 법을 설명한다.

git reflog

git reflog 명령은 HEAD가 가리켰던 커밋의 로그를 보여준다. 히스토리를 재작성해서 잃어버린 커밋을 찾을 때 유용하다.

7.1절 "RefLog로 가리키기"에서 이 명령을 설명한다. git log 명령에 -g 옵션을 주면 git log 명령의 결과처럼 Reflog를 출력한다.

잃어버린 브랜치를 복구하는 법은 10.7절 "데이터 복구"에서도 설명한다.

git filter-branch

git filter-branch 명령은 커밋 뭉치를 수정하는 데 사용한다. 전체 히스토리에서 파일을 삭제하거나 디렉터리 구조를 변경하는 데 사용한다.

7.6절 "모든 커밋에서 파일을 제거하기"에서 --commit-filter, --subdirectory-filter, --tree-filter 같은 옵션 사용법을 설명한다.

9.2절의 "Git-p4", "TFS"에서는 다른 버전 관리 시스템에서 가져온 데이터베이스를 바로 잡는 데 사용한다.

C.12 Plumbing 명령어

이 책에서는 저수준 Plumbing 명령어도 많이 소개한다.

6.3절 "Pull Request의 Ref"에서는 서버에 있는 저수준 Ref를 조회하는 ls-remote 명령을 소개한다.

7.7절 "Index"와 7.8절 "수동으로 Merge하기", "7.9 Rerere"에서 사용하는 ls-files는 Staging Area의 저수준 모습을 보여준다.

rev-parse 명령은 가리키는 개체의 SHA-1 값을 보여준다. 7.1절 "브랜치로 가리키기"에서 다룬다.

저수준 명령인 Plumbing 명령은 거의 10장 "Git의 내부"에서 설명한다. Plumbing 명령에는 이 장에서만 설명하려고 했다. 다른 장에서는 최대한 Plumbing 명령어는 사용하지 않으려고 노력했다.

찾아보기

GIT 작업 흐름과 명령어

도움말: git "명령어" --help

Git의 글로벌 설정은 $HOME/.gitconfig에 저장 (git config --help)

두 명령어 사이의 선은 보통 왼쪽 명령어를 실행한 후에 오른쪽 명령어를 실행한다는 의미다. 이 선을 따라 GIT 명령을 사용하는 흐름을 파악할 수 있다.

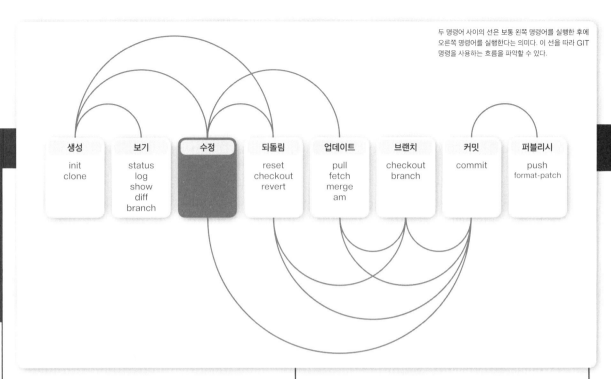

생성

새 저장소 생성하기
cd ~/projects/myproject
git init
git add .

기존 저장소 Clone하기
git clone ~/existing/repo ~/new/repo
git clone git://host.org/project.git
git clone you@host.org/project.git

보기

워킹 디렉터리의 파일 상태 보기
git status

파일의 변경사항 보기
git diff

$ID1과 $ID2 사이의 변경사항 보기
git diff $id1 $id2

커밋 히스토리 보기
git log

특정 파일의 커밋 히스토리별 변경사항 보기
git log -p $file $dir/ec/tory/

특정 파일을 누가 언제 고쳤는지 보기
git blame $file

$ID 커밋 보기
git show id

$ID 버전의 파일 보기
git show $id:$file

로컬 브랜치들 보기
git branch
('*' 표시는 현재 브랜치를 나타냄)

범례

$id - 커밋 ID, 브랜치 이름, 태그 이름을 나타냄
$file - 파일 이름
$branch - 브랜치 이름

개념

Git 기본

master : 기본 브랜치
origin : 기본 리모트 저장소
HEAD : 현재 브랜치
HEAD^ : HEAD의 부모
HEAD~4 : HEAD의 부모의 부모의 부모의 부모

되돌림

마지막 커밋 시점으로 되돌리기
git reset --hard
⚠Hard Reset은 되돌릴 수 없음

마지막 커밋 내용을 되돌리고 커밋하기
git revert HEAD
새로운 커밋 생성

특정 커밋 내용을 되돌리고 커밋하기
git revert $id
새로운 커밋 생성

마지막 커밋 수정하기
git commit -a --amend (잘못 커밋해서 수정하고 싶을 때)

$id 시점의 파일을 꺼내기
git checkout $id $file

브랜치

브랜치를 Checkout하기
git checkout $id

$branch1을 $branch2에 Merge하기
git checkout $branch2
git merge $branch1

새 브랜치 만들기
git branch $branch

$other와 같은 커밋을 가리키는 브랜치를 새로 만들고 바로 Checkout하기
git checkout -b $new_branch $other

$branch를 삭제하기
git branch -d $branch

수정

init
clone — 생성
status
log
show
diff
branch — 보기
수정
reset
checkout
revert — 되돌림
pull
fetch
merge
am — 업데이트
checkout
branch — 브랜치
commit — 커밋
push
format-patch — 퍼블리시

업데이트

origin에서 최신 데이터를 가져오기
git fetch
(Merge하지는 않음)

origin에서 최신 데이터를 가져와 Merge하기
git pull
(Fetch하고 Merge까지 함)

누군가 보낸 패치를 Merge하기
git am -3 patch.mbox
(충돌이 발생하면 해결 후 git am --resolved)

유용한 명령어

문제가 발생한 커밋 이진탐색하기
git bisect start (이진탐색 시작)
git bisect good $id ($id를 문제 없는 상태로 표시)
git bisect bad $id ($id를 문제 있는 상태로 표시)

git bisect bad/good (현재 상태가 문제가 있는지 없는지 설정)
git bisect visualize (gitk를 실행하여 확인함)
git bisect reset (시작했던 상태로 Checkout 함)

저장소의 무결성 검사 및 저장소 청소하기
git fsck
git gc --prune

워킹 디렉터리에서 'foo()'라는 문자열 검색하기
git grep "foo()"

퍼블리시

현재 모든 수정사항을 커밋하기
git commit -a

다른 개발자에게 보낼 패치를 작성하기
git format-patch origin

origin으로 업데이트를 Push하기
git push

버전이나 마일스톤을 생성하기
git tag v1.0

Merge 충돌 해결

Merge 충돌 내용 보기
git diff (충돌 내용 전체 보기)
git diff --base $file (Merge Base를 기준으로)
git diff --ours $file (현 브랜치를 기준으로)
git diff --theirs $file (Merge할 브랜치를 기준으로)

충돌이 생기는 패치 버리기
git reset --hard
git rebase --skip

충돌 해결 후 Merge 진행하기
git add $conflicting_file (충돌 해결한 파일)
git rebase --continue